Tendances des impôts sur la consommation 2020

TVA/TPS ET DROITS D'ACCISES – TAUX, TENDANCES ET QUESTIONS STRATÉGIQUES

OCDE

DES POLITIQUES MEILLEURES POUR UNE VIE MEILLEURE

Merci de citer cet ouvrage comme suit :
OCDE (2021), *Tendances des impôts sur la consommation 2020 : TVA/TPS et droits d'accises – taux, tendances et questions stratégiques*, Éditions OCDE, Paris, *https://doi.org/10.1787/3f06ea4d-fr*.

ISBN 978-92-64-81132-4 (imprimé)
ISBN 978-92-64-47623-3 (pdf)

Tendances des impôts sur la consommation
ISSN 1028-8171 (imprimé)
ISSN 1999-0987 (en ligne)

Les corrigenda des publications sont disponibles sur : *www.oecd.org/about/publishing/corrigenda.htm*.

Avant-propos

Cette publication est la treizième de la série *Tendances des impôts sur la consommation*, publiée tous les deux ans par l'OCDE. Elle présente des données comparatives internationales relatives aux impôts sur la consommation dans les pays membres de l'OCDE au 1er janvier 2020. Les tableaux contenant des données provenant des *Comptes nationaux* et des chiffres relatifs aux recettes fiscales issus des *Statistiques des recettes publiques 2020* sont actualisés jusqu'à l'année 2018 comprise. Les niveaux des prix des carburants sont actualisés au 4e trimestre 2019 et proviennent des *Statistiques trimestrielles - Energy Prices and Taxes* (en anglais seulement) publiées par l'Agence internationale de l'énergie. Les données sur les différents pays ont, pour l'essentiel, été communiquées par les délégués auprès du Groupe de travail n° 9 du Comité des affaires fiscales. Les taux de change utilisés pour convertir les monnaies nationales en dollar des États-Unis (USD) sont les taux moyens du marché pour 2019 extraits des *Statistiques monétaires et financières* de l'OCDE, sauf pour les tableaux 3.A.5, où les taux de marché pour 2018 sont utilisés dans la mesure où les prix et les données fiscales se réfèrent à l'année 2018 et 2.A.5 et 2.A.9 où les taux à parité de pouvoir d'achat (PPA) pour le PIB sont utilisés car ils permettent une meilleure comparaison de la valeur des seuils d'exonération de la TVA (les taux PPA pour le PIB 2019 sont extraits de la base de données des Statistiques de l'OCDE). Ces taux de change peuvent être consultés à l'annexe B de cette publication.

Cette publication illustre l'évolution des impôts sur la consommation en tant qu'instruments servant à mobiliser des recettes fiscales et, parfois, à influencer le comportement des consommateurs. Elle recense et documente les nombreuses différences qui existent en matière d'assiette, de taux et de règles d'application, tout en soulignant les caractéristiques qui sous-tendent leur évolution. Elle examine en particulier les tendances en matière de recettes et de politiques publiques, ainsi que les évolutions survenues dans le domaine de la taxe sur la valeur ajoutée/taxe sur les biens et services (TVA/TPS) (appelée « TVA » dans cette publication). Elle présente notamment une estimation actualisée du ratio des recettes de TVA (RRT) pour les pays de l'OCDE, qui donne une indication de l'ampleur des recettes de TVA non perçues sous l'effet d'exemptions, de taux réduits, de la fraude et des infractions fiscales. Elle fait le point sur la mise en œuvre des Principes directeurs internationaux de l'OCDE pour la TVA/TPS qui sont universellement acceptés comme la nouvelle norme mondiale pour l'application de la TVA aux échanges internationaux de services et de biens incorporels, et notamment sur l'application des règles et mécanismes recommandés pour assurer un recouvrement efficace et efficient de la TVA sur les ventes numériques. Cette édition des *Tendances des impôts sur la consommation* contient également une section spéciale qui décrit les mesures relatives à la TVA prises par les pays de l'OCDE dans le cadre de leurs réponses de politique fiscale à la pandémie de COVID-19. Ces mesures ont joué un rôle particulièrement important dans le soutien à la trésorerie des entreprises, l'allègement des contraintes de discipline fiscale et l'aide au secteur de la santé.

Le chapitre 1 résume les tendances en matière d'impôts sur la consommation et leurs principales caractéristiques. Il montre l'évolution des recettes tirées des impôts sur la consommation entre 1965 et 2018 et examine plus en détail les difficultés d'appliquer la TVA aux échanges internationaux, ainsi que les réponses élaborées par les pouvoirs publics dans le contexte de la transformation numérique de l'économie. Le chapitre 2 décrit les principales caractéristiques des régimes de TVA en vigueur dans les pays de l'OCDE, à savoir les taux, exemptions, restrictions spécifiques au droit à déduction de la TVA acquittée sur les intrants, seuils d'assujettissement et de recouvrement, et méthodes spéciales de recouvrement de la taxe. Il fournit des estimations mises à jour du ratio des recettes de TVA (RRT) des pays de l'OCDE, qui donne une indication de l'effet des exemptions, des taux réduits et de la fraude fiscale sur les recettes publiques. Il s'intéresse également aux évolutions des stratégies nationales en matière de lutte contre la fraude à la TVA et aux progrès de la coopération administrative internationale. Enfin, ce chapitre donne un aperçu des mesures relatives à la TVA incluses dans les réponses fiscales des pays de l'OCDE à la crise du COVID-19. Le chapitre 3 décrit les principales caractéristiques des droits d'accise et leur incidence sur les recettes, le comportement des consommateurs et les marchés. Il présente le détail des droits qui frappent la bière, le vin, les boissons alcooliques, le tabac et le fioul domestique pour les ménages dans les pays de l'OCDE. Il procède également au chiffrage de la charge fiscale totale qui grève un paquet de cigarettes dans les pays de l'OCDE. Le chapitre 4 décrit les principales caractéristiques de la fiscalité des véhicules et l'usage qu'il en est fait pour influencer le comportement des consommateurs. Il donne des informations détaillées sur les impôts liés à la vente et à l'immatriculation des véhicules et sur les impôts périodiques, ainsi que sur les taxes appliquées aux principaux carburants routiers (essence sans plomb et gazole). Enfin, il livre des renseignements sur la taxation du kérosène dans les pays de l'OCDE.

Cet ouvrage a été préparé sous l'égide du Groupe de travail n° 9 sur les impôts sur la consommation du Comité des affaires fiscales. Il a été rédigé par Stéphane Buydens, du Centre de politique et d'administration fiscales (CTPA) de l'OCDE, sous la supervision de Piet Battiau, Chef de l'Unité des impôts sur la consommation du CTPA.

Remerciements

Nous tenons à remercier : David Bradbury (Chef de la Division de la politique et des statistiques fiscales) ; Piet Battiau (Chef de l'Unité des impôts sur la consommation), Kurt Van Dender (Chef de l'Unité des impôts et de l'environnement) ; Michelle Harding (Chef de l'Unité des statistiques) ; Emmanuelle Modica (Statisticienne/Analyste), Nicolas Miranda (Statisticien), Michael Sharratt (Développeur de site web et de base de données), Marie-Aurélie Elkurd (Assistante), Karena Garnier (Communications) et Alexandra Le Cam (Assistante), CTPA ; Anne-Marie Perucic (Organisation Mondiale de la Santé) et le Professeur Walter Hellerstein (Distinguished Research Professor et Francis Shackelford Distinguished Professor in Taxation Law, University of Georgia).

Table des matières

GRAPHIQUES

TABLEAUX

Acronymes

B2B	Transactions entre entreprises
B2C	Transactions entre entreprises et consommateurs
BEPS	Érosion de la base d'imposition et transfert de bénéfices
BIAC	Comité consultatif économique et industriel auprès de l'OCDE
CAF	Comité des affaires fiscales
OACI	Organisation de l'aviation civile internationale
OCDE	Organisation de Coopération et de Développement Économiques
OMS	Organisation mondiale de la santé
PVD	Prix de vente au détail (pour les cigarettes)
TPS	Taxe sur les biens et services
TVA	Taxe sur la valeur ajoutée. Dans cette publication, « TVA » désigne tout impôt national qui réunit les caractéristiques fondamentales d'une taxe sur la valeur ajoutée, quels que soient sa dénomination ou son acronyme, « taxe sur les biens et services » (TPS) par exemple.
TVD	Taxe sur les ventes au détail
UE	Union européenne

Résumé

À 10.3 % du PIB en moyenne, les recettes tirées des impôts sur la consommation dans les pays de l'OCDE sont restées stables, soit le niveau record atteint en 2016 (et une hausse de 0.1 % par rapport à 2015). Ces impôts représentent près d'un tiers (30.8 %) du total des recettes fiscales dans les pays de l'OCDE. Bien que la part des impôts sur la consommation dans les recettes fiscales totales soit restée relativement stable depuis 1975, leur composition a radicalement changé. Le recours des pays de l'OCDE aux impôts généraux sur la consommation (qui englobent la TVA) a augmenté de plus de 70 %, passant de 4.1 % en 1975 à 7.1 % du PIB en 2018. Cette évolution s'explique principalement par l'introduction de la TVA dans la plupart des pays de l'OCDE. La TVA est aujourd'hui la principale source d'impôts sur la consommation, représentant en moyenne 6.8 % du PIB et 20.4 % du total des recettes fiscales dans les pays de l'OCDE en 2018.

Les impôts sur la consommation se composent généralement des impôts généraux sur les biens et services (« impôts généraux sur la consommation ») et des impôts sur les biens et services déterminés. Les impôts généraux sur la consommation incluent la taxe sur la valeur ajoutée (TVA) et son équivalent dans plusieurs juridictions (taxe sur les biens et services, ou TPS), les taxes sur les ventes et d'autres impôts généraux sur les biens et services. Les impôts sur des biens et des services déterminés recouvrent essentiellement les accises, les droits de douane et droits à l'importation et les impôts sur des services spécifiques (par exemple les taxes sur les primes d'assurance et les services financiers).

Principales tendances des impôts sur la consommation dans les pays de l'OCDE

- En 2018, les recettes tirées des impôts sur la consommation dans les pays de l'OCDE étaient comprises entre 3.8 % du PIB aux États-Unis et 16.4 % du PIB en Hongrie. En pourcentage du total des recettes fiscales dans la zone OCDE, ces impôts généraient entre 15.4 % du total des recettes aux États-Unis et 49.5 % au Chili.
- Les recettes provenant de la TVA sont restées stables en 2018, et constituaient la principale source d'impôts sur la consommation dans les pays de l'OCDE en moyenne. La TVA procure un cinquième du total des recettes fiscales (20.4 %) en moyenne, et représente 20 % ou plus du total des recettes fiscales dans 21 des 36 pays de l'OCDE qui appliquent une TVA. En pourcentage du PIB, les recettes de TVA en 2018 s'échelonnaient entre 3.3 % du PIB en Australie et en Suisse et 9.7 % du PIB au Danemark et en Nouvelle-Zélande. Une augmentation du ratio TVA/PIB a été enregistrée entre 2015 et 2018 dans 25 des 36 pays de l'OCDE qui appliquent une TVA, tandis que ces recettes ont reculé en pourcentage du PIB dans 8 pays, et sont restées inchangées dans 3 pays.
- Les taux normaux de TVA dans les pays de l'OCDE se sont stabilisés en 2020 au niveau record de 19.3 % en moyenne, atteint pour la première fois en 2017. Un pays de l'OCDE a relevé son taux normal de TVA en 2019 (le Japon, de 8 % à 10 %). Deux autres pays (Allemagne et Irlande) ont réduit temporairement leur taux normal de TVA en 2020 (passant respectivement de 19 % à

16 % et de 23 % à 21 %) dans le cadre de leurs programmes de relance économique en réponse à la crise du COVID-19.

- Dans la plupart des pays de l'OCDE, les réponses d'urgence au COVID-19 comportaient une extension de l'application des taux réduits de TVA ou de nouvelles baisses de ces taux afin d'aider le secteur de la santé. Plusieurs pays ont mis en place des réductions spécifiques du taux de TVA afin de soutenir les secteurs les plus touchés par la crise (essentiellement l'hébergement et le tourisme). La plupart des pays de l'OCDE ont intégré un ensemble élargi de mesures relatives à la TVA dans leurs réponses fiscales à court terme à la pandémie de COVID-19, qui ont joué un rôle particulièrement important pour étayer la trésorerie des entreprises et alléger les contraintes de discipline fiscale.
- Pratiquement tous les pays de l'OCDE dotés d'une TVA ont désormais mis en œuvre les normes de l'OCDE en matière de collecte de la TVA sur les ventes de services et de produits numériques par des vendeurs en ligne situés à l'étranger. L'essor du commerce électronique qui a accompagné la pandémie de COVID-19 a souligné l'importance des réformes visant à garantir que la TVA sur ces ventes soit dûment collectée. La plupart des pays de l'OCDE s'attachent maintenant à étoffer leur régime de TVA applicable au cybercommerce, notamment en vue d'inclure les ventes en ligne de petits colis qui sont souvent importés de l'étranger par des places de marché électroniques étrangères ou d'autres plateformes numériques. Trois pays de l'OCDE ont déjà mis en œuvre une réforme de ce type (Australie, Norvège et Nouvelle-Zélande) en s'appuyant sur les orientations de l'OCDE, tandis que des mesures analogues prendront effet dans les pays de l'Union européenne et au Royaume-Uni en 2021.
- Les recettes générées par les impôts sur les biens et services déterminés, majoritairement composés de droits d'accise, ont continué de baisser en pourcentage du PIB (à 3.2 % en 2018, soit un recul de 0.1 point par rapport à 2015) et en pourcentage de l'ensemble des recettes fiscales (à 9.6 % en 2018, soit une diminution de 0.5 point depuis 2015).
- Les droits d'accise sont de plus en plus utilisés pour influencer le comportement des consommateurs, notamment pour lutter contre la pollution au moyen de taxes sur les carburants automobiles et pour améliorer la situation sanitaire en alourdissant la fiscalité des produits du tabac. La charge fiscale totale sur les cigarettes dépasse 60 % du prix à la consommation dans pratiquement tous les pays de l'OCDE, et dépasse 75 % dans 21 pays de l'OCDE. La charge fiscale totale qui grève le supercarburant sans plomb est supérieure à 100 % du prix hors taxes dans tous les pays de l'OCDE sauf neuf. Le taux des droits d'accise demeure moins élevé pour le diesel que pour l'essence dans tous les pays de l'OCDE sauf cinq. Du point de vue de l'environnement, cette situation est pour le moins paradoxale, le diesel étant plus polluant que l'essence sans plomb, notamment parce qu'il émet beaucoup plus d'oxydes d'azote (NOx) et de particules.
- La fiscalité des véhicules est elle aussi de plus en plus employée pour influencer le comportement des consommateurs et encourager l'utilisation de véhicules peu polluants. En 2020, pratiquement tous les pays membres de l'OCDE tiennent compte de critères environnementaux ou de consommation de carburant pour déterminer le niveau d'imposition applicable à l'acquisition ou à l'utilisation de véhicules, et 24 d'entre eux pratiquent des allégements ou exonérations d'impôt à l'égard des véhicules électriques ou hybrides.

Le ratio des recettes de TVA dans les pays de l'OCDE

À l'échelle de l'OCDE, le ratio des recettes de TVA (RRT) moyen non pondéré est resté stable à 0.56 en 2018, ce qui laisse penser que 44 % des recettes théoriques potentielles de TVA ne sont pas collectées. Ce ratio est une mesure comparative du rapport entre les recettes de la TVA effectivement collectées et celles qui auraient théoriquement été obtenues si la TVA avait été appliquée au taux normal à la totalité de l'assiette dans un régime de TVA sans aucune exonération. Il donne un indicateur prenant en compte les pertes de recettes dues aux exonérations et aux taux réduits ainsi qu'à la fraude et aux infractions fiscales. Bien qu'il faille interpréter le RRT avec prudence et que l'érosion de l'assiette puisse être causée par divers facteurs, cette estimation du RRT donne à penser qu'il existe une marge considérable d'augmentation des recettes en améliorant l'efficacité du système de TVA.

1 Principales tendances et données relatives aux impôts sur la consommation

1.1. Introduction

Les impôts sur la consommation correspondent à environ un tiers du total des impôts collectés dans les pays membres de l'OCDE. Ils se présentent sous deux formes communes : les impôts généraux sur la consommation (les taxes sur la valeur ajoutée et les taxes sur les ventes au détail) et les impôts sur des biens et services déterminés (essentiellement les droits d'accise).

1.1.1. La TVA est devenue le principal impôt sur la consommation dans l'ensemble des pays du monde

Depuis le milieu des années 80, la TVA (également appelée taxe sur les biens et services - TPS) est devenue le principal impôt sur la consommation en termes de recettes et de couverture géographique. Elle est conçue comme un impôt sur la consommation finale qui est globalement neutre à l'égard du processus de production et des échanges internationaux. De manière générale, elle passe pour un impôt relativement favorable à la croissance. Beaucoup de pays en développement se sont dotés, au cours des deux dernières décennies, d'un régime de TVA destiné à compenser la perte de recettes issues des taxes sur les échanges commerciaux du fait de la libéralisation du commerce. Quelque 170 pays disposent aujourd'hui d'un système de TVA (voir annexe A) ; parmi eux figurent 36 des 37 pays membres de l'OCDE, les États-Unis constituant l'unique exception, bien que la plupart des États de l'Union disposent d'une taxe sur les ventes au détail sous une forme ou sous une autre. Ce chiffre a plus que doublé en 25 ans. La TVA génère environ un cinquième du total des recettes fiscales au sein de la zone OCDE et dans le reste du monde.

Sous l'effet de l'évolution de la TVA en tant que source de plus en plus importante de recettes fiscales partout dans le monde, et de son application à un éventail de plus en plus étendu d'activités économiques, la TVA devient une thématique de plus en plus prégnante dans le débat mondial sur les politiques fiscales. Cette généralisation de la TVA à l'échelle mondiale a coïncidé avec l'expansion rapide des échanges internationaux de biens et de services dans une économie de plus en plus mondialisée. La majeure partie des échanges internationaux est désormais assujettie à la TVA et l'interaction entre les régimes nationaux de TVA peut avoir des effets significatifs de facilitation ou de distorsion des échanges. Dans ce contexte, les autorités fiscales du monde entier ont constaté que l'absence de cadre convenu au niveau international pour l'application de la TVA aux échanges internationaux a fait naître des risques de plus en plus élevés de sous-imposition et de pertes de recettes fiscales pour les États, mais aussi de distorsions des échanges dus à une double imposition. La nécessité d'élaborer une réponse mondiale cohérente aux problèmes posés par l'application de la TVA aux échanges internationaux est amplifiée par la forte progression des échanges internationaux de services, de produits numériques et de biens vendus en ligne sous l'effet du développement de l'économie numérique. En réponse à l'appel international lancé en faveur d'une norme mondiale régissant la conception et le fonctionnement de la TVA, le Comité des affaires fiscales de l'OCDE (CAF) a élaboré les Principes directeurs internationaux pour la TVA/TPS, qui ont été adoptés en tant que Recommandation par le Conseil de l'OCDE en septembre 2016.

Cette Recommandation est le premier instrument juridique dont se dote l'OCDE dans le domaine de la TVA. Elle contient les Principes directeurs internationaux pour la TVA/TPS, qui présentent une série de normes convenues à l'échelon international et d'approches recommandées en faveur d'une application cohérente de la TVA aux échanges internationaux, en particulier aux services et aux biens incorporels. Ils visent essentiellement à réduire les incertitudes et à diminuer les risques de double imposition et de non-imposition involontaire dus à certaines incohérences qui caractérisent l'application de la TVA dans le contexte du commerce international. Les Principes directeurs ont été élaborés à la faveur d'un processus inclusif, avec la participation active d'organisations internationales et de juridictions qui ne se limitent pas aux membres actuels de l'OCDE, et en menant des consultations approfondies avec les milieux d'affaires. Ces Principes sont complétés par des orientations détaillées de mise en œuvre, qui s'attachent en particulier à définir des méthodes et des stratégies permettant de s'assurer que la TVA sur les ventes en ligne de biens, de services et de produits numériques est collectée de façon efficace et cohérente (voir la section 1.8 ci-après).

Ces normes de l'OCDE pour la collecte efficace de la TVA sur les ventes en ligne de biens, de services et de produits numériques exercent une influence sur la réforme des systèmes de TVA dans un nombre croissant de pays dans le monde, y compris hors de la zone OCDE. Plus de 60 pays ont d'ores et déjà appliqué ces normes, et plusieurs autres se préparent à les déployer ou envisagent de le faire. En outre, les pays en développement sont de plus en plus intéressés par les normes de l'OCDE et le savoir-faire dont elle dispose en matière de TVA. De même que dans d'autres domaines couverts par des normes fiscales internationales, l'Organisation s'emploie à intensifier progressivement la participation des pays non membres à la conception des normes dans le domaine de la TVA tout en élargissant le champ des orientations et du soutien proposé aux pays en développement désireux de les mettre en application. Ainsi, l'OCDE élabore des boîtes à outils régionales spécifiques pour aider les pays en développement à mettre en œuvre ses normes et ses orientations en matière de TVA. L'impact sans cesse croissant de ces normes reflète leur importance essentielle en tant qu'outil permettant aux pays de mobiliser des recettes de TVA et de minimiser les distorsions de concurrence entre vendeurs en ligne et entreprises traditionnelles. Cet aspect est d'autant plus pertinent que les mesures de confinement et d'atténuation prises en réponse à la pandémie de COVID-19 en 2020 ont entraîné une montée en flèche des ventes en ligne et de la demande de produits et de services numériques.

La conception et l'administration du régime de TVA occupent une place importante dans la panoplie de mesures budgétaires prises par les États pour atténuer les répercussions de la crise du COVID-19 en 2020. La pandémie de COVID-19 a provoqué une crise sanitaire et économique sans précédent dans l'histoire récente. Partout dans le monde, les pouvoirs publics ont adopté des mesures de confinement et d'atténuation de grande ampleur visant à ralentir et à réduire les taux de contamination. Conjuguées à la crise sanitaire générale, ces mesures de confinement nécessaires ont eu des conséquences brutales et profondes. Elles ont réduit la production et, couplées à la crise sanitaire, ont freiné la demande des entreprises et des ménages. Une fois les mesures de confinement mises en place, les pouvoirs publics ont d'abord agi pour atténuer les difficultés économiques et maintenir la capacité productive de l'économie. Les mesures de politique économique visaient avant tout à soutenir la trésorerie des entreprises pour les maintenir à flot et à procurer un complément de revenu aux ménages vulnérables. À mesure que la pandémie se prolonge et que l'incertitude sur son évolution perdure, les pays étoffent et complètent ces mesures d'urgence. Les mesures en matière de politique et d'administration de la TVA représentent un volet essentiel de ces réponses de politique économique. Ces mesures sont décrites plus en détail dans le chapitre 2 de cette publication.

1.1.2. *Les droits d'accise, instrument utilisé pour influencer le comportement des consommateurs*

Alors que la TVA existe depuis une soixantaine d'années, les droits d'accise remontent, eux, à l'aube de la civilisation. Prélevées sur une gamme de produits bien précis, les accises sont calculées par référence à diverses caractéristiques comme le poids, le volume, le degré ou la quantité, à quoi s'ajoute parfois une imposition en fonction de la valeur du produit. Bien que dans l'intégralité des pays de l'OCDE et ailleurs, les droits d'accises s'appliquent communément aux alcools, tabacs et carburants, leurs assiette, méthode de calcul et taux varient considérablement d'un pays à l'autre, en fonction de la culture locale et des pratiques historiques. Les autorités recourent de plus en plus souvent aux droits d'accise afin d'influencer le comportement des consommateurs et d'atteindre des objectifs de santé publique et environnementaux.

1.1.3. *Structure de ce chapitre*

Ce chapitre présente tout d'abord la classification statistique des impôts sur la consommation (section 1.2). Il décrit ensuite l'évolution des recettes issues de ces impôts entre 1965 et 2018 (section 1.3) et examine l'expansion géographique de la TVA (section 1.4). Vient alors une description des principales caractéristiques conceptuelles de cette taxe (section 1.5), des principales caractéristiques conceptuelles des taxes sur les ventes au détail (section 1.6) et celles des impôts sur la consommation de biens et services déterminés (section 1.7). La section 1.8 de ce chapitre étudie plus en détail l'application de la TVA aux ventes internationales de biens, de services et de biens incorporels, et passe en revue les principales recommandations contenues dans les Principes directeurs internationaux pour la TVA/TPS élaborés par l'OCDE en tant que norme universelle pour remédier aux problèmes d'application de la TVA, notamment dans le contexte de l'essor de l'économie numérique. Enfin, elle présente les travaux de suivi menés par l'OCDE pour faciliter la mise en œuvre efficace et cohérente de ces normes.

1.2. Classification des impôts sur la consommation

Selon la classification de l'OCDE, le terme « impôts » désigne uniquement les versements obligatoires effectués sans contrepartie au profit des administrations publiques. Dans la nomenclature de l'OCDE, les impôts se divisent en cinq grandes catégories : impôts sur le revenu, les bénéfices et les gains en capital (1000) ; cotisations de sécurité sociale (2000) ; impôts sur les salaires et la main-d'œuvre (3000) ; impôts sur le patrimoine (4000) ; et impôts sur les biens et services (5000) (OCDE, 2020[1]).

Les impôts sur la consommation (catégorie 5100 « Impôts sur la production, la vente, le transfert, la location et la livraison des biens et la prestation de services ») se répartissent essentiellement en deux sous-catégories :

- *Les impôts généraux sur les biens et les services* (« impôts généraux sur la consommation », 5110), parmi lesquels figurent les taxes sur la valeur ajoutée (5111), les impôts sur les ventes (5112) et d'autres impôts généraux sur les biens et services (5113).
- *Les impôts sur des biens et des services déterminés* (5120) qui recouvrent essentiellement les accises (5121), les droits de douane et droits à l'importation (5123) et les impôts sur des services spécifiques (5126, par exemple les taxes sur les primes d'assurance et les services financiers).

Les impôts sur la consommation comme la TVA, les impôts sur les ventes et les accises sont souvent appelés *impôts indirects* en ce sens qu'ils ne grèvent pas directement la personne censée supporter la charge de l'impôt. Ils sont plutôt appliqués à des transactions, des produits ou des événements déterminés (OECD Glossary of Tax Terms). Ils portent non pas sur le revenu ou le patrimoine, mais plutôt sur les dépenses que financent le revenu et le patrimoine. Les pouvoirs publics collectent généralement l'impôt auprès des producteurs et des distributeurs à divers points de la chaîne de valeur, mais l'impôt est en principe à la charge des consommateurs, en supposant qu'il sera répercuté sur eux dans les prix facturés par les fournisseurs.

1.3. Évolution des recettes issues des impôts sur la consommation

En 2018, les impôts sur la consommation ont représenté 30.8 % du total des recettes fiscales dans les pays de l'OCDE en moyenne, soit l'équivalent de 10.3 % du PIB dans ces pays (moyenne non pondérée, voir Tableau annexe 1.A.1). Environ deux tiers des recettes provenant de ces impôts étaient imputables aux impôts généraux sur la consommation et un tiers aux impôts sur des biens et des services déterminés (voir Tableaux annexes 1.A.2 et 1.A.3).

Graphique 1.1. Recettes fiscales moyennes par catégories d'impôt en pourcentage du total des recettes fiscales en 2018

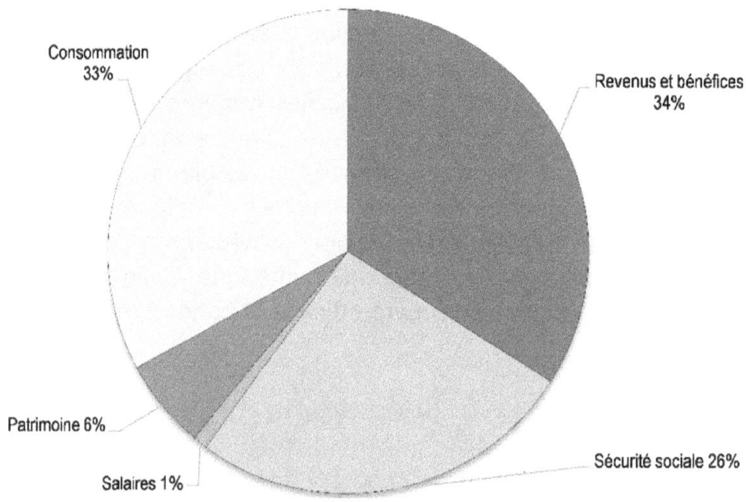

Source : OCDE

StatLink https://doi.org/10.1787/888934225531

On peut distinguer trois groupes de pays en fonction du niveau des recettes générées par les impôts sur la consommation en pourcentage du PIB : niveau faible (ratios impôts/PIB inférieurs à 9 %) ; niveau moyen (entre 9 % et 13 %) et niveau élevé (supérieur à 13 %). Le groupe de pays affichant un ratio impôts/PIB élevé en 2018 comprenait uniquement des pays membres de l'UE ; à l'inverse, tous les pays affichant un faible ratio étaient des pays non membres de l'UE, à l'exception de l'Irlande.

Entre 2015 et 2018, le ratio moyen des recettes des impôts sur la consommation rapportées au PIB a enregistré une légère baisse de 0.1 point de pourcentage. Au cours de cette période, ce ratio a augmenté dans 19 pays, a diminué dans 15 pays et est resté inchangé dans 3 autres. C'est en Grèce et en Pologne que l'augmentation a été la plus forte (respectivement 1.3 et 1.2 point de pourcentage), et en Turquie que la baisse a été la plus prononcée (1.2 point de pourcentage).

La part globale des impôts sur la consommation dans le total des recettes fiscales est restée relativement stable depuis 1995, sauf pendant la crise économique mondiale de 2007-09, où elle a reculé de 0.33 point de pourcentage en moyenne. Cette baisse résulte dans une large mesure de la diminution des recettes de TVA, sachant que les recettes provenant des impôts sur la consommation et les recettes de TVA n'ont retrouvé leur niveau d'avant crise qu'en 2012. Une étude récente de l'OCDE montre que le niveau général de consommation est resté relativement stable au cours de la crise mondiale de 2007-09. L'érosion des recettes des impôts sur la consommation et de la TVA était principalement due à une réorientation des dépenses de consommation vers les biens et services de première nécessité, souvent exonérés de TVA ou taxés à des taux inférieurs, ainsi qu'à une augmentation de la consommation de services du secteur public et de services publics, qui ne sont pas assujettis à la TVA. L'élargissement de la base d'imposition sur la consommation en pourcentage du PIB, principalement du fait de la forte baisse des investissements, a cependant compensé en partie ces effets. Toutefois, les recettes tirées des impôts sur la consommation ont été dans l'ensemble moins touchées par la crise économique mondiale, et il apparaît qu'elles sont plus stables dans le temps que les recettes provenant d'autres sources, comme l'impôt sur les sociétés (Simon et Harding, 2020[2]) (voir l'Étude spéciale de l'édition 2020 des Statistiques des recettes publiques (OCDE, 2020[1])).

1.3.1. Les impôts généraux sur la consommation génèrent désormais plus de 21 % du total des recettes fiscales

Les impôts généraux sur la consommation englobent la TVA, les impôts sur les ventes et d'autres impôts généraux sur les biens et services. Ces impôts représentaient 21.2 % du total des recettes fiscales dans les pays de l'OCDE en moyenne en 2018, contre 21.1 % en 2015, soit 7.1 % du PIB en moyenne, contre 6.9 % en 2015. Leur importance varie considérablement d'un pays à l'autre, à la fois en pourcentage du PIB et dans le total des recettes fiscales (voir le Tableau annexe 1.A.2 en annexe à ce chapitre). En Australie, aux États Unis, au Mexique et en Suisse, les impôts généraux sur la consommation représentent moins de 4 % du PIB, mais plus de 9 % au Danemark, en Estonie, en Finlande, en Hongrie, en Lettonie, en Nouvelle-Zélande et en Suède. Les recettes provenant de ces impôts sont inférieures à 15 % du total des recettes fiscales en Australie, au Canada, aux États-Unis, en Italie, au Japon et en Suisse et supérieures à 29 % au Chili, en Colombie, en Hongrie, en Israël, en Lettonie et en Nouvelle-Zélande. Les impôts généraux sur la consommation s'élèvent à plus de 20 % du total des recettes fiscales dans 21 des 37 pays de l'OCDE, la moyenne non pondérée pour l'OCDE étant de 21.2 %.

Entre 2015 et 2018, la grande majorité des pays de l'OCDE ont enregistré une augmentation des recettes générées par les impôts généraux sur la consommation : les recettes tirées de ces impôts en pourcentage du PIB ont progressé dans 23 pays, ont reculé dans 9 et sont restées inchangées dans 5.

L'évolution dans la durée montre que les pays membres de l'OCDE recourent de plus en plus aux impôts généraux sur la consommation. Depuis 1975, la part de ces impôts en pourcentage du PIB dans les pays de l'OCDE a presque doublé, passant de 4.1 % à 7.1 % en 2018. Alors que ces impôts ne représentaient que 13.4 % du total des recettes fiscales dans les pays de l'OCDE en 1975, leur part a atteint 21.2 % en 2018.

1.3.2. La TVA demeure la principale source d'impôts généraux sur la consommation, et de loin

En 2018, la TVA est restée la principale source d'impôts généraux sur la consommation dans la zone OCDE, en moyenne, et un vecteur essentiel de recettes fiscales pour ces pays (voir le Tableau annexe 1.A.4 en annexe à ce chapitre). Les recettes issues de la TVA en pourcentage du PIB ont légèrement augmenté, passant de 6.7 % en 2015 à 6.8 % en 2018 en moyenne, et ont augmenté en pourcentage du total des recettes fiscales de 20.3 % à 20.4 % au cours de la même période

25 des 36 pays dotés d'un régime de TVA ont enregistré une progression de leurs recettes de TVA en pourcentage du PIB entre 2015 et 2018, tandis que 8 pays ont constaté une diminution et 3 pays n'ont pas observé d'évolution. La Pologne et la Grèce sont les pays qui ont connu la plus forte hausse (respectivement 1.1 et 1.0 point de pourcentage), tandis que les baisses sont restées relativement modestes, le Luxembourg étant le pays où la baisse a été la plus marquée (0.4 point de pourcentage).

La TVA est désormais appliquée dans 36 des 37 pays de l'OCDE, les États-Unis étant le seul pays de l'OCDE à ne pas l'avoir adoptée. En 1975, treize des pays membres actuels de l'OCDE étaient dotés d'un régime de TVA (voir le Tableau 2.A.1 en annexe du chapitre 2). La Colombie, l'Espagne, la Grèce, l'Islande, le Japon, le Mexique, la Nouvelle Zélande, le Portugal et la Turquie ont mis en place un système de TVA dans les années 80, et la Suisse a suivi peu après. Les économies d'Europe centrale ont introduit un système de TVA à la fin des années 80 et au début des années 90, souvent inspiré du modèle de l'Union européenne (UE) et dans la perspective de leur future adhésion à l'UE. L'Australie a mis en place une TVA (« taxe sur les biens et services, TPS ») en 2000.

La part de la TVA dans le total des recettes fiscales au sein des 36 pays de l'OCDE qui appliquent une TVA s'inscrit dans une très large fourchette, allant de 12-13 % (Australie, Canada, Japon, Suisse) à 26-27 % (Estonie, Lettonie, Lituanie), et atteignant 29.4 % en Colombie et 29.8 % en Nouvelle Zélande et 41.2 % au Chili (voir le graphique1.2 et le Tableau annexe 1.4). La TVA génère au moins 15 % du total des recettes fiscales dans 31 des 36 pays de l'OCDE dotés d'une TVA et représente plus de 20 % du total des recettes fiscales dans 21 de ces pays.

Graphique 1.2. Part des taxes sur la valeur ajoutée en pourcentage du total des recettes fiscales, 2018

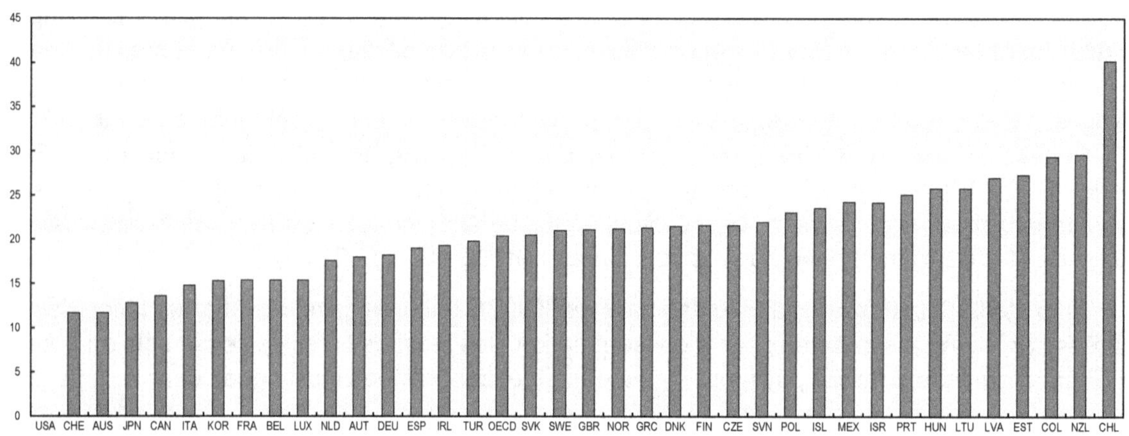

Source : Adapté des *Statistiques des recettes publiques 2020,* Éditions OCDE, Paris. (OCDE, 2020[11]).

StatLink https://doi.org/10.1787/888934225550

De nombreux facteurs influent sur le niveau des recettes de TVA et sur leur importance dans la composition des recettes fiscales d'un pays. À l'évidence, les décisions de politique fiscale concernant l'équilibre entre les différentes sources de recettes publiques jouent un rôle essentiel, mais l'efficience du système fiscal et sa capacité à collecter efficacement la TVA sont également décisives. Le principal facteur déterminant le niveau des recettes de TVA (et leur évolution) est la capacité d'un pays à prélever la TVA sur sa base naturelle, à savoir la consommation finale, minorée par l'application de taux réduits et d'exemptions, et sa capacité à combattre la fraude et la planification fiscales. La capacité à collecter la TVA sur les fournitures en provenance de l'étranger dans le contexte de la transformation numérique de l'économie joue également un rôle croissant. Ces facteurs d'efficience, dont l'impact est estimé par le ratio des recettes de TVA (voir le chapitre 2), jouent souvent un rôle plus important dans les recettes de TVA collectées par un pays que le niveau du taux normal de TVA (Michael Keen, 2013[3]).

1.3.3. Les impôts sur des biens et des services déterminés représentent désormais moins de 10 % du total des recettes fiscales

Le Tableau annexe 1.A.3 montre que les recettes provenant des impôts sur des biens et des services déterminés ont régulièrement diminué en pourcentage du PIB de 1975 à 2010 (4.6 % en 1975 et 3.3 % en 2010) et sont restées stables en moyenne depuis lors, à 3.2 % en 2018. La part des impôts sur des biens et des services déterminés dans le total des recettes fiscales a suivi la même évolution et a continué de décroître de 1975 à 2016 (17.7 % en 1975 à 10.1 % en 2015, le repli atteignant 9.6 % en moyenne en 2018). La part de ces impôts dans le total des recettes fiscales s'est contractée dans pratiquement tous les pays de l'OCDE depuis 1975.

Les droits d'accise constituent la majeure partie des impôts sur des biens et des services déterminés, puisqu'ils représentaient 2.4 % du PIB en moyenne en 2018, contre 2.5 % en 2015. Entre 2015 et 2018, les recettes générées par les droits d'accise en pourcentage du PIB ont baissé dans 19 pays de l'OCDE, ont augmenté dans 7 pays et sont restées inchangées dans 11 pays. Ces impôts sont examinés plus en détail dans les chapitres 3 et 4.

En conséquence de cette tendance à long terme, la composition des impôts sur la consommation s'est radicalement transformée au fil du temps. La montée en puissance de la TVA est venue compenser le recul de la part des impôts sur des biens et des services déterminés (voir graphique 1.3). Seule la Turquie collecte plus de 15 % de ses recettes fiscales à partir des impôts sur des biens et services déterminés, qui représentent 19.2 % de l'ensemble de ses recettes fiscales, contre une moyenne de 9.6 % au sein de l'OCDE.

Graphique 1.3. Part des impôts sur la consommation en pourcentage du total des recettes fiscales, 1968-2018

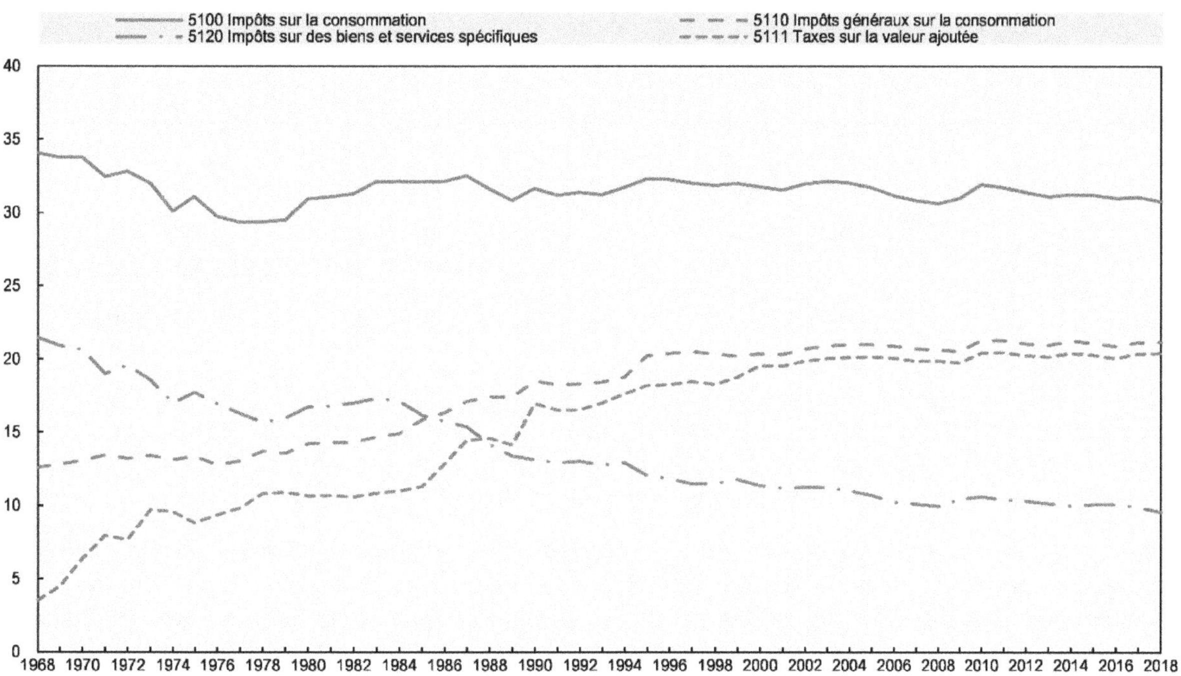

Source : Adapté des *Statistiques des recettes publiques 2020,* Éditions OCDE, Paris. (OCDE, 2020[1]).

StatLink https://doi.org/10.1787/888934225569

Les graphiques 1.3 et 1.4 montrent l'évolution de la structure fiscale ou de la composition des recettes fiscales dans les pays de l'OCDE de 1965 à 2018. Les structures fiscales sont mesurées par la part des principaux impôts rapportée au total des recettes fiscales. En moyenne, les impôts sur le revenu des personnes physiques (impôts sur le revenu des particuliers et cotisations de sécurité sociale) ont légèrement augmenté au cours de cette période, générant la moitié des recettes fiscales totales en 2018. Avec plus de 20 % du total des recettes fiscales, la TVA est la troisième source de recettes fiscales pour les pays de l'OCDE en moyenne, devant les impôts sur les bénéfices des sociétés, les impôts sur les salaires et les impôts sur le patrimoine. La part des impôts sur les bénéfices des sociétés est restée relativement stable sur le long terme, atteignant 10 % du total des recettes fiscales en 2018.

Graphique 1.4. Évolution de la structure fiscale en pourcentage du total des recettes fiscales, 1965-2018

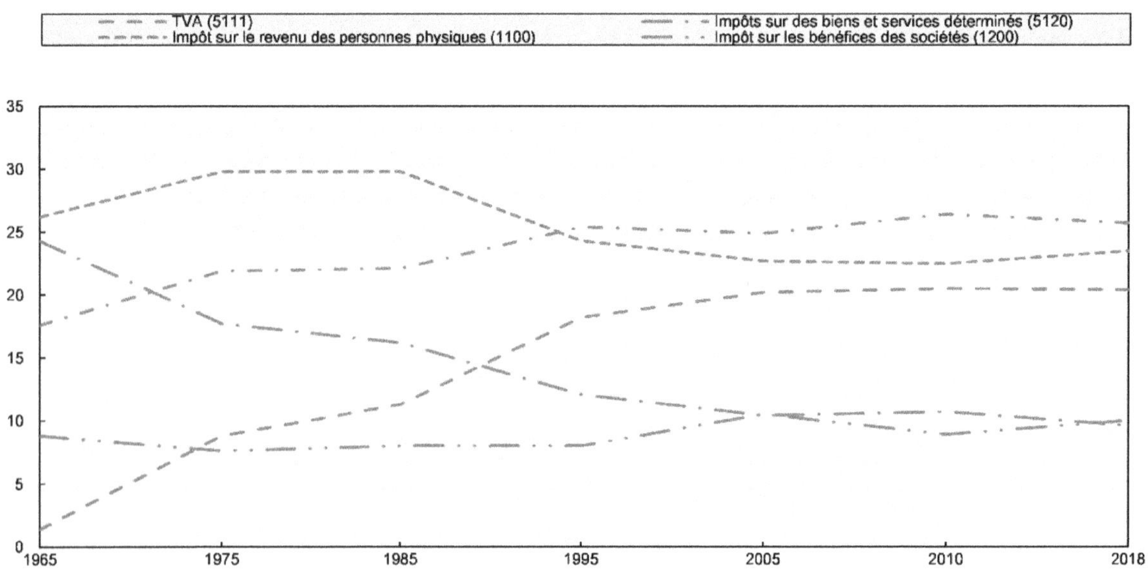

Source : Adapté des *Statistiques des recettes publiques 2020*, Éditions OCDE, Paris. (OCDE, 2020[11]).

StatLink https://doi.org/10.1787/888934225588

1.4. Expansion de la TVA

L'expansion de la TVA a constitué l'une des principales évolutions en matière fiscale intervenue au cours du dernier demi-siècle. Circonscrite à moins de 10 pays à la fin des années 60, la TVA représente actuellement une source majeure de recettes dans plus 170 pays (voir le graphique 1.5 et l'annexe A).

Le caractère de neutralité de la TVA dans le contexte des échanges nationaux et internationaux a encouragé sa propagation partout dans le monde. De nombreux pays en développement ont mis en place un système de TVA au cours des dernières décennies pour compenser la perte de recettes issues des taxes sur les échanges suite à une libéralisation du commerce. Dans l'Union européenne, la TVA est directement associée au développement de son marché intérieur. L'adoption d'un système commun de TVA au sein de l'Union européenne avait pour but de supprimer les distorsions commerciales associées aux impôts indirects en cascade que ce système remplaçait et de faciliter la création d'un marché commun dans lequel les États membres ne peuvent pas utiliser les impôts sur la production et la consommation pour protéger leur marché national ou pour obtenir un avantage compétitif par rapport aux autres États membres. Une TVA est appliquée dans 36 des 37 pays de l'OCDE, la seule exception étant les États-Unis.

Graphique 1.5. Pays dotés d'une TVA, 1960 – 2020

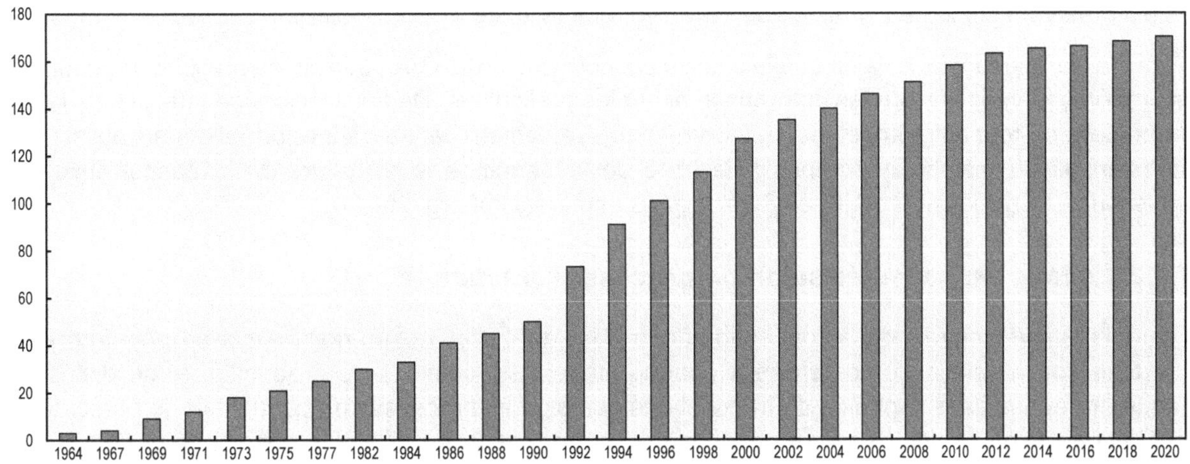

Source : Travaux de l'auteur basés sur Fabiola Annacondia 2019.

StatLink https://doi.org/10.1787/888934225607

1.5. Principales caractéristiques conceptuelles de la TVA

Bien que la manière dont les systèmes de TVA ont été mis en œuvre varie considérablement, cet impôt peut se définir par son objectif et son mécanisme spécifique de collecte de la taxe. Les *Principes directeurs internationaux pour la TVA/TPS* (OCDE, 2017[4]) donnent une vue d'ensemble des caractéristiques essentielles de la TVA, qui sont résumées ci-après.

1.5.1. La TVA est un impôt sur la consommation finale

L'objectif primordial d'un système de TVA est d'imposer la consommation finale sur une assiette large, le terme consommation devant être entendu comme la consommation finale des ménages. En principe, seules les personnes physiques, à la différence des entreprises, réalisent une consommation qui est visée par la TVA. « Les entreprises achètent et utilisent des biens d'investissement, des fournitures de bureau et autres – mais elles ne les consomment pas au sens propre du terme » (Hellerstein, 2010[5]). Néanmoins, en pratique, nombreux sont les systèmes de TVA qui grèvent non seulement la consommation des personnes physiques, mais aussi celle de diverses entités exerçant des activités non commerciales.

D'un point de vue juridique et pratique, la TVA est essentiellement un impôt sur les transactions. Dans la « vie réelle », la consommation peut prendre plusieurs formes. Certaines choses peuvent être consommées intégralement et immédiatement (comme un trajet en taxi) ; d'autres peuvent être achetées et intégralement consommées plus tard (comme un sandwich) ; d'autres encore peuvent être consommées sur une plus longue durée (comme une chaise de bureau ou un abonnement à une base de données en ligne). Fondamentalement toutefois, la TVA ne grève pas cette consommation matérielle. Elle a pour finalité de taxer la vente au consommateur final par un processus de paiement fractionné tout au long de la chaîne de transactions.

Le processus de paiement fractionné signifie qu'en principe, la TVA est perçue sur les ventes aux entreprises (B2B) ainsi que sur les ventes aux consommateurs privés (B2C). Toutefois, sa finalité étant de grever la consommation finale des ménages, la charge de la TVA ne devrait normalement pas reposer sur les entreprises elles-mêmes, sauf lorsque la législation le prévoit expressément (par exemple, dans le cas d'achats effectués pour la consommation privée par les propriétaires des entreprises ou par leurs salariés). Pour ce faire, les entreprises ont le droit de déduire la TVA qu'elles acquittent sur leurs intrants de la TVA qu'elles prélèvent sur leurs ventes, et de ne verser que le solde à l'administration fiscale.

On pourrait cependant faire valoir que la charge économique de la TVA pourrait, en pratique, reposer selon des proportions variables sur les entreprises et sur les particuliers. De fait, l'incidence effective de la TVA, comme celle de tout autre impôt, est déterminée non seulement par sa nature formelle mais aussi par les circonstances du marché, y compris l'élasticité de la demande et la nature de la concurrence entre fournisseurs (LEbrill@imf.org/MKeen@imf.org/VSummers@imf.org, 2001[6]).

1.5.2. La taxe est collectée selon un processus fractionné

La caractéristique centrale de la conception de la TVA, dont elle tire son nom, est la collecte fractionnée de la taxe sur la valeur ajoutée créée à chaque stade du processus de production et de distribution. Chaque entreprise dans la chaîne de transactions participe au processus de contrôle et de perception de l'impôt et paie la proportion de taxe reposant sur sa marge, c'est-à-dire la différence entre la TVA imposée sur ses intrants taxables et la TVA imposée sur ses ventes taxables. Les entreprises collectent auprès de leurs clients la TVA sur la valeur de leurs ventes et sont autorisées à déduire la taxe payée sur leurs achats ; elles doivent alors calculer et verser la différence à l'administration fiscale (ou peuvent bénéficier d'un remboursement). À cet égard, la TVA se distingue d'une taxe sur les ventes au détail, qui impose la consommation en une seule étape, en principe au niveau du point de vente final.

Cette caractéristique centrale de la TVA, associée au principe fondamental selon lequel la charge de la taxe ne devrait pas reposer sur les entreprises mais sur les consommateurs finals, nécessitent un mécanisme qui permet aux entreprises de déduire la taxe qu'elles ont payée sur leurs propres achats de produits, de services ou de biens incorporels.

Il existe deux méthodes principales pour mettre en œuvre le mécanisme du paiement fractionné :

- Selon la méthode soustractive indirecte (qui est une méthode fondée sur les transactions), chaque opérateur facture la TVA au taux prescrit sur chacune de ses prestations ou livraisons et remet à l'acheteur une facture indiquant le montant de la taxe facturée. L'acheteur peut à son tour déduire ce montant de taxe d'amont de la taxe facturée à ses clients. Il paiera le solde à l'administration fiscale ou percevra un remboursement le cas échéant. Cette méthode se fonde sur des factures qui peuvent, en principe, faire l'objet d'une vérification croisée pour détecter toute surestimation du montant déductible. En établissant un lien entre la déduction de la taxe sur les intrants de l'acheteur et la taxe payée par l'acheteur, la méthode soustractive indirecte vise à décourager la fraude.
- Selon la méthode soustractive directe (qui est une méthode fondée sur les entités), la taxe est appliquée directement à une mesure comptable de la valeur ajoutée, déterminée pour chaque entreprise en déduisant la TVA calculée sur les achats admissibles de celle calculée sur les prestations imposables.

Presque toutes les juridictions qui ont une TVA suivent la méthode soustractive indirecte. Parmi les pays membres de l'OCDE, seul le Japon utilise la méthode soustractive directe, dans laquelle la TVA sur les ventes imposables (taxe d'aval) est calculée en multipliant le montant total des ventes imposables par le taux de TVA ; pour sa part, le montant de la taxe d'amont déductible est calculé en soustrayant la TVA du montant total des achats TVA comprise tel qu'il ressort de la comptabilité des achats de l'entreprise (y compris les achats auprès de fournisseurs exemptés, tels que les petites entreprises non immatriculées, afin de ne pas créer d'incitations à acheter à des entreprises imposables), mais en excluant les ventes exonérées telles que les services financiers. La TVA due est calculée sur une base annuelle, sauf pour certaines entreprises qui peuvent opter pour une périodicité trimestrielle (les exportateurs qui peuvent prétendre aux remboursements de TVA, par exemple). L'émission de factures mentionnant la TVA n'est pas obligatoire ; les entreprises sont tenues de documenter leur application de la TVA et cette documentation peut contenir des factures.

1.5.3. La TVA est un impôt neutre

Le mécanisme de paiement fractionné, selon lequel la taxe est en principe collectée auprès des entreprises uniquement sur la valeur ajoutée à chaque stade de la production et de distribution, confère à la TVA sa principale caractéristique dans les échanges nationaux : sa neutralité économique. Le droit à déduction intégral de la taxe d'amont tout au long de la chaîne des transactions, à l'exception du consommateur final, garantit la neutralité de la taxe quels que soient la nature du produit, la structure de la chaîne de distribution et les moyens mis en œuvre pour sa fourniture (par exemple, magasins de détail, livraison à domicile, téléchargements sur Internet). En application du mécanisme du paiement fractionné, la TVA « transite par les entreprises » pour grever uniquement les ventes au consommateur final.

Lorsque, sur une période donnée, la TVA déductible sur les intrants est supérieure à la TVA collectée sur les ventes, le paiement excédentaire de TVA qui est ainsi généré devrait être en principe remboursé. C'est notamment le cas pour les exportateurs, dont les ventes sont en principe exonérées de TVA (exemption avec droit à déduction la taxe d'amont correspondante) en vertu du principe de destination, et pour les entreprises dont les achats dépassent les ventes au cours de la même période (entreprise nouvelle ou en développement ou entreprise saisonnière, par exemple). Compte tenu du rôle important joué par ces catégories d'entreprise dans l'expansion économique, il est essentiel que les systèmes de TVA traitent efficacement ces soldes excédentaires pour éviter que ces entreprises ne subissent des distorsions majeures et coûteuses. Parallèlement, cependant, le paiement de remboursements peut de toute évidence ouvrir d'importantes possibilités de fraude et de corruption. Aussi, tout système de remboursement efficace doit être correctement administré, et étayé par une stratégie de conformité bien conçue et fondée sur les risques, et par une stratégie globale de vérification (LEbrill@imf.org/MKeen@imf.org/VSummers@imf.org, 2001[7]).

Lorsque le droit à déduction couvre tous les intrants de l'entreprise, ce n'est pas sur les entreprises, mais sur les consommateurs que repose en définitive le paiement de la taxe. Ce n'est pas toujours le cas dans la pratique, car le droit de déduire la taxe d'amont peut faire l'objet de restrictions de plusieurs manières. Certaines sont délibérées et d'autres le résultat d'une administration imparfaite (voir chapitre 2).

Les restrictions délibérées à la déduction de la TVA en amont viennent, en particulier, de l'application d'exonérations de TVA. Quand une vente est exonérée de TVA, aucune TVA n'est facturée sur cette vente et le fournisseur n'a pas le droit de déduire la TVA acquittée en amont. De nombreux systèmes de TVA prévoient de telles exonérations pour des raisons sociales (santé, éducation et œuvres de bienfaisance), pratiques (services financiers, assurance) ou historiques (biens immobiliers, terrains).

D'autres restrictions au droit de déduire la TVA d'amont concernent les achats utilisés, ou réputés utilisés, pour une consommation privée par les propriétaires d'une entreprise, par ses salariés ou ses clients (par exemple des voitures et des divertissements).

Le chapitre 2 des *Principes directeurs internationaux pour la TVA/TPS* de l'OCDE présente les principes fondamentaux de neutralité de la TVA et un ensemble de normes internationalement acceptées à l'appui de la neutralité de la TVA dans le contexte des échanges internationaux.

1.6. Principales caractéristiques conceptuelles des taxes sur les ventes au détail

Une taxe sur les ventes au détail est un impôt général sur la consommation à la charge de l'utilisateur final et appliqué une seule fois sur les produits au point de vente ultime. En principe, seuls les consommateurs doivent la payer ; les revendeurs en sont exonérés s'ils ne sont pas les utilisateurs finals des produits. Pour mettre en œuvre ce principe, les entreprises acheteuses sont généralement tenues de remettre au vendeur un « certificat de revente », qui précise qu'elles achètent un article pour le revendre, ou une attestation équivalente qui prouve que l'entreprise se conformera à ses éventuelles obligations fiscales (un certificat de paiement direct, par exemple, qui est analogue au concept de l'autoliquidation). La taxe est facturée sur chaque article vendu aux acheteurs qui ne produisent pas un tel certificat ou une attestation équivalente. La taxe sur les ventes au détail concerne non seulement les détaillants, mais aussi toutes les entreprises qui traitent avec des acheteurs qui ne fournissent pas de certificat de revente ou un autre document précisant qu'aucune taxe n'est due (par exemple, un organisme public ou une œuvre de bienfaisance, sauf si une exonération spécifique s'applique).

L'assiette d'imposition est le prix de vente. Comme la TVA, et contrairement aux taxes en cascade, ce système permet un calcul précis de la charge fiscale et ne fait en principe aucune discrimination entre différents types de circuits de production ou de distribution. Dans la pratique, cependant, du moins aux États-Unis, bon nombre de services ne peuvent être assujettis à la taxe sur les ventes au détail et l'exonération en cas de revente se limite aux produits qui sont revendus sous une forme identique à celle qu'ils avaient quand ils ont été achetés, ou qui sont matériellement intégrés aux produits qui sont revendus, ce qui entraîne une lourde imposition des intrants des entreprises.

En théorie, la TVA et la taxe sur les ventes au détail devraient aboutir aux mêmes résultats finaux : en définitive, ces deux impôts visent chacun à imposer la consommation finale d'un large éventail de produits sur le lieu de consommation. Elles s'appliquent aussi l'une comme l'autre aux dépenses de consommation, à savoir à la transaction entre le vendeur et l'acheteur plutôt qu'à la consommation à proprement parler. Dans la pratique, cependant, le résultat final peut être différent, dans la mesure où le mode de collecte de l'impôt est lui-même différent. Contrairement à la TVA, qui est une taxe collectée à chaque étape de la chaîne de valeur selon un système de paiement fractionné (voir la section 1.5 ci-avant), les taxes sur les ventes ne sont prélevées qu'au tout dernier stade, autrement dit au moment de la vente par le détaillant au consommateur final. Cette dernière méthode présente de grands inconvénients. En effet, plus le taux est élevé, plus la pression exercée sur le maillon le plus faible de la chaîne - le détaillant - est forte, en particulier pour les nombreux petits détaillants. Toutes les recettes sont menacées si le détaillant ne paie pas la taxe aux autorités et la piste qui pourrait permettre de procéder à des vérifications et de retracer les factures est moins bonne que dans le système de TVA, surtout en ce qui concerne les services. En outre, les recettes ne sont pas sécurisées au moment de l'importation, ce qui peut poser un problème crucial à de nombreux pays en développement. En conséquence, une telle taxe est efficace à des taux relativement bas, mais elle est de plus en plus difficile à administrer à mesure que les taux augmentent (Smith et Tait, 1990[8]).

Les États-Unis sont le seul pays de l'OCDE ayant opté pour une taxe sur les ventes au détail comme principal impôt sur la consommation. Cela étant, cette taxe n'est pas un impôt national. Elle est en fait un impôt infranational prélevé à l'échelon des différents États et des collectivités. Actuellement, 45 des 50 États, ainsi que des milliers de juridictions fiscales locales, lèvent des taxes générales sur les ventes au détail. Dans la plupart des cas, la couverture des taxes locales est pratiquement identique à celles des États, elles sont administrées au niveau des États et correspondent en substance à une simple majoration du taux de la taxe de l'État, les recettes supplémentaires étant transférées aux collectivités locales. Les taxes sur les ventes au détail sont complétées dans chaque État par des taxes d'« utilisation » fonctionnellement identiques, appliquées aux biens achetés auprès de vendeurs situés à l'extérieur de l'État, car les États n'ont pas le pouvoir de taxer des « ventes » qui n'ont pas lieu sur leur sol et appliquent donc une taxe complémentaire au titre de « l'utilisation » sur leur territoire (Jerome R. Hellerstein, 2020[9]).

Aux États-Unis, les taux combinés des taxes sur les ventes des États et des collectivités locales varient considérablement, de 1.76 % (Alaska), 4.44 % (Hawaï) et 5.46 % (Wisconsin) à 9.53 % (Tennessee), 9.52 % (Louisiane) et 9.47 % (Arkansas). Cinq États n'ont pas de taxe sur les ventes à l'échelle de l'État entier (Alaska, Delaware, Montana, New Hampshire et Oregon), et parmi ces États, seul l'Alaska autorise les collectivités locales à appliquer des taxes sur les ventes locales et le Montana autorise le prélèvement de taxes spéciales dans des lieux de villégiature (Janelle Cammenga, 2020[10]). Ces taux sont nettement inférieurs aux taux de TVA applicables dans les pays de l'OCDE (sauf au Canada, au Japon et en Suisse). Cela s'explique par deux principaux facteurs : les risques d'indiscipline fiscale associés à la méthode de collecte de l'impôt sur les ventes (voir ci-avant) et la concurrence entre juridictions (voir ci-après).

Les taxes sur les ventes au détail et les taxes d'utilisation en vigueur aux États-Unis sont soumises à de fortes pressions concurrentielles, surtout dans le contexte des échanges entre États et internationaux. Avant la décision de la Cour suprême dans l'affaire *South Dakota v. Wayfair, Inc.* (juin 2018), les décisions de la Cour suprême interprétant les restrictions constitutionnelles à l'imposition des États interdisaient à ceux-ci d'exiger des vendeurs qu'ils collectent la taxe sur les ventes réalisées à l'occasion d'échanges entre États quand ils n'étaient pas physiquement présents dans l'État de l'acheteur. Les États n'étaient donc pas en mesure de recouvrer efficacement les taxes d'utilisation sur les ventes entre États dans les cas de ventes à distance, un problème qui a pris de l'ampleur avec l'avènement de l'Internet et des ventes en ligne. Dans l'affaire *Wayfair*, la Cour a supprimé le critère de présence physique pour l'application des obligations de collecte de la taxe par les vendeurs à distance, le jugeant « peu judicieux et incorrect », et a confirmé une législation du Dakota du Sud qui impose ces obligations aux vendeurs à distance qui réalisent un chiffre d'affaires annuel dans l'État supérieur à 100 000 USD ou qui accomplissent au moins 200 transactions distinctes dans l'État. En remplacement de l'exigence de présence physique des vendeurs à distance dans l'État où sont situés leurs clients, la Cour a adopté une règle du lien avec l'État (« nexus ») qui cherche à déterminer si l'entité qui doit collecter l'impôt « peut se prévaloir du privilège essentiel de mener des activités » dans l'État sur la base de ses « contacts économiques et virtuels » avec cet État.

Bien que les principes généraux décrits par la Cour dans l'affaire *Wayfair* ne donnent guère d'indications aux administrations fiscales et aux conseillers fiscaux des États quant à la nature et au degré des contacts « économiques et virtuels » qui satisfont à la règle du lien applicable aux vendeurs à distance, la Cour a mis en évidence plusieurs caractéristiques de la législation du Dakota du Sud qui, selon elle, visaient à alléger les contraintes pesant sur les échanges entre États et qui aident ainsi implicitement les États à concevoir leur régime fiscal à l'avenir. Premièrement, la règle de lien prévoit une clause de protection en faveur des vendeurs qui réalisent un faible volume de transactions dans l'État. Deuxièmement, la législation ne s'applique pas de façon rétroactive. Troisièmement, le Dakota du Sud est l'un des États (plus d'une vingtaine au total) à avoir adopté l'Accord de rationalisation de la taxe sur les ventes et de la taxe d'utilisation (SSUTA – qui peut être consulté sur www.streamlinedsalestax.org), qui « harmonise les taxes de manière à réduire les coûts administratifs et de conformité ». Comme la Cour l'explique : « Cet Accord exige l'existence d'une administration fiscale unique au niveau de l'État, une définition uniforme des produits et des services, un barème de taux d'imposition simplifié et d'autres règles harmonisées. Il donne aussi aux vendeurs accès gratuitement au logiciel d'administration de la taxe fourni par l'État. Les vendeurs qui choisissent d'utiliser ce logiciel échappent à l'obligation d'audit ». De fait, en novembre 2020, 42 des 45 États dotés de taxes sur les ventes avaient adopté une législation ou des dispositions administratives imposant des obligations de collecte de la taxe aux vendeurs à distance et aux plateformes numériques en fonction de seuils analogues à ceux défendus par la Cour dans l'affaire *Wayfair*, et plus de la moitié de ces États sont membres du SSUTA, un chiffre appelé à croître à l'avenir. On notera également que le Congrès des États-Unis a en dernier ressort le pouvoir (indépendamment de règles de lien éventuelles préexistantes établies par la justice) de définir les conditions auxquelles les vendeurs à distance doivent collecter la taxe sur les ventes entre États, et pourrait approuver une proposition de loi qui autoriserait les États à exiger cette collecte s'ils ont adopté le SSUTA ou des mesures semblables pour permettre aux vendeurs de se conformer plus facilement à leurs obligations fiscales.

1.7. Principales caractéristiques des impôts sur la consommation de biens et de services déterminés

Dans la nomenclature de l'OCDE, les impôts sur des biens et des services déterminés (5120) englobent différents types de taxes comme les accises, les droits de douane et les taxes à l'importation, les taxes à l'exportation et les taxes sur des services déterminés. Les Tendances des impôts sur la consommation s'intéressent uniquement aux droits d'accise.

Un certain nombre de caractéristiques générales différencient les droits d'accise des taxes sur la valeur ajoutée :

- Ils sont perçus sur un nombre limité de produits.
- Ils ne sont normalement dus qu'au moment où les marchandises sont mises à la consommation, souvent au dernier stade dans la chaîne des transactions.
- Les accises sont généralement calculées sur la base du poids, du volume, de la teneur ou de la quantité du produit, combinés dans certains cas avec des taxes *ad valorem*.
- À la différence de la TVA, le système des accises est donc caractérisé par un petit nombre d'assujettis au stade de production ou du commerce de gros (même si, dans certains cas, les accises peuvent aussi être perçues au stade de la revente).

Comme la TVA, les accises se veulent neutres pour les échanges internationaux. La taxe étant normalement collectée quand les biens sont mis à la consommation, la neutralité est souvent assurée en exemptant les biens ciblés des droits d'accise dans des régimes de contrôle (comme les entrepôts sous douane) et au moyen d'une certification de l'exportation finale (là encore dans des conditions contrôlées) délivrée par les services douaniers. De même, pour les marchandises importées soumises à accises, le prélèvement se fait au moment de l'importation, même si les marchandises sont fréquemment couvertes par des régimes contrôlés de franchise d'impôt jusqu'à leur mise à la consommation.

Les accises peuvent couvrir une grande diversité de produits comme le sel, le sucre, les allumettes, les jus de fruits ou les chocolats. Cependant, la gamme des produits soumis à accises a diminué avec l'expansion des impôts généraux sur la consommation. Par contre, les accises sur l'alcool, le tabac et les hydrocarbures sont de plus en plus utilisées par les États pour influencer le comportement des consommateurs, et continuent de générer des recettes publiques considérables (voir le chapitre 3).

Ces dernières décennies, une tendance a émergé qui a consisté à attribuer à ces taxes d'autres fonctions que la simple collecte de recettes. Certains droits d'accise ont été adaptés pour décourager des comportements jugés dangereux, notamment dans le domaine de la santé et de l'environnement. Cela vaut en particulier pour les droits d'accise sur le tabac et l'alcool, dont les taux ont été progressivement relevés afin de freiner la consommation de ces produits. La structure de certains droits d'accise, par exemple sur les carburants routiers et les véhicules, a aussi progressivement changé pour favoriser un comportement plus responsable en faveur du bien-être collectif, notamment de l'environnement (voir le chapitre 3).

1.8. TVA et échanges internationaux – le principe de destination

1.8.1. Le choix du principe de destination

L'objectif essentiel de la TVA, qui grève la consommation finale, conjugué à sa caractéristique de taxe à paiement fractionné, qui est le pilier de la conception de cette taxe, posent les bases des principes de la TVA appliquée aux échanges internationaux. L'enjeu central de politique économique au regard de l'application de la TVA au niveau international est de déterminer si la taxe doit être perçue par la juridiction d'origine ou par celle de destination. Selon le principe de destination, l'impôt est perçu entièrement sur la consommation finale qui a lieu dans la juridiction d'imposition. Selon le principe d'origine, l'impôt est perçu dans les différentes juridictions où de la valeur ajoutée est créée. La principale différence économique entre ces deux principes est que, avec le principe de destination, toutes les entreprises d'une juridiction donnée se livrent concurrence sur un pied d'égalité, tandis qu'avec le principe d'origine, ce sont les consommateurs des différentes juridictions qui se trouvent sur un pied d'égalité.

De solides arguments économiques et politiques plaident en faveur de l'adoption du principe de destination. Premièrement, une TVA fondée sur le principe de destination garantit aux pays la liberté de choisir les taux auxquels ils souhaitent taxer la consommation intérieure. Deuxièmement, en l'absence d'un taux de TVA et d'exemptions uniformes au niveau mondial, l'adoption du principe d'origine aboutirait à des écarts de prix dans le pays pour les mêmes biens, dans la mesure où ils peuvent être soumis à des taux de TVA différents, qui peuvent eux-mêmes différer des taux applicables à la production intérieure. Aussi, le principe d'origine introduit des inefficiences au niveau de la production et implique un certain degré de protection, positive ou négative, de la production intérieure pour chaque pays, fondée sur son taux de TVA par rapport à celui de ses partenaires commerciaux (Victoria J Perry ; Katherine Baer ; Emil M Sunley, 1996[11]).

À l'inverse, l'application du principe de destination en matière de TVA assure la neutralité des échanges internationaux. Selon le principe de destination, les exportations sont exonérées puisque la taxe sur les intrants est déductible (elles se font donc en franchise de TVA) et les importations sont taxées sur la même base et aux mêmes taux que les transactions intérieures. Dès lors, le total de la taxe payée pour une transaction est déterminé par les règles en vigueur dans la juridiction de consommation, et par conséquent toutes les recettes reviennent à la juridiction où a lieu la fourniture au consommateur final.

Pour toutes ces raisons, un large consensus se dégage en faveur du principe de destination, qui est de fait la norme internationale sanctionnée par les règles de l'Organisation mondiale du commerce et il compte parmi les principes essentiels sur lesquels se fondent les *Principes directeurs internationaux pour la TVA/TPS* de l'OCDE.

Les systèmes de taxes sur les ventes au détail, même s'ils fonctionnent différemment dans la pratique, ont aussi pour but d'imposer la consommation de biens et, dans une certaine mesure, de services, dans la juridiction de consommation. Les produits exportés sont généralement exonérés de la taxe sur les ventes afin d'assurer une certaine neutralité pour les échanges internationaux. Cela étant, dans la plupart des systèmes de taxes sur les ventes, les entreprises supportent dans une certaine mesure une taxe non récupérable sur leurs intrants et, si elles exportent des marchandises par la suite, leur prix intègrera en partie cette taxe.

L'application du principe de destination présente toutefois certaines difficultés particulières. Premièrement, comme on l'a vu, la méthode habituelle de mise en œuvre de ce principe pour la TVA consiste à exonérer les exportations, ce qui signifie que les biens et les services qui font l'objet d'échanges internationaux circulent en franchise d'impôt. Les possibilités de fraude sont évidentes. Deuxièmement, bien que la plupart des règles actuellement en vigueur soient généralement destinées à imposer les ventes de biens et de services dans la juridiction où a lieu la consommation, en application du principe de destination, les moyens de concrétiser cet objectif varient d'un pays à l'autre. Cela peut, dans certains cas, entraîner une double imposition ou une non-imposition involontaire et créer des incertitudes à la fois pour les entreprises et les administrations fiscales. L'adoption des Principes directeurs internationaux pour la TVA/TPS de l'OCDE répond à ces difficultés (voir ci-après).

1.8.2. Mise en œuvre du principe de destination

Si le principe de destination est largement accepté en tant que base d'application de la TVA aux échanges commerciaux internationaux, sa mise en œuvre varie néanmoins selon les juridictions. Cette hétérogénéité peut entraîner une double imposition ou une non-imposition involontaire, et être source de complexité et d'incertitude pour les entreprises et les administrations fiscales.

L'application du principe de destination suppose que le système de TVA permette d'identifier la destination des fournitures. La TVA étant généralement appliquée transaction par transaction, les systèmes de TVA comprennent des règles relatives au « lieu d'imposition » couvrant toutes les transactions, grâce à des « critères présomptifs » qui précisent le lieu où le bien ou le service fourni est supposé être utilisé par une entreprise dans son processus de production et de distribution (si l'acheteur est une entreprise) ou être consommé (si l'acheteur est un consommateur final).

Les paragraphes suivants offrent un bref aperçu des mécanismes permettant d'identifier la destination d'une fourniture, d'abord dans le cas des biens, puis dans celui des services.

1.8.3. Application aux échanges internationaux de biens

Aux fins de la TVA, le terme de « biens » désigne le plus souvent des « biens corporels ». L'application de la TVA aux fournitures de biens dépend normalement du lieu où se trouvent les biens au moment de la transaction et/ou de celui où ils se trouvent à l'issue de celle-ci. La fourniture d'un bien est en principe assujettie à la TVA dans le pays où se trouve le bien lorsque la transaction a lieu. Lorsqu'une transaction implique le déplacement de biens d'une juridiction vers une autre, les biens exportés sont généralement exonérés de la TVA dans la juridiction du vendeur (ils sont expurgés de toute TVA supportée en amont grâce aux déductions successives de la taxe d'amont effectuées par les entreprises), tandis que les importations sont assujetties à la même TVA que les biens intérieurs équivalents dans la juridiction de l'acheteur. La TVA sur les importations est généralement perçue auprès de l'importateur en même temps que les droits de douane, quand les biens sont encore sous contrôle douanier, bien que certaines juridictions reportent son recouvrement jusqu'à la déclaration de TVA de l'importateur. La déduction de la TVA acquittée sur les importations, au même titre que la déduction de la taxe d'amont dans le cas d'une transaction intérieure, garantit la neutralité et limite les distorsions des échanges internationaux.

À l'intérieur de l'Union européenne, au sein de laquelle les barrières douanières et les frontières fiscales ont été abolies en 1993, c'est le système de livraison intracommunautaire (exonération de la TVA dans l'État membre d'origine) et d'acquisition intracommunautaire (taxe appliquée dans l'État membre de destination) pour les fournitures interentreprises qui permet l'application du principe de destination même en l'absence de procédures douanières.

De nombreux systèmes de TVA prévoient une exonération « *de minimis* » des importations de biens de valeur relativement faible. Ces exonérations découlent le plus souvent du constat que les coûts administratifs supportés par les services des douanes pour assujettir ces biens de faible valeur aux droits et taxes dépasseraient probablement les recettes obtenues. La plupart des pays membres de l'OCDE disposent de tels mécanismes d'exonération de la TVA, dont les seuils varient considérablement d'un pays à l'autre, de 11 USD au Danemark à 200 USD en Colombie. Pour les pays de l'Union européenne, la législation en vigueur jusqu'au 1er juillet 2021 prévoit que les États membres doivent exonérer de la TVA l'importation de biens dont la valeur ne dépasse pas 10 EUR, et sont autorisés à accorder une exonération pour les biens importés d'une valeur supérieure à 10 EUR mais inférieure à 22 EUR. Tous les États membres de l'UE qui sont membres de l'OCDE ont opté pour le seuil supérieur de 22 EUR, sauf le Danemark qui applique le seuil inférieur de 10 EUR, ainsi que la France et la Pologne qui n'appliquent pas de seuil pour les biens importés dans le cadre d'une vente par correspondance. Cette exonération au sein de l'UE ne s'applique pas au tabac ou aux produits du tabac et aux produits alcoolisés. La Turquie n'applique pas de seuil et impose à la frontière toutes les importations de biens indépendamment de leur valeur.

Ces exonérations de TVA appliquées aux importations de biens de faible valeur sont de plus en plus controversées dans le contexte de l'essor de l'économie numérique. Telle est l'une des principales conclusions du rapport sur l'Action 1 du Projet OCDE/G20 sur l'érosion de la base d'imposition et le transfert de bénéfices (*Base Erosion and Profit Shifting*, ou BEPS) : *Relever les défis fiscaux posés par l'économie numérique* (OCDE, 2017[12]). Lorsque la plupart des exonérations relatives aux biens de faible valeur ont été mises en place, le commerce électronique n'existait pas, et le volume d'importations bénéficiant de cette exonération était relativement faible. Ces dernières années, cependant, de nombreux pays ont observé une croissance considérable et rapide du volume des importations de faible valeur de biens vendus en ligne non soumises à la TVA. Cela se traduit par des pressions concurrentielles potentiellement inéquitables sur les détaillants nationaux, qui sont, eux, tenus de facturer la TVA sur leurs ventes auprès des clients locaux, et par une baisse des recettes de TVA pour les gouvernements. Cela incite également les entreprises nationales à se délocaliser à l'étranger afin de bénéficier de l'exonération de la vente de biens de faible valeur. Le rapport de 2015 sur l'Action 1 du Projet BEPS reconnaît que la difficulté consiste à trouver un point d'équilibre entre deux exigences : d'une part, la nécessité de protéger les recettes fiscales en évitant les distorsions de la concurrence, et, d'autre part, celle de maintenir les coûts de recouvrement proportionnés aux montants de TVA collectée. Le rapport souligne que les autorités fiscales pourraient être en position d'éliminer ou de réduire leurs seuils d'exonération de TVA pour les importations de biens de faible valeur, si elles parviennent à améliorer l'efficacité du traitement de ces importations et de la collecte de la TVA correspondante. Il explore et évalue les approches possibles pour relever ce défi, faisant observer que le modèle de recouvrement auprès du vendeur représente la solution la plus prometteuse. Avec ce modèle, le vendeur (en ligne) de biens de faible valeur ou la plateforme numérique par l'intermédiaire de laquelle ces biens sont vendus doit s'enregistrer dans la juridiction d'importation et payer la TVA sur ces ventes dans cette juridiction en utilisant le même mécanisme d'enregistrement et de collecte simplifié que celui recommandé pour l'imposition des fournitures à distance de services et de biens incorporels au consommateur final (voir ci-après). Un tel modèle limite ou supprime la nécessité d'une intervention des autorités douanières dans le recouvrement de la TVA pour les importations de ces biens de faible valeur, puisque la TVA est perçue directement auprès du vendeur ou de la plateforme numérique au moment de la vente. Cette méthode de recouvrement peut s'appliquer aux biens qui sont uniquement soumis à la TVA à l'importation, qui sont en pratique des biens dont la valeur est inférieure au seuil d'exonération pour les droits de douane (généralement bien supérieur au seuil d'exonération de la TVA). Les biens soumis à des droits spécifiques tels que les accises ne seraient en principe pas concernés par le modèle de recouvrement auprès du vendeur.

L'OCDE a complété les conclusions et recommandations formulées dans le rapport de 2015 sur l'Action 1 du Projet BEPS en vue de résoudre les difficultés que pose l'application de la TVA à l'économie numérique par des orientations détaillées à l'appui d'une mise en œuvre cohérente et efficace. Un premier rapport intitulé « Mécanismes pour la collecte effective de la TVA/TPS » (OECD, 2017[13]) contient des instructions détaillées sur la conception et la mise en œuvre du modèle de recouvrement auprès du vendeur et sur le mécanisme d'enregistrement et de conformité simplifié. Un second rapport sur « le rôle des plateformes numériques dans la collecte de la TVA/TPS sur les ventes en ligne » (OCDE, 2019[14]) propose des orientations pratiques sur les options possibles pour impliquer les places de marché en ligne et autres plateformes numériques dans la collecte de la TVA sur le commerce numérique, en mettant l'accent sur la mise en œuvre du mécanisme de recouvrement auprès du vendeur pour la collecte efficace de la TVA sur les importations de biens de faible valeur.

L'Australie est le premier pays qui, le 1er juillet 2018, a mis en œuvre un modèle de recouvrement auprès du vendeur pour la collecte de la TPS sur les importations de biens de faible valeur, conformément aux orientations de l'OCDE. L'exonération de TPS sur les importations de biens d'une valeur inférieure ou égale à 1 000 AUD reste en vigueur et aucune TPS n'est perçue sur ces importations au cours du processus douanier. Les vendeurs étrangers et les plateformes numériques qui fournissent pour plus de 75 000 AUD de biens imposables aux consommateurs en Australie chaque année sont désormais tenus de s'enregistrer à la TPS en Australie et de facturer la taxe sur leurs ventes aux clients finals en Australie. La TPS sur l'importation de ces biens est prélevée auprès de ces vendeurs étrangers via un régime d'enregistrement simplifié « pour paiement uniquement », conformément aux orientations de l'OCDE. Le seuil de 75 000 AUD est identique au seuil local d'enregistrement, au-dessous duquel les entreprises australiennes sont exonérées de la collecte de la TPS. Il vise à soulager les petits vendeurs étrangers de l'obligation de s'enregistrer et de verser la TPS sur leurs ventes de biens aux consommateurs australiens, qui représente pour eux une importante charge administrative.

Le 1er décembre 2019, la Nouvelle Zélande a mis en place un régime similaire, dans lequel les importations de biens de faible valeur de fournisseurs étrangers destinés aux clients finals en Nouvelle-Zélande sont taxées si le fournisseur étranger vend des biens pour plus de 60 000 NZD par an dans le pays, soit un seuil d'assujettissement identique à celui appliqué aux entreprises nationales. L'exonération de TPS sur les importations de biens d'une valeur inférieure ou égale à 1000 NZD vendus par des fournisseurs étrangers à des clients finals en Nouvelle-Zélande a également été supprimée à cette date. Comme pour les services fournis à distance, un enregistrement simplifié « pour paiement uniquement » est proposé aux fournisseurs étrangers, qui peuvent opter pour un enregistrement standard donnant droit à la déduction de la taxe sur les intrants pour les achats commerciaux provenant de Nouvelle-Zélande. Ce système est très proche du système australien. Une différence importante tient au fait que la Nouvelle-Zélande a adopté une mesure de simplification qui autorise les fournisseurs dont les ventes aux consommateurs en Nouvelle-Zélande comprennent au moins 75 % de biens ayant une valeur inférieure au seuil de 1000 NZD à opter pour l'application du régime simplifié « pour paiement uniquement » à l'ensemble de leurs ventes, y compris aux biens dont la valeur dépasse 1000 NZD.

Dans les régimes australien et néo-zélandais, les biens achetés à l'étranger via une place de marché en ligne sont considérés comme vendus par cette place de marché en ligne, qui est tenue de collecter et de verser la TPS sur les ventes effectuées par son intermédiaire. Cette obligation vaut aussi pour les « fournisseurs secondaires ». Elle s'applique lorsqu'un vendeur étranger ou une plateforme numérique est tenue de livrer les biens hors d'Australie ou de Nouvelle-Zélande sans savoir que ces biens sont destinés à l'un de ces pays, et que le consommateur conclut un contrat prévoyant que ces biens seront de nouveau livrés en Australie ou en Nouvelle-Zélande. Le fournisseur secondaire est alors responsable de la collecte de la TVA sur la vente de ces biens aux clients finals.

La Norvège a été le troisième pays à s'être doté d'un régime de recouvrement auprès du vendeur pour la collecte de la TVA sur l'importation de biens de faible valeur, conformément aux orientations de l'OCDE, le 1er avril 2020. Dans ce régime, les vendeurs étrangers et les places de marché numériques qui vendent des biens d'une valeur inférieure à 3 000 NOK à des clients finals en Norvège doivent s'enregistrer et déclarer la TVA selon un mécanisme d'enregistrement simplifié « pour paiement uniquement » (VOEC) s'ils vendent pour plus de 50 000 NOK par an dans le pays, soit un seuil d'assujettissement identique à celui appliqué aux entreprises nationales. Le VOEC n'est pas disponible pour les biens dont la valeur est supérieure ou égale à 3 000 NOK, les produits alimentaires, les biens soumis à des règles spéciales et les biens soumis à des droits d'accise, pour lesquels la TVA, les droits d'accise et les droits de douane sont recouvrés à la frontière.

L'UE suit la même tendance. En décembre 2017, les États membres de l'UE ont adopté le paquet TVA sur le commerce électronique, dans le but d'améliorer et de simplifier le respect des règles en matière de TVA pour les entreprises qui effectuent des ventes en ligne. L'une des principales mesures prévues par le paquet est la suppression de l'exonération actuelle de la TVA sur les importations de biens de faible valeur (valeur maximale de 22 EUR) provenant de l'extérieur de l'UE à compter du 1er juillet 2021 (European Commission, 2017[15]). À partir de cette date, les vendeurs européens ou de pays tiers auront la possibilité de facturer et de collecter la TVA sur les ventes à distance de biens de faible valeur importés aux consommateurs de l'UE au moment de la vente, et de déclarer et de payer cette TVA via le portail numérique en ligne de l'UE (Guichet unique, OSS). Ces biens seront alors exonérés de TVA à l'importation, accélérant les procédures de dédouanement. Si les vendeurs européens ou de pays tiers n'optent pas pour ce régime d'enregistrement et de collecte simplifié, la TVA sur l'importation sera collectée auprès des consommateurs par le déclarant en douane (par exemple, opérateur postal, société de courrier, commissionnaires en douane), qui la versera aux autorités douanières au moyen d'un paiement mensuel. Ces nouvelles règles s'appliqueront aux ventes à distance de biens importés de pays tiers à des clients situés dans l'UE à concurrence d'un montant de 150 EUR. Les importations de biens d'une valeur supérieure à 150 EUR (valeur douanière) devront toujours faire l'objet d'une déclaration en douane en bonne et due forme. Lorsque ces ventes à distance sont facilitées par des places de marché électroniques, elles seront considérées comme étant les fournisseurs des biens aux fins de la TVA et seront tenues de collecter et de déclarer la TVA sur ces ventes. Cette obligation englobera les ventes de biens qui sont déjà stockés par des vendeurs de pays tiers dans des entrepôts (appelés « centres logistiques ») situés sur le territoire de l'UE, qui sont de plus en plus utilisés pour vendre des biens frauduleusement hors TVA à des consommateurs situés dans l'UE.

Le 1er janvier 2019, la Suisse a mis en place un régime qui impose aux vendeurs étrangers et aux plateformes numériques de s'immatriculer à la TVA en Suisse et à verser la taxe sur les importations de biens de faible valeur aux clients finals. À la différence des règles australiennes et néo-zélandaises, il n'existe pas d'option d'enregistrement « pour paiement uniquement », et le vendeur ou la plateforme numérique doit suivre la procédure d'enregistrement normale. En Suisse, les biens de faible valeur sont définis en fonction du montant de TVA dû, dès lors que ce montant dépasse 5 CHF, de sorte que la valeur des biens soumis à ce régime est de 200 CHF pour les biens bénéficiant du taux réduit de 2.5 % et de 65 CHF pour ceux soumis au taux normal de 7.7 %. Les vendeurs étrangers qui livrent des biens à des consommateurs en Suisse pour un montant total d'au moins 100 000 CHF par an (montant identique au seuil d'enregistrement national) doivent s'identifier et verser la TVA sur ces ventes en Suisse.

Tous ces régimes ont en commun que les importations de biens de faible valeur destinés aux clients finals ne sont plus exonérées de TVA, de sorte que les vendeurs étrangers et nationaux de ces biens sont désormais sur un pied d'égalité. La TVA n'est pas collectée au moment de l'importation par les autorités douanières, mais par l'administration fiscale au point de vente, c'est-à-dire lorsque le bien est vendu par le fournisseur étranger ou la plateforme numérique au consommateur final. Les importations de biens qui ne sont pas considérés comme des biens « de faible valeur », à savoir des biens dont la valeur est supérieure au seuil fixé par la loi ou qui sont éventuellement soumis à d'autres taxes telles que des droits d'accise, sont taxés à l'importation conformément aux procédures douanières habituelles.

1.8.4. Le principe de destination s'applique aussi aux échanges internationaux de services et de biens incorporels

Dans nombre de pays, la législation relative à la TVA tend à définir la notion de « service » par la négative, comme « tout ce qui n'a pas été défini par ailleurs » ou à définir une « prestation de services » comme tout ce qui diffère d'une « livraison de biens ». Si cette approche recouvre le plus souvent les biens incorporels, certains pays placent ces derniers dans une catégorie distincte. Aux fins de cette section, et sauf mention contraire, le terme « services » inclut les « biens incorporels ».

Si l'application du principe de destination est relativement simple pour les échanges internationaux de biens, puisque leur fourniture est en principe soumise à la TVA dans la juridiction où ces biens se situent physiquement au moment de la livraison ou dans la juridiction d'importation, elle l'est beaucoup moins pour les services. Compte tenu de leur nature incorporelle, il est plus difficile pour les systèmes de TVA de déterminer la destination d'un service et donc la juridiction qui a le droit d'appliquer la TVA à la fourniture de ce service. Les systèmes nationaux de TVA prévoient divers modèles pour déterminer le lieu d'imposition de services faisant l'objet d'échanges internationaux. De nombreux systèmes de détermination du lieu d'imposition des services fonctionnent sur la base d'une approche par catégories, dans laquelle les opérations sont divisées en catégories avec un lieu d'imposition spécifique pour chacune d'elles. D'autres modèles recourent à une approche itérative, dans laquelle le principe qui sous-tend la règle pour le lieu d'imposition est décrit en termes plus généraux et où une série de règles sont appliquées de manière consécutive afin de déterminer le lieu d'imposition approprié. Une combinaison de ces deux approches est également possible. Le principal trait commun entre ces différents modèles de TVA utilisés pour déterminer le lieu d'imposition de services faisant l'objet d'échanges internationaux est qu'ils cherchent généralement à mettre en œuvre le principe de destination, en application duquel les règles relatives au lieu d'imposition visent à imposer la TVA au lieu de consommation. Les Principes directeurs internationaux de l'OCDE pour la TVA/TPS visent à accroître la cohérence dans la conception et l'application des règles nationales relatives au lieu d'imposition, en favorisant une compréhension internationalement acceptée de ce qu'est le lieu d'imposition des échanges internationaux de services et de biens incorporels et en établissant des méthodes cohérentes et efficaces pour déterminer le lieu d'imposition en vue de réduire l'incertitude, les risques pour les recettes fiscales, les coûts de respect des obligations fiscales et les coûts administratifs pour les autorités fiscales et pour les entreprises. Ces Principes directeurs sont étudiés plus en détail dans la dernière section de ce chapitre. Les paragraphes suivants de cette section donnent un aperçu de quelques-uns des modèles employés pour déterminer le lieu d'imposition des échanges internationaux de services.

Dans l'Union européenne, la détermination du « lieu de livraison » (autrement dit le lieu d'imposition) dépend du statut du client recevant le service et de la nature du service fourni. Les prestations B2B sont en principe taxées au lieu où le client est établi (ou là où se trouve l'établissement stable du client auquel la prestation est fournie), en appliquant le principe de destination à la fois aux prestations intracommunautaires et à celles destinées à des clients de pays tiers. En revanche, les prestations de services aux consommateurs finals (prestations B2C) restent en principe taxées à l'endroit où le fournisseur est établi. Cette règle ne reflète pas une volonté d'appliquer le « principe d'origine » aux prestations B2C, mais plutôt une réalité historique : auparavent, la plupart des services étaient consommés là où ils étaient fournis et l'offre de services à distance aux consommateurs finals soulevait des difficultés techniques. Il existe cependant de nombreuses exceptions, qui visent à aligner le lieu d'imposition sur le lieu de consommation probable. Parmi ces exceptions figurent notamment les services en rapport avec des biens immobiliers (taxés là où ils sont situés) ; les services liés à des activités culturelles, artistiques, sportives, scientifiques, éducatives, de divertissement, etc. (taxés à l'endroit où les prestations sont matériellement exécutées) et les services B2C délivrés par voie électronique, qui sont taxés au lieu de résidence du client (cela concerne, depuis 2003, les services rendus par des prestataires de pays tiers et, depuis 2015, également les prestataires intracommunautaires).

Pour aider les fournisseurs de pays tiers à respecter leurs obligations fiscales, un portail numérique en ligne (« mini-guichet unique » - MOSS) a été créé pour leur permettre de s'enregistrer à distance dans un seul État membre et de déclarer dans cet État membre la TVA due dans tous les États membres de l'UE où leurs clients sont situés.

Bien que ce modèle pour déterminer le lieu de livraison s'applique aux États membres de l'Union et à un certain nombre d'autres pays comme la Norvège, la Suisse et la Russie, il ne constitue pas la norme internationale. Plusieurs pays (comme l'Afrique du Sud, l'Australie, le Canada, la Nouvelle-Zélande et Singapour) ont adopté des modèles différents. Le modèle de l'UE se fonde sur une approche par catégorie, dans le cadre de laquelle « un lieu de livraison » (qui est aussi le lieu d'imposition) est déterminé pour chaque catégorie de prestations, selon leur nature et le statut (entreprise ou consommateur) du client, mais d'autres modèles appliquent systématiquement à toutes les sortes de services une série de critères présomptifs pour déterminer le lieu de consommation ou d'utilisation. Ces systèmes procèdent par étapes: premièrement, un lien est fait avec le pays (par exemple, le fournisseur ou le client y sont établis ; le service y est rendu ou peut y être acheté). Ensuite, un certain nombre de critères sont appliqués pour déterminer le lieu effectif d'imposition, par exemple un lien avec un bien corporel, l'emplacement et/ou le lieu de résidence du client, l'emplacement de la personne à qui les services sont fournis ou qui utilise le service.

Par exemple, en Nouvelle-Zélande (où la TPS a été adoptée en 1986), le lieu d'imposition des prestations effectuées par des non-résidents est généralement supposé se situer à l'extérieur de Nouvelle-Zélande, sauf quand le service est rendu en Nouvelle-Zélande ou fourni à un client qui est résident en Nouvelle-Zélande et que le destinataire est soit un consommateur final, soit une entreprise enregistrée qui a accepté que la transaction soit traitée comme si elle avait lieu en Nouvelle-Zélande. Par contre, le lieu d'imposition des prestations effectuées par des résidents est supposé être la Nouvelle-Zélande, sauf dans le cas d'une exportation de services soumise à un taux zéro. Ces services englobent les services de transport international et connexes, les services rendus physiquement à l'extérieur de la Nouvelle-Zélande, les services fournis à un non-résident qui se trouve à l'extérieur de la Nouvelle-Zélande au moment où ces services sont rendus, les services en rapport direct avec des terres ou des biens situés à l'extérieur de la Nouvelle-Zélande et les prestations liées aux droits de propriété intellectuelle destinées à un usage à l'extérieur de la Nouvelle-Zélande. Depuis le 1er octobre 2016, la Nouvelle-Zélande applique la TPS aux ventes de services et de biens incorporels réalisées par des fournisseurs non résidents à des clients finals ayant leur résidence habituelle en Nouvelle-Zélande (voir la section ci-dessous).

En Australie (où la TPS a été adoptée en 2000), les prestations sont imposables (sauf si elles sont exonérées) en Australie et la TPS est prélevée par le fournisseur lorsqu'elles ont « un rapport avec l'Australie ». Selon cet indicateur, les fournitures de services effectuées par une entreprise australienne ou réalisées en Australie pour le compte d'un client final sont considérées comme étant potentiellement taxables en Australie. Pour éviter que la TPS ne s'applique aux services non consommés ou non utilisés en Australie, la législation australienne sur la TPS prévoit des taux zéro étendus, fondés sur certains critères (« exonérations de la TPS ») semblables à ceux utilisés en Nouvelle-Zélande. Les règles concernant la TPS australienne ont été révisées à compter du 1er juillet 2017 pour que les fournitures de services et de biens incorporels effectuées par des non-résidents à des consommateurs finals ayant leur résidence habituelle en Australie soient imposables en Australie, sauf si les conditions d'exonération de la TPS s'appliquent.

Les différents moyens utilisés par les systèmes de TVA pour tenter d'englober la consommation dans le champ d'application de la taxe pendant la seconde moitié du vingtième siècle et les nouvelles interactions entre les systèmes de TVA nationaux ont soulevé de plus en plus de problèmes à mesure que les volumes des échanges internationaux de services et de biens incorporels augmentaient. Les systèmes de TVA se heurtent à des obstacles considérables pour déterminer le lieu de consommation présumé des services, pour le contrôler et assurer le recouvrement de l'impôt, notamment lorsque les entreprises vendent des services dans des pays où elles ne sont pas physiquement présentes. En l'absence d'adaptation il existe, du point de vue des pouvoirs publics, un risque de sous-imposition et de perte de recettes, ou de distorsion des échanges du fait d'une double imposition ; et du point de vue des entreprises, des risques importants en termes de charge administrative et de faibles revenus.

L'OCDE a élaboré les *Principes directeurs internationaux pour la TVA/TPS* en tant que norme internationale pour l'application de la TVA aux échanges internationaux de services et de biens incorporels, en vue de minimiser les risques de double imposition et d'absence involontaire d'imposition résultant des disparités entre les systèmes de TVA nationaux.

1.8.5. Les Principes directeurs internationaux de l'OCDE pour la TVA/TPS établissent des normes mondiales pour déterminer le lieu d'imposition des échanges internationaux de services et de biens incorporels

L'OCDE a publié les Principes directeurs internationaux pour la TVA/TPS en novembre 2015, à l'occasion de la troisième réunion de son Forum mondial sur la TVA, où ils ont été adoptés comme norme internationale régissant l'application de la TVA aux échanges internationaux de services et de biens incorporels par plus de 100 pays, juridictions et organisations internationales. Ces Principes ont ensuite été adoptés en tant que Recommandation du Conseil de l'OCDE en septembre 2016 (OCDE, 2017[4]). Il s'agit du premier instrument juridique dont se dote l'OCDE dans le domaine de la TVA.

Les Principes directeurs présentent un ensemble de normes mondiales et d'approches recommandées pour le traitement cohérent de la TVA dans le contexte des transactions internationales, en mettant l'accent sur les échanges de services et de biens incorporels. Ils contiennent des chapitres consacrés au principe de neutralité de la TVA et à sa mise en œuvre pratique, ainsi qu'à l'application du principe de destination pour l'attribution des droits d'imposition des fournitures internationales de services et de biens incorporels. S'agissant des prestations entre entreprises (B2B), les Principes directeurs prévoient que les droits d'imposition des fournitures internationales de services et de biens incorporels doivent être attribués à la juridiction dans laquelle le destinataire a établi sa présence commerciale permanente. Pour les fournitures entre entreprises et consommateurs (B2C), les Principes directeurs recommandent que les droits d'imposition de fournitures de services ou de biens incorporels « destinés à être consommés sur place » soient attribués à la juridiction dans laquelle ils sont physiquement livrés ; et que les droits d'imposition sur toutes les autres fournitures et tous les autres services (y compris les fournitures numériques) soient attribués à la juridiction dans laquelle le client a sa résidence habituelle. Cela englobe les fournitures à distance de services et de produits numériques via Internet (applications, diffusion de musique et de films, jeux en ligne, par exemple) par des fournisseurs étrangers. Les Principes directeurs recommandent que ces fournisseurs étrangers soient tenus de s'identifier et de payer la TVA dans la juridiction d'imposition et que les pays mettent en place un régime administratif et d'identification simplifié afin de faciliter le respect des obligations fiscales par les fournisseurs non résidents. Enfin, ils recommandent que les droits d'imposition soient attribués à la juridiction dans laquelle le bien immobilier se situe lorsque les services sont étroitement liés à un tel bien.

Les Principes directeurs ne visent pas à imposer des prescriptions détaillées pour les législations nationales. Les juridictions sont souveraines en ce qui concerne la conception et l'application de leur législation. Les Principes directeurs cherchent plutôt à servir de référence pour aider les responsables de l'action publique à mettre au point une législation nationale dans le but de faciliter une application cohérente des systèmes nationaux de TVA aux échanges internationaux, en prenant en compte leurs spécificités économiques, juridiques, institutionnelles, culturelles et sociales et leurs pratiques en la matière.

Ces Principes directeurs sont complétés par des orientations et des normes techniques destinées à faciliter leur mise en œuvre cohérente (guides de mise en œuvre). Un premier rapport sur les « mécanismes pour la collecte efficace de la TVA/TPS » a été diffusé en 2017 (OECD, 2017[13]). Ce rapport contient des orientations détaillées supplémentaires à l'appui de la mise en œuvre des règles et mécanismes permettant une collecte effective et efficiente de la TVA sur les fournitures internationales de services numériques, comme recommandé par les Principes directeurs internationaux pour la TVA/TPS et par le rapport final de 2015 établi au titre de l'Action 1 « Relever les défis fiscaux posés par l'économie numérique » du Projet BEPS. Un deuxième rapport sur « le rôle des plateformes numériques dans la collecte de la TVA/TPS sur les ventes en ligne » (OCDE, 2019[14]) recense les approches possibles pour impliquer les places de marché virtuelles et autres plateformes numériques dans la collecte de la TVA sur le commerce électronique, afin d'aider et de coordonner les efforts de réforme menés par les pays dans ce domaine.

Le Tableau annexe 2.A.8 en annexe au chapitre 2 donne un large aperçu des approches adoptées par les pays de l'OCDE pour collecter auprès des fournisseurs étrangers la TVA sur les fournitures internationales de services et de biens incorporels (autrement dit, sur les « fournitures entrantes » à distance). Cet aperçu montre que le cadre de l'UE détermine le lieu d'imposition des fournitures internationales de services et de biens incorporels (autrement dit, les transactions avec des États non membres de l'UE) en principe en se référant à l'emplacement du client (B2B) ou à la résidence habituelle du client (B2C), conformément aux Principes directeurs de l'OCDE. La TVA sur les fournitures importées est collectée au moyen d'un mécanisme d'autoliquidation en ce qui concerne les prestations B2B, et d'un régime administratif et d'identification simplifié pour les vendeurs (« mini-guichet unique ») en ce qui concerne les prestations B2C de services électroniques, de télécommunication, de radiodiffusion et de télévision. Ce régime est exploité par les 23 pays membres de l'OCDE qui appartiennent à l'UE (Allemagne, Autriche, Belgique, Danemark, Espagne, Estonie, Finlande, France, Grèce, Hongrie, Irlande, Italie, Lettonie, Lituanie, Luxembourg, Pays-Bas, Pologne, Portugal, République slovaque, République tchèque, Royaume-Uni jusqu'au 31 janvier 2020, Slovénie et Suède).

Dix autres pays de l'OCDE utilisent (une variante de) l'emplacement du client (résidence habituelle, siège, etc.) comme principal critère présomptif pour déterminer le lieu d'imposition des fournitures internationales de services et de biens incorporels (Australie, Canada, Corée, Islande, Israël, Japon, Norvège, Nouvelle-Zélande, Suisse et Turquie). La plupart des pays de l'OCDE opèrent une distinction entre les prestations B2B et B2C pour déterminer le lieu d'imposition ainsi que le mécanisme de recouvrement de la TVA sur les fournitures importées. Dans ce contexte, le statut fiscal des clients est généralement déterminé en fonction de l'existence d'un numéro d'enregistrement à la TVA ou du numéro d'identification fiscale de leur entreprise. Deux pays (Japon et Corée) font la distinction entre les prestations B2B et B2C sur la base de la nature des services rendus. Dans ces pays, les services considérés comme étant généralement utilisés par les consommateurs finals, comme les livres électroniques, les journaux numériques, la musique, les vidéos, les jeux, etc. sont assimilés à des services B2C, alors que les autres sont considérés comme des prestations B2B. Certains pays n'opèrent pas de distinction systématique entre prestations B2B et B2C (Canada, Chili, Mexique).

La plupart des pays de l'OCDE appliquent un mécanisme d'autoliquidation pour collecter la TVA sur les fournitures de services et de biens incorporels B2B importés. En Australie, au Canada et en Nouvelle-Zélande, ce mécanisme ne s'applique que lorsque le client dispose d'un droit à déduction limité de la taxe sur les intrants, et aucune taxe n'est due quand le client dispose d'un droit à déduction intégral. En Suisse, l'application du mécanisme d'autoliquidation se cantonne aux situations où le lieu d'imposition est déterminé en fonction du critère présomptif de la résidence du client. Quand la prestation est taxée en Suisse en fonction d'autres critères présomptifs (par exemple l'emplacement des biens immobiliers auxquelles la prestation est liée), le mécanisme d'autoliquidation ne s'applique pas et le fournisseur doit s'enregistrer en Suisse selon la procédure standard et déclarer la TVA. En outre, les fournisseurs étrangers qui sont enregistrés en Suisse pour déclarer la TVA sur leurs importations B2C doivent aussi déclarer la taxe sur leurs fournitures B2B dans le cadre de leur enregistrement local, et l'autoliquidation ne s'applique pas. En Corée, les fournitures B2B importées sont considérées comme étant hors du champ d'application et ne sont pas assujetties à la TVA. En Islande, les fournitures entrantes de services sont exonérées de TVA si le client dispose d'un droit à déduction intégral. Si ce n'est pas le cas, le fournisseur doit s'enregistrer à la TVA en Islande.

Pour les prestations B2C, tous les pays de l'OCDE qui appliquent une TVA exigent désormais du fournisseur étranger qu'il s'enregistre et déclare la TVA, à l'exception du Canada et d'Israël où le client est tenu de facturer la TVA sur les fournitures entrantes de services et de biens incorporels. Un régime d'enregistrement et de collecte simplifié (sans droit de déduire la taxe sur les intrants dans la juridiction d'imposition – un « enregistrement pour paiement uniquement ») s'applique dans ces pays (généralement avec l'option d'un enregistrement standard), sauf au Japon et en Suisse où seul l'enregistrement standard est possible (avec le droit de déduire la taxe d'amont supportée dans le pays) et où le fournisseur étranger doit désigner un représentant fiscal local.

Parmi les pays qui demandent aux fournisseurs étrangers de s'enregistrer afin de déclarer la TVA sur leurs prestations B2C dans le pays, six n'imposent pas cette exigence lorsque ces fournisseurs réalisent dans le pays un chiffre d'affaires annuel inférieur à un certain seuil, fixé au même niveau que celui applicable aux contribuables nationaux. Ces pays sont l'Australie, l'Islande, le Japon, la Nouvelle-Zélande, la Norvège et la Suisse.

Les normes et orientations de l'OCDE relatives à l'application de la TVA aux échanges internationaux ont une influence sur la réforme de la TVA dans un nombre croissant de pays dans le monde, y compris dans des pays non membres de l'OCDE. Les normes applicables à la collecte efficace de la TVA sur les ventes en ligne de biens, de services et de produits numériques sont particulièrement influentes. Plus de 60 pays les ont mises en œuvre, et plusieurs autres se préparent à les déployer ou envisagent de le faire. Des résultats extrêmement positifs ont été signalés en matière de discipline fiscale et de recettes générées grâce à ces mesures.

L'impact sans cesse croissant de ces normes reflète leur importance essentielle en tant qu'outil permettant aux pays de mobiliser des recettes de TVA et de minimiser les distorsions concurrentielles entre vendeurs en ligne et entreprises traditionnelles. Cet aspect est d'autant plus pertinent que les mesures de confinement et d'atténuation prises en réponse à la pandémie de COVID-19 ont entraîné une montée en flèche des ventes en ligne et de la demande de produits et de services numériques.

En outre, les pays en développement sont de plus en plus intéressés par les normes de l'OCDE et le savoir-faire dont elle est dépositaire en matière de TVA. De même que dans d'autres domaines couverts par des normes fiscales internationales, l'Organisation s'emploie à intensifier progressivement la participation des pays non membres à la conception des normes dans le domaine de la TVA tout en élargissant le champ des orientations et du soutien proposés aux pays en développement désireux de les mettre en application.

Pour aider les pays en développement qui souhaitent appliquer les normes et orientations de l'OCDE en matière d'application de la TVA, l'OCDE s'est engagée à mettre au point des boîtes à outils adaptées à chaque région. Celles-ci contiendront des orientations concrètes plus détaillées pour la mise en œuvre des normes internationalement acceptées en matière de TVA ainsi que des solutions modèle spécialement adaptées aux pays en développement.

Pour les tableaux en annexe, les références à 'l'Union européenne et à ses États membres' englobent le Royaume-Uni en tant qu'État membre pour janvier 2020 et en tant qu'ajout aux États membres ('les États membres et le Royaume-Uni') pour la période comprise entre le 1er février 2020 et la fin décembre 2020.

Annexe 1.A. Recettes des impôts sur la consommation

Tableau d'annexe 1.A.1. Impôts sur la consommation (5100) en pourcentage du PIB et du total des recettes fiscales

	Recettes fiscales en pourcentage du PIB					Recettes fiscales en pourcentage du total des recettes fiscales				
	1975	2005	2010	2015	2018	1975	2005	2010	2015	2018
Allemagne	8.7	9.7	10.2	9.9	9.8	25.4	28.1	28.7	26.7	25.3
Australie	6.5	7.6	6.5	6.6	6.3	25.8	25.4	25.7	23.8	21.9
Autriche	12.3	11.1	10.9	10.9	10.7	33.9	27.1	26.5	25.3	25.3
Belgique	10.1	10.5	10.5	10.3	10.5	26.0	24.2	23.8	23.2	23.9
Canada	8.1	7.7	7.0	7.1	7.3	26.0	23.7	22.5	21.5	21.9
Chili	..	10.1	9.4	10.4	10.4	..	48.7	48.2	50.8	49.5
Colombie	..	8.1	8.1	8.0	8.1	..	44.4	44.7	40.4	42.0
Corée	8.7	7.2	7.3	6.2	6.6	60.0	33.3	32.6	26.2	24.7
Danemark	12.0	15.2	14	13.4	13.6	32.7	31.8	31.2	29.2	30.3
Espagne	4.3	9.3	7.9	9.6	9.5	24.0	26.3	25.3	28.2	27.3
Estonie	..	12.1	13.0	13.6	13.3	..	40.7	39.6	41.2	40.3
États-Unis	4.2	3.8	3.6	3.8	3.8	17.1	14.7	15.5	14.6	15.4
Finlande	11.4	13.0	12.6	13.6	13.7	31.6	30.8	31.0	31.3	32.4
France	11.3	10.7	10.8	11.4	11.9	32.4	25.0	25.5	25.1	25.8
Grèce	7.9	10.1	11.3	12.1	13.4	42.2	31.7	35.2	33.2	34.3
Hongrie	..	14.3	15.7	16.7	16.4	..	39.1	42.1	42.8	43.7
Irlande	12.4	10.8	9.1	6.9	6.4	44.4	35.8	33.0	29.4	28.1
Islande	18.3	14.9	10.7	10.9	11.7	62.2	37.8	33.1	30.8	31.3
Israël	..	11.0	11.2	11.0	10.4	..	32.8	36.5	35.2	33.8
Italie	6.9	9.4	10.0	10.5	10.5	28.3	24.1	23.9	24.5	25.0
Japon	3.0	4.5	4.4	6.0	5.8	15.1	17.2	16.7	19.5	18.1
Lettonie	..	11.4	11.3	12.5	13.3	..	40.6	39.3	39.2	42.7
Lituanie	..	10.9	11.5	11.2	11.4	..	37.2	40.4	39.0	37.7
Luxembourg	6.5	10.8	10.1	9.4	9.3	20.6	28.5	26.9	25.3	23.3
Mexique	..	4.2	4.7	6.0	5.8	..	37.1	36.7	37.9	35.9
Norvège	14.2	11.1	11.0	11.0	11.1	36.6	26.1	26.3	28.6	28.1
Nouvelle-Zélande	6.8	10.8	11.2	11.5	11.6	22.8	30.0	37.1	36.3	35.3
Pays-Bas	8.5	10.2	10.1	10.0	10.5	22.5	29.3	28.2	27.1	27.1
Pologne	..	12.2	12.2	11.5	12.7	..	37.2	38.8	35.3	36.0
Portugal	7.6	13.3	11.9	12.9	13.3	40.1	43.0	39.2	37.4	38.1
République slovaque	..	11.6	9.7	10.7	11.2	..	37.1	34.3	32.9	32.6
République tchèque	..	10.1	10.2	10.7	10.8	..	29.5	31.8	32.3	30.8
Royaume-Uni	8.1	9.6	9.7	10.5	10.4	23.7	28.8	30.2	32.2	31.5
Slovénie	..	12.7	13.3	13.7	13.0	..	32.5	35.2	36.8	34.9
Suède	8.7	11.9	12.3	11.7	12.0	22.7	25.5	28.6	27.3	27.2
Suisse	4.6	5.4	5.3	5.1	5.0	20.6	20.3	19.9	18.7	17.8
Turquie	4.7	11.0	11.3	10.6	9.4	40.9	47.4	45.8	42.7	39.0
Moyenne OCDE non pondérée	8.6	10.2	10.0	10.2	10.3	31.1	31.7	31.9	31.2	30.8

Source : Statistiques des recettes publiques de l'OCDE 2020 (OCDE, 2020[1]).

StatLink https://doi.org/10.1787/888934225626

Tableau d'annexe 1.A.2. Impôts généraux sur les biens et services (5110) en pourcentage du PIB et du total des recettes fiscales

	Recettes fiscales en pourcentage du PIB					Recettes fiscales en pourcentage du total des recettes fiscales				
Année	1975	2005	2010	2015	2018	1975	2005	2010	2015	2018
Allemagne	5.0	6.1	7.0	7.0	7.0	14.6	17.8	19.8	18.8	18.2
Australie	1.7	4.0	3.5	3.7	3.4	6.7	13.4	13.8	13.3	12.0
Autriche	7.2	7.6	7.7	7.6	7.6	19.8	18.6	18.7	17.7	18.0
Belgique	6.3	7.0	7.0	6.7	6.8	16.2	16.2	16.4	15.1	15.5
Canada	3.9	4.8	4.3	4.6	4.7	12.5	14.8	14.0	13.9	14.2
Chili	..	7.8	7.5	8.3	8.5	..	37.8	38.5	40.8	40.2
Colombie	..	5.9	6.1	6.1	6.5	..	32.3	33.9	30.4	33.8
Corée	1.8	3.9	3.9	3.6	4.1	12.7	17.4	17.5	15.3	15.3
Danemark	6.4	9.7	9.4	9.1	9.5	17.5	20.2	21.0	19.9	21.5
Espagne	2.7	6.2	5.2	6.4	6.6	15.3	17.7	16.6	19.1	19.1
Estonie	..	8.0	8.5	9.0	9.0	..	26.9	25.8	27.2	27.3
États-Unis	1.7	2.1	2.0	2.1	2.0	7.0	8.0	8.4	7.9	8.2
Finlande	5.7	8.3	8.3	9.0	9.1	15.6	19.9	20.4	20.6	21.6
France	8.2	7.4	7.5	7.7	7.9	23.4	17.3	17.9	16.9	17.1
Grèce	3.4	6.9	7.3	7.4	8.3	18.3	21.6	22.8	20.3	21.4
Hongrie	..	10.2	11.0	11.8	11.8	..	28.0	29.7	30.3	31.6
Irlande	4.1	7.3	6.0	4.5	4.4	14.7	24.2	21.7	19.3	19.3
Islande	8.4	10.8	7.3	8.0	8.8	28.6	27.3	22.7	22.6	23.6
Israël	..	9.3	9.1	9.2	8.8	..	27.5	29.8	29.6	28.5
Italie	3.5	5.7	6.1	6.1	6.2	14.3	14.6	14.5	14.2	14.8
Japon	0.0	2.5	2.5	4.2	4.1	0.0	9.5	9.6	13.7	12.8
Lettonie	..	7.4	7.2	8.7	9.3	..	26.4	25.2	29.0	29.7
Lituanie	..	7.5	7.8	7.8	7.8	..	25.8	27.5	27.2	26.0
Luxembourg	3.8	6.0	6.4	6.5	6.1	12.1	16.0	17.0	17.5	15.4
Mexique	..	3.3	3.8	3.8	3.9	..	29.3	29.4	23.9	24.3
Norvège	8.0	7.7	7.8	8.2	8.4	20.5	18.2	18.6	21.4	21.3
Nouvelle-Zélande	2.7	8.6	9.3	9.5	9.7	9.0	23.8	30.7	30.2	29.6
Pays-Bas	5.4	6.7	6.7	6.5	6.8	14.4	19.2	18.7	17.6	17.6
Pologne	..	7.7	7.6	7.0	8.1	..	23.2	24.2	21.5	23.1
Portugal	2.1	8.2	7.5	8.6	8.7	11.2	26.6	24.7	24.9	25.1
République slovaque	..	7.7	6.1	6.8	7.1	..	24.6	21.8	20.8	20.5
République tchèque	..	6.5	6.6	7.2	7.6	..	19.1	20.5	21.7	21.6
Royaume-Uni	3.0	6.1	6.1	6.9	7.0	8.9	18.6	19.0	21.4	21.1
Slovénie	..	8.5	8.1	8.3	8.2	..	21.6	21.3	22.2	22.0
Suède	4.6	8.5	9.1	9.0	9.2	12.0	18.3	21.2	21.0	21.0
Suisse	2.0	3.6	3.4	3.5	3.3	8.7	13.6	13.0	12.6	11.9
Turquie	0.0	5.1	5.4	5.1	4.8	0.0	21.8	21.7	20.6	19.8
Moyenne OCDE non pondérée	4.1	6.8	6.7	6.9	7.1	13.4	21.0	21.3	21.1	21.2

Source : Statistiques des recettes publiques de l'OCDE 2020 (OCDE, 2020[1]).

StatLink https://doi.org/10.1787/888934225645

Tableau d'annexe 1.A.3. Impôts sur des biens et services déterminés (5120) en pourcentage du PIB et du total des recettes fiscales

	Recettes fiscales en pourcentage du PIB					Recettes fiscales en pourcentage du total des recettes fiscales				
Année	1975	2005	2010	2015	2018	1975	2005	2010	2015	2018
Allemagne	3.7	3.5	3.1	2.9	2.7	10.8	10.2	8.8	7.9	7.1
Australie	4.9	3.6	3.0	2.9	2.8	19.1	12.0	11.9	10.4	9.9
Autriche	5.1	3.5	3.2	3.3	3.1	14.0	8.4	7.8	7.6	7.3
Belgique	3.8	3.5	3.5	3.6	3.7	9.8	8.1	8.2	8.1	8.4
Canada	4.2	2.9	2.6	2.5	2.5	13.6	8.9	8.5	7.7	7.7
Chili	..	2.3	1.9	2.0	2.0	..	10.9	9.8	10.0	9.3
Colombie	..	2.2	2.0	2.0	1.6	..	12.1	10.9	10.0	8.2
Corée	6.9	3.4	3.4	2.6	2.5	47.3	15.9	15.1	10.9	9.4
Danemark	5.6	5.5	4.5	4.3	3.9	15.2	11.6	10.1	9.3	8.8
Espagne	1.6	3.0	2.7	3.1	2.9	8.7	8.6	8.7	9.2	8.2
Estonie	..	4.1	4.5	4.6	4.3	..	13.8	13.8	13.9	13.0
États-Unis	2.5	1.7	1.7	1.8	1.8	10.0	6.7	7.2	6.7	7.3
Finlande	5.8	4.6	4.3	4.7	4.6	16.0	11.0	10.6	10.7	10.8
France	3.2	3.3	3.2	3.7	4.0	9.0	7.7	7.6	8.2	8.7
Grèce	4.5	3.2	3.9	4.6	4.9	23.9	9.9	12.3	12.7	12.7
Hongrie	..	4.1	4.6	4.9	4.6	..	11.1	12.4	12.6	12.2
Irlande	8.3	3.5	3.1	2.4	2.0	29.7	11.6	11.3	10.1	8.8
Islande	9.9	4.2	3.4	2.9	2.9	33.6	10.6	10.5	8.2	7.7
Israël	..	1.8	2.1	1.8	1.6	..	5.3	6.8	5.6	5.3
Italie	3.4	3.7	3.9	4.5	4.3	14.0	9.5	9.4	10.4	10.2
Japon	3.0	2.0	1.9	1.8	1.7	15.1	7.7	7.2	5.8	5.3
Lettonie	..	4.0	4.1	3.8	4.1	..	14.2	14.1	12.6	13.0
Lituanie	..	3.3	3.6	3.4	3.5	..	11.4	12.8	11.8	11.7
Luxembourg	2.6	4.7	3.7	2.9	3.1	8.4	12.5	9.9	7.8	7.9
Mexique	..	0.9	0.9	2.2	1.9	..	7.8	7.3	14.0	11.6
Norvège	6.3	3.4	3.2	2.8	2.7	16.1	7.9	7.6	7.2	6.8
Nouvelle-Zélande	4.1	2.2	1.9	1.9	1.9	13.8	6.2	6.4	6.1	5.8
Pays-Bas	3.1	3.5	3.4	3.5	3.7	8.1	10.1	9.5	9.6	9.6
Pologne	..	4.6	4.6	4.5	4.5	..	13.9	14.6	13.8	12.9
Portugal	5.5	5.1	4.4	4.3	4.5	28.9	16.4	14.4	12.5	13.0
République slovaque	..	3.9	3.5	4.0	4.1	..	12.5	12.5	12.1	12.0
République tchèque	..	3.5	3.6	3.5	3.2	..	10.3	11.3	10.6	9.2
Royaume-Uni	5.1	3.5	3.6	3.5	3.4	14.8	10.8	11.2	10.8	10.3
Slovénie	..	4.2	5.3	5.4	4.8	..	10.8	13.9	14.5	12.9
Suède	4.2	3.4	3.2	2.7	2.7	10.7	7.2	7.4	6.4	6.2
Suisse	2.7	1.8	1.8	1.7	1.6	11.9	6.7	6.9	6.0	5.9
Turquie	4.7	5.9	5.9	5.5	4.6	40.9	25.5	24.1	22.0	19.2
Moyenne OCDE non pondérée	4.6	3.4	3.3	3.3	3.2	17.7	10.7	10.6	10.1	9.6

Source : Statistiques des recettes publiques de l'OCDE 2020 (OCDE, 2020[1]).

StatLink https://doi.org/10.1787/888934225664

Tableau d'annexe 1.A.4. Taxes sur la valeur ajoutée (5111) en pourcentage du PIB et du total des recettes fiscales

	Recettes fiscales en pourcentage du PIB					Recettes fiscales en pourcentage du total des recettes fiscales				
Année	1975	2005	2010	2015	2018	1975	2005	2010	2015	2018
Allemagne	5.0	6.1	7.0	7.0	7.0	14.6	17.8	19.8	18.8	18.2
Australie	0.0	3.9	3.4	3.6	3.3	0.0	13.1	13.4	13.0	11.7
Autriche	7.2	7.6	7.7	7.6	7.6	19.8	18.6	18.7	17.7	18.0
Belgique	6.3	6.9	7.0	6.6	6.8	16.2	15.9	16.2	15.0	15.4
Canada	0.0	3.2	4.2	4.4	4.5	0.0	9.9	13.7	13.3	13.6
Chili	..	7.8	7.5	8.3	8.5	..	37.8	38.5	40.8	40.2
Colombie	..	5.2	5.3	5.2	5.7	..	28.2	29.3	26.0	29.4
Corée	0.0	3.8	3.9	3.6	4.1	0.0	17.4	17.5	15.3	15.3
Danemark	6.4	9.7	9.4	9.1	9.5	17.5	20.2	21.0	19.9	21.5
Espagne	0.0	6.2	5.2	6.4	6.6	0.0	17.7	16.5	19.0	19.0
Estonie	..	8.0	8.5	9.0	9.0	..	26.9	25.7	27.2	27.3
États-Unis	0.0	0.0	0.0	0.0	0.0	0.0	0.0	0.0	0.0	0.0
Finlande	5.7	8.3	8.3	9.0	9.1	15.6	19.9	20.4	20.6	21.6
France	8.1	7.2	6.8	6.9	7.1	23.1	16.7	16.1	15.2	15.4
Grèce	0.0	6.7	7.1	7.3	8.3	0.0	21.1	22.0	20.0	21.3
Hongrie	..	8.2	8.5	9.5	9.7	..	22.5	22.9	24.5	25.8
Irlande	4.1	7.3	6.0	4.5	4.4	14.7	24.2	21.7	19.3	19.3
Islande	0.0	10.8	7.5	8.0	8.8	0.0	27.3	22.7	22.6	23.6
Israël	..	7.5	7.5	7.8	7.5	..	22.3	24.4	24.9	24.2
Italie	3.3	5.7	6.1	6.1	6.2	13.7	14.6	14.5	14.2	14.8
Japon	..	2.5	2.5	4.2	4.1	..	9.5	9.6	13.7	12.8
Lettonie	..	7.4	6.7	7.7	8.4	..	26.4	23.3	25.6	27.0
Lituanie	..	7.1	7.8	7.7	7.8	..	24.3	27.5	27.0	25.8
Luxembourg	3.8	6.0	6.4	6.5	6.1	12.1	16.0	17.0	17.6	15.4
Mexique	..	3.3	3.8	3.8	3.9	..	29.3	29.4	23.9	24.3
Norvège	8.0	7.7	7.8	8.2	8.4	20.5	18.1	18.6	21.3	21.2
Nouvelle-Zélande	0.0	8.6	9.3	9.5	9.7	0.0	23.8	30.7	30.2	29.6
Pays-Bas	5.4	6.7	6.7	6.5	6.8	14.4	19.2	18.7	17.6	17.6
Pologne	..	7.7	7.6	7.0	8.1	..	23.2	24.2	21.5	23.1
Portugal	0.0	8.2	7.5	8.6	8.7	0.0	26.6	24.7	24.9	25.1
République slovaque	..	7.7	6.1	6.8	7.1	..	24.6	21.8	20.8	20.5
République tchèque	..	6.5	6.6	7.2	7.6	..	19.1	20.5	21.7	21.6
Royaume-Uni	3.0	6.1	6.1	6.9	7.0	8.9	18.6	19.0	21.4	21.1
Slovénie	..	8.5	8.1	8.3	8.2	..	21.6	21.3	22.2	22.0
Suède	4.6	8.5	9.0	8.9	9.2	12.0	18.1	21.0	20.8	21.0
Suisse	0.0	3.6	3.4	3.4	3.3	0.0	13.4	12.7	12.4	11.7
Turquie	..	5.1	5.4	5.1	4.8	..	21.8	21.7	20.6	19.8
Moyenne OCDE non pondérée	3.1	6.5	6.4	6.7	6.8	8.8	20.2	20.5	20.3	20.4

Source : Statistiques des recettes publiques de l'OCDE 2020 (OCDE, 2020[1]).

StatLink https://doi.org/10.1787/888934225683

Tableau d'annexe 1.A.5. Droits d'accise (5121) en pourcentage du PIB et du total des recettes fiscales

	Recettes fiscales en pourcentage du PIB					Recettes fiscales en pourcentage du total des recettes fiscales				
Année	1975	2005	2010	2015	2018	1975	2005	2010	2015	2018
Allemagne	3.0	2.8	2.5	2.2	2.0	8.8	8.3	7.0	5.8	5.1
Australie	3.0	2.3	1.9	1.4	1.3	11.8	7.6	7.5	4.9	4.4
Autriche	2.9	2.6	2.3	2.3	2.1	7.9	6.3	5.7	5.2	5.0
Belgique	2.6	2.3	2.1	2.1	2.2	6.6	5.3	5.0	4.7	5.0
Canada	2.0	1.6	1.4	1.3	1.3	6.3	4.9	4.5	3.9	3.8
Chili	..	1.6	1.4	1.5	1.5	0.0	7.8	7.1	7.4	6.9
Colombie	..	1.4	1.1	1.4	1.2	..	7.5	6.1	7.1	6.3
Corée	3.2	2.6	2.4	1.9	1.9	22.0	12.0	10.6	8.1	7.1
Danemark	5.1	4.9	4.1	3.9	3.6	13.8	10.3	9.1	8.5	8.0
Espagne	0.4	2.5	2.3	2.4	2.2	2.2	7.1	7.3	7.1	6.4
Estonie	..	3.6	4.2	4.2	3.9	0.0	12.2	12.6	12.6	11.9
États-Unis	1.9	1.0	1.0	0.9	0.8	7.6	3.9	4.2	3.3	3.3
Finlande	4.2	3.6	3.3	3.6	3.6	11.5	8.6	8.2	8.3	8.5
France	2.3	2.4	2.3	2.6	2.7	6.5	5.7	5.4	5.7	6.0
Grèce	2.5	2.6	3.3	3.9	3.9	13.6	8.1	10.4	10.7	9.9
Hongrie	..	3.5	3.4	3.2	3.0	..	9.7	9.2	8.3	7.9
Irlande	7.2	3.2	2.9	2.1	1.7	26.0	10.5	10.5	8.9	7.5
Islande	0.9	3.6	2.8	2.5	2.5	3.0	9.2	8.6	7.0	6.7
Israël	0.0	1.5	1.8	1.5	1.4	0.0	4.5	5.8	4.8	4.6
Italie	2.5	2.2	2.3	2.8	2.7	10.2	5.6	5.4	6.5	6.4
Japon	2.3	1.8	1.7	1.6	1.5	11.3	6.9	6.5	5.1	4.6
Lettonie	..	3.5	3.6	3.3	3.6	0.0	12.6	12.5	11.0	11.5
Lituanie	..	2.9	3.2	3.1	3.2	0.0	10.0	11.4	10.9	10.6
Luxembourg	2.3	4.5	3.5	2.6	2.6	7.3	11.8	9.3	7.1	6.5
Mexique	0.0	0.6	0.6	1.9	1.5	0.0	5.1	5.0	12.2	9.4
Norvège	4.0	3.2	2.9	2.5	2.4	10.3	7.4	7.0	6.6	6.0
Nouvelle-Zélande	2.8	1.4	0.9	0.9	0.9	9.4	3.9	2.9	2.8	2.6
Pays-Bas	2.4	3.1	2.9	2.6	2.7	6.3	8.7	8.1	7.1	7.0
Pologne	..	4.3	4.3	3.9	3.9	0.0	13.0	13.7	12.1	11.0
Portugal	2.5	3.7	3.2	2.9	3.0	13.0	11.9	10.4	8.4	8.8
République slovaque	..	3.6	3.1	3.2	3.3	0.0	11.4	10.9	9.9	9.5
République tchèque	..	3.4	3.5	3.3	3.1	0.0	9.8	10.8	10.0	8.7
Royaume-Uni	4.3	2.8	2.8	2.5	2.3	12.7	8.6	8.8	7.6	7.0
Slovénie	..	3.4	4.3	4.2	3.7	0.0	8.8	11.3	11.2	9.8
Suède	3.4	2.8	2.6	2.1	2.1	8.8	6.0	5.9	5.0	4.8
Suisse	1.7	1.4	1.4	1.2	1.2	7.7	5.4	5.1	4.5	4.4
Turquie	2.0	4.9	4.9	4.5	3.6	17.6	21.2	19.9	18.1	14.9
Moyenne OCDE non pondérée	2.9	2.8	2.6	2.5	2.4	10.5	8.6	8.4	7.8	7.2

Source : Statistiques des recettes publiques de l'OCDE 2020 (OCDE, 2020[1]).

StatLink https://doi.org/10.1787/888934225702

Tableau d'annexe 1.A.6. Structures fiscales dans la zone OCDE en pourcentage du total du total des recettes fiscales

Recettes provenant des principales catégories d'impôts en pourcentage du total des recettes fiscales							
	1965	1975	1985	1995	2005	2010	2018
Impôts sur le revenu, les bénéfices et les gains en capital (1000)	34.7	37.1	36.9	33.5	34.3	32.6	34.3
Impôt sur le revenu des personnes physiques (1100)	26.2	29.8	29.8	24.3	22.7	22.5	23.5
Impôt sur les bénéfices des sociétés (1200)	8.8	7.6	8.0	8.1	10.5	8.9	10.0
Cotisations de sécurité sociale (2000)	17.6	21.9	22.1	25.4	24.9	26.4	25.7
Impôts sur les salaires (3000)	1.0	1.3	1.1	0.9	1.0	1.0	1.2
Impôts sur le patrimoine (4000)	7.9	6.4	5.4	5.2	5.6	5.5	5.6
Impôts sur les biens et services (5000)	38.4	32.8	33.7	34.1	33.6	33.8	32.7
Impôts généraux sur la consommation (5110)	11.5	13.4	15.8	20.2	21.0	21.3	21.2
Taxes sur la valeur ajoutée (TVA) (5111)	1.4	8.8	11.3	18.2	20.2	20.5	20.4
Impôts spécifiques sur la consommation (5120)	24.3	17.7	16.2	12.1	10.4	10.7	9.6

Source : Statistiques des recettes publiques de l'OCDE 2020 (OCDE, 2020[1]).

StatLink https://doi.org/10.1787/888934225721

2 Taxes sur la valeur ajoutée - Principales caractéristiques et problématiques de mise en œuvre

2.1. Introduction

Bien que la plupart des systèmes de TVA reposent sur les mêmes principes fondamentaux (voir le chapitre 1), on observe une très grande diversité entre les pays de l'OCDE dans la mise ne oeuvre des systèmes de TVA. Cette diversité s'exprime dans la variété des taux réduits, des exonérations et autres traitements préférentiels et régimes spéciaux, très répandus dans les pays de l'OCDE, que ce soit pour des raisons pratiques, historiques, pour soutenir certains secteurs économiques ou pour atteindre des objectifs sociaux d'équité.

Ce chapitre s'ouvre sur une présentation générale de la structure des taux de TVA dans les pays de l'OCDE et de leur évolution entre 1975 et 2020 (section 2.2), avant d'examiner plus en détail les exonérations de TVA qui existent dans ces pays (section 2.3). Il comporte ensuite une description et une analyse de la grande variété des régimes spéciaux en vigueur dans les pays de l'OCDE axées sur les aspects suivants : restrictions spécifiques au droit à déduction de la TVA sur certains intrants (section 2.4), seuils d'enregistrement et de collecte (section 2.5) et application de régimes de la marge (section 2.6). Il présente également le ratio des recettes de TVA qui donne une indication de l'effet sur les recettes des exonérations de TVA des taux réduits et de la fraude fiscale (section 2.7) ainsi que les mesures prises par les pouvoirs publics pour lutter contre la fraude et l'évasion fiscales (section 2.8).

Le présent chapitre se conclut sur une section spéciale consacrée aux mesures de politique et d'administration fiscales en matière de TVA qui ont été prises par les pays de l'OCDE dans le cadre de la réponses budgétaire et fiscale des pouvoirs publics à la pandémie de COVID-19. Ces mesures en matière de TVA ont joué un rôle particulièrement important dans le soutien à la trésorerie des entreprises et l'allègement de leurs obligations fiscales dans le contexte des restrictions instaurées dans un grand nombre de pays. La plupart des pays de l'OCDE ont également pris des mesures en matière de TVA destinées à faciliter les réponses médicales face à l'urgence et à soutenir le secteur de la santé. Ces mesures sont étudiées plus en détail dans la section spéciale consacrée aux mesures prises en matière de TVA face à la pandémie de COVID-19. En outre, un panorama complet des modifications temporaires des taux de TVA appliquées par les pays dans ce contexte est présenté dans la section 2.2 et dans les notes pays figurant dans le Tableau annexe 2.A.2.

2.2. Évolution des taux normaux et réduits de TVA

2.2.1. Les taux normaux de TVA sont demeurés stables ces dernières années

L'évolution des taux de TVA dans la zone OCDE peut être divisée en cinq périodes. Durant la première période, comprise entre 1975 et 2000, on a pu observer un relèvement progressif des taux, le taux normal moyen de TVA étant passé de 15.6 % en 1975 à 18.1 % en 2000.

Durant la deuxième période, entre 2000 et 2009, le taux normal de la TVA est resté stable dans la plupart des pays : 26 des 35 pays ont ainsi conservé un taux compris entre 15 % et 22 %. Au 1er janvier 2009, seuls quatre pays affichaient un taux normal supérieur à 22 % (Danemark, Islande, Norvège et Suède – voir Tableau annexe 2.A.1).

La troisième période, de 2009 à 2014, a été marquée par une hausse considérable du taux normal de TVA dans de nombreux pays, souvent en réponse aux obligations d'assainissement budgétaire imposées par la crise économique et financière. Le relèvement du taux normal de TVA a joué un rôle déterminant dans les stratégies d'assainissement de nombreux pays car l'augmentation de la TVA est souvent considérée comme plus efficace pour générer de nouvelles recettes (son effet est immédiat) et moins préjudiciable à la croissance économique et à la compétitivité que la hausse d'autres impôts sur le revenu (Jens Matthias Arnold, 2011[1]). Entre janvier 2009 et décembre 2014, 23 pays ont relevé leur taux normal de TVA au moins une fois. Il s'agissait en majorité de pays de l'Union européenne (UE) (Espagne, Estonie, Finlande, France, Grèce, Hongrie, Irlande, Italie, Lituanie, Lettonie, Pays-Bas, Pologne, Portugal, République slovaque, République tchèque, Royaume-Uni et Slovénie), mais aussi d'un certain nombre de pays n'appartenant pas à l'UE (Islande, Israël, Japon, Mexique, Nouvelle-Zélande et Suisse). Deux pays de l'OCDE ont temporairement abaissé leur taux normal de TVA avant de le relever à nouveau au cours de cette période (Irlande et Royaume-Uni). Cette évolution a entraîné une hausse du taux normal de TVA moyen non pondéré dans les pays de l'OCDE : il est passé de 17.7 % en janvier 2009 à un niveau record de 19.2 % au 1er janvier 2015. Dix pays de l'OCDE appliquaient un taux normal de TVA supérieur à 22 % au 1er janvier 2015, contre seulement quatre en 2009. Tous ces pays appartiennent à l'Union européenne, à l'exception de l'Islande et de la Norvège.

Les augmentations des taux normaux de TVA observées jusqu'à fin 2014 ne se sont pas poursuivies et les pays de l'OCDE sont entrés dans une nouvelle période caractérisée par une relative stabilité des taux normaux de TVA. Seuls quatre pays de l'OCDE ont relevé leur taux normal de TVA entre janvier 2015 et janvier 2020 : la Colombie (de16 %à 19 %), la Grèce (de 23 % à 24 %), le Japon (de 8 % à 10 %) et le Luxembourg (de 15 % à 17 %). Pendant la même période, deux pays de l'OCDE ont abaissé leur taux normal de TVA : l'Islande (de 25.5 % à 24 %) et Israël (de 18 % à 17 %). Le résultat de ces variations à la hausse comme à la baisse est que l'augmentation du taux normal de TVA moyen non pondéré dans la zone OCDE est restée modeste : il est passé de 19.2 % en 2015 à 19.3 % en 2020. (voir Tableau annexe 2.A.1).

Graphique 2.1. Évolution des taux normaux de TVA – Moyenne OCDE, 1976-2020

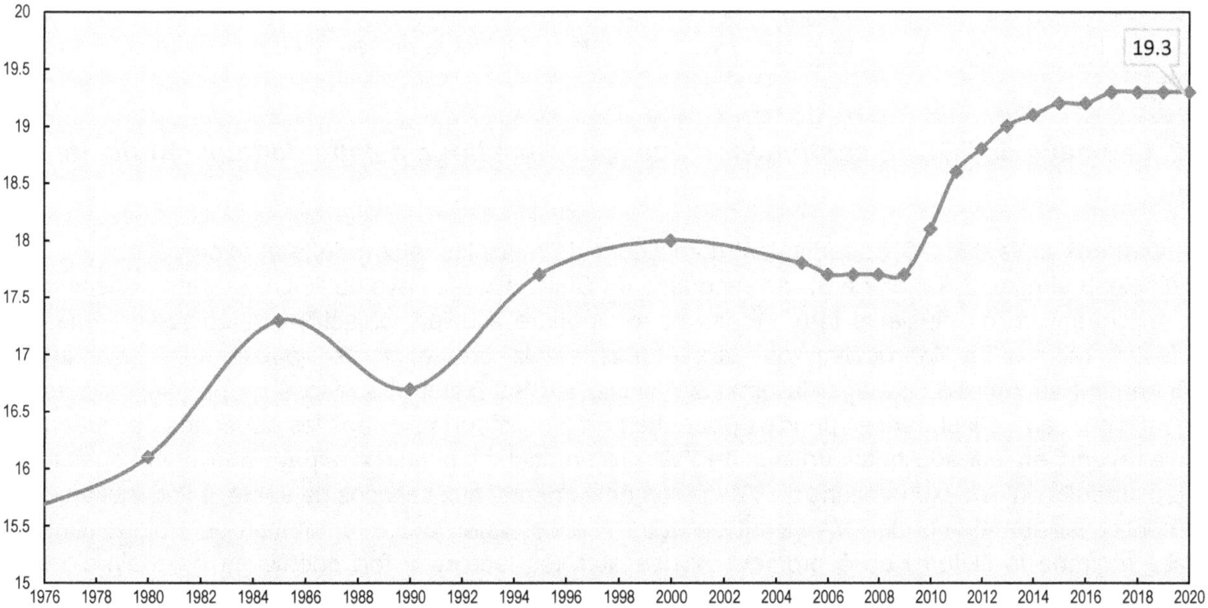

Note : Moyenne non pondérée. Source : Calculs de l'auteur

StatLink https://doi.org/10.1787/888934225740

On peut observer d'importantes différences entre les pays de l'OCDE en matière de taux normal de TVA. Les taux les plus faibles s'établissent à 5 % au Canada (il y a toutefois lieu de noter que la plupart des provinces canadiennes prélèvent des taxes de vente spécifiques ou des taxes de vente harmonisées avec les 5 % de TPS prélevés par l'État fédéral), 7.7 % en Suisse et 10 % en Australie, en Corée et au Japon, tandis que les plus élevés atteignent 25 % au Danemark, en Norvège et en Suède et 27 % en Hongrie (voir Graphique 2.2). Au 1er janvier 2020, 23 pays de l'OCDE appliquaient un taux normal de TVA égal ou supérieur à 20 %, et neuf d'entre eux un taux égal ou supérieur à 23 %. Tous ces pays appartiennent à l'Union européenne, à l'exception de la Norvège (qui applique un taux normal de TVA de 25 %).

Graphique 2.2. Taux normaux de TVA dans les pays de l'OCDE, 2020

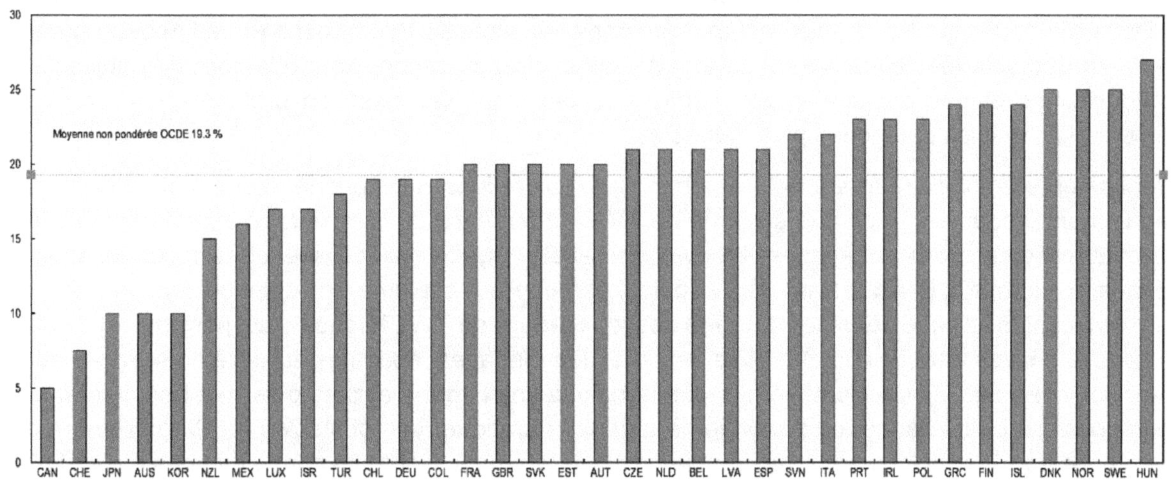

Source : travail de l'auteur

StatLink https://doi.org/10.1787/888934225759

Le taux normal moyen pour les 23 pays de l'OCDE membres de l'UE (Royaume-Uni compris jusqu'au 1er février 2020), qui s'établit à 21.8 %, est nettement supérieur au taux moyen de la zone OCDE (19.3 %). Les États membres de l'UE sont liés par des règles communes en matière de TVA (Directive 2006/112/CE relative au système commun de taxe sur la valeur ajoutée) qui fixe le niveau minimum du taux normal de TVA à 15 %.

2.2.2. Les pays de l'OCDE continuent d'appliquer une large palette de taux réduits de TVA

La plupart des pays de l'OCDE continuent d'appliquer de multiples taux réduits et exonérations de TVA (voir Tableau annexe 2.A.2 et 2.A.3). À l'exception du Chili, tous les pays de l'OCDE ayant un régime de TVA appliquent un ou plusieurs taux réduits pour répondre à divers objectifs stratégiques. L'une des principales raisons de l'application de taux réduits est la promotion de l'équité. Les pays jugent généralement souhaitable d'alléger la pression fiscale sur les biens et services de première nécessité (alimentation, eau), qui entrent en principe pour une part plus importante dans les dépenses des ménages à faible revenu, en leur appliquant un taux de TVA préférentiel. La plupart des pays appliquent également des taux réduits ou des exonérations de TVA aux médicaments, aux services de santé, à l'éducation et au logement. Les taux réduits de TVA visent en outre à encourager la consommation de « biens d'intérêt social » (comme la culture) ou à promouvoir des activités locales à fort coefficient de main-d'œuvre (tourisme) et à corriger des externalités environnementales.

Les études suggèrent que les exonérations et les taux réduits de TVA ne sont pas un moyen efficace d'atteindre ces objectifs (OECD/KIPF, 2014[2]) et peuvent même être régressifs dans certains cas. D'autres mesures, notamment des mesures de soutien ciblé passant par l'impôt sur le revenu et/ou le système de prestations et de transferts sociaux, semblent être plus efficaces pour remédier aux problèmes d'équité et pour atteindre d'autres objectifs que l'accroissement des recettes fiscales (Thomas, 2020[3]). Les taux de TVA réduits spécialement destinés à apporter un soutien aux ménages à faible revenu (dans un objectif de redistribution) ont généralement l'effet redistributif souhaité. Il convient de noter que les taux réduits appliqués aux produits alimentaires de base aident en général davantage les ménages modestes que les ménages aisés, en proportion des dépenses. Néanmoins, malgré cet effet progressif, il ressort des travaux de recherche réalisés notamment par l'OCDE que ces taux réduits de TVA restent un outil redistributif très peu efficient. En effet, en termes absolus, les taux réduits de TVA tendent à profiter davantage aux ménages aisés qu'aux ménages à faible revenu. Les ménages aisés consomment davantage de biens et de services bénéficiant d'un régime fiscal plus favorable que les ménages modestes puisqu'ils achètent généralement plus de produits, et des produits plus chers. En ce qui concerne les taux préférentiels de TVA instaurés pour stimuler l'emploi (notamment dans les secteurs du tourisme et de l'hébergement) ou encourager des activités culturelles (le théâtre par exemple), ou encore pour atteindre des objectifs non redistributifs, les études ont également montré que les ménages aisés en profitent plus, et souvent nettement plus, que les catégories plus modestes

Les régimes préférentiels relatifs à la TVA comme les taux réduits et les exonérations (voir la section 2.3) ont également tendance à rendre le système de TVA, nettement plus complexe, à accroître les coûts de conformité à la charge des entreprises et à avoir des effets négatifs sur le respect des obligations fiscales (C. Evans; R. Highfield; B. Tran-Nam; M. Walpole, 2020[4]). Pour atteindre des objectifs redistributifs, il est généralement plus efficace de limiter la portée des taux réduits de TVA, lorsque c'est possible, et d'adopter des mesures ciblées visant à accroître le revenu réel des ménages modestes et l'offre de services publics qui leur sont destinés. Toutefois, bien que cette analyse soit largement partagée, il est souvent difficile, voire impossible, de lui donner un prolongement dans la pratique. Les obstacles à l'élargissement de la base d'imposition à la TVA tenant à l'économie politique (en particulier leurs conséquences redistributives supposées) peuvent en effet être très importants, et souvent insurmontables, en particulier lorsque le système de prestations et de transferts sociaux n'est pas suffisamment efficace pour assurer aux ménages modestes une compensation suffisante au regard de l'impact de la hausse de la TVA sur le prix du panier de consommation.

Les États membres de l'UE sont liés par des règles communes relatives à l'application des taux réduits de TVA (Directive 2006/112/CE relative au système commun de taxe sur la valeur ajoutée). Ce cadre commun les autorise à appliquer un ou deux taux réduits qui ne peuvent être inférieurs à 5 % à une liste restreinte de biens et de services définis dans la Directive. Certains pays de l'UE sont autorisés à appliquer des taux spéciaux de TVA inférieurs au taux normal, qui ne peuvent toutefois pas descendre en dessous de 12 %, à des biens ne figurant pas dans la liste des biens auxquels il est possible d'appliquer des taux réduits (taux « parking ») et à appliquer des taux super-réduits, inférieurs à 5 %, à certaines livraisons. Pour l'heure, plus de 40 taux normaux et réduits de TVA sont appliqués dans l'UE, souvent au titre de dérogations spécifiques accordées à des États membres.

Entre 2018 et 2020, un certain nombre de pays ont élargi le champ d'application de leurs taux réduits de TVA. La Grèce a reclassé un certain nombre de produits alimentaires de base afin de les inclure dans le champ d'application de son taux réduit de TVA de 13 %, lequel a d'ailleurs été étendu aux hôtels et aux restaurants, aux aliments et autres produits destinés aux nourrissons, notamment aux couches et sièges auto ainsi qu'aux casques de vélo. La Grèce a en outre abaissé de 13 % à 6 % le taux de TVA applicable à la fourniture d'électricité et de gaz à usage domestique. L'Espagne a étendu l'application de son taux super-réduit de TVA de 4 % à un éventail plus large de produits issus de la panification. La République slovaque a allongé, en y incluant notamment les fruits et les légumes, la liste des produits alimentaires soumis au taux réduit de TVA de 10 %. La Pologne a adopté un barème de TVA revu et simplifié, et elle a ouvert aux entreprises la possibilité d'avoir une meilleure visibilité sur les taux de TVA applicables en prenant une décision contraignante à cet égard. L'Italie, la Belgique et l'Allemagne ont abaissé leurs taux de TVA applicables aux produits d'hygiène féminine, ramenés de 22 % à 5 %, de 21 % à 6 % et de 19 % à 7 % respectivement. Le Royaume-Uni a annoncé son intention d'appliquer un taux zéro aux produits d'hygiène féminine à compter du 1er janvier 2021. L'Allemagne a élargi l'application de son taux réduit de 7 % aux voyages ferroviaires à longue distance dans le cadre de mesures de politique environnementale. La Suède a étendu l'application du taux réduit de 6 % à l'exploitation des zones naturelles situées en dehors des zones urbaines, des parcs nationaux, des réserves naturelles et des parcs nationaux urbains. Certains pays ont élargi le champ d'application de leurs taux réduits de TVA afin de soutenir des secteurs économiques spécifiques. La Hongrie et la République slovaque ont abaissé le taux de TVA applicable aux services d'hébergement, ceux-ci ayant été ramené de 18 % à 5 %, et de 20 % à 10 %, respectivement. La République tchèque a abaissé à 10 % le taux de TVA applicable aux services de coiffure et de réparation de vêtements. Le Portugal a étendu l'application de son taux réduit de TVA de 6 % aux services téléphoniques d'assistance à domicile aux personnes âgées et aux malades chroniques ainsi qu'aux droits d'entrée à des expositions culturelles, parcs zoologiques, aquariums, jardins botaniques, musées et monuments d'intérêt national. La Slovénie a adopté un nouveau taux réduit de TVA, fixé à 5 %, qui s'applique aux publications imprimées et électroniques (notamment aux livres électroniques). Un certain nombre de pays de l'UE ont abaissé leurs taux de TVA sur les publications électroniques à la suite d'un accord par lequel le Conseil de l'UE a autorisé les États membres, en 2018, à appliquer des taux réduits à ce type de publications (y compris aux livres et journaux électroniques) de façon à aligner les règles communautaires en matière de TVA applicables respectivement aux publications électroniques et aux publications sur support physique. Des taux réduits sont désormais appliqués aux livres et publications électroniques dans 16 des 36 pays de l'OCDE ayant mis en place une TVA, ceux-ci étant tous des États membres de l'UE à l'exception de la Norvège.

Le Japon est passé d'un taux de TVA unique à un système à deux taux depuis qu'il a institué un taux réduit, fixé à 8 %, applicable à un certain nombre de produits alimentaires et de boissons, et porté le taux normal de TVA de 8 % à 10 %. Le Chili est à présent le seul pays de l'OCDE à n'appliquer qu'un seul taux de TVA.

Compte tenu des difficultés politiques que rencontrent les pays pour restreindre de manière significative la portée des taux réduits (et des exonérations) et des possibilités limitées de relèvement des taux normaux de TVA, qui sont déjà relativement élevés dans la plupart des cas, les pays misent de plus en plus sur d'autres mesures pour mobiliser des recettes de TVA supplémentaires et améliorer l'efficacité de leurs régimes de TVA (OECD, 2018[5]). Ces mesures comprennent principalement la perception de la TVA sur les ventes en ligne de biens et de services (voir le chapitre 1) et les mesures élaborées pour renforcer le respect des obligations et lutter contre la fraude (voir la section 2.8).

2.2.3. Des réductions temporaires des taux de TVA ont été instaurées en réponse à la crise du COVID-19

Plusieurs pays de l'OCDE ont adopté des réductions temporaires des taux de TVA, parfois jusqu'à zéro, dans le cadre de leur réponse fiscale à la crise du COVID-19. Ces mesures visent pour la plupart à soutenir le secteur de la santé. Certains pays ont abaissé temporairement leur taux pour stimuler la consommation et/ou soutenir les secteurs économiques les plus durement frappés par la crise du COVID-19 (tourisme, hébergement). Un panorama complet décrivant ces réductions de taux de TVA décidées par les pays de l'OCDE apparaît dans les notes pays du Tableau annexe 2.A.2 (*en italique*).

La plupart des pays de l'OCDE ont instauré des taux nuls ou réduits pour les fournitures et importations de matériel médical et de produits sanitaires (gants, masques, désinfectant pour les mains...) et pour les services de santé lorsqu'ils n'étaient pas déjà exonérés de TVA ou soumis à des taux réduits selon les règles normales. L'Union européenne a décrété une suspension de six mois de la TVA et des droits de douane pour les équipements de protection, les kits de dépistage et le matériel médical, notamment les respirateurs. La Commission européenne a publié une liste indicative des biens susceptibles d'être être couverts par cette mesure d'allègement, mais la décision d'en accorder le bénéfice est laissée à la discrétion des États membres en fonction des besoins nationaux. Cette disposition s'applique aux biens importés par ou pour le compte d'organismes publics, caritatifs ou philanthropiques agréés par les autorités compétentes de l'État membre. Prise initialement pour une période de six mois, elle a ensuite été prorogée jusqu'à fin avril 2021.

Un certain nombre de pays de l'OCDE appliquent à titre temporaire des taux réduits de TVA (y compris des taux nuls) aux livraisons de toute une palette de matériels et équipements médicaux nécessaires pour lutter contre l'épidémie de COVID-19, dont l'Allemagne, l'Autriche, la Belgique, l'Espagne, la France, la Grèce, les Pays-Bas et le Portugal. L'Allemagne, les Pays-Bas, la Pologne et le Portugal appliquent un taux de TVA de 0 % aux dons aux hôpitaux de certaines catégories de matériels et équipements médicaux. Aux Pays-Bas, un taux (effectif) de 0 % est appliqué aux services fournis par les professionnels de santé qui sont recrutés par des établissements ou institutions de santé éligibles à l'exonération de TVA des services médicaux.

Certains pays ont adopté des réductions de taux de TVA pour soutenir des secteurs économiques spécifiques comme la restauration (Allemagne, Autriche, Belgique, Grèce) ; l'hébergement (Autriche, République tchèque) ; le cinéma, la culture ou les sports (Autriche, Grèce, Pays-Bas, Royaume-Uni) ; ou le transport de passagers (Grèce et Turquie). Le Royaume-Uni a institué à titre temporaire, du 15 juillet 2020 au 31 mars 2021, un taux réduit de 5 % applicable à certaines livraisons dans les secteurs de l'hôtellerie et de l'hébergement de vacances et aux droits d'accès à certaines attractions. La Pologne a instauré temporairement un taux de TVA de 0 % pour les livraisons d'ordinateurs portables et de tablettes à des établissements d'enseignement.

Un petit nombre de pays de l'OCDE ont mis en place, à titre temporaire, des réductions de taux de portée plus générale. L'Allemagne a abaissé son taux normal de TVA de 19 % à 16 % et son taux réduit de TVA de 7 % à 5 %, avec effet à partir du 1er juillet et jusqu'au 31 décembre 2020. L'Irlande a ramené son taux normal de TVA de 23 % à 21 %, avec effet à compter du 1er septembre 2020 et jusqu'au 28 février 2021.

La Norvège a décidé un abaissement de son taux réduit de TVA, de 12 % à 6 %, applicable à compter du 1er avril et jusqu'au 31 décembre 2020.

La composante TVA de la réponse fiscale des pays de l'OCDE à la crise du COVID-19 est examinée plus en détail dans la section spéciale figurant à la fin de ce chapitre.

2.3. Exonérations

Hormis les taux réduits, les régimes de TVA des pays de l'OCDE reposent largement sur des exonérations (voir Tableau annexe 2.A.3). Dans ce contexte, une exonération signifie que le fournisseur ne facture pas la TVA sur ses ventes et n'est donc pas en droit de récupérer la TVA acquittée sur ses intrants. Dans certaines juridictions, l'exonération est appelée « imposition en amont », afin d'indiquer que la livraison n'est pas exonérée de TVA, mais que son prix contient une « TVA rémanente », autrement dit que la TVA acquittée sur les intrants est incorporée dans le prix des ventes exonérées. L'exonération n'est donc pas identique à l'absence de taxation.

Bien qu'elles constituent une entorse notable au principe général de la TVA, tous les pays de l'OCDE appliquent un certain nombre d'exonérations. Les raisons qui justifient l'application d'exonérations de TVA sont très diverses. Elles tiennent notamment à la difficulté qu'il y a à déterminer la base d'imposition (services financiers et d'assurance, par exemple) ou à la volonté d'exclure de l'assiette de la TVA les activités qui sont considérées comme des services publics ou comme remplissant une mission d'intérêt général et/ou social (éducation, santé, services postaux, organismes de bienfaisance). Un certain nombre d'autres exonérations trouvent leur origine dans la tradition, comme la location d'immeubles et la vente de terrains et de bâtiments. Certains secteurs exonérés de TVA peuvent aussi être assujettis à d'autres taxes spécifiques (biens immobiliers, services d'assurance et financiers par exemple).

En dehors de ces catégories traditionnelles, les exonérations sont nombreuses et couvrent un large éventail de secteurs comme la culture, l'assistance judiciaire, le transport de voyageurs, les services publics d'inhumation, les déchets et matériaux recyclables, la distribution d'eau, les métaux précieux et l'agriculture (voir tableau annexe 2.A.3). À cet égard, les États membres de l'UE sont soumis à des règles communes prévoyant l'exonération des livraisons ou prestations considérées d'intérêt public comme les services postaux, les services médicaux, les services liés à l'éducation, les activités de radiodiffusion publique et les services fournis par des organismes sans but lucratif, mais aussi d'un certain nombre de prestations spécifiques comme les services financiers et d'assurance, les opérations portant sur des biens immeubles et les jeux de hasard ou d'argent. Cependant, les États membres peuvent choisir d'autoriser les entreprises à opter pour la taxation de certaines transactions et de soumettre à des conditions spécifiques certaines exonérations.

Un certain nombre de services qui sont généralement exonérés dans les pays de l'OCDE sont imposés dans certains pays. Les services postaux par exemple sont taxés en Australie, au Canada, au Japon, au Mexique, en Nouvelle-Zélande et en Norvège ; les jeux de hasard et d'argent le sont en Australie, au Canada, en Corée, en Nouvelle-Zélande, au Royaume-Uni et en Turquie ; et les services d'assurance sont imposés au Mexique, en Nouvelle-Zélande et en Turquie, et taxés au taux zéro en Australie. Par ailleurs, le transport de passagers, taxé dans la plupart des pays, est exonéré (dans une certaine mesure) au Chili, en Corée, au Danemark, en Irlande et au Mexique. Le Chili considère les services qui ne sont pas expressément cités dans la législation TVA comme des services situés en dehors du champ d'application de la taxe, ce qui signifie qu'ils sont de fait traités comme s'ils étaient exonérés. Il s'agit notamment des services juridiques et comptables, des services d'ingénierie et d'architecte et autres services professionnels.

Il est généralement recommandé que le système de TVA ne prévoie qu'une liste restreinte d'exonérations, limitée aux services de santé de base, à l'éducation et éventuellement aux services financiers. Parce qu'elles n'ouvrent pas droit à la déduction de la taxe sur les intrants, les exonérations de TVA créent en effet une exception importante à la neutralité de cette taxe (voir le chapitre 1). Les paragraphes suivants donnent un aperçu des principales conséquences des exonérations, qui sont souvent négatives.

Les exonérations de TVA créent des effets de taxe en cascade lorsqu'elles s'appliquent aux transactions entre entreprises. On peut s'attendre à ce que l'entreprise qui vend un bien ou un service exonéré répercute la taxe d'amont non déductible sur ses prix. L'entreprise qui les achète ne pourra pas non plus déduire ou récupérer cette « taxe rémanente », qui est dissimulée dans le prix d'achat. Si la production de l'entreprise destinataire n'est pas exonérée de TVA, cette taxe cachée sera sans doute intégrée dans le prix des biens sur lesquels elle va facturer la TVA sur ses ventes. Cette situation aboutit à une taxe cachée d'un poids variable selon le nombre de stades de production soumis à l'impôt, ce qui fausse les décisions de production et les choix d'organisation de l'entreprise. L'ampleur des effets de cascade dépend du moment où l'exonération intervient dans la chaîne. Si l'exonération s'applique au stade de la vente au consommateur final, il n'y a pas d'effet de cascade et elle entraîne simplement une perte de recettes fiscales puisque la valeur ajoutée au stade final n'est pas imposée. Si l'exonération s'applique à un stade intermédiaire, l'effet de cascade consécutif peut conduire à une augmentation des recettes nettes qui n'est pas transparente.

Les exonérations incitent les entreprises à réduire le montant de leur impôt par le biais d'une intégration verticale (« livraison à soi-même ») et à ne pas externaliser, car elles ont intérêt à produire leurs biens en interne plutôt qu'à les acheter, et à supporter une TVA en amont irrécupérable. Cet effet de cascade peut entraîner des inefficiences économiques en provoquant une distorsion dans la structure de la chaîne d'approvisionnement. Il peut également créer une dynamique de l'exonération auto-entretenue : lorsqu'un secteur bénéficie d'une exonération, il est incité à faire pression pour que des exonérations soient accordées aux autres secteurs auprès desquels il s'approvisionne afin d'éviter de payer une TVA cachée sur ses intrants.

Les exonérations aboutissent généralement à une sous-imposition des ventes aux consommateurs, qui supportent une charge fiscale égale à la taxe sur les intrants consommés par les entreprises sans qu'il y ait de valeur ajoutée correspondante, et à une surimposition des entreprises qui ne peuvent pas déduire la « taxe cachée » incorporée dans le prix de leurs achats. Elles conduisent également à taxer les investissements plutôt que la consommation, ce qui va à l'encontre du principal objectif de la TVA.

L'exonération de TVA des services financiers est souvent citée comme un point de plus en plus problématique. Dans un document récent (GFV N°087 de mars 2019), la Commission européenne rappelle que les règles d'exonération de la TVA des services financiers et d'assurance en vigueur au sein de l'Union européenne n'ont pas évolué au même rythme que ces secteurs si bien qu'elles deviennent de plus en plus complexes et difficiles à appliquer dans la pratique. Cette situation a entraîné une hausse du nombre de litiges, une incertitude sur le plan juridique et des frais d'ordre administratif et réglementaire élevés. Ces règles sont en outre interprétées et appliquées de façon hétérogène dans les différents États membres, ce qui crée des distorsions de concurrence au sein de l'UE. C'est pourquoi la Commission européenne a lancé une consultation publique sur ce sujet en octobre 2020.

Dans le contexte international, les exonérations portent atteinte au principe de destination sur lequel repose l'imposition des biens et services faisant l'objet d'échanges internationaux (voir le chapitre 1). Lorsqu'un exportateur utilise des intrants exonérés, il lui est impossible de récupérer la TVA résultant de l'exonération appliquée à un stade antérieur dans la chaîne de production. L'exportation devient donc effectivement « taxée sur les intrants ». Par ailleurs, les entreprises qui utilisent des intrants exonérés sont incitées à importer des biens de pays où ces intrants sont soumis au taux zéro au lieu de les acheter à des fournisseurs non assujettis sur le marché intérieur. En outre, l'idée que la gestion des exonérations accroîtrait les coûts administratifs et les coûts de conformité a été avancée. Comme dans le cas de structures de taux différenciés, il peut souvent s'avérer difficile pour les entreprises et les administrations fiscales de faire la distinction entre biens assujettis et biens exonérés, en particulier dans des domaines complexes comme les services financiers. Les entreprises qui réalisent à la fois des ventes exonérées et assujetties sont souvent confrontées à des règles d'affectation complexes lorsqu'elles cherchent à déterminer la fraction des ventes de produits taxés qui ouvre droit à déduction de la taxe acquittée en amont. Il existe toutefois peu de données sur l'ampleur de l'accroissement des coûts administratifs et des coûts de conformité imputables aux exonérations (Bird and Gendron, 2007[6]).

Pour de plus amples informations sur la justification théorique et pratique des exonérations, voir (de la Feria, n.d.[7]); et sur la possibilité d'élargir l'assiette de la taxe par la réduction du champ des exonérations comme alternative valable à l'augmentation des taux de TVA, voir (European Commission, 2011[8]).

2.4. Restrictions du droit à déduction de la TVA sur certains intrants

Même si la charge de la TVA ne devrait pas être supportée par les entreprises, le droit de déduire la TVA sur les intrants est limité aux cas où les entreprises utilisent ces intrants pour produire des ventes imposables. Le droit à déduction de la TVA sur les intrants est légitimement refusé lorsque ces intrants sont utilisés pour réaliser des ventes non imposables, c'est-à-dire exonérées et n'ouvrant pas droit à déduction (santé et services financiers – voir la section 2.3) ou situées hors du champ d'application de la TVA (fournitures sans contrepartie, par exemple). Ce droit ne s'applique pas non plus lorsque les achats ne sont pas (intégralement) employés pour exercer une activité économique imposable, par exemple lorsqu'ils sont utilisés à des fins privées par le propriétaire de l'entreprise ou ses salariés (consommation finale). Toutes ces restrictions du droit à déduction de la TVA sur les intrants résultent de l'application des principes de base de la TVA.

Outre les règles indiquées plus haut, la législation en vigueur dans la plupart des pays de l'OCDE restreint également la déduction de la TVA acquittée en amont sur un certain nombre de produits et services en raison de la nature de ces biens et services, et non de leur utilisation par les entreprises. Il s'agit généralement de permettre une imposition (en amont) de la consommation réputée finale desdits bien et services (voir Tableau annexe 2.A.4).

Les restrictions les plus répandues au droit à déduction de la TVA acquittée en amont sont celles qui portent sur les frais de divertissement bien que le contenu de cette catégorie soit très variable. Les restrictions peuvent porter sur la TVA acquittée sur les repas au restaurant, les boissons (alcoolisées), les frais de réception, l'hébergement en hôtel, les droits d'accès à des manifestations sportives ou culturelles, les cadeaux et les services de transport. Sept pays de l'OCDE (Chili, Colombie, France, Israël, Japon, Suisse et Turquie) n'ont pas appliqué cette limitation spécifique du droit à déduction de la TVA. La déduction de la TVA acquittée en amont sur les achats et/ou l'usage de véhicules est également soumise à des limitations dans 23 des 36 pays de l'OCDE appliquant une TVA. En revanche, Israël, le Japon et la Suisse ne font état d'aucune de ces restrictions. Au Mexique, il n'existe pas de restrictions spécifiques, mais la législation prévoit une déduction de la TVA acquittée en amont uniquement sur les intrants « strictement indispensables » à l'activité principale. Les dépenses déductibles aux fins de la TVA doivent aussi être déductibles en vertu de la Loi sur l'impôt sur le revenu, laquelle prévoit une liste de « déductions autorisées » pour chaque catégorie de régime.

La déduction de la taxe acquittée en amont est souvent limitée à une fraction de celle-ci. Par exemple, la déduction de la TVA sur l'utilisation de véhicules par les salariés d'une entreprise peut être limitée à un pourcentage fixe. Dans certains pays, seule la moitié de la TVA acquittée en amont sur les véhicules est déductible, même si le véhicule est strictement utilisé à des fins professionnelles.

Trois raisons principales justifient ces restrictions. Premièrement, elles permettent d'éviter la charge administrative que suppose le contrôle de l'utilisation effective de ces biens et services, qui, par nature, peut être double, à la fois privée et professionnelle. Deuxièmement, elles constituent un moyen de réduire les risques de fraude. Troisièmement, les biens et services visés relèvent en partie de la « consommation » - repas pris au restaurant, par exemple. La troisième raison indiquée ici peut toutefois être jugée contradictoire avec les principales caractéristiques du système de TVA. De fait, les entreprises (ou leurs salariés) ne « consomment » jamais vraiment les biens et services au sens de la TVA lorsqu'ils les utilisent dans le cadre de l'accomplissement d'une activité économique imposable.

2.5. Seuils d'enregistrement et de collecte de la TVA

Tous les impôts entraînent des coûts de conformité pour les entreprises et des coûts administratifs pour les autorités fiscales, mais les obligations relatives à la TVA sont souvent considérées comme particulièrement lourdes pour les petites et moyennes entreprises (PME) (European Commission, 2013[9]) (Evans et al., 2018[10]). De nombreux pays ont donc mis en place des régimes simplifiés destinés aux PME afin de faciliter le respect de la législation. Ces régimes peuvent être regroupés en trois grandes catégories : non-assujettissement au régime de TVA (seuils d'exonération), calcul simplifié du montant de la TVA due et simplification des obligations en matière de comptabilité, de déclaration ou de paiement (OECD, 2015[11]).

La plupart des pays de l'OCDE (à l'exception du Chili, de l'Espagne, du Mexique et de la Turquie) appliquent des seuils d'exonération en dessous desquels les petites entreprises ne sont pas tenues de facturer et de collecter la TVA sur leurs ventes et ne déduisent pas la TVA sur leurs intrants. En Colombie et en Turquie, le seuil d'exonération ne s'applique qu'aux personnes physiques, et non aux sociétés ou entreprises constituées en sociétés. Cette dispense d'assujettissement revient à traiter les petites entreprises comme des entreprises non-assujetties à la TVA. Il existe deux types de seuils de dispense d'assujettissement : les seuils d'enregistrement qui dispensent les fournisseurs à la fois de s'enregistrer et de collecter la TVA, et les seuils de collecte en dessous desquels les assujettis sont certes tenus de s'immatriculer à la TVA, mais pas de collecter la taxe. Des types d'activités (prestations de services par opposition à livraison de biens, par exemple) ou des secteurs différents (secteur à but non lucratif notamment) peuvent être soumis à des seuils différents, voire peuvent échapper à leur application (secteur de la construction, par exemple). Dans la plupart des cas, les seuils d'enregistrement ne s'appliquent pas aux entreprises étrangères et dans certains cas, les seuils de collecte ne s'appliquent qu'aux personnes physiques ou aux entreprises qui ne sont pas soumises à l'obligation de tenir une comptabilité commerciale.

Le Tableau annexe 2.A.5 offre une vue d'ensemble des seuils d'enregistrement et de collecte en vigueur dans les pays de l'OCDE. En principe, les seuils sont généralement calculés à partir du chiffre d'affaires annuel. Au Japon, les entreprises (individuelles ou non) ne sont pas tenues de s'enregistrer à la TVA et de collecter la TVA pendant les deux années qui suivent leur création dès lors qu'elles restent en dessous d'un seuil défini en fonction de leur capital ; un seuil reposant sur le chiffre d'affaires imposable annuel ne s'applique qu'après cette période (à quelques exceptions près, selon les niveaux de chiffre d'affaires). Bien que les seuils soient généralement fonction du chiffre d'affaires annuel, leur application peut dépendre d'autres règles et critères. Le niveau de ces seuils est très variable selon les pays. On peut distinguer trois grands groupes.

Vingt pays appliquent un seuil relativement élevé, supérieur à 30 000 USD de chiffre d'affaires par an : Australie, Autriche, Belgique, Corée, Estonie, France, Hongrie, Irlande, Italie, Japon, Lettonie, Lituanie, Luxembourg, Nouvelle-Zélande, Pologne, République slovaque, République tchèque, Royaume-Uni, Slovénie et Suisse. Parmi ces pays, la France, l'Italie, le Japon, la Pologne, la République slovaque et le Royaume-Uni ont un seuil particulièrement élevé, supérieur à 90 000 USD.

Neuf pays appliquent un seuil relativement bas, compris entre 5 000 et 30 000 USD : Allemagne, Canada, Danemark, Finlande, Grèce, Islande, Israël, Pays-Bas et Portugal. Deux pays appliquent un seuil bas, inférieur à 5 000 USD : Norvège et Suède.

Depuis 2018, six pays de l'OCDE ont relevé leur seuil : Allemagne, Autriche, Corée, France, Hongrie, Israël, Pays-Bas et Portugal, et aucun ne l'a abaissé.

Aucun argument définitif ne justifie la nécessité ou le niveau des seuils. La principale raison qui justifie l'exclusion des petites entreprises (notion très différente selon les pays) est le caractère disproportionné tant des coûts pour l'administration fiscale, par rapport aux recettes de TVA générées, que des coûts de conformité pour nombre de petites entreprises, comparés à leur chiffre d'affaires. En outre, les petites entreprises sont souvent suspectées de moins respecter leurs obligations fiscales. Un seuil d'enregistrement relativement élevé peut avantager les petites entreprises, en faussant la concurrence avec les grandes entreprises. Un seuil relativement bas peut être perçu par une entreprise comme un frein à son développement ou comme une incitation à échapper à la TVA en segmentant artificiellement ses activités. Ces seuils peuvent également entraver les efforts des pouvoirs publics pour lutter contre l'économie informelle. Ce dernier inconvénient peut être cependant atténué en soumettant les entreprises qui n'atteignent pas le seuil à une autre taxe, plus simple, qui permettrait de les inclure dans l'économie formelle. Le niveau du seuil est souvent le résultat d'un compromis entre d'une part, l'objectif de limiter les coûts administratifs et les coûts de conformité et d'autre part, la nécessité de préserver les recettes et d'éviter toute distorsion de la concurrence.

Tous les pays de l'OCDE qui appliquent un seuil d'enregistrement ou de collecte donnent la possibilité aux entreprises qui n'atteignent pas ce seuil de s'immatriculer et d'appliquer volontairement la TVA, sauf la Corée et Israël. L'immatriculation volontaire vise souvent à pallier les inconvénients de la non-immatriculation pour les petites entreprises, mais elle accroît les coûts supportés par l'administration fiscale et impose des contraintes de conformité aux entités qui choisissent de rejoindre le système. Elle augmente également le risque de fraude à la TVA par des entreprises « douteuses » qui pourraient s'enregistrer et demander des remboursements avant de disparaître à nouveau. Les pays imposent donc souvent une durée minimale d'enregistrement aux assujettis qui ont opté pour une immatriculation volontaire. Cette période varie d'un an (Australie, Canada, Grèce, Hongrie, Japon, République slovaque, République tchèque, Suisse) à deux ans (Danemark, France, Norvège), parfois trois ans (Pays-Bas et Suède) ou même cinq ans (Allemagne, Autriche, Portugal et Slovénie).

Des études récentes (Li Liu, 2019[12]) montrent que les petites entreprises s'efforcent généralement de rester en dessous du seuil d'enregistrement en limitant leur chiffre d'affaires déclaré pour éviter d'avoir à effectuer les formalités d'inscription à la TVA lorsque leurs ventes aux consommateurs privés représentent une forte proportion de leur chiffre d'affaires, mais qu'elles ont tendance à s'immatriculer volontairement à la TVA, même lorsque leur chiffre d'affaires est inférieur au seuil, dès lors que la part des ventes à des consommateurs finals dans leur chiffre d'affaires est faible, que le coût des intrants est élevé et que la concurrence s'intensifie dans leur secteur d'activité.

L'une des difficultés soulevées par la mise en place d'un seuil de TVA réside dans la nécessité de limiter le plus possible les dispositifs incitant les petites entreprises à sous-évaluer le chiffre d'affaires déclaré dans le but de rester en dessous du seuil de dispense d'assujettissement et/ou d'inciter les petites entreprises à développer leur activité. Une solution consiste à adopter un seuil flexible. Dans un régime de ce type, les petites entreprises qui dépassent le seuil ordinaire ne sont pas tenues de s'enregistrer immédiatement et peuvent continuer à bénéficier de la dispense tant que le dépassement n'excède pas un certain pourcentage du seuil. Par exemple en France, lorsqu'une entreprise réalise un chiffre d'affaires supérieur au seuil ordinaire de 85 800 EUR (pour les biens) ou de 34 400 EUR (pour la plupart des services), elle peut continuer à bénéficier du régime de la dispense d'assujettissement si son chiffre d'affaires sur l'année n'excède pas respectivement 94 300 EUR et 36 500 EUR.

Il existe d'autres moyens de réduire les coûts de conformité supportés par les PME tout en évitant les inconvénients d'une dispense d'assujettissement. De nombreux pays ont ainsi mis en place des régimes forfaitaires simplifiés pour faciliter le calcul de la TVA due. Par exemple, certaines petites entreprises peuvent être autorisées à appliquer un taux forfaitaire unique à leur chiffre d'affaires afin de déterminer le montant de la TVA due au lieu de procéder à un calcul détaillé de la TVA sur leurs achats et sur leurs ventes. Il est également possible de mettre en place un régime reposant sur un calcul simplifié de la taxe déductible en amont. Ce régime est présenté plus en détail dans une récente étude de l'OCDE sur la fiscalité des PME (OECD, 2015[11]).

Dans la plupart des cas, les seuils d'enregistrement ne s'appliquent pas aux entreprises étrangères. Néanmoins, il est recommandé dans les Principes directeurs internationaux de l'OCDE pour la TVA/TPS que les pays qui appliquent un régime de collecte de la TVA reposant sur l'enregistrement des vendeurs pour les ventes B2C de services et de biens incorporels par des fournisseurs étrangers appliquent ce régime sans créer de charges administratives, ni de charges en termes d'obligations fiscales, qui seraient disproportionnées par rapport aux recettes en jeu, ou contraires à l'objectif de neutralité entre fournisseurs nationaux et étrangers. Il est expressément reconnu dans ces Principes que des seuils ont été mis en place par certains pays pour atteindre cet objectif et qu'il convient en outre de trouver un équilibre entre le souci de réduire le plus possible les charges administratives et les coûts de conformité, tant pour les administrations fiscales que pour les fournisseurs étrangers, et la nécessité de continuer d'appliquer des règles du jeu équitables aux entreprises nationales et étrangères. Le rapport « Mécanismes pour la collecte effective de la TVA/TPS lorsque le fournisseur n'est pas situé dans la juridiction d'imposition » (OECD, 2017[13]) contient d'autres orientations sur les principaux aspects à prendre en compte dans l'éventualité de l'application d'un tel seuil. Il s'agit notamment d'aspects ayant trait à la neutralité au regard de la situation concurrentielle des fournisseurs nationaux et étrangers ; à la simplification et à ses répercussions éventuelles sur la réduction des coûts de conformité pour les entreprises étrangères comme pour les administrations fiscales ; et à la détermination du niveau du seuil, y compris à la méthode de calcul (fondée sur le chiffre d'affaires du fournisseur dans la juridiction d'imposition ou à l'échelle mondiale).

Sur les 12 juridictions de l'OCDE imposant aux fournisseurs étrangers de services et de biens incorporels à des consommateurs finals de s'enregistrer à la TVA et de déclarer la TVA sur leur territoire, six appliquent un seuil d'enregistrement correspondant au chiffre d'affaires en dessous duquel les fournisseurs étrangers sont dispensés de cette obligation : Australie, Islande, Japon, Norvège, Nouvelle-Zélande et Suisse. Dans ces pays, le seuil d'enregistrement est le même pour les fournisseurs nationaux et étrangers. L'UE est considérée comme une seule juridiction dans ce contexte car l'absence de seuil d'enregistrement pour les fournisseurs de pays tiers de services de télécommunication, de radiodiffusion et de services fournis par voie électronique dans le cadre du régime du « mini-guichet unique » (MOSS - régime non UE) prévaut au niveau de l'UE. Un seuil volontaire de 10 000 EUR a été institué le 1er janvier 2019 pour les fournitures à distance intra-communautaires de services de ce type à des consommateurs finals par des vendeurs de l'UE (régime UE).

2.6. Usage du régime de la marge

La plupart des pays autorisent ou utilisent des méthodes spécifiques de collecte de la TVA dans des cas particuliers. L'objectif de ces méthodes est généralement de simplifier les charges d'administration et de conformité de la TVA et/ou de traiter des cas spécifiques. Des exemples caractéristiques sont fournis par les régimes de la marge qui sont souvent employés lorsqu'il serait difficile ou impossible de déduire la taxe acquittée en amont selon les règles habituelles, comme dans le cas de la revente de biens d'occasion achetés à des particuliers ou pour les activités des agences de voyages. L'assiette de la taxe correspond alors à la différence entre le prix d'acquisition d'un bien par l'assujetti et son prix de revente, et non au prix de revente intégral. L'application du régime de la marge interdit au revendeur toute déduction de la TVA acquittée à l'achat du bien (TVA acquittée en amont).

Le Tableau annexe 2.A.6 montre que tous les pays de l'UE appliquent un régime de la marge pour les agences de voyages, les biens d'occasion, objets d'art, de collection ou d'antiquité puisqu'ils ont la même base légale. Hors de l'UE, huit autres pays de l'OCDE emploient des régimes de la marge : l'Australie (sur les immeubles résidentiels neufs, les jeux de hasard et les biens d'occasion), le Chili (sur la revente de biens immobiliers), la Colombie (sur la vente de véhicules d'occasion, la vente d'actifs immobilisés par un intermédiaire, la vente d'essence) ; Israël (sur les pièces de monnaie, les timbres postaux, les meubles, les logements, les véhicules d'occasion et les opérations de change) ; le Mexique (sur les véhicules d'occasion) ; la Norvège (sur les biens d'occasion et les objets d'art, de collection et d'antiquité) ; la Suisse (sur les objets de collection, notamment les objets d'art ou d'antiquité) ; et la Turquie (sur les agences de voyages).

2.7. Mesurer la performance de la TVA : ratio de recette TVA

La performance de la TVA peut se mesurer à l'aide de différentes méthodes, selon la dimension de la performance à mesurer. Elle est traditionnellement estimée par le « ratio d'efficience », c'est-à-dire le ratio (exprimé en pourcentage) des recettes de la TVA au PIB, divisé par le taux normal. Quoique le ratio d'efficience soit un outil diagnostique largement employé pour évaluer la TVA, il ne permet pas de distinguer une TVA qui grèverait la production d'une TVA sur la consommation. Pour remédier à cette faiblesse, on retient comme base d'imposition potentielle la consommation finale et non la production (Ebrill et al., 2001[14]) Si on calcule le rapport entre la recette nette de la TVA et les recettes qui seraient obtenues en appliquant la TVA au taux normal à la consommation finale totale, on obtient un ratio d'efficience de la TVA sur la consommation ou « C-efficiency ratio ». Ce ratio atteindrait 100 % si toute la consommation finale était imposée et si l'administration fiscale recouvrait la totalité des impôts dus.

Les estimations du ratio de recette TVA (RRT) pour les pays de l'OCDE présentées dans cette section reposent sur le principe du « ratio d'efficience par rapport à la consommation ». Il donne un indicateur prenant en compte les pertes de recettes dues aux exonérations et aux taux réduits ainsi qu'à la fraude, l'évasion et la planification fiscales. Même si le RRT doit être interprété avec toutes les réserves qui s'imposent et si l'érosion de la base d'imposition peut être imputable à divers facteurs, cet outil peut aider les décideurs à appréhender l'efficacité du recouvrement de la TVA et à identifier des moyens de procurer à l'État des recettes supplémentaires en rendant le système de TVA plus performant.

2.7.1. Que mesure le RRT ?

Le RRT a vocation à donner une indication de la mesure dans laquelle un pays perçoit la TVA sur sa base d'imposition naturelle : les dépenses de consommation finale. Il mesure donc l'écart entre les recettes de TVA effectivement collectées et celles qui auraient théoriquement pu être obtenues dans l'hypothèse où l'on aurait appliqué uniformément le taux normal à la totalité de la base d'imposition potentielle et où la totalité de ces recettes aurait été perçue.

$$\mathrm{RRT} = \frac{\mathrm{RT}}{\mathrm{B\,.\,r}}$$

où : RT = recettes de TVA effectives ; B = base d'imposition potentielle et t = taux de TVA normal

Le taux « normal » désigne le taux applicable par défaut à la base d'imposition en l'absence de dispositions contraires dans la législation. La législation (et la pratique de nombreux pays) prévoit l'application de taux différents, soit plus bas, soit plus élevés, à une liste déterminée de produits. Les taux de TVA réduits sont encore très répandus dans la zone OCDE, essentiellement par souci d'équité ou en raison de considérations sociales (dépenses de première nécessité, santé, éducation, etc.). Aucun pays membre de l'OCDE n'applique de taux de TVA majorés (voir Tableau annexe 2.A.1).

Dans la formule de calcul du RRT présentée ci-dessus, la base d'imposition potentielle (B) est mesurée par les dépenses de consommation finale consignées dans le poste P3 des comptes nationaux (System of National Accounts – SNA). Cependant, le SNA mesure les dépenses de consommation aux prix du marché, c'est-à-dire qu'elles incluent la TVA. Pour calculer le RRT, il convient donc de déduire les recettes de TVA du montant figurant dans P3, car il ne faut pas que la base d'imposition théorique inclue le montant de l'impôt.

C'est pourquoi les estimations des RRT présentées dans le Tableau annexe 2.A.7 ont été calculées comme suit :

$$RRT = \frac{RT}{(DCF - RT).r}$$

où : RT = recettes de TVA réelles ; DCF = dépenses de consommation finale (poste P3 des Comptes nationaux) ; et t = taux de TVA standard.

2.7.2. *Difficulté à évaluer la base d'imposition*

Le premier obstacle méthodologique sur lequel bute le calcul du RRT réside dans l'évaluation de la base d'imposition potentielle, puisqu'il n'existe aucune évaluation standard de ladite base d'imposition pour tous les pays membres de l'OCDE. La base d'imposition potentielle est constituée de tous les biens, services et biens incorporels vendus (ou réputés être vendus) à titre onéreux aux consommateurs finaux par les entreprises ou par toute autre entité agissant comme une entreprise (comme, par exemple, les personnes physiques, les organismes publics dispensant des services contre un paiement direct, etc.). La base d'imposition est en principe égale aux dépenses réalisées par les consommateurs finaux pour se procurer des biens, des services et des biens incorporels. Cependant, en pratique, de nombreux systèmes de TVA font peser la TVA non seulement sur la consommation finale des ménages, mais aussi sur diverses entités se livrant à des activités non commerciales ou à des activités exonérées de TVA (voir le chapitre 1 et le présent chapitre). Dans de telles configurations, on peut appliquer la TVA en traitant ces entités comme des consommateurs finaux ou en les taxant sur leurs intrants, car on part du principe que, dans leurs activités non commerciales, elles répercuteront la TVA payée sur les prix de leur production. Au bout du compte, le montant de la TVA qui sera recouvrée par l'État dans ces cas de figure est celui de la taxe sur ces intrants.

Faute d'évaluation uniforme de la base d'imposition potentielle pour tous les pays membres, ce sont les dépenses de consommation finale mesurées par les comptes nationaux qui s'en rapprochent le plus, la TVA étant en définitive un impôt sur la consommation finale. Les dépenses de consommation finale des comptes nationaux sont calculées selon une norme internationale, le poste P3 du Système de comptabilité nationale (SNA 2008) (sauf en Turquie, au Chili et au Japon, qui utilisent encore le SNA 1993).

2.7.3. *Le RRT moyen dans les pays de l'OCDE est demeuré stable*

Dans la zone OCDE, le RRT moyen non pondéré est demeuré relativement stable puisqu'il s'est établi à 0.56 en 2017 et 2018, soit 0.1 % de plus qu'en 2016, comme illustré dans le Tableau annexe 2.A.7. La moyenne de l'OCDE est restée aux alentours de ce niveau depuis 2010 (0.55) après avoir décliné pendant la crise économique et financière de 2008-9 (ramenée de 0.59 en 2007 à 0.53 en 2009). Cette estimation donne à penser qu'en moyenne, 44 % des recettes potentielles théoriques de TVA ne sont pas collectées.

Les estimations des RRT présentent des variations considérables entre les pays de l'OCDE. En 2018, elles s'échelonnaient de 0.34 au Mexique et 0.38 en Colombie et en Italie à 0.89 au Luxembourg et 0.99 en Nouvelle-Zélande. Quatre autres pays de l'OCDE ont un RRT estimé à plus de 0.65, à savoir l'Estonie (0.74), le Japon (0.72), la Suisse (0.69) et la Corée (0.68).

Tous les autres pays de l'OCDE qui appliquent une TVA (30 sur 36) ont un RRT inférieur à 0.65 ; onze de ces pays enregistrent un chiffre inférieur à 0.50. Cette constatation porte à croire qu'une grande partie des recettes potentielles théoriques de TVA n'est pas collectée dans un grand nombre de pays. Par rapport à 2016, le RRT a augmenté dans 26 pays, la hausse la plus marquée étant observée en Pologne, où il est passé de 0.45 à 0.52, et en Lettonie et en Hongrie, où il est passé de 0.55 à 0.59 et 0.54 à 0.58, respectivement. L'effet, sur la moyenne de l'OCDE, de la hausse du RRT estimé dans ces 26 pays a été en partie compensé par l'arrivée de la Colombie, dont le RRT, de 0.38, est nettement inférieur à la moyenne de l'OCDE, et par une baisse du RRT estimé en Australie (ramené de 0.50 à 0.47) et au Luxembourg (de 0.92 à 0.89). Pour huit pays de l'OCDE, les estimations du RRT n'ont pas varié.

Le niveau des RRT en particulier rend compte du fait que les pays de l'OCDE recourent encore à grande échelle aux régimes préférentiels sous la forme de taux réduits et d'exonérations (voir Tableaux annexes 2.A.2 et 2.A.3). Ce fait est confirmé par les données sur les dépenses fiscales, qui mesurent le coût des avantages fiscaux (OECD, 2010[15]).

Il apparaît qu'il n'existe pas de corrélation directe entre le RRT et le niveau du taux normal de TVA. Des pays aux taux de TVA très différents peuvent avoir un RRT comparable. Ainsi, l'Australie et l'Irlande ont toutes deux des RRT très similaires, estimés à 0.47 et 0.49 respectivement, alors que leurs taux de TVA normaux sont très différents, 10 % et 23 % respectivement. Si les deux tiers des pays membres (25 sur 36) ont un RRT compris entre 0.45 et 0.65, leurs taux de TVA normaux sont très disparates, puisqu'ils varient de 5 % (Canada) à 25 % (Danemark, Norvège et Suède), et même 27 % (Hongrie). Ces quatre derniers pays allient des taux de TVA normaux élevés (25 % et 27 %) à un RRT supérieur à la moyenne de l'OCDE (respectivement 0.62, 0.58, 0.59 et 0.59), tandis que le Mexique et la Turquie ont à la fois un taux normal de TVA (respectivement 16 % et 18 %) et un RRT estimé (respectivement 0.34 et 0.40) nettement inférieurs à la moyenne de l'OCDE. Le Japon se distingue par un taux de TVA faible (8 % en 2017-18), l'absence de taux réduits et un RRT relativement élevé (0.72).

Graphique 2.3. Ratio de recettes de TVA (RRT)

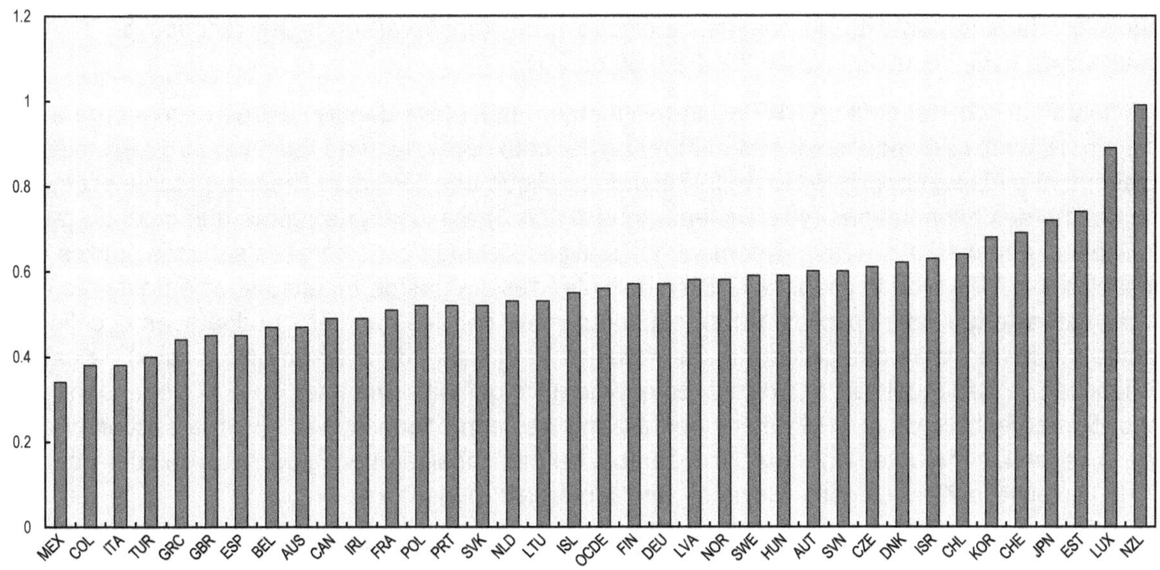

Note : OCDE = Moyenne non pondérée de l'OCDE.
Source : Calculs de l'auteur

StatLink https://doi.org/10.1787/888934225778

Le poids des divers facteurs influant sur le RRT peut varier considérablement d'un pays à l'autre selon les circonstances. Les deux pays dont le RRT est le plus élevé, à savoir le Luxembourg et la Nouvelle-Zélande, se situent tous deux très au-dessus de la moyenne de l'OCDE (respectivement 0.99 et 0.89 contre une moyenne de 0.56) et distancent même nettement l'Estonie, troisième pays du classement, dont le RRT est de 0.74. Cependant, c'est pour des raisons très différentes que leurs ratios sont élevés.

Le RRT du Luxembourg n'a cessé d'augmenter entre 1996 (0.54) et 2014 (1.23). Cette hausse est corrélée à une transformation profonde du marché de l'UE, qui se caractérise en particulier par la libéralisation des services financiers et l'essor du commerce électronique. On peut raisonnablement supposer que ces paramètres de marché et leur traitement spécifique au regard de la TVA ont fortement concouru à la hausse du RRT au Luxembourg. Il est vraisemblable que le statut de ce pays en tant que grand centre financier international lui ait valu des recettes de TVA supplémentaires. Les ventes de services financiers sont généralement exonérées de TVA au Luxembourg sans que la déduction de la taxe payée en amont soit possible, conformément aux règles de l'UE sur la TVA, y compris quand l'acheteur est situé dans d'autres États membres de l'UE. Il s'ensuit qu'en raison de l'expansion des ventes transfrontières de services financiers, la TVA non déductible supportée par les sociétés de services financiers au Luxembourg augmente les recettes de TVA dans ce pays alors qu'une grande partie de la consommation finale a lieu dans d'autres États membres de l'UE. Le Luxembourg est en outre devenu un centre majeur du commerce électronique international, en raison notamment du traitement de ce type d'activité prévu par la législation de l'UE sur la TVA avant le 1er janvier 2015. En effet, celle-ci disposait que les livraisons réalisées dans le contexte du commerce électronique à des consommateurs finaux d'autres États membres étaient taxées dans le pays où le fournisseur était établi. Le faible taux normal de TVA en vigueur au Luxembourg, le plus bas de l'UE (15 % jusqu'en 2014), a incité les entreprises se livrant au commerce électronique à s'établir dans ce pays et le Luxembourg y a gagné des recettes de TVA supplémentaires, qui n'ont cessé d'augmenter grâce à l'essor du commerce numérique. La situation a changé le 1er janvier 2015. Depuis cette date, les ventes intracommunautaires à des consommateurs finaux dans le contexte du commerce électronique ne sont plus assujetties à la TVA dans l'État membre dans lequel le fournisseur est établi (qui était souvent le Luxembourg). Elles sont désormais assujetties à la TVA dans l'État membre du lieu de résidence du client et au taux qui y est appliqué. La perte de recettes de TVA pour le Luxembourg qui a résulté de cette modification des règles intracommunautaires relatives au lieu d'imposition dans le contexte du commerce électronique transparaît dans les recettes de TVA et les estimations du RRT (recul de 1.25 en 2014 à 0.89 en 2018).

Les facteurs qui sous-tendent un RRT systématiquement très élevé depuis l'entrée en vigueur de la TVA (TPS) en Nouvelle-Zélande sont très différents de ceux prévalant au Luxembourg. Premièrement, contrairement au Luxembourg, la Nouvelle-Zélande applique une TPS dont l'assiette fiscale est très large car le champ des exonérations (voir Tableau annexe 2.A.3) est limité, de même que celui du taux zéro (voir Tableau annexe 2.A.2). Deuxièmement, la Nouvelle-Zélande considère les services publics comme imposables à la TPS (voir le chapitre 1). Bien qu'il n'en résulte pas de recettes supplémentaires (la TPS facturée par les organismes publics à l'État est compensée par des transferts budgétaires et celle qui est collectée sur les activités des collectivités territoriales est incluse dans les impôts locaux), la part de la TPS dans le total des recettes s'accroît mécaniquement, ce qui fait augmenter le RRT. Cependant, la base d'imposition potentielle de la TPS déterminée à partir des comptes nationaux (voir la section ci-dessus) n'inclut pas la valeur ajoutée par l'État. L'ensemble de ces considérations pourrait expliquer pourquoi le RRT de la Nouvelle-Zélande est si élevé, et parfois même supérieur à 1.

À l'autre extrémité du spectre, le Mexique et la Colombie sont les pays de l'OCDE dont les RRT sont les plus bas (0.33 et 0.38 respectivement). Cette situation s'explique vraisemblablement par plusieurs facteurs, notamment l'étendue des exonérations de TVA, l'application d'un taux zéro et la faible observation de leurs obligations fiscales par les assujettis.

2.7.4. Un certain nombre de facteurs influent sur le RRT

En théorie, plus le régime de TVA d'un pays est « pur », avec un impôt à large assise pesant sur l'ensemble de la consommation finale des ménages, plus son RRT est proche de 1. Un RRT proche de 1 peut être interprété comme une preuve que la TVA pèse uniformément sur une large assiette et qu'elle est efficacement recouvrée. Les taux réduits, les exonérations et l'incapacité de collecter la totalité des impôts dus le font baisser par rapport à cette valeur de référence. Un RRT supérieur à 1 n'est théoriquement possible que si le taux normal s'applique à la quasi-totalité de la base d'imposition et si un certain nombre d'exonérations sans droit à déduction existent de telle sorte que l'effet en cascade des exonérations procure à l'État des recettes supplémentaires excédant leur coût. En pratique, le RRT est rarement égal à 1 et il peut varier, dans un sens ou dans l'autre, sous l'action de plusieurs facteurs complexes, jouant indépendamment les uns des autres ou produisant des effets conjugués, à savoir :

- L'application de taux de TVA réduits à un certain nombre de biens et services et le niveau de ces taux, qui se traduisent par une perte de recettes et ont une incidence négative sur le RRT.
- Le niveau du seuil d'enregistrement et/ou de collecte au-dessous duquel les petites entreprises sont dispensées de payer la TVA. Ces seuils amoindrissent le montant de la TVA collectée même s'il est vraisemblable que le coût, en termes de recettes publiques, est limité du fait que les entreprises se situant en deçà des seuils n'ont généralement pas le droit de déduire la TVA acquittée en amont et que leur valeur ajoutée est probablement modeste.
- Le champ des exonérations. Les exonérations peuvent, en fonction de leurs propres caractéristiques et de celles du marché, agir à la hausse ou à la baisse sur le RRT. Les exonérations peuvent éroder les recettes quand elles s'appliquent à des biens et services fournis directement au consommateur final sans nécessiter beaucoup d'investissements ou de dépenses en dehors du propre travail du fournisseur. Elles peuvent les gonfler quand elles interviennent à un stade précoce de la chaîne d'approvisionnement et que les recettes résultant de la non-récupération de la TVA acquittée en amont et de l'effet de cascade tout au long de la chaîne d'approvisionnement dépassent la taxe qui aurait pu être obtenue moyennant une imposition au taux normal ouvrant droit à déduction de la TVA acquittée en amont (dans le cas de services financiers aux entreprises, par exemple). L'exonération des services financiers en particulier peut avoir un impact considérable sur le RRT compte tenu de l'importance économique de ce secteur dans de nombreux pays.
- Le traitement des activités de service public au regard de la TVA. La consommation finale des administrations publiques est le deuxième poste de la consommation finale dans les comptes nationaux après celle des ménages. Les activités de l'État sont exonérées ou exclues du champ de la TVA dans la plupart des pays, la Nouvelle-Zélande étant l'unique exception puisqu'elle y soumet toutes les activités des administrations publiques. En conséquence, les organismes publics ne peuvent déduire la TVA payée en amont sur leurs dépenses assujetties, sauf en Nouvelle-Zélande où ils ont le droit de déduire intégralement la taxe acquittée en amont. Plusieurs pays se sont dotés de mécanismes destinés à compenser les effets néfastes de l'exonération des activités de service public, prenant par exemple la forme de remboursements de TVA ciblés, d'un droit à déduction totale ou partielle de la TVA acquittée en amont, de compensations budgétaires ou d'une imposition de vastes pans des activités des administrations publiques. Les différentes options choisies par les gouvernements ont des effets inégaux sur le RRT. La compensation par des mécanismes autres que la TVA (par exemple une simple compensation budgétaire) n'a pas d'incidence directe sur le RRT parce que les activités de l'État demeurent soumises à la TVA sur leurs intrants, ce qui génère les recettes de TVA correspondantes, avant et après les mesures de compensation. Une mesure autorisant les organismes publics à déduire la TVA sur les intrants a normalement pour effet de réduire les recettes fiscales si les ventes demeurent exonérées et elle agira donc à la baisse sur le RRT. À l'inverse, l'application de la TVA aux activités des administrations publiques, comme c'est le cas en Nouvelle-Zélande, a pour effet d'accroître le montant de la TVA collectée et d'agir à la hausse sur le RRT, car elle tend à grever la totalité des ventes plutôt que les intrants uniquement.
- L'application d'un régime efficace de collecte de la TVA sur les ventes en ligne de biens, de services et de produits numériques par des fournisseurs étrangers et sur des marchés électroniques. De nombreux régimes de TVA sont sources de difficultés lorsqu'il s'agit de recouvrer comme il se doit la TVA sur les ventes en ligne, en particulier lorsque la collecte doit s'opérer

auprès de fournisseurs étrangers ; ces difficultés sont à l'origine de pertes de recettes qui sont de plus en plus importantes au fur et à mesure que le volume et la valeur des échanges numériques vont croissant (voir le chapitre 1).

- La capacité d'une administration fiscale de gérer efficacement la TVA et le niveau de discipline fiscale des assujettis influent aussi sur le RRT parce qu'une prévalence élevée de la fraude ampute les recettes de TVA. Le nombre de cas d'insolvabilité et de faillites d'assujettis peuvent aussi influer sur le RRT.
- De même, l'incapacité d'un régime de TVA à assurer l'application effective du principe de destination aux exportations de biens et/ou de services, notamment par la taxation des exportations dans le pays d'origine ou par l'exonération des exportations non assortie du droit pour l'exportateur de récupérer la TVA acquittée en amont, peut entraîner une hausse du RRT (pour de « mauvaises » raisons).
- Le fait que l'administration fiscale n'applique pas un système approprié de remboursement de la TVA (par des remboursements, en temps voulu, des excédents de TVA sur les intrants aux entreprises nationales et/ou des remboursements aux entreprises non résidentes), au mépris du principe fondamental de neutralité de la TVA, peut aboutir à une hausse du RRT (pour de « mauvaises » raisons).
- L'évolution des modes de consommation peut aussi affecter les recettes. À titre d'illustration, le RRT peut diminuer, toutes choses égales par ailleurs, si la part de la consommation de biens et services de première nécessité qui sont imposés à un taux de TVA réduit augmente, à la suite d'une crise économique par exemple (OCDE, 2020[16]).
- Enfin, l'effet éventuel des écarts entre les dépenses de consommation finale mesurées par les comptes nationaux et la base d'imposition potentielle de la TVA des pays doit être pris en considération dans l'interprétation du RRT.

Pour un examen technique approfondi des facteurs qui influent sur le calcul du RRT, voir (OCDE, 2017[17]).

2.7.5. Des facteurs relevant de la politique et de la discipline fiscales influent sur le RRT

Le niveau du RRT dépend rarement d'une cause unique, mais plutôt des liens réciproques entre plusieurs facteurs. À titre d'illustration, un taux normal élevé peut inciter à la fraude alors que l'existence de plusieurs taux réduits peut entraîner des pertes de recettes à cause de déclarations erronées ou trompeuses aboutissant à une mauvaise classification. L'exonération de certains secteurs d'activité peut engendrer des distorsions et favoriser l'évitement de l'impôt, ce qui exige de mobiliser des moyens administratifs supplémentaires qui autrement pourraient être consacrés à une collecte efficace de la TVA. Par ailleurs, une administration de l'impôt inefficace, des obligations administratives trop contraignantes ou la complexité des mécanismes de TVA peuvent amener des assujettis à se soustraire à leurs obligations.

On peut regrouper ces facteurs en deux grandes catégories :

- ceux qui résultent de décisions politiques, affectant principalement la base d'imposition ou le champ d'application du taux normal (ou, autrement dit, les taux réduits et exonérations de TVA (« déficit lié à la politique fiscale »), et
- ceux qui relèvent de l'efficacité de la collecte de la taxe et de la discipline fiscale (« déficit lié au non-respect des obligations fiscales »).

Le RRT est la somme du résultat des décisions politiques et de ce « déficit lié au non-respect des obligations fiscales ». Il est possible de procéder à une analyse visant à affiner encore la décomposition du RRT. L'une des méthodes envisageables pour décomposer le RRT entre les éléments relevant de la politique fiscale et ceux relevant du non-respect des obligations fiscales consiste à utiliser les données relatives aux dépenses fiscales résultant de l'application de régimes préférentiels de TVA (à savoir du manque à gagner fiscal lié à une dérogation au système de l'application du taux de TVA normal à l'intégralité de la base d'imposition théorique) pour estimer le « déficit lié à la politique fiscale ». L'écart subsistant entre 1 et le RRT estimé d'un pays donne alors, par déduction, une estimation du « déficit lié au non-respect des obligations fiscales ». Ces chiffres doivent toutefois être interprétés avec prudence en raison du grand nombre de facteurs pouvant influer sur le RRT.

Une autre méthode consiste à calculer le « déficit lié au non-respect des obligations fiscales » (ou « écart de TVA »), c'est-à-dire la différence entre les recettes effectivement collectées et le produit théorique de la taxe si l'ensemble des consommateurs et des entreprises respectaient parfaitement les règles en vigueur dans un pays donné en matière de TVA. Cette méthode est employée pour produire les estimations de l'écart de TVA annuel dans l'Union européenne où l'écart de TVA correspond à la différence entre le montant de la TVA effectivement collectée et le montant théoriquement dû selon la législation fiscale (montant total de l'impôt dû au titre de la TVA ou montant total de la TVA due – MTTD). (Institute for Advanced Studies, 2015[18]). (CASE – Center for Social and Economic Research, 2020[19]). L'écart de TVA est estimé selon une démarche descendante consistant à appliquer les différents taux de TVA en vigueur dans un pays aux composantes de la consommation (consommation finale des ménages, consommation finale des administrations publiques et des organismes sans but lucratif, consommation intermédiaire des entreprises partiellement exonérées, dépenses de logement, éléments spécifiques à un pays, corrections, etc.). L'Australie utilise une méthode similaire (Australian Taxation Office, 2020[20]). Dans le modèle d'analyse de l'écart fiscal (RA-GAP) du Fonds monétaire international (Eric Hutton, 2017[21]) les données sur les comptes nationaux sont utilisées pour calculer la base d'imposition potentielle à la TVA par secteur économique. Les recettes potentielles de TVA pour un système de TVA donné sont ensuite calculées en appliquant le barème d'imposition en vigueur (exonérations, taux zéro, taux réduits) à cette base d'imposition à la TVA. Les recettes potentielles de TVA obtenues en application de la politique de référence sont calculées en appliquant le taux normal de TVA en vigueur à la base d'imposition. L'écart de TVA est calculé en comparant les recettes de TVA effectives aux recettes potentielles susceptibles d'être recouvrées en appliquant la politique en vigueur et la politique de référence.

2.8. Lutter contre la fraude et les infractions à la TVA

2.8.1. Les pertes de recettes de TVA dues à la fraude et aux infractions restent élevées

La réduction des pertes de recettes dues aux infractions à la législation sur la TVA reste un enjeu majeur et une priorité pour les pays partout dans le monde. De nombreuses administrations fiscales réalisent des études pour évaluer le déficit de TVA, autrement dit la perte de recettes découlant de la fraude et des infractions à la TVA. Dans l'Union européenne (UE), le déficit de TVA des 28 États membres a été estimé à 140 milliards EUR en 2018 dans le dernier rapport consacré à la question (CASE – Center for Social and Economic Research, 2020[19]). Bien que ce déficit reste très élevé, la Commission de l'UE observe qu'il s'est légèrement réduit ces dernières années, en valeur nominale comme en termes relatifs. En termes relatifs, le déficit de TVA à l'échelle de l'UE a été ramené à 11 % du montant total de TVA due (MTTD) en 2018, contre 12.3 % en 2016 et 14.3 % en 2014. En valeur nominale, le déficit de TVA total de l'UE a reculé de près d'un milliard EUR pour s'établir à 140.04 milliards EUR en 2018, après une baisse plus marquée de 2.9 milliards EUR en 2017. Toutefois, les prévisions pour 2020 tablent sur une inversion de tendance, avec une perte potentielle de 164 milliards EUR à cause des répercussions de la pandémie de coronavirus sur l'économie.

Les plus petits écarts de TVA dans l'UE ont été observés en Suède (0.7 %), en Croatie (3.5 %) et en Finlande (3.6 %), et les plus grands en Roumanie (33.8 %), en Grèce (30.1 %) et en Lituanie (25.9 %). Le Royaume-Uni a estimé son déficit de TVA à 10.0 milliards GBP en 2018-19, soit 7.0 % du montant net estimé du MTTD (HMRC, 2020[22]), ce qui représente une baisse par rapport à 2017-18 (déficit de 13.3 milliards GBP, soit 9.6 % du MTTD). Un certain nombre d'autres pays de l'OCDE ont donné des estimations de leurs propres déficits de TVA. En Australie, le déficit de TPS est estimé à 5.8 milliards AUD, ou 8.1 % du MTTD (Australian Taxation Office, 2020[20])) ; au Canada, le déficit pluriannuel moyen de TPS/TVH est estimé à 5.6 % du MTTD pour 2000-2014 (CRA, 2016[23]). En Amérique latine, les déficits de TVA variaient considérablement d'un pays à l'autre en 2017 (CEPAL, 2020[24]), mais les pays membres de l'OCDE dans cette région affichaient un déficit de TVA relativement bas par rapport à d'autres : 21.4 % au Chili, 23.6 % en Colombie et 16.4 % au Mexique (contre 45.3 % au Panama et 43.8 % en République dominicaine, par exemple).

Les pertes de recettes de TVA imputables à des infractions peuvent s'expliquer par plusieurs facteurs. En plus des mécanismes « traditionnels » d'évasion fiscale (dispositifs destinés à réduire la charge fiscale qui peuvent être légaux au sens strict, mais contraires à l'esprit de la loi) et de fraude (mécanismes illégaux utilisés pour se soustraire à une obligation fiscale), les systèmes de TVA sont souvent la cible d'attaques criminelles organisées. Il a été démontré que cette fraude à la TVA, organisée et de nature criminelle, est liée, dans de nombreux cas, à d'autres activités criminelles comme le terrorisme et le blanchiment de capitaux (EUROPOL, 2020[25]).

Le type le plus courant de fraude à la TVA organisée est la fraude dite des « sociétés éphémères » ou « carrousel ». Elle survient lorsqu'une société effectue un achat sans verser de TVA (habituellement une transaction soumise à autoliquidation de la taxe), puis collecte la TVA sur une vente en aval et disparaît sans payer la TVA collectée. Initialement, la fraude concernait principalement des biens de valeur qui faisaient l'objet d'échanges internationaux, comme les micro-processeurs et les téléphones mobiles, mais elle s'est étendue aux services pouvant être achetés et vendus comme des marchandises. La fraude organisée à la TVA dans le cadre de l'échange de quotas d'émission de CO_2 a ainsi entraîné des pertes de recettes de TVA se chiffrant en milliards d'euros dans un certain nombre de pays. Les marchés de l'énergie sont également exposés à cette fraude organisée à la TVA. Les régulateurs européens du secteur énergétique, les opérateurs sur les marchés de l'énergie et les sociétés de gaz et d'électricité ont notamment mis en garde les autorités de l'UE à propos des graves conséquences de la fraude de type carrousel sur le fonctionnement des marchés du gaz et de l'électricité en Europe (Europex – Association of European Energy Exchanges, 2018[26]). Ils ont rendu compte de signes d'« une forte infiltration de fraudeurs à la TVA sur les marchés du gaz et de l'électricité ». Des recherches ont également révélé que certains logiciels de comptabilité contiennent des outils cachés (zappers ou camoufleurs de ventes) servant à manipuler les recettes de TVA (OECD, 2013[27]). La numérisation de l'économie pose de nouveaux défis aux régimes de TVA en matière de lutte contre la fraude et le non-respect des obligations, notamment dans le contexte de croissance exponentielle du commerce électronique transfrontière (OCDE, 2017[28]).

Les administrations fiscales élaborent et mettent en œuvre une diversité croissante de mesures pour répondre au problème de plus en plus complexe de la protection des recettes cruciales de la TVA contre la fraude et les infractions. Les sections suivantes examinent de manière un peu plus détaillée les trois catégories de réponses les plus fréquentes dans les pays de l'OCDE : modifications des mécanismes de collecte de la TVA ; renforcement des obligations déclaratives de l'assujetti et analyse des données ; et coopération administrative internationale et échange de renseignements.

2.8.2. Modifications des méthodes de collecte de la TVA : mécanisme national d'autoliquidation et paiement scindé

Mécanisme national d'autoliquidation (voir le Tableau annexe 2.A.12)

Dans un régime de TVA standard, la TVA est perçue auprès des fournisseurs selon un processus de paiement fractionné, par lequel le fournisseur collecte la TVA auprès de ses clients et la verse aux autorités, après avoir déduit la TVA récupérable sur les intrants, le cas échéant (voir le chapitre 1). Avec un mécanisme d'autoliquidation, la responsabilité du paiement de la TVA aux autorités fiscales est transférée du fournisseur à son client (dans les transactions B2B). Ce transfert de la responsabilité du paiement de la TVA du fournisseur au client supprime le risque que des fournisseurs malhonnêtes disparaissent sans reverser à l'administration fiscale la TVA qu'ils ont collectée auprès de leurs clients, une pratique caractéristique de la fraude dite des « sociétés éphémères ». De même, les entreprises ne peuvent pas demander la déduction ou le remboursement de montants de TVA qu'ils n'ont pas acquittés (TVA sur de fausses factures, par exemple) ou reversés aux autorités fiscales, une pratique caractéristique de la fraude dite « carrousel ».

Les pays de l'OCDE qui ont adopté le mécanisme national d'autoliquidation le réservent généralement aux secteurs économiques qui sont particulièrement exposés à ces types de fraude organisée. Il est notamment employé pour contrecarrer la fraude des sociétés éphémères et la fraude carrousel dans des secteurs tels que les téléphones mobiles, les circuits intégrés, les consoles de jeu, les tablettes et les ordinateurs portables, les céréales et les cultures industrielles, les métaux bruts et semi-finis, le gaz et l'électricité, ainsi que les services de télécommunication.

Aucun pays de l'OCDE n'applique un système d'autoliquidation plus généralisé pour la collecte de l'ensemble de la TVA sur les transactions nationales entre entreprises. Un tel système réduirait les possibilités de fraude décrits ci-avant, mais présenterait plusieurs inconvénients, notamment des contraintes supplémentaires à la charge des entreprises et des administrations fiscales, en générant un risque croissant d'autres types de fraude au niveau des détaillants (suppression des ventes, utilisation abusive de numéros d'identification à la TVA par exemple). Il risquerait de transformer effectivement la TVA en une taxe sur les ventes au détail, en concentrant les risques pour les recettes au stade de la vente finale ou à un nombre limité de points de la chaîne de valeur, avec les faiblesses inhérentes à un tel système (voir chapitre 1).

Les États membres de l'UE peuvent adopter, sur une base facultative et temporaire, un mécanisme d'autoliquidation sur les transactions domestiques pour une liste déterminée d'opérations. Depuis 2013, les États membres de l'UE sont également autorisés à appliquer un mécanisme local d'autoliquidation à tout type d'opération en cas de fraude soudaine et massive à la TVA.

Le Tableau annexe 2.A.12 montre que le recours à un mécanisme d'autoliquidation domestique en tant que moyen pour lutter contre la fraude est très répandu dans les 23 pays de l'OCDE qui sont membres de l'UE, notamment pour la délivrance de certificats d'émissions de CO_2 (tous sauf la Lettonie, la Lituanie et la Pologne) ; les débris de matériaux et les déchets (tous sauf la Belgique, le Luxembourg, la Pologne et le Royaume-Uni) ; et les travaux de construction (tous sauf l'Estonie, le Luxembourg, la Pologne et le Royaume-Uni). L'autoliquidation domestique s'applique aussi dans de nombreux pays de l'UE à la fourniture d'or (14 pays) ; aux appareils électroniques comme les ordinateurs portables, les microprocesseurs, les téléphones mobiles, etc. (11 pays) et à la livraison de gaz et d'électricité à des revendeurs assujettis (10 pays). D'autres pays de l'OCDE ont également recours à un mécanisme d'autoliquidation domestique, mais dans une bien moindre mesure, à savoir l'Australie (ventes de bâtiments neufs à usage d'habitation) ; le Canada (ventes de biens immobiliers par des non-résidents et certaines fournitures entre provinces) ; le Chili (fournitures de riz, travaux de construction, déchets, certaines plantes et certains animaux) ; Israël (débris de métaux) ; le Mexique (déchets, certaines ventes effectuées par des personnes physiques) ; la Norvège (vente de quotas d'émissions de CO_2 et d'or à des fins d'investissement) ; la Nouvelle-Zélande (vente de terres soumises à tort à un taux zéro) et la Turquie (certaines opérations effectuées par des personnes non assujetties). Plus de la moitié des pays de l'OCDE (19 sur 36) appliquent le mécanisme de l'autoliquidation aux fournitures dans le secteur de la construction.

L'autoliquidation n'a pas été mise en œuvre en Corée, en Colombie, en Islande, au Japon et en Suisse. En novembre 2019, la Pologne a remplacé son mécanisme national d'autoliquidation par un mécanisme de paiement scindé obligatoire (applicable uniquement aux ventes qui étaient auparavant assujetties au système national d'autoliquidation ; voir également la section ci-dessous).

Le mécanisme du paiement scindé (voir le Tableau annexe 2.A.12)

Un autre moyen de réduire l'exposition des régimes de TVA à la fraude et au non-respect des obligations consiste à recourir au mécanisme dit du paiement scindé (ou retenue à la source). Dans le cadre de ce mécanisme, le fournisseur facture la TVA sur ses ventes nationales au client selon les règles habituelles, mais soit le client paie (une partie de) la TVA directement aux autorités fiscales (« mécanisme de retenue »), soit il la dépose sur le compte de TVA spécial du fournisseur (« paiement scindé ») au lieu de la payer au fournisseur. En général, dans un régime de paiement scindé, le fournisseur peut utiliser les montants déposés sur son compte de TVA spécial uniquement pour payer la TVA à l'administration fiscale ou à un autre fournisseur (et uniquement sur le compte de TVA spécial de ce fournisseur). La Pologne, qui a adopté un tel système de paiement scindé (voir la section précédente), autorise l'utilisation des montants déposés sur les comptes de TVA pour payer un certain nombre d'autres taxes.

Un régime de paiement scindé ou de retenue produit les mêmes effets de prévention de la fraude que le mécanisme local d'autoliquidation dans la mesure où il empêche un fournisseur de percevoir la TVA sans la reverser à l'administration fiscale. Parmi les inconvénients de ces régimes figurent le surcroît de complexité (notamment l'obligation pour les fournisseurs de déterminer pour chaque transaction si elle relève ou non du régime) et l'impact sur la trésorerie des entreprises, qui peut être particulièrement élevé dans un régime de retenue, puisque les entreprises ne perçoivent plus (ou perçoivent moins) de TVA sur les ventes dont elles peuvent déduire la TVA d'amont (ce qui peut entraîner un excédent permanent de TVA d'amont). Certains observateurs estiment que les mécanismes de paiement scindé ne seraient pas en mesure d'empêcher les fraudes de sociétés éphémères plus complexes (Bartosz Gryziak, 2020[29]). Le Tableau annexe 2.A.12 montre que ce régime est mis en œuvre dans cinq pays de l'OCDE seulement, et qu'il cible systématiquement des secteurs ou des fournitures spécifiques.

En Pologne, un mécanisme obligatoire de paiement scindé s'applique aux ventes entre entreprises (B2B) d'une liste définie de biens et de services considérés comme vulnérables à la fraude (comme les débris de métaux, les quotas d'émissions de CO_2, les téléphones mobiles, les tablettes, les services de construction, etc. qui étaient auparavant assujettis au mécanisme national d'autoliquidation), si le montant brut facturé dépasse 15 000 PLN. Si le client le décide, un mécanisme facultatif de paiement scindé peut s'appliquer aux ventes B2B qui ne sont pas couvertes par le paiement scindé obligatoire.

L'Italie demande aux autorités ou aux organismes publics, aux entreprises publiques et aux entreprises cotées à la bourse italienne de verser la TVA sur leurs achats de biens et services directement à l'administration fiscale, plutôt qu'à leurs fournisseurs. Avec ce régime de retenue, les fournisseurs peuvent bénéficier de remboursements plus rapides de la TVA payée sur leurs intrants. La Corée a opté pour un régime de retenue concernant les ventes d'or, de cuivre et de déchets d'or et de fer. En République tchèque, un tel système est proposé à titre facultatif aux clients qui souhaitent éviter d'être solidairement responsables avec le fournisseur en cas d'impayés. Dans certains secteurs comme la construction, les débris de métaux, verre, plastique et papier, les services de conseil, de surveillance et d'audit et certains services de réparation, la Turquie applique un régime de retenue partiel qui impose aux clients de retenir à la source un pourcentage de la TVA qui leur a été facturé par le fournisseur et de le reverser directement à l'administration fiscale.

La Colombie, le Chili et le Mexique ont adopté un mécanisme de retenue à la source en tant que solution de secours pour la collecte de la TVA sur les fournitures entrantes B2C de services et de biens incorporels d'origine étrangère. Lorsque le fournisseur étranger de ces services et biens incorporels B2C ne s'immatricule pas à la TVA dans le pays, les intermédiaires qui facilitent le paiement correspondant (émetteurs de cartes de crédit et de débit, portefeuilles électroniques et établissements bancaires) doivent prélever la TVA sur le paiement de ces fournitures et la reverser à l'administration fiscale.

2.8.3. Collecte de données sur les opérations des assujettis

De nombreux pays de l'OCDE ont recours à la technologie pour améliorer la communication des données fiscales pertinentes aux autorités fiscales. Après avoir généralisé les déclarations de TVA électroniques obligatoires (OECD, 2015[30]), de nombreux pays de l'OCDE ont mis en place, ou envisagent de mettre en place, l'obligation pour les assujettis de communiquer aux autorités fiscales, parfois en temps réel, les données relatives à toutes leurs opérations. Ces mesures exigent généralement la communication, sous forme électronique, d'informations détaillées sur chaque opération imposable. Il peut s'agir d'informations de facturation et de données comptables ou de toute autre information permettant aux autorités fiscales de contrôler les biens et services achetés ou vendus par les assujettis.

Le Tableau annexe 2.A.11 indique que, depuis 2000, la plupart des pays de l'OCDE ont mis en place des obligations de déclaration des opérations, à l'exception de la Belgique, du Canada, de l'Estonie, de la Finlande, de l'Islande et du Japon. Parmi les pays qui ont adopté des obligations de déclaration des opérations, dix-neuf imposent un format spécifique à ces déclarations (Chili, Colombie, Corée, Espagne, France, Grèce, Israël, Italie, Lituanie, Luxembourg, Mexique, Norvège, Pays-Bas, Pologne, Portugal, République slovaque, République tchèque, Slovénie et Turquie). Huit d'entre eux emploient (une variante) du format de Fichier normalisé d'informations comptables à des fins fiscales (Standard Audit File for Tax – SAF-T) mis au point par le Forum sur l'administration fiscale de l'OCDE (OECD, 2005[31]). Ce système implique l'utilisation d'un logiciel comptable pour créer le fichier électronique (SAF-T) contenant les données comptables pertinentes sur le plan fiscal. Le format SAF-T permet de transférer ces données de l'assujetti à l'administration fiscale dans un format électronique standard.

La moitié des pays qui imposent une déclaration électronique des opérations (15 sur 30) exigent la transmission systématique de ces informations à l'administration fiscale (Chili, Colombie, Corée, Espagne, Grèce, Hongrie, Israël, Italie, Lituanie, Mexique, Pologne, Portugal, République tchèque, République slovaque et Turquie) et huit d'entre eux exigent que cette transmission ait lieu en temps (quasi) réel (Chili, Colombie, Corée, Espagne, Hongrie, Italie, Mexique et Turquie).

Les pays sont également de plus en plus préoccupés par le contrôle des transactions en espèces dans le contexte des transactions entre entreprises et consommateurs finaux (B2C) et plus d'un tiers des pays de l'OCDE (16 sur 36) ont imposé aux assujettis l'utilisation de caisses enregistreuses électroniques (Autriche, Belgique, Corée, France, Grèce, Hongrie, Israël, Italie, Lettonie, Lituanie, Norvège, Pologne, République slovaque, République tchèque, Slovénie et Suède). Six de ces pays exigent la transmission systématique de données à l'administration fiscale (Autriche, Corée, Grèce, Israël, République slovaque et Slovénie), en temps (quasi) réel pour la Corée, la République slovaque et la Slovénie.

Le volume d'informations réunies par les administrations fiscales a considérablement augmenté ces dernières années. Pour pouvoir tirer parti des possibilités offertes par cette collecte de données, les pays et leurs assujettis doivent avoir confiance dans la sécurité et la confidentialité des informations réunies par les administrations fiscales. Face au risque de communication inappropriée d'informations, intentionnelle ou fortuite (piratage des bases de données de l'administration fiscale, par exemple), les pays doivent veiller à mettre en place un cadre juridique et des systèmes de protection des données efficaces (OECD, 2012[32]).

2.8.4. Coopération administrative internationale

Il est aussi de plus en plus reconnu que les stratégies efficaces de lutte contre la fraude et les infractions en matière de TVA auraient tout à gagner d'un renforcement de la coopération administrative internationale. Les États admettent de plus en plus largement que l'échange de renseignements et la coopération administrative jouent un rôle important pour lutter contre la fraude internationale en matière de TVA et garantir le recouvrement effectif de la TVA, en particulier dans le contexte de la numérisation de l'économie (OCDE, 2017[28]) ; (Court Auditors, 2015[33]). Cette nécessité est également reconnue par le rapport 2015 de l'OCDE - Les défis fiscaux soulevés par la numérisation de l'économie (OCDE, 2017[34]) et l'OCDE mène des travaux sur cette question.

Il existe déjà un certain nombre d'instruments qui fournissent une base juridique pour une telle coopération administrative internationale en matière de TVA, entre autres la Convention concernant l'assistance administrative mutuelle en matière fiscale (OCDE/Conseil de l'Europe, 2011[35]), les traités bilatéraux mettant en œuvre les articles 26 et 27 actuels des Modèles de Convention fiscale de l'OCDE et des Nations Unies, et les Accords d'échange de renseignements fiscaux (Tax Information Exchange Agreements, ou TIEA) fondés sur le Modèle d'accord de l'OCDE. Les accords régionaux servent également de base juridique à une telle coopération. Ils comprennent le Règlement (UE) n° 904/2010, la Convention nordique d'assistance administrative mutuelle en matière fiscale, le Modèle d'accord du CIAT sur l'échange de renseignements fiscaux et l'Accord sur l'assistance mutuelle en matière fiscale du Forum africain sur l'administration fiscale.

Parmi ces instruments, la Convention concernant l'assistance administrative mutuelle en matière fiscale (la Convention) passe pour la plus prometteuse. Elle a été élaborée conjointement par le Conseil de l'Europe et l'OCDE et a été ouverte pour signature aux pays membres des deux organisations en 1988. Elle a ensuite été alignée sur la norme internationale sur la transparence et l'échange de renseignements et ouverte à tous les pays en 2011. Elle prévoit toutes les formes possibles de coopération administrative entre les Parties pour la détermination et le recouvrement des impôts, en particulier en vue de lutter contre la fraude et l'évasion fiscales. De très vaste portée, la Convention couvre toutes les formes de paiements obligatoires aux administrations publiques (que ce soit l'administration centrale ou ses subdivisions politiques), y compris la TVA (même si les obligations prévues dans la Convention peuvent faire l'objet de réserves par les Parties). En novembre 2020, 141 juridictions étaient Parties à la Convention.

Au sein de l'UE, la Directive sur la TVA (2006/112/CE) et le Règlement d'application (904/2010) constituent le fondement juridique de la coopération administrative et de l'échange de renseignements entre les Membres. Cette coopération s'appuie sur un réseau opérationnel de responsables d'administrations fiscales, Eurofisc. En décembre 2018, la Commission européenne a adopté une proposition visant à renforcer la coopération administrative au sein de l'UE et à améliorer l'échange et l'analyse des renseignements communiqués par les administrations fiscales des États membres et avec les autorités répressives. Le paquet TVA sur le commerce électronique, applicable à compter de juillet 2021, supprimera l'exonération de TVA sur les importations de biens de faible valeur, et obligera les fournisseurs à payer la TVA sur tous les biens importés dans l'UE ; il renforcera la coopération entre autorités fiscales et douanières, en réduisant les possibilités de certaines fraudes impliquant ces biens. Par ailleurs, Eurofisc renforce sa coopération et l'échange de renseignements avec l'Office européen de lutte antifraude (OLAF) et Europol. En outre, le Conseil a adopté en février 2020 un programme législatif qui impose aux prestataires de services de paiement de transmettre des informations sur les paiements internationaux provenant d'États membres et sur leurs bénéficiaires. Un nouveau système électronique centralisé d'informations sur les paiements (« CESOP ») sera mis sur pied afin de stocker les informations sur les paiements en vue de leur traitement par les responsables nationaux de la lutte contre la fraude. En février 2018, l'UE a également signé un accord bilatéral avec la Norvège pour l'échange de renseignements relatifs à la TVA.

2.9. Section spéciale : mesures relatives à la TVA prises en réponse à la crise du COVID-19

Les pouvoirs publics ont pris des mesures rapides et d'une portée sans précédent pour faire face à la crise sanitaire et à la chute de l'activité économique provoquées par la pandémie de COVID-19. La première priorité des autorités publiques a été de contenir et d'atténuer la propagation du virus. Une fois les mesures de confinement mises en place, les pays ont d'abord agi pour atténuer les difficultés et maintenir la capacité productive de l'économie. À mesure que la pandémie se prolonge et que l'incertitude sur son évolution perdure, les responsables publics commencent à étoffer et à compléter ces mesures d'urgence. Certains pays ont assoupli leurs règles de confinement et annoncent des programmes de relance de leur économie.

Cette section recense les mesures fiscales qui ont été prises en vue d'atténuer l'impact de la crise du COVID-19, en mettant l'accent sur les mesures afférentes à la TVA qui ont été intégrées dans les réponses de politique fiscale et budgétaire de la plupart des pays. Après avoir rappelé le contexte général dans lequel s'inscrivent les réponses des pays à la pandémie de COVID-19, cette section décrit les mesures qui se rattachent à la politique et à l'administration de la TVA mises en place par les pays de l'OCDE, en insistant sur les réactions immédiates et à court terme à la pandémie. Elle examine tour à tour les mesures relatives à la TVA destinées à soutenir la trésorerie des entreprises, alléger les coûts de la discipline fiscale pour les entreprises et aider le secteur de la santé, avant de conclure et d'envisager les politiques d'après-crise.

Cette section s'appuie sur une base de données (https://oecd.org/tax/covid-19-tax-policy-and-other-measures.xlsm) compilée par l'OCDE sur les réponses de politique fiscale à la crise du COVID-19. Les autres sources importantes de données sont l'édition 2020 des Réformes des politiques fiscales : Pays OCDE et économies partenaires (OECD, 2020[36]) et le rapport intitulé Les réponses de politiques fiscale et budgétaire à la crise du coronavirus : Accroître la confiance et la résilience (OECD, 2020[37]).

2.9.1. Contexte général

L'incertitude qui entoure l'évolution de la crise sanitaire et économique du COVID-19 reste élevée. Pour analyser les réponses des pouvoirs publics à cette crise, il est utile de décomposer la crise en différentes phases qui peuvent chacune justifier une approche spécifique. Reconnaissant les possibilités de chevauchement et de variations d'un pays à l'autre, et étant entendu que les pays n'ont pas tous traversé la crise au même rythme dans la mesure où l'épicentre de la pandémie s'est déplacé entre régions, le graphique 2.4 donne une vision schématique de ces différentes phases et de l'évolution attendue des réponses des pouvoirs publics.

En phase initiale (Phase 1), les pays confrontés au nouveau virus ont mis en œuvre des mesures de confinement et d'atténuation, visant essentiellement à interrompre la propagation de l'épidémie. Pendant cette phase, les politiques fiscales et budgétaires au sens large se sont attachées à améliorer la liquidité et à apporter des compléments de revenu. Alors que la crise sanitaire se poursuit et que les mesures de confinement restent en vigueur, les mesures fiscales et budgétaires évoluent peu à peu vers un effort plus durable pour atténuer les effets négatifs du confinement (Phase 2). À mesure que les pays assouplissent leurs mesures de confinement et d'atténuation, les dispositions visant à maintenir les entreprises et les ménages à flot et à limiter les difficultés cèdent la place à des programmes de redémarrage de l'activité, comprenant des politiques de relance budgétaire (Phase 3). Le chemin vers la reprise n'est probablement pas linéaire : il pourrait y avoir un certain chevauchement avec la Phase 2, dès lors que la levée des mesures de confinement et d'atténuation est progressive ou partielle. Il est probable que des mesures de confinement soient reconduites dans les pays touchés par une nouvelle vague de la pandémie. Une fois la reprise installée, on peut s'attendre à ce que les pouvoirs publics mettent l'accent sur le redressement des finances publiques, et s'attachent à renforcer la résilience face aux risques sanitaires, mais aussi à d'autres risques connus, y compris le changement climatique (Phase 4).

Graphique 2.4. Représentation schématique des phases de l'action publique pendant et après la pandémie

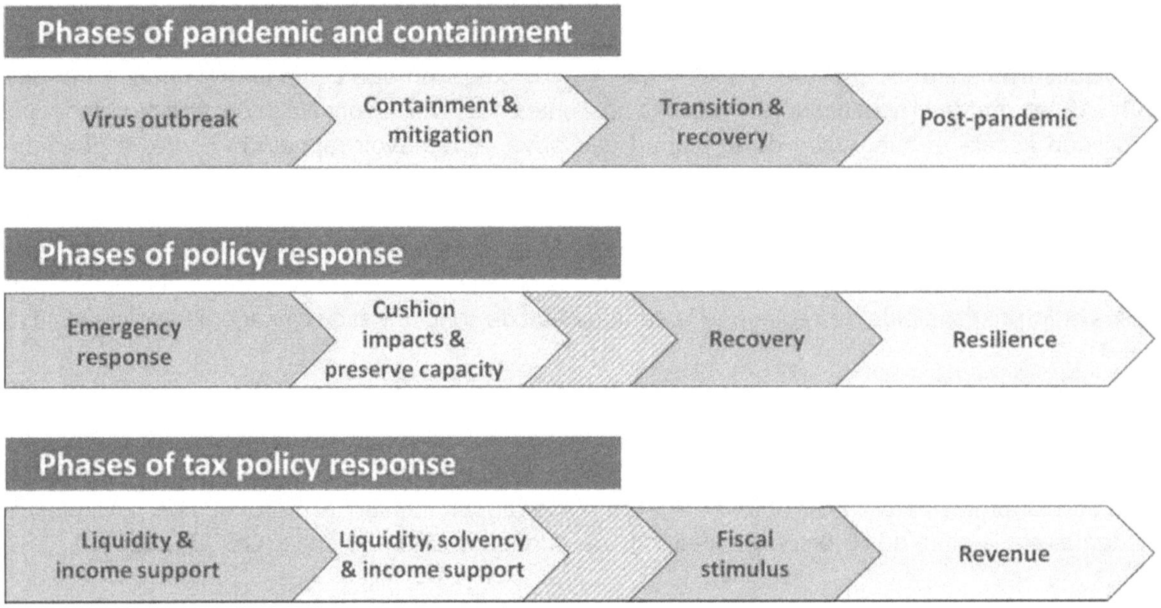

Source : Basé sur (OECD, 2020[38]).

Les responsables de la politique budgétaire dans les pays de l'OCDE se sont employés à amortir l'effet immédiat de la crise, en poursuivant des objectifs très similaires : éviter les difficultés et alléger les contraintes pour les ménages et les entreprises provoquées par la pandémie de COVID-19 et par les restrictions imposées pour contenir le virus ; et faire en sorte que les ménages et les entreprises puissent reprendre une activité économique lorsque le pire de la crise sera passé. Pour les entreprises, il s'est généralement agi de soutenir leur trésorerie pour les maintenir à flot. Pour les particuliers, la priorité a consisté à apporter une aide aux revenus des ménages les plus directement touchés. La plupart des pays de l'OCDE ont également pris des mesures destinées à alléger les coûts de la discipline fiscale pour les entreprises et à assurer la continuité de l'administration publique, ainsi qu'à améliorer le financement et le fonctionnement du secteur de la santé. La plupart des mesures adoptées pendant la phase d'urgence ont pris immédiatement effet et étaient limitées dans le temps. Ces réponses d'urgence reposaient souvent sur l'hypothèse selon laquelle la phase de confinement serait plus courte qu'elle ne l'a été en réalité. Alors que la crise se prolongeait, les pays ont poursuivi leurs efforts pour maintenir les entreprises et les ménages à flot, et ont souvent étoffé leur programme initial de mesures. Certains pays ont prorogé les mesures de crise existantes, et renforcé leur soutien aux catégories qui n'étaient pas couvertes par les mesures initiales.

2.9.2. Mesures concernant la TVA prises dans le cadre de la réponse de politique fiscale des pays à la crise du COVID-19

Cet aperçu se concentre sur les mesures prises par les pays de l'OCDE dans le domaine de la TVA, dans le cadre de leurs réponses fiscales et budgétaires pour aider les ménages et les entreprises au cours des phases d'urgence, d'atténuation et de confinement de la crise du COVID-19 (Phases 1 et 2 décrites ci-avant). Les mesures visant les personnes physiques avaient généralement pour but de prévenir les difficultés et d'alléger les contraintes dues aux restrictions induites par les stratégies d'atténuation et de confinement. La plupart des pays ont pris des mesures de soutien au revenu des ménages, généralement au moyen de transferts monétaires majorés en faveur des ménages les plus vulnérables. Cette aide aux ménages s'est faite principalement sous forme de paiements directs, plutôt que par le système fiscal.

Les mesures relatives à la TVA ont fait avant tout partie des réponses fiscales des pays visant à soutenir les entreprises. Les mesures fiscales à l'intention des entreprises, qu'il s'agisse de personnes morales ou de travailleurs indépendants, avaient généralement pour objet de contribuer à atténuer les difficultés de trésorerie afin d'éviter des problèmes en cascade, notamment des licenciements, une incapacité à payer des fournisseurs, des fermetures ou des faillites. Le soutien à la trésorerie s'est appuyé sur des mesures fiscales et non fiscales. Les dispositifs de garantie de prêts, par lesquels l'État garantit tout ou partie de la valeur des prêts accordés à des entreprises éligibles, ont été l'instrument non fiscal le plus souvent utilisé par les économies de l'OCDE et les économies partenaires pendant la crise. L'octroi de prêts à taux zéro et de subventions de faible montant, qui ciblent le plus souvent les petites entreprises et les entreprises appartenant aux secteurs les plus touchés, fait partie des autres mesures engagées. La mesure fiscale la plus fréquemment utilisée pour soutenir la trésorerie des entreprises a été le report des paiements de l'impôt. De nombreux pays ont complété ces mesures de soutien à la trésorerie des entreprises par des dispositions visant à alléger les obligations déclaratives et autres contraintes de discipline fiscale pendant la phase d'atténuation et de confinement de la crise. La plupart des pays ont également pris des mesures fiscales pour aider le secteur de la santé et faciliter les réponses médicales d'urgence.

Les mesures en matière de politique et d'administration de la TVA ont été un volet important des réponses fiscales des pays pour aider les entreprises et le secteur de la santé au cours des phases d'atténuation et de confinement. La section suivante passe en revue les mesures relatives à la TVA visant à renforcer la trésorerie des entreprises. Elle décrit ensuite les dispositions prises pour alléger les contraintes liées à la discipline fiscale pour les entreprises et, en dernier lieu, recense les mesures liées à la TVA destinées à aider le secteur de la santé.

2.9.3. Mesures de soutien à la trésorerie des entreprises

La plupart des mesures prises par les pays de l'OCDE ont cherché à faire en sorte que les entreprises disposent d'une trésorerie suffisante, en recourant à un panachage de mesures fiscales et non fiscales. La mesure fiscale la plus fréquemment utilisée pour soutenir la trésorerie des entreprises a été le report des paiements de l'impôt. Elle s'applique habituellement aux impôts qui nécessitent des versements fréquents (mensuels ou trimestriels), y compris les paiements d'acompte de l'impôt sur les bénéfices des sociétés (IS) ou de l'impôt sur le revenu des personnes physiques (IRPP) et des cotisations de sécurité sociale (CSS).

Les décisions de report du paiement de la TVA ont joué un rôle essentiel dans les réponses de politique et d'administration fiscales à l'appui de la trésorerie des entreprises. La TVA est souvent due avant que les entreprises aient effectivement été payées par leurs clients (au moment de la facturation, par exemple). Lorsque le volume des retards ou des défauts de paiement monte en flèche, les entreprises sont de plus en plus incitées à préfinancer la TVA sur les ventes que leurs clients ne leur ont pas encore payées ou qu'ils risquent de ne jamais leur payer. Compte tenu de la périodicité rapprochée des déclarations et des paiements de la TVA (mensuelle ou trimestrielle), la pression subie par les entreprises pour préfinancer des montants potentiellement très élevés de TVA qui n'ont pas été payés par leurs clients peut très vite aggraver leurs problèmes de trésorerie. Aussi, le report du paiement de la TVA a occupé une place de choix parmi les mesures fiscales adoptées par la plupart des pays de l'OCDE pour soulager les pressions sur la trésorerie des entreprises. Ces mesures ont non seulement affranchi temporairement les entreprises de l'obligation de préfinancer la TVA sur des factures non payées, mais se sont aussi avérées être un moyen efficace et simple de leur apporter un soutien financier en leur permettant d'affecter temporairement à leur fonds de roulement les montants de TVA encaissés.

La plupart des pays ont complété les reports de paiement de la TVA par une suspension ou une réduction des pénalités et/ou des charges d'intérêts normalement appliquées en cas de retard de paiement. Le paiement de pénalités ou d'intérêts peut aggraver les problèmes de trésorerie des entreprises, et être un facteur de tensions importantes pour certains assujettis durant les périodes d'atténuation et de confinement, en particulier s'ils se heurtent à des difficultés de communication avec l'administration fiscale sur ces questions, ou bien dans l'exercice de leurs droits de recours. Des reports de paiement et des suspensions de pénalités et/ou d'intérêts de retard de même type ont été mis en place au titre des taxes sur les ventes au détail dans la plupart des États américains.

La procédure à suivre et les conditions à remplir pour bénéficier d'un report des paiements de la TVA et de la suspension des pénalités et/ou des intérêts de retard varient d'un pays à l'autre, tout comme la durée et d'autres modalités de ces mesures. La plupart des pays ont demandé aux entreprises d'adresser une demande d'allégement et/ou de prouver l'existence d'un lien avec la crise du COVID-19. Certains pays ont opté pour une application automatique de ces mesures. Dans plusieurs autres pays, ces mesures s'adressent à l'ensemble des entreprises, alors que dans d'autres, elles sont réservées à certains secteurs (tourisme, vente au détail, loisirs et hébergement par exemple) ou ciblent les petites et moyennes entreprises (PME) ou les travailleurs indépendants. Certains pays offrent aux entreprises la possibilité d'opter pour un report partiel ou de négocier un calendrier de paiement souple avec leur administration fiscale.

Plusieurs pays (environ un tiers des Membres de l'OCDE) ont pris des dispositions en vue d'accélérer et/ou d'améliorer le traitement des demandes de remboursement de la TVA d'amont, principalement en modifiant les pratiques administratives plutôt qu'en intervenant sur la législation ou la réglementation. Faciliter le remboursement des crédits de TVA est probablement aussi important pour la trésorerie des entreprises qu'un report du paiement de la taxe. Alors que le recul des ventes entraîne une baisse de la TVA d'aval pour la plupart des entreprises, elles continuent de supporter la TVA d'amont sur des coûts fixes et d'autres achats professionnels. Les montants en jeu peuvent être considérables car de nombreuses entreprises peuvent être tenues par des obligations de paiement en vertu de contrats de longue durée, par exemple au titre de fonctions essentielles sous-traitées à des prestataires extérieurs. Cette situation peut entraîner une augmentation du montant des crédits de TVA d'amont, à savoir la TVA payée sur des dépenses et des investissements et qui ne peut pas être imputée à la TVA prélevée sur les ventes. Cela peut produire des effets en cascade, avec des entreprises qui n'honorent pas leurs factures afin d'éviter la charge croissante de la TVA non remboursable, et une propagation de ces défaillances tout le long de la chaîne d'approvisionnement.

Les mesures prises par les administrations fiscales pour améliorer le remboursement de la TVA comprennent la réorganisation interne des activités afin d'accélérer le traitement des demandes de remboursement, notamment en réorientant les capacités administratives dans ce but ; la simplification des procédures, notamment par le recours accru aux processus électroniques/en ligne plutôt que manuels ; l'allégement des contrôles de risques normalement effectués avant les remboursements ; la compensation des remboursements de TVA avec d'autres dettes fiscales ou autres (cotisations de sécurité sociale, par exemple). En général, les administrations fiscales ont simplifié ou accéléré le remboursement de la TVA pour les demandes inférieures à un certain seuil (le plus souvent compris entre 10 000 et 30 000 EUR) ou pour les entreprises ayant de bons antécédents en matière de discipline fiscale afin de limiter les risques de fraude.

Un assouplissement temporaire des conditions d'exonération de TVA sur les créances irrécouvrables et un élargissement de l'accès aux régimes de comptabilité de caisse font également partie des mesures de soutien à la trésorerie des entreprises. L'exonération de la TVA sur les créances irrécouvrables permet aux entreprises de ne pas acquitter la TVA sur les ventes qui ne leur ont pas été payées. La plupart des systèmes de TVA prévoient cette exonération à des conditions relativement strictes. Un assouplissement temporaire de ces conditions (raccourcissement de la période pendant laquelle la dette est restée impayée) pourrait être un moyen efficace d'alléger la pression sur la trésorerie des entreprises qui risquent de voir leurs délais et défauts de paiement monter en flèche alors que la crise du COVID-19 se prolonge. Les régimes de comptabilité de caisse, pour leur part, permettent aux entreprises de facturer la TVA sur leurs ventes sur la base des paiements qu'elles reçoivent, plutôt que sur la base des factures qu'elles émettent. Elles doivent payer leurs fournisseurs avant de pouvoir réclamer le remboursement de la TVA sur leurs intrants. Ces régimes soulagent la trésorerie des entreprises, qui n'ont pas à verser la TVA aux autorités fiscales tant qu'elles n'ont pas été payées par leurs clients. Ces régimes sont habituellement réservés aux petites et moyennes entreprises, sous réserve de remplir certaines conditions. Bien que l'assouplissement temporaire des conditions d'accès à ces régimes puisse venir soutenir la trésorerie des entreprises pendant la crise du COVID-19, les autorités fiscales des pays de l'OCDE n'ont généralement pas jugé utile d'y recourir. La plupart des pays de l'OCDE ont misé avant tout sur le report du paiement de la TVA, ainsi que sur le prolongement de cette mesure le cas échéant, pour soutenir la trésorerie des entreprises à mesure que la crise du COVID-19 se prolongeait.

Si le report du paiement de la TVA est généralement considéré comme un moyen efficace et relativement simple de soutenir la trésorerie, les autorités fiscales ont souligné que cette mesure doit être soigneusement encadrée afin notamment de minimiser les risques de fraude (utilisation frauduleuse des reports de paiement) et d'éviter que les dettes de TVA cumulées atteignent un niveau insoutenable ou que les reports de paiements entrainent de graves problèmes de trésorerie ultérieurs en rendant plus difficile encore pour les assujettis le retour à une situation normale.

2.9.4. Mesures visant à alléger les contraintes de discipline fiscale pour les entreprises

Les autorités fiscales de nombreux pays de l'OCDE ont mis en place des mesures visant à alléger les contraintes de discipline fiscale pendant la phase d'atténuation et de confinement de la crise du COVID-19. Les mesures destinées à faciliter le respect des obligations en matière de TVA sont particulièrement importantes dans ce contexte, au regard du volume et de la fréquence des obligations de dépôt et de déclaration associées au fonctionnement de cette taxe (déclarations, factures, listes des ventes, etc.).

Plus d'un tiers des pays de l'OCDE ont prolongé les délais de dépôt des déclarations de TVA et des formulaires associés, généralement à la demande des entreprises, en renonçant à appliquer des pénalités pour dépôt tardif. Certaines autorités fiscales ont simplifié les obligations déclaratives, en autorisant le calcul de la TVA due sur la base de la meilleure estimation possible. Plusieurs administrations fiscales ont indiqué recourir davantage aux circuits de communication numériques pour simplifier le respect des obligations fiscales (immatriculation à la TVA notamment), faciliter les relations avec les assujettis et réduire les contacts physiques. Cela inclut l'utilisation plus systématique des messages numériques, des systèmes de communication en ligne en temps réel, des médias sociaux, des applications mobiles, des lignes d'assistance (avec fonctionnalités de rappel le cas échéant), des applications mobiles, des assistants virtuels, etc. Cette évolution est particulièrement importante pour les assujettis qui font appel à des intermédiaires ou des personnels et des systèmes spécialisés pour remplir leurs déclarations, traiter leurs factures, gérer leur immatriculation à la TVA et leurs demandes de remboursement, produire des listes, etc. Le travail à distance rend souvent ces tâches plus difficiles, voire même impossibles pour les assujettis, par exemple pour des raisons d'accès aux systèmes et de sécurité, et il peut arriver que des membres essentiels du personnel soient indisponibles pour maladie ou à cause de leurs responsabilités familiales.

En général, le report des délais de dépôt et de déclaration est possible uniquement sur demande et/ou dans des circonstances bien délimitées, en fonction des diverses conséquences possibles de ces mesures sur les assujettis comme sur les administrations nationales. Les déclarations de TVA constituent une source importante d'informations pour évaluer et comprendre l'impact économique du COVID-19, repérer les entreprises et/ou les secteurs ayant besoin d'une aide complémentaire, faciliter la bonne gestion des risques de conformité et des créances irrécouvrables et observer si l'activité économique commence à repartir. Les déclarations de TVA peuvent aussi être utilisées à l'appui des décisions d'octroyer des aides en espèces ou d'autres prestations publiques. Pour les entreprises, le dépôt des déclarations de TVA est habituellement nécessaire pour obtenir le remboursement de crédits de TVA, de sorte que le prolongement des délais de dépôt accentuerait les pressions sur leur trésorerie au lieu de leur faciliter la tâche.

Plusieurs pays ont temporairement suspendu les contrôles et autres actions d'exécution et/ou de mise en recouvrement afin d'éviter d'aggraver les difficultés des entreprises et d'alourdir leurs coûts en termes de ressources et de temps pendant la crise du COVID-19. Les cas de fraude ou d'entreprises ayant un profil à haut risque ont généralement été exclus de ces mesures.

Certains pays ont reporté des réformes qui devaient être mises en œuvre. Ainsi, l'Union européenne a repoussé la mise en œuvre des nouvelles règles relatives au commerce électronique du 1er janvier 2021 au 1er juillet 2021. Cette réforme englobe un ensemble complet de mesures relatives à la TVA applicables au commerce électronique, avec notamment la suppression de l'exonération de TVA sur l'importation de biens de faible valeur et son remplacement par un régime d'importation spécial qui oblige le vendeur ou la place de marché en ligne à facturer la TVA au point de paiement par le client. Les réformes qui ont été ajournées dans d'autres pays incluent le report des obligations de déclaration en temps réel et de la mise en place de nouvelles règles sur la facturation électronique, d'obligations de déclaration électronique et des formats correspondants, le report de l'introduction de caisses enregistreuses électroniques, ainsi que le report de révisions des taux de TVA.

2.9.5. Mesures d'aide au secteur de la santé

La plupart des pays de l'OCDE et des économies partenaires ont adopté des mesures visant à améliorer les soins aux patients et à réduire la pression sur les systèmes de santé. Les dispositions relatives à la TVA ont été au cœur de ces programmes d'aide au secteur médical et à celui de la santé. La plupart des pays de l'OCDE ont instauré des taux nuls (ou réduits) pour les fournitures et importations de matériel médical et de produits sanitaires (gants, masques, désinfectant pour les mains...) et pour les services de santé lorsqu'ils n'étaient pas déjà exonérés de TVA ou soumis à des taux réduits selon les règles normales. L'Union européenne a décrété une suspension de six mois de la TVA et des droits de douane pour les équipements de protection, les kits de dépistage et le matériel médical tel que les respirateurs. Depuis lors, cette mesure a été prolongée de six mois supplémentaires. Plusieurs pays ont décidé d'appliquer temporairement un taux de TVA nul au détachement de personnel dans des établissements de santé, et ont pris des mesures visant à maintenir la déduction de la TVA d'amont sur les articles donnés par des entreprises aux établissements de santé, ou à éviter que les dons déclenchent une dette de TVA (voir les notes pays correspondant au Tableau annexe 2.A.2 et à la section 2.2 ci-dessus).

2.9.6. Conclusions et perspectives d'avenir

Cette section a donné un aperçu des principales mesures de politique et d'administration relatives à la TVA prises par les pays de l'OCDE dans le cadre des réponses de politique fiscale et budgétaire à court terme élaborées au cours des phases d'atténuation et de confinement de la crise du COVID-19. Alors que la crise se prolongeait, les pays ont poursuivi leurs efforts pour maintenir les entreprises et les ménages à flot, et ont souvent étoffé leur programme initial de mesures. Certains pays ont prorogé les mesures de crise existantes et élargi leur soutien à des catégories qui n'étaient pas couvertes par les mesures initiales. L'expérience des pays et le retour d'information des milieux d'affaires via Business@OECD (BIAC) laissent penser que les mesures relatives à la TVA visant à soutenir la trésorerie et à alléger les contraintes liées au respect des règles de TVA ont joué un rôle particulièrement important pour atténuer l'impact de la crise sur les entreprises. Les reports de paiement de TVA, le remboursement rapide et simplifié des crédits de TVA et l'exonération de TVA sur les créances irrécouvrables figurent au nombre des mesures particulièrement importantes pour soutenir la trésorerie des entreprises. Les mesures destinées à simplifier temporairement les procédures et formalités relatives à la TVA en passant de processus manuels à des procédures électroniques et en ligne sont jugées essentielles pour alléger la charge que représente la discipline fiscale et pour permettre aux entreprises de faire face aux restrictions liées aux stratégies d'atténuation et de confinement mises en place dans de nombreux pays.

Le passage de la phase d'atténuation et de confinement à la reprise devrait être progressif et se faire à un rythme différent d'un pays à l'autre. L'activité économique devrait reprendre progressivement, mais de lourdes restrictions pourraient continuer de s'appliquer dans certains secteurs, ou les restrictions en place pourraient être de nouveau durcies en cas de résurgence de l'épidémie. À mesure que les économies se rétablissent, les pays devraient continuer de réévaluer leurs mesures à court terme, en supprimer certaines et en généraliser ou en étoffer d'autres, et mettre en œuvre des politiques de relance dès lors qu'elles constituent l'option la plus efficace pour stimuler la reprise économique. Il faudra réfléchir attentivement à l'opportunité de prolonger les aides aux entreprises, notamment au moyen du report du paiement de la taxe, afin de réduire les risques de fraude et d'impact négatif sur la discipline fiscale, et de limiter les répercussions sur la capacité des pays à mobiliser des recettes fiscales à moyen terme. Cela pourrait nécessiter de cibler plus étroitement le soutien public, notamment en faveur des entreprises présentant un faible risque et/ou ayant de bons antécédents en matière de discipline fiscale, ainsi que des entreprises économiquement viables ou en bonne santé, de manière à ne pas maintenir artificiellement en vie des entreprises "zombies" qui n'auraient pas survécu en l'absence de mesures de confinement et d'atténuation. Les mesures à court terme devront être supprimées en évitant toute augmentation brutale des dettes fiscales. La levée de mesures comme le report de l'impôt devrait se faire de telle manière que lorsque le paiement des impôts a effectivement été reporté, les dettes fiscales importantes ne créent pas de « falaises », qui risqueraient d'entraîner des problèmes de solvabilité pour les entreprises en cours de redressement et de mettre en péril la reprise.

Les annonces et discussions récentes donnent à penser que la reprise sera étayée par une politique budgétaire expansionniste. Des discussions ont débuté, à la fois dans les pays qui suppriment les mesures de confinement et dans ceux qui sont toujours en phases d'atténuation et de confinement. La plupart des pays ont indiqué que les mesures publiques de relance constitueront un pilier de tout effort en faveur d'une reprise inclusive et durable. Ces mesures pourraient inclure des dispositifs de soutien à la consommation au moyen de baisses temporaires des taux de TVA applicables à toutes les catégories de consommation (Allemagne et Irlande, par exemple) ou à certaines catégories, certains biens ou secteurs tels que le tourisme et l'hébergement (Belgique, Norvège et Royaume-Uni, par exemple). Ces baisses temporaires des taux de TVA soulèvent des questions, car des éléments montrent que l'impact des taux de TVA réduits sur la consommation et sur les prix pourrait être de courte durée et qu'il serait difficile de revenir sur ces taux une fois instaurés, sous peine d'entraîner une hausse des prix nets. En outre, les baisses de taux de TVA devraient profiter avant tout aux ménages qui dépensent le plus, ceux à revenu intermédiaire et élevé. D'après le retour d'information des entreprises, la charge de conformité supplémentaire induite par la révision des taux de TVA est souvent considérable. D'un autre côté, une baisse temporaire de la TVA pourrait doper l'investissement et la confiance du public, et inciter les consommateurs à anticiper certains achats, notamment de biens durables.

La politique fiscale devrait rester un volet important des stratégies menées par les pays pour étayer la reprise et restaurer les finances publiques de façon équitable et durable après la crise. Les pays devraient réfléchir à un large éventail d'options, qui pourraient englober des efforts pour relever les défis fiscaux internationaux soulevés par la numérisation de l'économie (Pilier 1) et mettre en place un impôt minimum sur les sociétés (Pilier 2), améliorer la progressivité des systèmes fiscaux et renforcer le rôle de la taxation du carbone. Les gouvernements pourraient aussi envisager de recourir à des bases d'imposition nouvelles et sous-employées. Confrontés à la nécessité d'accroître les recettes fiscales, les pouvoirs publics peuvent s'attacher à mobiliser les recettes fiscales les moins préjudiciables à la croissance, et notamment les impôts périodiques sur la propriété immobilière et les impôts généraux sur la consommation.

L'OCDE continuera d'analyser les réponses des pays à la crise du COVID-19. Il est essentiel de suivre les mesures de politique fiscale pour éclairer les débats et aider les pouvoirs publics à faire face à la crise.

Pour les tableaux en annexe, les références à 'l'Union européenne et à ses États membres' englobent le Royaume-Uni en tant qu'État membre pour janvier 2020 et en tant qu'ajout aux États membres ('les États membres et le Royaume-Uni') pour la période comprise entre le 1er février 2020 et la fin décembre 2020.

References

Australian Taxation Office (2020), *Goods and Services Tax Gap 2020 Report*, Australian Taxation Office. [20]

Bartosz Gryziak (2020), “Split Payment across the European Union – Review and Analysis”, *International VAT Monitor*, Vol. 31/1. [29]

Bird, R. and P. Gendron (2007), *The VAT in Developing and Transitional Countries*, Cambridge University Press, Cambridge, http://dx.doi.org/10.1017/cbo9780511619366. [6]

C. Evans; R. Highfield; B. Tran-Nam; M. Walpole (2020), “Diagnosing the VAT Compliance Burden: A Cross-Country Assessment”, *International VAT Monitor*, Vol. 31/2. [4]

CASE – Center for Social and Economic Research (2020), *Study and Reports on the VAT Gap in the EU-28 Member States 2020 Final report*, European Commission, Brussels. [19]

CEPAL (2020), *Panorama Fiscal de América Latina y el Caribe*, United Nations, https://repositorio.cepal.org/bitstream/handle/11362/45730/5/S2000154_es.pdf (accessed on 6 November 2020). [24]

Court Auditors, E. (2015), *Tackling intra-Community VAT fraud: More action needed*, http://dx.doi.org/10.2865/623638. [33]

CRA (2016), *Estimating and Analyzing the Tax Gap related to GST/HST in Canada*, https://www.canada.ca/content/dam/cra-arc/migration/cra-arc/formspubs/pbs/GST-report-eng.pdf. [23]

de la Feria, R. (n.d.), “EU VAT rate structure: towards unilateral convergence?”, in *La réorientation européenne de la TVA à la suite du renoncement au régime définitif*, Presses de l’Université Toulouse 1 Capitole, http://dx.doi.org/10.4000/books.putc.1430. [7]

Ebrill, L. et al. (2001), *The Modern VAT*, http://www.imf.org. [14]

Eric Hutton (2017), *The Revenue Administration—Gap Analysis Program: Model and Methodology for Value-Added Tax Gap Estimation*, IMF. [21]

European Commission (2013), *Results of the public consultation on the TOP10 most burdensome legislative acts for SMEs*. [9]

European Commission (2011), *European Commission (2011) Green paper on the future of VAT COM(2010)695 final*. [8]

Europex – Association of European Energy Exchanges (2018), *Europex Common energy sector statement on VAT fraud*, https://eur-lex.europa.eu/legal-content/EN/TXT/?uri=celex%3A32013L0043. [26]

EUROPOL (2020), *Enterprising criminals*, EUROPOL. [25]

Evans, C. et al. (2018), “The Development and Testing of a Diagnostic Tool for Assessing VAT Compliance Costs Draft Report of Pilot Study Findings [ATAX version]”, https://www.business.unsw.edu.au/About-Site/Schools-Site/Taxation-Business-Law-Site/Documents/ime-Highfield,-Walpole-Evans-VAT-Diagnostic-Tool-paper.pdf. [10]

HMRC (2020), *Preliminary estimate of the VAT gap for 2018-19*, HM Revenue and Customs, London. [22]

Institute for Advanced Studies (2015), *Study and Reports on the VAT Gap in the EU-28 Member States: 2018 Final Report*, https://ec.europa.eu/taxation_customs/sites/taxation/files/2018_vat_gap_report_en.pdf. [18]

Jens Matthias Arnold, B. (2011), "TAX POLICY FOR ECONOMIC RECOVERY AND GROWTH", *The Economic Journal* 121. [1]

Li Liu, B. (2019), *VAT Notches, Voluntary Registration, and Bunching: Theory and UK Evidence*, IMF. [12]

OCDE (2020), *Statistiques des recettes publiques 2020*, Éditions OCDE, Paris, https://dx.doi.org/10.1787/c6381ca6-fr. [16]

OCDE (2017), *Relever les défis fiscaux posés par l'économie numérique, Action 1 - Rapport final 2015*, Projet OCDE/G20 sur l'érosion de la base d'imposition et le transfert de bénéfices, Éditions OCDE, Paris, https://dx.doi.org/10.1787/9789264252141-fr. [28]

OCDE (2017), *Relever les défis fiscaux posés par l'économie numérique, Action 1 - Rapport final 2015*, Projet OCDE/G20 sur l'érosion de la base d'imposition et le transfert de bénéfices, Éditions OCDE, Paris, https://dx.doi.org/10.1787/9789264252141-fr. [34]

OCDE (2017), *Tendances des impôts sur la consommation 2016 : TVA/TPS et droits d'accise : taux, tendances et questions stratégiques*, Éditions OCDE, Paris, https://dx.doi.org/10.1787/ctt-2016-fr. [17]

OCDE/Conseil de l'Europe (2011), *La Convention multilatérale concernant l'assistance administrative mutuelle en matière fiscale : Amendée par le Protocole de 2010*, Éditions OCDE, Paris, https://dx.doi.org/10.1787/9789264115682-fr. [35]

OECD (2020), *Tax and fiscal policy in response to the Coronavirus crisis: Strengthening confidence and resilience*, http://www.oecd.org/coronavirus/policy-responses/tax-and-fiscal-policy-in-response-to-the-coronavirus-crisis-strengthening-confidence-and-resilience-60f640a8/ (accessed on 24 June 2020). [38]

OECD (2020), *Tax and Fiscal Policy in Response to the Coronavirus Crisis: Strengthening Confidence and Resilience*, OECD. [37]

OECD (2020), *Tax Policy Reforms 2020 : OECD and Selected Partner Economies*, OECD Publishing, Paris, https://dx.doi.org/10.1787/7af51916-en. [36]

OECD (2018), *Tax Policy Reforms 2018 : OECD and Selected Partner Economies*, OECD Publishing, Paris, https://dx.doi.org/10.1787/9789264304468-en. [5]

OECD (2017), *Mechanisms for the Effective Collection of VAT/GST where the supplier is not located in the jurisdiction of taxation*, OECD, Paris, http://www.oecd.org/tax/consumption/mechanisms-for-the-effective-collection-of-vat-gst.htm. [13]

OECD (2015), *Tax Administration 2015 : Comparative Information on OECD and Other Advanced and Emerging Economies*, OECD Publishing, Paris, https://dx.doi.org/10.1787/tax_admin-2015-en. [30]

OECD (2015), *Taxation of SMEs in OECD and G20 Countries*, OECD Tax Policy Studies, No. 23, OECD Publishing, Paris, https://dx.doi.org/10.1787/9789264243507-en. [11]

OECD (2013), *Electronic Sales Suppression: A threat to tax revenues - OECD*, http://www.oecd.org/ctp/crime/electronic-sales-suppression-a-threat-to-tax-revenues.htm. [27]

OECD (2012), *Keeping It Safe*, OECD. [32]

OECD (2010), *Choosing a Broad Base - Low Rate Approach to Taxation*, OECD Tax Policy Studies, No. 19, OECD Publishing, Paris, https://dx.doi.org/10.1787/9789264091320-en. [15]

OECD (2005), "Guidance on Tax Compliance for Business and Accounting Software", https://www.oecd.org/tax/forum-on-tax-administration/publications-and-products/hnwi/34910263.pdf. [31]

OECD/KIPF (2014), *The Distributional Effects of Consumption Taxes in OECD Countries*, OECD Tax Policy Studies, No. 22, OECD Publishing, Paris, https://dx.doi.org/10.1787/9789264224520-en. [2]

Thomas, A. (2020), "Reassessing the regressivity of the VAT", *OECD Taxation Working Papers*, No. 49, OECD Publishing, Paris, https://dx.doi.org/10.1787/b76ced82-en. [3]

Annexe 2.A. Données sur les taux et les structures de TVA

Tableau d'annexe 2.A.1. Taux de TVA

Pays	Mise en œuvre	2005	2007	2008	2009	2010	2011	2012	2013	2014	2015	2016	2017	2018	2019	2020[2]	Taux réduits[1]	Taux régionaux
Allemagne*	1968	16	19	19	19	19	19	19	19	19	19	19	19	19	19	19	0.0/7.0	-
Australie	2000	10	10	10	10	10	10	10	10	10	10	10	10	10	10	10	0	-
Autriche*	1973	20	20	20	20	20	20	20	20	20	20	20	20	20	20	20	10.0/13.0	19
Belgique*	1971	21	21	21	21	21	21	21	21	21	21	21	21	21	21	21	0.0/6.0/12.0	-
Canada*	1991	7	6	5	5	5	5	5	5	5	5	5	5	5	5	5	0	13.0/15.0
Chili	1975	19	19	19	19	19	19	19	19	19	19	19	19	19	19	19	-	-
Colombie	1983	16	16	16	16	16	16	16	16	16	16	16	19	19	19	19	0.0/5.0	-
Corée	1977	10	10	10	10	10	10	10	10	10	10	10	10	10	10	10	0	-
Danemark*	1967	25	25	25	25	25	25	25	25	25	25	25	25	25	25	25	0	-
Espagne*	1986	16	16	16	16	16	18	18	21	21	21	21	21	21	21	21	4.0/10.0	0.0/2.75/3.0/7.0/9.5/13.5/20.0 & 0.5 to10.0
Estonie*	1992	18	18	18	18	20	20	20	20	20	20	20	20	20	20	20	0.0/9.0	-
Finlande*	1994	22	22	22	22	22	23	23	24	24	24	24	24	24	24	24	0.0/10.0/14.0	-
France*	1968	19.6	19.6	19.6	19.6	19.6	19.6	19.6	19.6	20	20	20	20	20	20	20	2.1/5.5/10.0	0.9/2.1/10.0/13.0 & 1.05/1.75/2.1/8.5
Grèce*	1987	18	19	19	19	19	23	23	23	23	23	23	24	24	24	24	6.0/13.0	4.0/ 9.0/17.0
Hongrie*	1988	25	20	20	20	25	25	27	27	27	27	27	27	27	27	27	5.0/18.0	-
Irlande*	1972	21	21	21	21.5	21	21	23	23	23	23	23	23	23	23	23	0.0/4.8/9.0/13.5	-
Islande	1990	24.5	24.5	24.5	24.5	25.5	25.5	25.5	25.5	25.5	24	24	24	24	24	24	0.0/11.0	-
Israël*	1976	17	15.5	15.5	15.5	16	16	16	17	18	18	17	17	17	17	17	0	0
Italie*	1973	20	20	20	20	20	20	21	21	22	22	22	22	22	22	22	4.0/5.0/10.0	-
Japon*	1989	5	5	5	5	5	5	5	5	5	8	8	8	8	8	10	8	-
Lettonie*	1995	18	18	18	21	21	22	22	21	21	21	21	21	21	21	21	5.0/12.0	-
Lituanie	1994	18	18	18	19	21	21	21	21	21	21	21	21	21	21	21	5.0/9.0	-

Luxembourg*	1970	15	15	15	15	15	15	15	15	15	17	17	17	17	17	17	3.0/8.0/14.0	-
Mexique	1980	15	15	15	15	16	16	16	16	16	16	16	16	16	16	16	0	8
Moyenne non pondérée		17.8	17.7	17.7	17.7	18.1	18.6	18.8	19.0	19.1	19.2	19.2	19.3	19.3	19.3	19.3		
Norvège*	1970	25	25	25	25	25	25	25	25	25	25	25	25	25	25	25	0.0/12.0/15.0	-
Nouvelle-Zélande	1986	12.5	12.5	12.5	12.5	12.5	15	15	15	15	15	15	15	15	15	15	0	-
Pays-Bas*	1969	19	19	19	19	19	19	19	21	21	21	21	21	21	21	21	9	-
Pologne*	1993	22	22	22	22	22	23	23	23	23	23	23	23	23	23	23	5.0/8.0	-
Portugal	1986	19	21	21	20	20	23	23	23	23	23	23	23	23	23	23	6.0/13.0	4.0/9.0/18.0 & 5.0/12.0/22.0
République slovaque*	1993	19	19	19	19	19	20	20	20	20	20	20	20	20	20	20	10	-
République tchèque*	1993	19	19	19	19	20	20	20	21	21	21	21	21	21	21	21	10.0/15.0	-
Royaume-Uni	1973	17.5	17.5	17.5	15	17.5	20	20	20	20	20	20	20	20	20	20	0.0/5.0	-
Slovénie*	1999	20	20	20	20	20	20	20	20	22	22	22	22	22	22	22	5.0/9.5	-
Suède*	1969	25	25	25	25	25	25	25	25	25	25	25	25	25	25	25	0.0/6.0/12.0	-
Suisse	1995	7.6	7.6	7.6	7.6	7.6	8	8	8	8	8	8	8	7.7	7.7	7.7	0.0/2.5/3.7	-
Turquie*	1985	18	18	18	18	18	18	18	18	18	18	18	18	18	18	18	1.0/8.0	-

Note :
*Voir la note pays correspondante.
Données annuelles : les taux indiqués dans le tableau sont ceux applicables au 1er janvier de chaque année. Les taux réduits et les taux régionaux spécifiques sont ceux en vigueur au 1er janvier 2020.
1. Les taux réduits incluent les taux zéro applicables aux ventes nationales (exonération avec droit de déduire la taxe d'amont). Ils n'incluent pas les exportations à taux zéro, ni les autres biens et prestations soumis à un traitement similaire comme le transport international ou les biens et prestations fournis à des ambassades, missions diplomatiques et organisations internationales. L'historique détaillé des taux de TVA est également disponible dans la base de données fiscales de l'OCDE.
2. Les changements de taux de TVA ou l'adoption de nouveaux taux de TVA après le 1er janvier 2020 sont indiqués dans les notes pays de ce tableau. Les taux de TVA spécifiques ou temporaires applicables dans le contexte de la crise du COVID-19 sont indiqués en italique dans les notes pays.
Source : Délégations nationales - Situation au 1er janvier 2020

StatLink https://doi.org/10.1787/888934225797

Encadré d'annexe 2.A.1. Notes du tableau 2.A.1

Allemagne*. *Du 1er juillet 2020 au 31 décembre 2020, le taux normal de TVA a été ramené de 19 % à 16 % et le taux réduit de TVA de 7 % à 5 %. Des taux de TVA réduits spécifiques s'appliquent dans le contexte de la pandémie de COVID-19 - Voir la note pays du tableau 2.2.*

Autriche*. Un taux normal de 19 % s'applique au Jungholz et Mittelberg. *Des taux de TVA réduits spécifiques s'appliquent dans le contexte de la pandémie de COVID-19 - Voir la note pays du tableau 2.2.*

Belgique* *Des taux de TVA réduits spécifiques s'appliquent dans le contexte de la pandémie de COVID-19 - Voir la note pays du tableau 2.2.*

Canada. Les provinces suivantes ont harmonisé leurs taxes provinciales sur les ventes avec la taxe fédérale sur les produits et services et appliquent les taux de TPS/TVH suivants : Nouveau-Brunswick, Terre-Neuve-et-Labrador, Nouvelle-Écosse, Île- du-Prince-Édouard : 15 % ; et Ontario : 13 %. Le Québec applique une TPS au taux de 5 % et une taxe sur les ventes de 9.975 % (à la même assiette que la TPS). D'autres provinces canadiennes, à l'exception des Territoires du Yukon, du Nord-ouest et du Nunavut et de la province de l'Alberta appliquent une taxe provinciale sur les ventes à certains biens et services, en plus de la TPS fédérale.

Danemark*. *Des taux de TVA réduits spécifiques s'appliquent dans le contexte de la pandémie de COVID-19 - Voir la note pays du tableau 2.2.*

Espagne*. Les taux de 0.0 %, 2.75 %, 3.0 %, 7.0 %, 9.50 %, 13.50 % et 20 % s'appliquent aux Îles Canaries. Les taux de 0.5 % ; 1.0 % ; 2.0 % ; 4.0 % ; 6.0 % ; 8.0 % ; 9.0 % et 10 % s'appliquent à Ceuta et Melilla. *Des taux de TVA réduits spécifiques s'appliquent dans le contexte de la pandémie de COVID-19 - Voir la note pays du tableau 2.2.*

Estonie*. *Des taux de TVA réduits spécifiques s'appliquent dans le contexte de la pandémie de COVID-19 - Voir la note pays du tableau 2.2.*

***Les États membres de l'Union européenne** appliquent une exonération de TVA et de droits de douane à l'importation de certains biens nécessaires à la lutte contre les conséquences de la crise du COVID-19 en 2020 - Voir le tableau 2.2.

Finlande*. *Des taux de TVA réduits spécifiques s'appliquent dans le contexte de la pandémie de COVID-19 - Voir la note pays du tableau 2.2.*

France*. Des taux de 0.9 %, 2.1 %, 10.0 %, 13.0 % et 20.0 % s'appliquent en Corse ; des taux de 1.05 %, 1.75 %, 2.1 % et 8.5 % s'appliquent aux Départements d'Outre-Mer (DOM) à l'exception de la Guyane et de Mayotte. *Des taux de TVA réduits spécifiques s'appliquent dans le contexte de la pandémie de COVID-19 - Voir la note pays du tableau 2.2.*

Grèce*. Des taux régionaux spécifiques de 4.0 %, 9.0 % et 17.0 % s'appliquent dans les îles de Leros, Lesbos, Kos, Samos et Chios jusqu'au 31 décembre 2020. *Des taux de TVA réduits spécifiques s'appliquent dans le contexte de la pandémie de COVID-19 - Voir la note pays du tableau 2.2.*

Hongrie*. *Des taux de TVA réduits spécifiques s'appliquent dans le contexte de la pandémie de COVID-19 - Voir la note pays du tableau 2.2.*

Irlande*. *Le taux normal de TVA a été ramené de 23 % à 21 % du 1er septembre 2020 au 28 février 2021. Des taux de TVA réduits spécifiques s'appliquent dans le contexte de la pandémie de COVID-19 - Voir la note pays du tableau 2.2.*

Israël. Le taux de 0 % s'applique lorsqu'un commerçant résident de Eilat achète des biens à des non-résidents de Eilat. Les produits vendus par un fournisseur résident de Eilat (destinés à être consommés à Eilat) sont exonérés de TVA.

Italie*. *Des taux de TVA réduits spécifiques s'appliquent dans le contexte de la pandémie de COVID-19 - Voir la note pays du tableau 2.2.*

Japon. Le 1er octobre 2019, le taux normal de TVA a été relevé de 8 % à 10 %. Un taux de TVA réduit de 8 % a été adopté à cette même date pour la fourniture de produits alimentaires, boissons (hors boissons alcoolisées et services de restauration) et certains abonnements à des journaux (voir le tableau 2.2).

Lettonie*. *Des taux de TVA réduits spécifiques s'appliquent dans le contexte de la pandémie de COVID-19 - Voir la note pays du tableau 2.2.*

Lituanie*. *Des taux de TVA réduits spécifiques s'appliquent dans le contexte de la pandémie de COVID-19 - Voir la note pays du tableau 2.2.*

Luxembourg*. *Des taux de TVA réduits spécifiques s'appliquent dans le contexte de la pandémie de COVID-19 - Voir la note pays du tableau 2.2.*

Mexique. Du 1er janvier 2019 au 31 décembre 2020, un taux de TVA réduit de 8 % s'applique dans la région frontalière du Nord (Ensenada, Playas de Rosarito, Tijuana, Tecate et Mexicali dans l'État de Basse-Californie ; San Luis Río Colorado, Puerto Peñasco, General Plutarco Elías Calles, Caborca, Altar, Sáric, Nogales, Santa Cruz, Cananea, Naco et Agua Prieta dans l'État de Sonora ; Janos, Ascensión, Juárez, Praxedis G. Guerrero, Guadalupe, Coyame del Sotol, Ojinaga and Manuel Benavides dans l'État de Chihuahua ; Ocampo, Acuña, Zaragoza, Jiménez, Piedras Negras, Nava, Guerrero and Hidalgo dans l'État de Coahuila de Zaragoza ; Anáhuac dans l'État de Nuevo León ; et Nuevo Laredo, Guerrero, Mier, Miguel Alemán, Camargo, Gustavo Díaz Ordaz, Reynosa, Río Bravo, Valle Hermoso et Matamoros dans l'État de Tamaulipas).

Norvège. *Des taux de TVA réduits spécifiques s'appliquent dans le contexte de la pandémie de COVID-19 - Voir la note pays du tableau 2.2.*

Pays-Bas*. *Des taux de TVA réduits spécifiques s'appliquent dans le contexte de la pandémie de COVID-19 - Voir la note pays du tableau 2.2.*

Pologne*. *Des taux de TVA réduits spécifiques s'appliquent dans le contexte de la pandémie de COVID-19 - Voir la note pays du tableau 2.2.*

Portugal*. Aux Açores, le taux normal de TVA est de 18 % et les taux réduits sont de 4 % et 9 %. À Madère, le taux normal est de 22 % et les taux réduits sont de 5 % et 12 %. *Des taux de TVA réduits spécifiques s'appliquent dans le contexte de la pandémie de COVID-19 - Voir la note pays du tableau 2.2.*

République slovaque*. *Des taux de TVA réduits spécifiques s'appliquent dans le contexte de la pandémie de COVID-19 - Voir la note pays du tableau 2.2.*

République tchèque*. *Des taux de TVA réduits spécifiques s'appliquent dans le contexte de la pandémie de COVID-19 - Voir la note pays du tableau 2.2.*

Royaume-Uni. *Des taux de TVA réduits spécifiques s'appliquent dans le contexte de la pandémie de COVID-19 - Voir la note pays du tableau 2.2.*

Slovénie*. *Des taux de TVA réduits spécifiques s'appliquent dans le contexte de la pandémie de COVID-19 - Voir la note pays du tableau 2.2.*

Suède. *Des taux de TVA réduits spécifiques s'appliquent dans le contexte de la pandémie de COVID-19 - Voir la note pays du tableau 2.2.*

Turquie *Des taux de TVA réduits spécifiques s'appliquent dans le contexte de la pandémie de COVID-19 - Voir la note pays du tableau 2.2.*

Note : Les taux de TVA spécifiques ou temporaires applicables dans le contexte de la crise du COVID-19 sont indiqués en italique. Les taux de TVA réduits spécifiques applicables dans le contexte de la pandémie de COVID-19 sont indiqués dans les notes pays du tableau 2.A.2.

Tableau d'annexe 2.A.2. Application de taux réduits de TVA

Pays	Taux réduits de TVA, y compris les taux zéro sur le marché intérieur[1]
Allemagne*	7 % : produits alimentaires ; distribution d'eau ; équipements pour personnes handicapées ; services médicaux (hors services exonérés) ; livres et journaux ; certains livres numériques et publications électroniques ; plantes ; fleurs ; certaines manifestations culturelles ; musées ; zoos ; cirques ; œuvres caritatives non exonérées ; droits d'auteur ; transport public de voyageurs à l'échelle locale au au sein d'une même municipalité ou si la distance parcourue n'excède pas 50 km ; transport par rail sur une longue distance ; hébergement hôtelier ; fleurs coupées et plantes ; œuvres d'art livrées par leur auteur ou leurs ayants droit et importation d'objets de collection ; produits d'hygiène féminine ;
Australie	0 % : la plupart des produits alimentaires et boissons destinés à la consommation humaine (à l'exclusion des produits préparés) ; la plupart des produits et services sanitaires et médicaux ; certains services de formation et logements d'étudiant ; certains services de garde d'enfant ; certains services religieux ; certaines activités exercées par des organisations caritatives ; eau (sauf lorsque la capacité de la cuve de livraison ou de destination de l'eau est inférieure à 100L) ; assainissement et évacuation des eaux usées ; ventes d'entreprises en vue de la poursuite de leurs activités ; métaux précieux (première vente après affinage) ; cessions de droits sur les propriétés foncières et autres droits similaires par les pouvoirs publics ; terrains agricoles ; automobiles destinées aux personnes handicapées dans la limite (générale) de 57 466 AUD ; services d'hébergement et de repas fournis par certaines sociétés d'exploitation aux personnes logées en résidence de retraite ; certains services publics ; certaines prestations de télécommunications fournies en vertu de contrats d'itinérance internationale en Australie ; services postaux internationaux.
Autriche*	10 % : produits alimentaires ; distribution d'eau ; produits pharmaceutiques ; transport de voyageurs (à l'exception des vols intérieurs) ; livres ; journaux et périodiques ; livres numériques et publications électroniques ; télévision payante ; certaines livraisons d'artistes, auteurs et compositeurs ; sylviculture ; restaurants (à l'exception des boissons) ; ramassage des ordures ménagères et nettoyage de la voirie ; assainissement. 13 % : hébergement hôtelier, vente de vin par le producteur ; produits et services agricoles ; certaines prestations d'artistes, auteurs et compositeurs ; droits d'entrée aux manifestations culturelles et sportives et aux projections cinématographiques ; vols intérieurs.
Belgique*	0 % : automobiles destinées aux personnes handicapées ; certains journaux et périodiques, certains sous-produits et matériaux de récupération. 6 % : produits alimentaires ; certaines boissons ; distribution d'eau ; produits pharmaceutiques ; produits d'hygiène féminine et défibrillateurs externes ; équipements pour personnes handicapées ; transport de voyageurs ; livres ; journaux et périodiques ; certains livres numériques et publications électroniques ; culture ; sport ; œuvres d'art, objets de collection et antiquités ; œuvres d'art livrées par leur auteur ou créateur ; agriculture ; hébergement hôtelier et camping ; rénovation d'habitations de plus de 10 ans ; logements privés et établissements pour personnes handicapées ; logements sociaux ; certains services à forte intensité de main d'œuvre (menus travaux de réparation) ; travaux de démolition et de reconstruction subséquente de nouveaux logements privés (dans certaines conditions strictes et moyennant l'application de certains plafonds de dépense) ; services funéraires ; fleurs coupées et plantes. 12 % : restaurants (à l'exception des boissons) ; certains combustibles (charbon, coke, lignite) ; certains logements sociaux.
Canada	0 % : médicaments sur ordonnance, produits d'épicerie de base ; certains services financiers fournis par des établissements financiers (généralement à des non-résidents) ; certains produits agricoles et de pêche ; certains appareils médicaux ; péages de ponts ou tunnels internationaux (dans certains cas seulement) ; métaux précieux ; ventes d'un montant inférieur ou égal à 25 cents réalisées à l'aide de machines à pièces.
Chili	–
Colombie	0 % : produits alimentaires destinés à la consommation humaine ; certains produits de santé comme les médicaments, les antibiotiques et le sang, consultations médicales, images de diagnostic, livres et journaux ; produits d'hygiène personnelle. 5 % : certains produits agricoles ; équipement agricole ; certains véhicules électriques ou hybrides ; assurances agricole et maladie ; services de sécurité et de nettoyage ; vins et spiritueux ; certains produits alimentaires ; combustibles d'aviation.
Corée	0 % : vente de certains équipements et produits destinés à l'agriculture ; pêche ; bétail et sylviculture ; vente d'huile minérale destinée à certains usages dans l'agriculture, la pêche et la sylviculture ; certains équipements destinés aux personnes handicapées.
Danemark*	0 % : journaux et périodiques. 5 % : première vente d'œuvres d'art estimées à plus de 300 000 DKK (le taux normal de 25 % s'applique à 20 % de la base d'imposition, soit un taux effectif de 5 %).
Espagne*	4 % : produits alimentaires de base (pain, farine, lait, formage, œufs, fruits et légumes) ; certaines fournitures pour les personnes handicapées comme les fauteuils roulants ; médicaments et

	autres articles médicaux à usage humain (lentilles, etc.) ; livres, journaux et périodiques ; vente de nouveaux bâtiments destinés à des logements et hébergements sociaux ; cession de logements à certaines entités de location. 10 % : produits alimentaires (destinés à la consommation humaine et animale) ; distribution d'eau ; médicaments à usage animal ; certains appareils médicaux et certains produits pharmaceutiques ; transport de voyageurs ; vente (et travaux de rénovation ou de construction sous certaines conditions) de bâtiments ou parties de bâtiments pouvant être destinés à un usage privé ; menus travaux sur des logements ; restaurants et services de restauration ; certains services culturels et de loisirs ; hébergement hôtelier et similaire ; manifestations sportives d'amateurs ; salons ; animaux et produits alimentaires issus de l'agriculture et de la sylviculture ; biens et services utilisés dans l'agriculture, l'élevage et la sylviculture, y compris les fleurs et plantes ; élimination des déchets ; nettoyage des égouts publics ; services d'obsèques ; services de nettoyage et d'entretien des espaces publics.
Estonie*	0 % : certains aéronefs commerciaux et navires de mer ainsi que certains produits et services y afférents ; transport international de voyageurs. 9 % : produits pharmaceutiques ; équipements et appareils médicaux à destination des personnes handicapées ; livres ; journaux et périodiques ; hébergement hôtelier.
Finlande*	0 % : services d'imprimerie pour certaines publications vendues par abonnement ; certains navires. 10 % : produits pharmaceutiques ; transport de voyageurs ; livres, abonnements à des journaux et périodiques ; certains livres numériques et publications électroniques ; hébergement hôtelier ; droits d'entrée aux manifestations culturelles, spectacles de divertissement, manifestations sportives et projections cinématographiques ; utilisation d'installations sportives ; œuvres d'art livrées par leur auteur ou importées ; droits d'auteur relatifs à des œuvres littéraires et artistiques ; abonnements télévisuels ; *prestations de services fournies par des sportifs et des artistes-interprètes, sous réserve qu'ils aient opté pour l'assujettissement à la TVA.* 14 % : produits alimentaires ; boissons non alcoolisées ; alimentation pour animaux ; restaurants (à l'exception des boissons alcoolisées).
France*	2.1 % : journaux et périodiques ; produits pharmaceutiques. 5.5 % : la plupart des produits alimentaires et boissons (à l'exception des boissons alcoolisées) ; distribution d'eau ; équipements pour personnes handicapées ; livres et livres numériques ; droits d'entrée aux manifestations culturelles ; travaux réalisés sur des logements de plus de 2 ans, sous certaines conditions ; soins à domicile ; abonnements au gaz naturel et à l'électricité ; chauffage urbain ; livraisons d'œuvres d'art par leur créateur ; produits d'hygiène féminine ; certains logements sociaux. 10 % : transport de voyageurs ; logements sociaux ; droits d'entrée aux expositions, sites et installations de nature culturelle, récréative, éducative ou professionnelle ; abonnements à la télévision payante ; services des soins à domicile ; restaurants et restauration collective (à l'exception des boissons alcoolisées) ; hébergement hôtelier ; produits d'origine agricole ; jardins, plantes et fleurs ; traitement des déchets ; assainissement ; transport de voyageurs ; droits d'auteur.
Grèce*	6 % : produits pharmaceutiques et vaccins destinés à la médecine humaine ; livres ; livres d'images pour enfants ; quotidiens, journaux et périodiques ; droits d'entrée au théâtre (représentations théâtrales) et concerts ; fourniture de gaz naturel et d'électricité et chauffage urbain. 13 % : eau, produits alimentaires de base (viande et sous-produits d'abattoirs ; préparations à base de viande ; poisson, calamar, poulpe, seiche à l'exception des foies, œufs et semences ; lait et produits laitiers ; œufs d'oiseaux ; miel naturel ; légumes, plantes et certains types de racines et tubercules ; aliments pour animaux du code NC 230990 ; tourteaux et semences de culture ; fruits et fruits à coque ; céréales ; farine et produits à base de farine ; huile d'olive ; pâtes alimentaires non cuites ni farcies ni autrement préparées ; pain ; jus de fruits et légumes à l'exception des articles mentionnés ci-après soumis au taux normal : la plupart des produits transformés, boissons, produits alcoolisés, jus de fruits et de légumes, eaux gazéifiées ; fournitures agricoles généralement destinées à être utilisées comme intrants intermédiaires par les agriculteurs et exploitations agricoles ; plantes vivantes et tubercules ; boutures et greffons ; produits pharmaceutiques (autres que ceux soumis au taux de 6 %) ; équipements et autres appareils médicaux destinés aux personnes handicapées ; dispositifs contraceptifs intra-utérins ; cathéters ; seringues d'alimentation ; sphygmomanomètres « parlant » ; aiguilles pour stylos à insuline et aiguilles de dialyse ; distribution d'eau ; hébergement fourni dans des hôtels et établissements similaires, y compris la fourniture d'hébergement de vacances et la location d'emplacements de camping et d'emplacements pour caravanes ; services fournis par les restaurants et activités similaires, à l'exception des night-clubs et de l'enlèvement des boissons alcoolisées et sans alcool ; jus et boissons ; services de soins à domicile comme l'aide à domicile et les soins destinés aux enfants, aux personnes âgées, aux personnes malades ou aux personnes handicapées ; services des maisons de retraite qui sont soumis à la TVA ; fourniture de services pour la production agricole (à l'exclusion, toutefois, des biens d'équipement, tels que les machines ou les bâtiments) ; produits alimentaires et autres pour les nourrissons, comme les couches et les sièges auto ; casques pour vélo.
Hongrie*	5 % : produits pharmaceutiques destinés à la consommation humaine ; certains équipements destinés aux personnes malvoyantes ; livres, journaux et partitions de musique ; porcs sur pied et carcasses de porc ; certains types de bétail sur pied, moutons, agneaux, chèvres et leur viande en vrac ; viande de porcs domestiques ; viandes et abats comestibles de volaille ; œufs frais ; lait frais ; abats comestibles et parties internes de porcs domestiques ; poissons vivants (à l'exception des poissons d'ornement) et corps, parties ou filets de poisson destinés à la consommation humaine ; chauffage urbain ; services fournis par des artistes-interprètes ; services d'accès à Internet ; repas pris au restaurant et fourniture de boissons non alcoolisées

	préparées sur place ; fourniture d'hébergement. 18 % : lait et produits laitiers ; produits contenant des céréales, de la farine, des féculents ou du lait ; certains concerts en plein air.
Irlande*	0 % : livres ; habits et chaussures pour enfants ; médicaments à prise orale ; certains équipements médicaux ; certains produits alimentaires ; semences pour la production alimentaire ; engrais ; certains aéronefs et navires de haute mer. 4.8 % : bétail et chevaux destinés à l'alimentation ou à la production agricole. 9 % : journaux et certains périodiques, livres numériques ; certaines publications électroniques ; fourniture d'installations sportives ; 13.5 % : enlèvement des ordures ; énergie destinée au chauffage et à l'éclairage ; combustible destiné à certains usages ; gaz ; électricité ; services liés aux bâtiments ; biens immobiliers ; services de réparation ; services de guides touristiques ; impressions photographiques ; œuvres d'art ; location de courte durée de voitures et bateaux ; auto-écoles ; services vétérinaires ; certaines plantes et fleurs ; graines de plantes et fleurs ; services médicaux (hors services exonérés) ; droits d'entrée à des projections cinématographiques/certains spectacles musicaux ; hébergements de vacances ; repas servis par les restaurants ou hôtels ; certains services agricoles ; coiffure.
Islande	0 % : construction navale et entretien de navires et aéronefs ; services aux navires de pêche étrangers liés au débarquement et à la vente de poisson en Islande ; paiements directs aux agriculteurs. 11 % : repas et boissons ; transport de voyageurs (hors services exonérés) ; services d'agences de voyages, organisateurs de voyages et associations de tourisme ; conseils en matière de voyages ; livres, y compris de musique et livres numériques ; audio-livres. CD et supports similaires comportant la reproduction de textes et versions électroniques de ces livres ; magazines, journaux et journaux locaux ou régionaux comportant la reproduction de textes et versions électroniques de ces journaux et magazines ; périodiques comportant la reproduction de textes et Taux réduits de TVA, y compris les taux zéro sur le marché intérieur1 versions électroniques de ces périodiques ; abonnements à la radio et à la télévision ; location d'hôtels, chambres d'hôtes et autres services hôteliers ; eau chaude, électricité et fioul domestique destiné au chauffage des maisons et piscines ; péages aux infrastructures de transport terrestre ; CD, disques, cassettes et autres supports similaires reproduisant des enregistrements musicaux sans vidéo. Versions électroniques d'enregistrements musicaux sans vidéo ; préservatifs ; couches pour bébés ; droits d'entrée aux bains publics, saunas et spas (hors services exonérés).
Israël	0 % : hébergement hôtelier pour touristes étrangers et autres services hôteliers (repas et boissons, blanchisserie, piscine, remise en forme, etc.) ; vente à un touriste étranger de billets pour une conférence internationale à laquelle assistent plus de 50 touristes étrangers ; location à un touriste d'un véhicule à moteur privé qu'il conduit lui-même ; transport de touristes dans un véhicule à moteur privé, un autocar ou un avion ; hospitalisation d'un touriste étranger ; vente de fruits et légumes ; vente d'actifs d'un ou de plusieurs négociants à une société en échange de titres de participation de ladite société seulement, sous réserve que le ou les négociants détiennent au moins 90 % des droits de vote immédiatement après le transfert d'actifs ; vente de l'ensemble des actifs d'une société à ses actionnaires dans le cadre d'une procédure de liquidation dans laquelle les actifs sont répartis entre lesdits actionnaires au prorata des actions qu'ils détiennent respectivement ; fourniture de biens à toute personne qui serait exonérée de TVA au motif qu'elle vient d'arriver en Israël (fourniture de certains biens à de nouveaux immigrants et à des étudiants de retour de leurs études à l'étranger) ; vente d'un bien immobilier par une organisation sans but lucratif ou par une institution financière à une organisation sans but lucratif ou une institution financière dans le cadre d'une restructuration ; location d'un espace d'exposition par un non-résident ; services fournis par une société de production israélienne à un non-résident à des fins de production cinématographique en Israël ; services fournis à un non-résident dans le cadre d'essais cliniques sur des êtres humains ; achats effectués par un négociant résidant à Eilat à un non-résident d'Eilat.
Italie*	4 % : certains produits alimentaires ; médicaments, produits et services de santé et équipements destinés aux personnes handicapées ; services pour certaines constructions de logements ; livres ; journaux ; magazines hebdomadaires ; produits alimentaires servis dans les écoles, cantines et soupes populaires. 5 % : herbes aromatiques, truffes fraîches ou réfrigérées, services sociaux et de santé à destination des personnes âgées, toxicomanes, migrants, prisonniers, personnes handicapées et personnes atteintes du sida, services de transport sur les voies navigables urbaines (mer, rivière, lac ou lagune), produits d'hygiène féminine compostables. 10 % : certains produits alimentaires et boissons, distribution d'eau ; produits pharmaceutiques (destinés à la consommation humaine et animale) ; services médicaux (hors services exonérés) ; transport de voyageurs ; gaz destiné à la cuisine ; huile minérale ; électricité ; gaz ; ordures ménagères ; stations d'épuration ; viande bovine et ovine et poisson ; énergie issue de sources renouvelables ; œuvres d'art ; droits d'entrée aux spectacles et manifestations culturelles ; location de biens immobiliers par des entreprises de construction ; travaux de rénovation et d'entretien de logements ; restaurants ; travaux de développement urbain ; hébergement hôtelier et services similaires.
Japon	8 % : produits alimentaires, boissons (à l'exception des boissons alcoolisées et des services de restauration extérieure) et certains abonnements à des journaux.
Lettonie*	12 % : médicaments ; appareils médicaux ; produits alimentaires pour nourrissons ; produits pharmaceutiques ; transport intérieur de voyageurs ; livres, journaux et périodiques ; hébergement hôtelier ; chauffage urbain, bois de chauffage pour les besoins domestiques.

	5 % : Certaines ventes de fruits, baies et légumes frais.
Lituanie*	9 % : énergie thermique pour le chauffage des bâtiments à usage d'habitation, eau chaude (y compris l'eau froide utilisée pour la préparation de l'eau chaude et pour l'énergie thermique servant à préparer l'eau chaude) d'alimentation de bâtiments à usage résidentiel ; livres, publications non périodiques ; transport intérieur régulier de voyageurs ; services d'hébergement ; bois de chauffage et produits du bois pour le chauffage des consommateurs d'énergie domestique. 5 % : certains médicaments et équipements médicaux (y compris les médicaments sur ordonnance) ; aides techniques pour personnes handicapées et réparations de ces aides ; journaux, magazines et publications périodiques.
Luxembourg*	3 % : produits alimentaires destinés à la consommation humaine et animale ; distribution d'eau ; produits pharmaceutiques y compris les produits utilisés à des fins de contraception et de protection hygiénique ; certains équipements médicaux ; certaines aides et autres appareillages généralement destinés à soulager ou traiter un handicap ; transport de voyageurs ; hébergement ; livres, journaux et périodiques fournis sur un support physique ou électronique, à l'exception toutefois des publications au contenu essentiellement réservé aux adultes ; droits d'entrée aux manifestations culturelles et sportives ; utilisation d'installations sportives ; services de restauration, à l'exclusion des boissons alcoolisées ; services fournis par les écrivains, compositeurs et interprètes, y compris ceux qui sont rémunérés par les droits d'auteur qui leur sont dus ; produits et services qui sont, par nature, généralement destinés à la production agricole ; services fournis en rapport avec le ramassage et l'élimination des ordures ; habits et chaussures pour enfants ; logements utilisés en tant que résidence principale par leur propriétaire pour leur usage personnel ; travaux importants réalisés dans des résidences principales (i) construites plus de 20 ans avant le début des travaux (ii) nouvellement acquises, sous réserve que les travaux soient achevés dans les cinq années suivant l'achat ; services funéraires ; réception de services de radiodiffusion et de télévision, à la seule exception de ceux dont les contenus sont réservés aux adultes. 8 % : certains services à forte intensité de main d'œuvre ; œuvres d'art livrées par leur auteur, créateur ou ayants droit, ou importées ; gaz ; électricité ; bois de chauffage ; chauffage urbain ; fleurs et plantes ornementales ; certains produits phytopharmaceutiques autorisés pour la production biologique. 14 % : certains vins ; certains combustibles ; produits de lavage et de nettoyage ; publicité sur support papier ; chauffage et climatisation ; certains services financiers.
Mexique	0 % : vente de végétaux (à l'exception du caoutchouc) et d'animaux non transformés (à l'exception des chiens, chats et petits animaux de compagnie) ; médicaments brevetés ; lait ; eau en bouteille ; jus, nectars et jus de fruits et de légumes concentrés ; glace ; produits alimentaires (à l'exception des produits transformés vendus dans les restaurants et enseignes de restauration, des chewing-gums, du caviar, du saumon fumé, des produits alimentaires pour animaux de compagnie et des boissons sans alcool) ; équipements agricoles ; machines et bateaux de pêche ; vente en gros d'or ; lingots d'or (contenant au moins 80 % d'or) et bijoux ; certains services agricoles et de pêche ; magazines, livres et journaux imprimés par l'assujetti lui-même ; distribution d'eau pour les besoins de la consommation ; services hôteliers fournis à des touristes étrangers participant à des congrès, conventions et salons professionnels ; utilisation de centres de congrès par des organisateurs de manifestations qui sont résidents étrangers ; services de centres d'appels pour des appels téléphoniques émis depuis l'étranger, sous réserve que ces services aient été sous-traités et payés par un résident étranger sans établissement stable au Mexique. 8 % : vente de biens, prestation de services indépendants, octroi de droits temporaires d'usage de biens dans des locaux ou établissements situés dans la région frontalière du nord. Ce taux réduit ne s'applique par à certaines transactions commerciales numériques, à la vente de biens immobiliers et actifs incorporels et aux importations.
Norvège	0 % : livres ; journaux ; certains périodiques et publications ; certains livres et publications électroniques ; service d'actualités électronique ; électricité et énergie produites à partir de sources renouvelables pour un usage domestique dans les comtés de Finnmark, Troms et Nordland ; achat et location de batteries et véhicules électriques ; véhicules d'occasion soumis à la taxe de renouvellement du certificat d'immatriculation ; vente et location de certains navires, aéronefs et plateformes de forage ; services directement liés à la construction d'ambassades (à destination du client final) ; biens et services destinés à certaines unités de commandement et forces armées internationales ; cession, en tant qu'entreprise en activité, d'une activité commerciale imposable ; fourniture d'organes humains, de sang ; fourniture par les entrepreneurs de pompes funèbres de services liés au transport du défunt. 12 % : hébergement, transport de voyageurs et transport de véhicules par transbordeur ou autre bateau relié au réseau routier intérieur ; radiotélévision publique ; droits d'entrée aux manifestations sportives, musées, cinémas et parcs d'attractions. 15 % : produits alimentaires et boissons non alcoolisées.
Nouvelle-Zélande	0 % : cession, en tant qu'entreprise en activité, d'une activité commerciale imposable ; vente de métaux précieux (or, argent ou platine) par un affineur à un négociant en métaux précieux ; versement par une collectivité locale de la taxe locale sur les produits pétroliers ; prestation de services financiers à des entreprises enregistrées à la TPS. Cession d'un terrain par et à une personne enregistrée à la TPS dès lors que le cessionnaire entend utiliser ce terrain pour fournir des biens ou services imposables sans y établir sa résidence principale (l'application de ce taux zéro entre personnes enregistrées à la TPS équivaut au mécanisme local d'autoliquidation). Occupation à long terme d'un local commercial ; certains services dont la fourniture fait partie du droit d'occupation (imposables au taux normal sur une assiette réduite représentant 60 % de

	leur valeur).
Pays-Bas*	9 % : produits alimentaires ; services de restauration ; biens et services destinés aux personnes handicapées ; médicaments ; hébergement ; livres ; certains livres numériques et publications électroniques ; prêts de livres ; journaux ; magazines ; transport de voyageurs (à l'exception du transport aérien de voyageurs) ; distribution d'eau ; droits d'entrée à des manifestations sportives ; parcs d'attractions ; musées ; cinémas ; zoos et cirques ; fleurs coupées et plantes ; repas servis par les restaurants ou hôtels ; aides aux personnes malvoyantes ; utilisation d'installations sportives ; objets d'art et antiquités ; hôtels et hébergements de vacances ; certains services à forte intensité de main d'œuvre tels que certains services d'entretien et d'isolation de logements ; services de ménage à domicile et coiffure ;
Pologne*	5 % - certains produits alimentaires (pain, viande, poisson, fruits et légumes, œufs, produits laitiers, produits de boulangerie, jus) ; produits pour les enfants et produits d'hygiène ; livres et magazines régionaux ou locaux ; livres électroniques (autres que les publications composées d'un contenu vidéo ou de musique). 8 % - certains produits alimentaires ; journaux et périodiques ; produits et services qui sont, par nature, généralement destinés à la production agricole ; produits pharmaceutiques ; appareils médicaux ; certains désinfectants appliqués pour la protection sanitaire ; transport de voyageurs et des bagages qui les accompagnent ; distribution d'eau ; droits d'entrée aux spectacles, théâtres, cirques, parcs d'attraction, concerts, musées, zoos, cinémas, etc. ; réception des programmes de télévision et de radio à l'exception de la VOD ; livraison, construction, rénovation et transformation de logements fournis dans le cadre de la politique sociale ; entretien des logements privés ; hébergement dans les hôtels et autres établissements similaires ; restaurant et services de restauration ; droits d'entrée aux manifestations sportives et utilisation d'installations sportives ; services funéraires ; prestations de services fournies dans le cadre du nettoyage des rues, de l'enlèvement des ordures et du traitement des déchets, à l'exception des services fournis par des organismes publics ; prêt de livres et de journaux dans les bibliothèques ; certains services à forte intensité de main d'œuvre ; aliments pour animaux ; services vétérinaires ; certains équipements destinés aux personnes malvoyantes et certaines semences animales (à partir du 31 août 2020).
Portugal*	6 % : produits alimentaires de première nécessité ; distribution d'eau ; produits pharmaceutiques ; appareillages pour personnes handicapées ; services médicaux (hors services exonérés) ; livres, journaux et périodiques ; certains livres numériques et publications électroniques ; transport de voyageurs ; services hôteliers et similaires ; logements sociaux ; certains biens employés dans l'agriculture ; certains produits et services agricoles ; services de soins à domicile pour les personnes âgées, les enfants et les toxicomanes ainsi que les services d'assistance téléphonique pour les personnes âgées ou les patients souffrant d'une maladie chronique, droits d'entrée à des manifestations culturelles et aux expositions, zoos, parcs, aquariums, musées et bâtiments d'intérêt national. 13 % : certains autres produits alimentaires ; vin non pétillant ; gasoil destiné aux véhicules agricoles ; machines essentiellement utilisées dans la production agricole ; services de restauration.
République slovaque*	10 % : certains produits alimentaires ; substances radioactives, isotopes et radioéléments à usage médical ; produits pharmaceutiques ; réactifs à usage diagnostique ou de laboratoire ; certains produits sanitaires et médicaux ; livres imprimés et journaux, brochures, dépliants et imprimés similaires ; musique ; appareillages orthopédiques ; lentilles de contact et verres correcteurs ; certains produits destinés aux personnes non voyantes ou malvoyantes, malentendantes ou handicapées physiques ; services d'hébergement.
République tchèque*	10 % : produits alimentaires de première nécessité destinés aux enfants ; produits sans gluten ; certains produits pharmaceutiques ; certains livres imprimés ; coiffure et réparation de vêtements. 15 % : produits alimentaires ; produits pharmaceutiques et livres imprimés (lorsqu'ils ne sont pas soumis au taux réduit de 10 %) ; certaines boissons ; distribution d'eau ; services médicaux (hors services exonérés) ; équipements et réparations destinés aux personnes handicapées ; transport de voyageurs ; art ; services culturels ; journaux et périodiques ; construction de logements privés et sociaux ; rénovation et réparation de logements privés ; collecte et traitement des déchets et des eaux usées ; hébergement hôtelier ; services de santé et de soins à domicile ; services ménagers aux particuliers ; services funéraires ; activités sportives ; produits agricoles ; fleurs coupées et plantes ; chauffage.
Royaume-Uni.	0 % : produits alimentaires ; certains biens et services fournis à des organisations caritatives ; vêtements pour enfants ; transport de voyageurs ; livres ; journaux ; distribution d'eau et assainissement ; médicaments sur ordonnance ; médicaments ; certaines aides et certains services destinés aux personnes handicapées ; logements neufs, y compris la construction de maisons neuves ; immeubles résidentiels et certains immeubles destinés à des œuvres caritatives. 5 % : combustible et énergie électrique à usage domestique et caritatif ; certains matériaux permettant des économies d'énergie livrés avec les services d'installation aux bénéficiaires des avantages ; certaines installations d'équipements de chauffage financées par des subventions ; sièges auto pour enfants ; certains produits pharmaceutiques.
Slovénie*	9.5 % : produits alimentaires (destinés à la consommation humaine et animale) ; produits alimentaires transformés ; distribution d'eau ; médicaments et appareillages pour personnes handicapées ; transport de voyageurs ; droits d'entrée aux manifestations culturelles et sportives ; droits d'auteur ; importation et livraison de certaines œuvres d'art, objets de collection ou antiquités ; logements sociaux ; travaux de rénovation et d'entretien de logements non fournis dans le cadre d'une mesure relevant de la politique sociale ; bétail et certains produits en rapport avec la production agricole ; hébergement hôtelier ; restauration (à l'exception des boissons) ; utilisation d'installations sportives ; services d'inhumation et de crémation ; services sanitaires

	publics ; nettoyage de vitres et services de ménage à domicile ; menues réparations de vélos, chaussures et articles en cuir ; services de soins à domicile ; coiffure ; fleurs coupées et plantes. 5.0 % : livres, y compris provenant de bibliothèques, journaux et périodiques ;
Suède*	0 % : aéronefs et navires commerciaux, ainsi que certains services y afférents ; kérosène ; médicaments sur ordonnance ; impression de certaines publications vendues par abonnement ; 6 % : transport de voyageurs ; livres, journaux et magazines, y compris sous forme électronique ; certains livres numériques et publications électroniques ; culture (théâtre, cinéma, etc.) ; droits d'auteur ; zoos ; manifestations sportives commerciales ; musées à caractère commercial, mise en valeur de zones naturelles, parcs et réserves naturelles. 12 % : produits alimentaires et services de restauration ; hébergement ; œuvres d'art appartenant à l'auteur ; importation d'antiquités, d'objets de collection et d'œuvres d'art ; réparations de vélos, chaussures et autres articles en cuir, et linge de maison.
Suisse	0 % : services fournis par des agences de voyage et organisateurs de manifestations, dans la mesure où ils recourent à des livraisons de biens et à des prestations de services de tiers fournies à l'étranger par ces derniers ; certaines ventes de biens et services à des compagnies aériennes internationales ; pièces en or frappées par l'État, or fin destiné à l'investissement et or destiné à l'affinage ou à la récupération. 2.5 % : distribution d'eau ; produits alimentaires, bétail, volailles, poissons ; céréales ; semences ; tubercules et bulbes à planter ; plantes vivantes, boutures, greffons, fleurs coupées et rameaux, fourrages, acides destinés à l'ensilage, litières pour animaux ; engrais, pesticides, matériaux de couverture végétaux, médicaments ; livres, journaux et magazines, y compris sous forme électronique, prestations de services fournies par les sociétés de radio et de télévision, à l'exception de celles qui ont un caractère commercial, certaines prestations dans le domaine de la production agricole. Le taux de 2.5 % s'applique également à certains services culturels, pour autant qu'ils soient fournis directement au public, les frais demandés pour les manifestations sportives, les services culturels et la livraison par leur créateur d'œuvres d'artistes, lorsque l'assujetti a opté pour son imposition (faute de quoi ces prestations sont exclues du champ de l'impôt sans ouvrir droit à la déduction). 3.7 % : services d'hébergement.
Turquie	0 % : vente de navires, aéronefs et véhicules de transport ferroviaire ; services liés à la fabrication, à la réparation et à l'entretien de ces véhicules ; services à destination des navires et aéronefs dans les ports ou aéroports ; biens et services destinés à l'exploration, à la gestion et à l'affinage de l'or, de l'argent, du platine et du pétrole ; achats de machines et équipements par des personnes relevant d'un régime d'incitation à l'investissement ; produits et travaux de construction destinés à la construction, à la rénovation et à l'agrandissement des ports maritimes et aéroports ; certains produits et services ayant trait à la sécurité nationale ; services d'itinérance internationale fournis en Turquie en vertu du principe de réciprocité ; produits vendus au cabinet central du Premier ministre et recensés dans la seconde liste de la loi sur les taxes et accises ; première vente, par l'intermédiaire du marché d'échange de marchandises, d'un certificat représentatif de produits agricoles établi en vertu de la Loi sur l'entreposage agréé de produits agricoles ; vente d'appareillages destinés aux personnes handicapées ; livraisons et services fournis à la Société turque du Croissant-Rouge ; fourniture d'engrais et semences ; fournitures à domicile ou sur le lieu de travail à des non-résidents en Turquie ; fournitures de biens et de services dans le cadre de la construction de zones industrielles organisées et de sites industriels de petite taille ; livraisons et prestations de services à des donateurs dans le cadre du don d'installations, par ces donateurs, au budget général ou spécial des administrations publiques, aux administrations provinciales spéciales, municipalités et villages ; services de santé fournis aux étrangers ; fourniture de machines et d'équipements neufs aux personnes exerçant des activités liées à la R&D, l'innovation et la conception ; livres imprimés et périodiques. 1 % : certains produits agricoles ; voitures d'occasion ; services funéraires ; vente de logements d'une superficie inférieure à 150 m² situés hors des grandes agglomérations ou dans une telle agglomération pour autant que le prix au m² du terrain y soit inférieur à 500 TRY si le permis de construire a été délivré entre le 01.01.2013 et le 31.12.2016 et inférieur à 1 000 TRY s'il a été délivré après le 01.01.2017 ; location de machines et équipements particuliers ; semences. 8 % : produits alimentaires de base ; livres ; sang et autres produits sanguins ; cinéma ; théâtre ; droits d'entrée aux opéras et ballets ; services d'enseignement privé ; vaccins ; certains produits et services médicaux ; services de transport de malades ; médicaments ; équipements médicaux ; produits textiles et de confection, y compris leur fabrication personnalisée ; services d'hébergement ; repas servis dans des restaurants (hors boissons alcoolisées) ; services fournis par les orphelinats et les établissements d'accueil médicalisés ; certaines machines agricoles et de construction ; certains meubles ; habillement ; articles de papeterie ; services d'évacuation des eaux usées ; vente de logements d'une superficie inférieure à 150 m² situés dans des grandes agglomérations où le prix au m² du terrain est compris entre 500 TRY et 999 TRY si le permis de construire a été délivré entre le 01.01.2013 et le 31.12.2016 et entre 1 000 TRY et 2 000 TRY s'il a été délivré après le 01.01.2017.

Note :

Les changements de taux de TVA adoptés après le 1er janvier 2020 sont indiqués dans les notes pays de ce tableau.

* Les pays de l'Union européenne sont liés par un cadre juridique commun en matière de taux de TVA

1. Pour les besoins du présent tableau, les taux réduits comprennent également les « taux zéro sur le marché intérieur » (0 %), c'est-à-dire les cas où la TVA n'est pas facturée par le vendeur sur les transactions intérieures, mais où la taxe correspondante sur les intrants est déductible. Dans certains pays, ont dit que ces transactions bénéficient d'une « franchise de TPS » et, dans d'autres, d'une « exonération assortie du droit à déduction de la taxe d'amont ». Ils n'incluent pas les exportations à taux zéro, les livraisons de biens et de services utilisés ou consommés à l'étranger, ni les autres biens et prestations soumis à un traitement similaire comme le transport international ou les biens et prestations fournis à des ambassades, missions diplomatiques et organisations internationales.

Source : Délégations nationales Situation au 1er janvier 2020.

Encadré d'annexe 2.A.2. Notes pays du tableau 2.A.2

Allemagne*. *Du 1er mars au 31 juillet 2020, un taux de 0 % s'applique aux dons de certains matériels et équipements médicaux aux hôpitaux. Du 1er janvier au 31 juillet 2020, un taux de 0 % s'applique aux importations de biens nécessaires à la lutte contre la pandémie de Covid-19. Les restaurants et services de restauration sont soumis à un taux réduit de 5 % du 1er juillet 2020 au 31 décembre 2020 et à un taux de 7 % du 1er janvier 2021 au 30 juin 2021.*

Autriche*. *Du 30 janvier au 31 octobre 2020, un taux de 0 % s'applique aux importations de biens nécessaires à la lutte contre la pandémie de Covid-19. Du 14 avril au 31 juillet 2020, la même disposition s'applique aux livraisons et acquisitions intracommunautaires de certains de ces biens. Du 30 juin 2020 au 31 décembre 2020, un taux de 5 % s'applique aux restaurants, à certaines prestations d'artistes, auteurs et compositeurs, aux droits d'entrée à des manifestations culturelles et projections cinématographiques, à l'hébergement hôtelier, aux livres, journaux et périodiques (sur papier et sous forme électronique).*

Belgique*. *Du 13 mars au 31 octobre 2020, un taux de 0 % s'applique aux importations de certains biens nécessaires à la lutte contre la pandémie de Covid-19 ; du 4 mai au 31 décembre 2020, un taux de 6 % s'applique à la fourniture, l'acquisition intracommunautaire et la livraison de masques et de gels hydroalcooliques ; du 8 juin 2020 au 31 décembre 2020, un taux de 6 % s'applique aux restaurants et services de restauration, à l'exclusion des boissons alcoolisées.*

Colombie. La législation colombienne relative à la TVA distingue trois catégories de fournitures : (i) les « prestations ou livraisons imposables » (assujetties à la TVA) ; (ii) « les prestations ou livraisons exonérées » (à taux zéro assorties, dans certains cas, d'un droit de déduction de la TVA payée sur les intrants) ; et (iii) « les prestations ou livraisons exclues » (non assujetties à la TVA et non assorties d'un droit de déduction de la TVA payée sur les intrants).

Danemark*. *Du 1er janvier au 31 juillet 2020, un taux de 0 % s'applique aux importations de certains biens nécessaires à la lutte contre la pandémie de Covid-19.*

Espagne*. Les taux de 0.0 %, 2.75 %, 3.0 %, 7.0 %, 9.50 %, 13.50 % et 20 % s'appliquent aux Îles Canaries. Les taux de 0.5 % ; 1.0 % ; 2.0 % ; 4.0 % ; 6.0 % ; 8.0 % ; 9.0 % et 10 % s'appliquent à Ceuta et Melilla. Certains livres numériques et publications électroniques sont soumis à un taux réduit de 4 % à partir du 23 avril. *Jusqu'au 31 octobre 2020, un taux de 0 % s'applique à la fourniture d'équipement médical par les producteurs nationaux aux organismes publics, ONG et hôpitaux. Du 1er janvier au 31 juillet 2020, un taux de 0 % s'applique aux importations de certains biens nécessaires à la lutte contre la pandémie de Covid-19.*

Estonie*. À partir du 1er mai 2020, certains livres numériques et publications électroniques sont soumis à un taux réduit de 9 %. *Du 1er janvier au 31 juillet 2020, un taux de 0 % s'applique aux importations de certains biens nécessaires à la lutte contre la pandémie de Covid-19.*

Finlande*. *Du 1er janvier au 31 juillet 2020, un taux de 0 % s'applique aux importations de certains biens nécessaires à la lutte contre la pandémie de Covid-19.*

France*. Des taux de 0.9 %, 2.1 %, 10.0 %, 13.0 % et 20.0 % s'appliquent en Corse ; des taux de 1.05 %, 1.75 %, 2.1 % et 8.5 % s'appliquent aux Départements d'Outre-Mer (DOM) à l'exception de la Guyane et de Mayotte. *Du 1er janvier au 31 juillet 2020, des taux réduits de 0 % et 5.5 % s'appliquent aux importations de biens nécessaires à la lutte contre la pandémie de Covid-19. Du 1er mars 2020 au 31 décembre 2021, un taux de 5.5 % s'applique aux fournitures de certains biens nécessaires à la lutte contre la pandémie de Covid-19.*

Grèce*. Des taux régionaux spécifiques de 4.0 %, 9.0 % et 17.0 % s'appliquent dans les îles de Leros, Lesbos, Kos, Samos et Chios jusqu'au 31 décembre 2020. *Du 1er janvier au 31 juillet 2020, un taux de 0 % s'applique aux importations de certains biens nécessaires à la lutte contre la pandémie de Covid-19. Du 20 mars au 31 décembre 2020, les produits sanitaires indispensables à la protection de la santé publique pendant la pandémie de COVID-19 (masques, gants, etc.) sont assujettis à un taux réduit de TVA de 6 %. Du 1er juin 2020 au 30 avril 2021, un taux réduit de 13 % s'applique aux droits d'entrée à des projections cinématographiques, au transport de voyageurs et des bagages qui les accompagnent. Sur la même période, un taux réduit s'applique à la fourniture de boissons non alcoolisées dans les restaurants et activités similaires, à l'exclusion des discothèques. Du 1er septembre au 30 juin 2021, un taux réduit de 13 % s'applique également aux billets pour les manifestations sportives.*

Hongrie*. *Du 1er janvier au 31 juillet 2020, un taux de 0 % s'applique aux importations de certains biens nécessaires à la lutte contre la pandémie de Covid-19.*

Irlande*. *Du 1er janvier au 31 juillet 2020, un taux de 0 % s'applique aux importations de certains biens nécessaires à la lutte contre la pandémie de Covid-19.*

Israël. *Le taux de 0 % s'applique lorsqu'un commerçant résident de Eilat achète des biens à des non-résidents de Eilat. Les produits vendus par un fournisseur résident de Eilat (destinés à être consommés à Eilat) sont exonérés de TVA.*

Italie*. *Du 30 janvier au 31 décembre 2020, un taux de 0 % s'applique aux importations de certains biens nécessaires à la lutte contre la pandémie de Covid-19. Du 19 mai au 31 décembre 2020, un taux de 0 % s'applique aux fournitures de ces mêmes biens. À partir du 1er janvier 2021, un taux de TVA réduit de 5 % s'applique aux fournitures de biens considérés comme nécessaires à la lutte contre la pandémie de COVID-19.*

Japon. Le 1er octobre 2019, le taux normal de TVA a été relevé de 8 % à 10 %.

Lettonie*. *Du 1er janvier au 31 octobre 2020, un taux de 0 % s'applique aux importations de certains biens nécessaires à la lutte contre la pandémie de Covid-19.*

Lituanie*. *Du 1er janvier au 31 juillet 2020, un taux de 0 % s'applique aux importations de certains biens nécessaires à la lutte contre la pandémie de Covid-19.*

Luxembourg*. *Du 1er janvier au 31 octobre 2020, un taux de 0 % s'applique aux importations de certains biens nécessaires à la lutte contre la pandémie de Covid-19.*

Mexique. Du 1er janvier 2019 au 31 décembre 2020, un taux réduit de TVA de 8 % s'applique à la vente de biens, la prestation de services indépendants et l'octroi de droits temporaires d'usage de biens dans des locaux ou établissements situés dans la région frontalière du nord.

Norvège. *Du 1er avril au 31 décembre 2020, le taux réduit de 12 % est ramené provisoirement à 6 %.*

Pays-Bas*. *Un taux effectif de 0 % s'applique à l'embauche de professionnels de santé par des établissements et centres de santé qui remplissent les conditions requises pour l'exonération de TVA des services médicaux. Cette mesure s'applique du 16 mars 2020 au 1er janvier 2021. Du 16 mars 2020 au 1er janvier 2021, un taux effectif de 0 % s'applique également aux dons de matériels et d'équipements médicaux liés au COVID-19 à des établissements et centres de santé et aux médecins généralistes. Du 30 janvier au 1er novembre 2020, un taux de 0 % s'applique aux importations de certains biens nécessaires à la lutte contre la pandémie de Covid-19. Du 25 mai 2020 au 1er janvier 2021, un taux de 0 % s'applique à l'achat, aux Pays-Bas, de masques buccaux (médicaux ou non médicaux). Du 16 mars au 1er juillet 2020, un taux réduit de 9 % s'applique aux cours d'activité physique en ligne.*

Pologne*. À compter de novembre 2019, les assujettis ont le droit d'obtenir, sur demande, une décision administrative (informations obligatoires sur les taux - WIS) afin de garantir une application correcte des taux de TVA. La décision administrative permet aux assujettis d'avoir une protection juridique à cet égard. *Du 1er janvier jusqu'à la fin de la pandémie, un taux de 0 % s'applique aux dons de certains matériels et équipements médicaux aux hôpitaux ; à la fourniture de produits pharmaceutiques importés et aux importations de certains biens nécessaires à la lutte contre la pandémie de Covid-19 ; aux ordinateurs portables et tablettes fournis avant le 30 juin 2020 par des redevables de la TVA à des établissements d'enseignement.*

Portugal*. Aux Açores, le taux normal de TVA est de 18 % et les taux réduits sont de 4 % et 9 %. À Madère, le taux normal est de 22 % et les taux réduits sont de 5 % et 12 %. *À partir du 1er mars 2020, un taux de 0 % s'applique aux dons de certains matériels et équipements médicaux aux hôpitaux. Du 30 janvier au 31 octobre 2020, un taux de 0 % s'applique aux fournitures, acquisitions intracommunautaires et importations de certains biens nécessaires à la lutte contre la pandémie de Covid-19, qui ont été acquis par l'État et par d'autres organismes publics, le service national de santé, les hôpitaux privés sous contrat avec l'État pour lutter contre le COVID-19 et les ONG. Du 8 mai au 31 décembre 2020, un taux de 6 % s'applique aux importations, fournitures et acquisitions intracommunaitaires de masques de protection et de gel désinfectant.*

République slovaque*. *Du 30 janvier au 31 octobre 2020, un taux de 0 % s'applique aux importations de certains biens nécessaires à la lutte contre la pandémie de Covid-19.*

République tchèque*. À partir du 1er mai 2020, un taux réduit de 10 % s'applique aux fournitures suivantes : certains livres numériques et publications électroniques, transport de voyageurs, eau, collecte et traitement des déchets et des eaux usées, restaurant et services de restauration, services de soins à domicile, services de ménage à domicile, coiffure et réparation de vêtements, chaussures et articles en cuir. À partir du 1er juillet 2020, un taux réduit de 10 % s'applique au transport de voyageurs, à l'hébergement, aux droits d'entrée à des manifestations et lieux culturels, aux droits d'entrée à des manifestations sportives et à l'utilisation d'installations sportives. *Du 1er janvier au 31 octobre 2020, un taux de 0 % s'applique aux importations de certains biens nécessaires à la lutte contre la pandémie de Covid-19.*

Royaume-Uni. Certaines publications électroniques sont soumises à un taux de 0 % à partir du 1er mai 2020. *Du 30 janvier au 31 décembre 2020, un taux de 0 % s'applique aux importations de certains biens nécessaires à la lutte contre la pandémie de Covid-19. Du 15 juillet 2020 au 31 mars 2021, face à l'urgence de répondre à la crise du COVID-19, un taux réduit de 5 % a été adopté provisoirement pour certaines fournitures relatives à l'accueil et la réception, les hébergements de vacances et les droits d'entrée à certaines attractions.*

Slovénie*. *Du 1er janvier au 31 juillet 2020, un taux de 0 % s'applique aux importations et aux acquisitions intracommunautaires de certains biens nécessaires à la lutte contre la pandémie de Covid-19.*

Suède*. *Du 1er janvier au 31 juillet 2020, un taux de 0 % s'applique aux importations de certains biens nécessaires à la lutte contre la pandémie de Covid-19.*

Turquie *Du 1er avril au 30 juin 2020, un taux de 1 % s'applique aux services de transport aérien intérieur.*

* Selon la Décision (UE) 2020/491 de la Commission (telle que modifiée), un taux de TVA de 0 % et une franchise de droits à l'importation s'appliquent à l'importation dans l'Union européenne des marchandises nécessaires à la lutte contre les effets de la pandémie de COVID-19 au cours de l'année 2020

Les taux de TVA spécifiques ou temporaires applicables dans le contexte de la crise du COVID-19 sont indiqués en italique.

Tableau d'annexe 2.A.3. Exonérations de TVA

Pays	Exonérations[1]	Imposition des « exonérations courantes » dans le pays[2]
Allemagne	Exonérations courantes[2]	
Australie	Services financiers ; baux résidentiels et bâtiments à usage d'habitation (autres que les bâtiments neufs à usage d'habitation) ; certaines fournitures de métaux précieux ; cantines scolaires gérées par des organismes agissant sans but lucratif (taxation optionnelle) ; certaines collectes de fonds organisées par des organismes caritatifs.	Services postaux intérieurs ; services sportifs ; services culturels à l'exclusion des services religieux (taux zéro) ; assurance et réassurance à l'exclusion de l'assurance maladie (taux zéro) ; jeux (y compris billets de loterie et paris) ; ventes de terrains et de bâtiments (sauf certains terrains agricoles et cessions de fonds de commerce, — taux zéro et bâtiments existants à usage d'habitation — exonérés).
Autriche	Exonérations courantes[2].	Location (habitation privée).
Belgique	Exonérations courantes[2].	-
Canada	Exonérations courantes[2] ; aide juridique, transports publics, péage (transbordeurs, routes et ponts) ; garde d'enfants et services à la personne ; certains services administratifs ou réglementaires fournis par une administration publique ou une municipalité.	La plupart des paris, jeux et loteries ; vente et location de terrains et bâtiments à usage commercial ; ventes de logements neufs ou réhabilités ; services postaux intérieurs ; la plupart des services culturels et services sportifs, par exemple les cours de sport destinés aux adultes ; services fournis par des organismes n'appartenant pas au secteur public ; la plupart des droits d'entrée dans des lieux de divertissement (musées, cinémas, spectacles vivants professionnels, manifestations sportives, etc.) ; sang humain et certains produits biologiques (taux zéro).
Chili	Les services qui ne sont pas explicitement énumérés par la loi sont exclus du champ d'application de la TVA (services juridiques, comptables, d'ingénierie, d'architecture et autres services professionnels). Exonérations de TVA : véhicules à moteur d'occasion ; biens fournis par l'employeur aux salariés dépendants ; matières premières extraites dans le pays utilisées dans la production, la transformation et la fabrication de biens destinés à l'exportation ; certaines importations du ministère de la Défense, de l'Armée et d'autres organismes liés ; certaines importations des services de lutte contre les incendies (Cuerpos de Bomberos) et de la Junta Nacional de Cuerpos de Bomberos ; certaines importations de la Monnaie du Chili (Casa de Moneda de Chile S.A.) et d'autres personnes à condition d'être réalisées dans le cadre d'opérations effectuées avec la Banque centrale du Chili ; biens d'équipement importés et destinés à des projets représentant un investissement d'au moins 5 000 000 USD ; revenu de la vente de billets pour des spectacles et des manifestations ; fret international ; transport de voyageurs y compris sur le territoire national ; commissions encaissées par les Services régionaux et métropolitains de logement et d'urbanisation et les organismes de sécurité sociale sur les prêts hypothécaires ; revenus comme les rémunérations, les salaires, les pensions ; revenus perçus par les travailleurs indépendants et jetons de présence si ceux-ci sont assujettis à l'impôt sur le revenu ; mentions et avis devant faire l'objet d'une publication et d'une diffusion en vertu du droit de réponse ; certaines primes d'assurance ; intérêts financiers ; commissions découlant de garanties émises par les établissements financiers ; location et crédit- bail de biens immeubles ; rémunérations liées à des exportations ; revenus de services fournis à des personnes domiciliées ou résidant à l'étranger et considérés comme des services exportables par l'administration des	Revenu de manifestations ou de spectacles artistiques non subventionnés par le ministère de la Culture, des Arts et du Patrimoine ; revenu de certains cirques et manifestations sportives lorsque certaines conditions ne sont pas remplies. Les services postaux sont assujettis à la TVA s'ils ne sont pas fournis par l'entreprise chilienne de services postaux (« Correos de Chile »). Le transport de marchandises sur le territoire national est soumis à la TVA. Paiements dus dans le cadre de l'utilisation d'une assurance maladie complémentaire si ces paiements dépassent le montant habituellement couvert par le régime d'assurance maladie public. Les services éducatifs sont exonérés pour autant qu'ils ne concernent que des activités d'enseignement. La location de biens immobiliers est exonérée à condition que ces biens ne soient pas meublés et qu'ils ne contiennent pas d'équipement commercial ou industriel nécessaire à l'exercice d'une activité commerciale ou industrielle.

	douanes ; revenus hôteliers liés à des services fournis à des touristes étrangers et revenus de la location de biens immobiliers meublés à des touristes étrangers ; commissions de gestion de l'épargne-retraite perçues par des établissements spécifiquement agréés à cette fin ; revenus des travailleurs indépendants lorsque l'effort physique à fournir est plus important que le capital ou les matériaux utilisés ; contrats de construction et financement-location d'un logement financé à l'aide d'une subvention au logement accordée par le ministère du Logement et du Développement urbain ; entreprises de radiodiffusion et de télévision à l'exception des recettes publicitaires ; services éducatifs ; services de santé ; cotisations d'assurance-maladie versées à des entreprises privées d'assurance-santé ; fabrication de monnaie par la Casa de Moneda de Chile ; services postaux fournis par le Servicio de Correos y Telégrafos de Chile ; intérêts, primes, commissions ou autres formes de rémunérations versées par des loteries autorisées (Polla Chilena de Beneficencia et la Lotería de Concepción) à des personnes physiques ou morales en contrepartie de services commerciaux ; autres exonérations mineures.	
Colombie	Services financiers ; services de réassurance et assurance vie ; services éducatifs dispensés par des établissements agréés ; transports publics ; contraceptifs ; certains produits et intrants agricoles ; animaux vivants ; sel ; eau minérale naturelle et artificielle ; services médicaux ; services aux collectivités (électricité, eau, gaz) ; location de biens immobiliers à usage d'habitation ; billets pour des projections cinématographiques, manifestations sportives et culturelles ; services funéraires.	Services d'assurance relatifs à la sécurité sociale ; assurance vie ; assurances scolaires et contrats de réassurance ; services postaux.
Corée	Exonérations courantes[2] ; certains services de transport public ; approvisionnement en eau et en certains charbons ; huiles minérales destinées à certains usages agricoles et à la pêche ; pompes funèbres ; certains services à la personne assimilables à un travail ; livres, journaux et magazines ; services de radiotélévision ; vente de produits agricoles, marins et forestiers.	Location et vente d'immeubles à usage commercial ; services culturels commerciaux ; jeux dans des clubs agréés.
Danemark	Soins médicaux et hospitaliers ; soins dentaires ; services sociaux ; enseignement ; activités non commerciales de certains organismes agissant sans but lucratif ; activités sportives sans but lucratif, etc. ; services culturels (quelques exceptions) ; activités littéraires et de composition ; activités créatives ; location de biens immeubles ; livraison de biens immobiliers ; assurance et réassurance ; services financiers ; jeux et loteries ; services postaux ; timbres postaux ; transport de voyageurs ; services funéraires ; certaines collectes de fonds ; œuvres de bienfaisance	Services culturels tels que radiotélévision, cinéma, théâtre, concerts, etc. ; location à court terme de biens immeubles ; location de biens commerciaux ; ventes de bâtiments neufs et de terrains constructibles ; certains services postaux commerciaux
Espagne	Exonérations courantes[2] ; droits d'auteur pour les œuvres littéraires et les œuvres d'art ; services fournis par les associations, les entités, les groupes (y compris les « groupements d'intérêt économique ») et d'autres personnes morales à leurs membres lorsque ces associations, entités ou groupes sont intégralement inclus dans des activités économiques qui sont exonérées ou ne sont pas assujetties à la TVA ; certains services d'assistance sociale fournis par des organismes publics ou par des organismes agissant sans but lucratif.	Services culturels ou sportifs fournis à des personnes imposables autres que des organismes publics ou des organismes agissant sans but lucratif ; location de bâtiments à usage commercial ; terrains constructibles ; vente de bâtiments neufs.
Estonie	Exonérations courantes[2]	Biens immeubles, à l'exception de logements (taxation optionnelle) ; services financiers (taxation optionnelle) ; services culturels
Finlande	Exonérations courantes[2] : prestations des artistes ; droits de reproduction des œuvres littéraires et artistiques (à l'exception des paiements effectués au profit d'un organisme représentant les titulaires de droits d'auteur ou par un tel organisme) ; certaines transactions effectuées par des	Services culturels, location de bâtiments à usage commercial, dans certains cas (taxation optionnelle).

	aveugles ; services publics d'inhumation ; cueillette de baies.	
France	Exonérations courantes[2] : travaux de construction, d'aménagement, de réparation et d'entretien des monuments, cimetières et sépultures, commémoratifs des victimes des guerres, lorsque ces travaux sont effectués pour des collectivités publiques ou des organismes légalement constitués agissant sans but lucratif ; opérations à terme sur marchandises réalisées sur un marché réglementé ; services rendus à leurs adhérents par les groupements constitués par des personnes physiques ou morales exerçant une activité exonérée de la TVA ou pour laquelle elles n'ont pas la qualité d'assujetti.	Location de biens immeubles (location de biens immobiliers et de terrains aménagés à usage professionnel intégralement taxée ; location de biens immobiliers non aménagés à usage professionnel imposée dans certains cas et location de terrains et bâtiments à usage agricole assujettie sur option) ; services de transport de personnes malades ou blessées à l'aide de véhicules qui ne sont pas spécialement aménagés à cet effet et/ou rendus par des personnes qui ne sont pas agréées ; services de divertissement et services sportifs ; cinémas, concerts et théâtres.
Grèce	Exonérations courantes[2] : activités nationales de radiotélévision autres que celles à vocation commerciale ; cotisations imposées à leurs membres par les Organisations de développement territorial pour l'alimentation en eau d'irrigation et approvisionnements connexes s'y rapportant directement ; services fournis par les prothésistes dentaires et fourniture de prothèses dentaires par les dentistes et prothésistes dentaires ; distribution de lait maternel ; fourniture de tout ou partie des produits d'une entreprise à une personne morale existante ou en cours de création, contre rémunération ou en contrepartie d'un don ou d'une rémunération, sous réserve que les marchandises aient été utilisées jusqu'ici exclusivement pour une activité exonérée de TVA (ou non assujettie à cette dernière) (ou livraison de biens à des agriculteurs relevant de régimes particuliers) et que le fournisseur n'ait pas eu le droit de déduire la taxe d'amont et n'ait pas exercé ce droit.	Services postaux non fournis par la Poste hellène (ELTA) ; activités caritatives exercées par des organismes non reconnus par l'État ; soins hospitaliers et médicaux fournis par des organismes privés avec et sans but lucratif entraînant une distorsion de concurrence ; services liés au sport, à la culture, la religion, la philosophie, etc. fournis par des organismes à but lucratif entraînant une distorsion de la concurrence ; vente de bâtiments neufs ; location de biens immeubles à usage professionnel (taxation optionnelle).
Hongrie	Exonérations courantes[2] : radiotélévision publique (à l'exception des activités commerciales).	Terrains constructibles ; vente de bâtiments neufs (la taxation de nouvelles livraisons et de la location de biens immeubles est optionnelle) ; certains services culturels (par exemple, billets d'entrée dans les théâtres, cinémas, concerts), certains services sportifs (par exemple les piscines, les billets d'entrée pour des manifestations sportives).
Irlande	Exonérations courantes [2] ; transport de voyageurs ; radiotélévision nationale ; services publics de distribution d'eau ; billets d'entrée pour les manifestations sportives ; pompes funèbres.	Location de biens immobiliers à usage commercial (assujettie sur option par le propriétaire) ; vente de terrains non aménagés et de bâtiments anciens (assujettie sur option conjointe) ; services de divertissement et services sportifs.
Islande	Exonérations courantes[2] ; sports ; billets d'entrée pour les manifestations sportives et les établissements de soins et de bien-être ; transports publics ; transports de personnes handicapées, de personnes âgées, transports scolaires ; services de taxi ; auteurs, compositeurs ; pompes funèbres et services paroissiaux ; services médico-sociaux ; services culturels ; fonctionnement des écoles et des établissements scolaires ; location de biens immobiliers et d'espaces de stationnement ; loteries et paris ; œuvres de bienfaisance.	
Israël	Location de bâtiments à usage d'habitation pour une période n'excédant pas 25 ans ; vente d'une partie d'un immeuble ayant été habilité en tant qu'immeuble à usage locatif ; transactions effectuées par un négociant bénéficiant d'une exonération, hors cession de biens immobiliers ; cession d'un actif pour lequel la taxe en amont versée au titre de son acquisition ou de son importation n'est pas légalement déductible au moment de l'acquisition ou de l'importation ; dépôts effectués dans un établissement financier ou souscription d'un prêt auprès d'un établissement financier ; biens dont l'importation est exonérée d'impôt dans certains cas ; biens fournis par un résident d'Eilat (et qui doivent être consommés à Eilat) ; vente d'un logement résidentiel à un	Activités non commerciales des organismes agissant sans but lucratif ; services financiers (régime spécifique).

	fonds de placement immobilier par une personne qui n'est pas un revendeur et vente de ce logement par le fonds de placement.	
Italie	Exonérations courantes[2] ; taxi ; pompes funèbres.	Vente et location de terrains ; vente de bâtiments assujettis à l'imposition s'ils sont vendus par des entreprises de construction dans les cinq ans suivant leur construction ou après cinq ans si l'entreprise a opté pour la non-exonération. Ce dispositif s'applique aux bâtiments à usage commercial alors que s'agissant des bâtiments à usage d'habitation, l'imposition ne s'applique que s'ils sont loués par des entreprises de construction ayant opté pour la non-exonération. Les taux applicables sont de 4 % pour un logement ordinaire occupé par son propriétaire, de 10 % pour les autres types de logements ordinaires et de 22 % pour les logements de luxe. Certains services d'assistance sociale fournis par des organismes publics ou par des organismes agissant sans but lucratif ; services sociaux aux employés.
Japon	Exonérations courantes[2] ; services sociaux ; vente de certaines catégories d'équipements pour les personnes handicapées ; services administratifs ; cession de valeurs mobilières ; manuels scolaires ; frais de scolarité.	Services postaux ; vente de bâtiments ; services sportifs fournis par des organismes autres que les organismes agissant sans but lucratif ; location de biens immeubles par les entreprises
Lettonie	Exonérations courantes[2] ; droits d'auteur	Vente de biens immeubles anciens (seul un assujetti enregistré a le droit d'appliquer la taxe sur la vente de ces biens), locations de bâtiments à usage commercial.
Lituanie	Exonérations courantes[2] ; radiotélévision publique ; vente de timbres postaux et fiscaux, services sociaux et biens y afférents, services fournis à des membres ;	Vente de terrains constructibles et de bâtiments neufs (24 mois), location de courte durée (jusqu'à deux mois) de locaux résidentiels, location d'espaces de stationnement et similaires, vente de terrains et de bâtiments lorsque l'option d'imposition est exercée.
Luxembourg	Exonérations courantes[2].	-
Mexique	Exonérations courantes[2] ; pièces d'argent et d'or ; actions ; devises étrangères ; vente au détail de lingots d'or d'une teneur en or d'au moins 99 % ; droits d'auteur ; transports publics urbains, suburbains et métropolitains de voyageurs par voie terrestre (y compris ferroviaire, à l'exception des transports publics achetés via des plateformes numériques de services d'intermédiation et de l'usage privé des véhicules utilisés pour ce service) ; vente de biens meubles d'occasion (à l'exception de ceux vendus par les entreprises) ; services médicaux professionnels.	Services postaux ; services d'assurance (à l'exception de l'assurance vie et de l'assurance agricole) ; transport de personnes malades ou blessées ; soins hospitaliers et médicaux privés ; services sportifs ; services financiers aux consommateurs et prêts aux particuliers ; certaines catégories de spectacles publics comme le cinéma ; vente de terrains et de bâtiments (hors bâtiments à usage d'habitation) ; certaines collectes de fonds et vente de biens, prestations de services et octroi de droits temporaires d'usage de biens par des établissements sans but lucratif autorisés à recevoir des dons déductibles au titre de l'impôt sur les sociétés.
Norvège	Exonérations courantes[2] ; certains traitements alternatifs/médecines douces ; timbres et pièces de collection ; services de gestion fournis par une association de logement à une coopérative de logement qui y est affiliée ; services d'administrateur d'un conseil d'administration, de membre d'un conseil de surveillance, d'un comité, d'un conseil ou d'un organe similaire si les émoluments sont comptabilisés dans les cotisations de l'employeur à l'organisme national d'assurance ; services sous forme de compensation carbone.	Services postaux ; services d'infrastructure au sein du secteur du transport de passagers ; billets d'entrée pour les manifestations sportives, les musées, les cinémas et les parcs d'attractions ; location de bâtiments à usage commercial (assujettie sur option).
Nouvelle-Zélande	Services financiers ; vente de bâtiments à usage d'habitation ; métaux précieux ; vente par un organisme agissant sans but lucratif de biens obtenus par donation et de services.	Services postaux ; sang, tissus et organes humains ; soins médicaux et hospitaliers ; transport de personnes malades ou blessées ; soins dentaires ; œuvres de bienfaisance ; certaines collectes de fonds ; enseignement ; activités non commerciales des organismes agissant sans but lucratif (autres que dons sans condition) ; services culturels ; services sportifs ; assurance et réassurance (sauf assurance et réassurance sur la vie) ; location de biens immobiliers (sauf

		à usage d'habitation) ; paris, jeux et loteries ; vente de terrains et de bâtiments (sauf ceux qui ont été affectés à un usage d'habitation pendant au moins cinq ans).
Pays-Bas	Exonérations courantes[2] ; enterrements ; incinérations ; radiotélévision publique ; clubs sportifs ; services des compositeurs, auteurs et journalistes.	Services culturels (taux réduit dans la plupart des cas) ; location de biens immobiliers autres que des maisons (seulement à la demande conjointe du propriétaire et du locataire) ; vente de biens immobiliers (seulement à la demande conjointe du vendeur et de l'acheteur) ; utilisation d'installations sportives ; services de divertissement et services sportifs ; billets d'entrée pour les cinémas, concerts et théâtres ; manifestations sportives ; musées et jardins zoologiques.
Pologne	Exonérations courantes[2] ; radiotélévision publique.	Location ou bail de bâtiments à usage d'habitation utilisés à des fins commerciales ; vente de terrains constructibles ou à construire et de bâtiments.
Portugal	Exonérations courantes[2] ; enterrements et incinérations ; droits d'auteur pour les œuvres littéraires et les œuvres d'art.	Vente et location de biens immeubles assujetties sur option ; services de formation ; services de formation assujettis sur option.
République slovaque	Exonérations courantes[2] ; radiotélévision publique ; services fournis à des membres ; vente de timbres postaux et fiscaux.	Vente d'une construction, y compris vente d'un terrain constructible sur lequel le bâtiment est construit, à condition que la vente soit effectuée dans les cinq années suivant la délivrance du premier permis de construire le bâtiment en question ou une partie de celui-ci à compter du jour ou dans les cinq années à compter du jour où le bâtiment ou une partie de celui-ci a été mis en service pour la première fois ; vente et la location de biens immeubles assujetties sur option ; services de formation, services éducatifs sportifs et culturels fournis par des organismes autres que les organismes agissant sans but non lucratif.
République tchèque	Exonérations courantes[2] ; radiotélévision publique.	Certains services culturels (par exemple, billets d'entrée dans les théâtres, cinémas, concerts, etc. soumis à des taux réduits) ; services sportifs fournis par des organismes autres que les organismes agissant sans but lucratif ; vente de terrains à construire ; vente de bâtiments neufs et de terrains constructibles (assujettie sur option).
Royaume-Uni	Exonérations courantes[2] ; enterrements et incinérations ; compétitions sportives ; œuvres d'art.	Taux normal : ventes de bâtiments neufs à usage commercial (imposées au taux normal pendant trois ans suivant la date de leur achèvement) et possibilité d'opter pour l'imposition des autres ventes de bâtiments à usage commercial normalement exonérés de la TVA ; machines à sous et jeux dans des clubs agréés Taux zéro : logements neufs, y compris la construction de maisons neuves ; immeubles résidentiels et certains immeubles destinés à des œuvres caritatives.
Slovénie	Exonérations courantes[2] ; radiotélévision publique.	Vente de bâtiments neufs ; droits d'entrée aux manifestations culturelles et sportives ; services éducatifs, sportifs et culturels fournis par des organismes à but lucratif ; taxation optionnelle de la location de biens immeubles.
Suède	Exonérations courantes[2] ; radiotélévision publique ; services d'inhumation publics ; services sociaux ; activités créatives et artistiques.	La plupart des services culturels ; location de bâtiments à usage commercial, dans certains cas (taxation optionnelle).
Suisse	Exonérations courantes[2] ; services culturels et livraison, par leur créateur, d'œuvres d'artistes tels que les auteurs, les compositeurs, les cinéastes, les artistes-peintres ou les sculpteurs, ainsi que prestations de services fournies par les éditeurs et les sociétés de perception en vue de la diffusion de ces œuvres ; vente de biens meubles d'occasion qui ont été utilisés exclusivement pour des fournitures exonérées de taxe sans déduction ; vente par les agriculteurs, les sylviculteurs et les	Livraison de prothèses ou d'appareils orthopédiques ; location de surfaces de stands de foires ou d'exposition et celle de locaux destinés à des foires ou des congrès.

	horticulteurs des produits agricoles, sylvicoles et horticoles cultivés dans leur propre exploitation ; vente de bétail par les marchands de bétail et vente de lait aux transformateurs de lait par les centres de collectes ; prestations d'organisations d'utilité publique visant à promouvoir l'image de tiers et prestations de tiers visant à promouvoir l'image d'organisations d'utilité publique ; exercice de fonctions d'arbitrage ; ventes entre des unités organisationnelles au sein d'une même autorité publique, entre des entreprises privées ou publiques intégralement détenues par des autorités publiques et les autorités publiques, ou leurs unités organisationnelles, qui les détiennent, entre des institutions ou des fondations fondées exclusivement par des autorités publiques et les autorités publiques, ou leurs unités organisationnelles, qui les ont fondées ; mise à la disposition d'autres autorités publiques de personnel par des autorités publiques ; ventes entre des établissements d'enseignement et de recherche qui sont actives dans les domaines de l'éducation et de la coopération à la recherche, sous réserve que ces ventes soient effectuées dans le cadre de la coopération, indépendamment du fait que la coopération à l'enseignement et la recherche soit soumise à la taxe sur la valeur ajoutée.	
Turquie	Importation de biens à des fins culturelles, éducatives ou sociales ; projets de rénovation à objet culturel ; fourniture de biens et services aux usines d'armements, aux chantiers navals et aux usines ; assujettis exonérés en application de la Loi sur l'impôt sur le revenu ; fusions et transferts exonérés en application de la Loi relative à l'impôt sur les sociétés ; transactions relatives à la location de biens immobiliers qui ne font pas partie d'entreprises économiques ; opérations bancaires et d'assurance ; transactions de la Direction générale de la Monnaie et de l'Imprimerie nationale ; vente de minerais et de déchets précieux ; distribution d'eau pour l'agriculture ; services fournis dans les zones franches ; transport de pétrole et de gaz étrangers par pipelines ; vente de terrains et de bureaux pour les zones industrielles organisées ; vente de biens dans le cadre d'une restructuration financière ; opérations réalisées par le Fonds d'assurance des dépôts d'épargne ; services de presse fournis par la Direction générale de la presse et de l'information ; location d'espaces de travail dans les zones sous douanes ; livraison et location de biens immeubles par le Trésor ; transferts et livraisons résultant de la cession d'actions et de biens immobiliers qui font partie depuis au moins deux ans des actifs d'institutions ; transfert d'actifs meubles ou immeubles et d'actifs incorporels à une société de crédit-bail et crédit-bail d'actifs par une société de crédit-bail ; services fournis par la Commission d'arbitrage du secteur de l'assurance dans le cadre du règlement de différends ; services d'itinérance provenant de l'étranger en vertu de contrats d'itinérance internationale et fourniture de ces services à des clients en Turquie.	Enseignement privé ; services culturels ou sportifs privés ; soins hospitaliers et médicaux et soins dentaires privés ; sang humain ; transport de personnes malades ou blessées (taux réduits) ; services postaux ; location ; radiotélévision ; paris, jeux et loteries ; services financiers fournis par les entreprises financières ; vente de terrains et de bâtiments faisant partie d'entreprises économiques (taux normal) ; soins hospitaliers et médicaux et soins dentaires publics ; enseignement public ; tissus et organes humains ; certaines œuvres de bienfaisance d'organismes publics ou d'institutions agréées ; assurance et réassurance ; location de biens immeubles ne faisant pas partie d'entreprises économiques (exonération) ; activités non commerciales des organismes agissant sans but lucratif ; certaines collectes de fonds (non imposables).

Note :

1. Exonérations : pour les besoins de ce tableau, le terme « exonération » désigne les biens et services pour lesquels la TVA n'est pas prélevée sur le montant facturé par le fournisseur alors que celui-ci n'est pas autorisé à déduire la taxe en amont qui s'y rapporte. Dans certains pays, ces biens et services sont appelés « biens et services supportant une taxe en amont ».

2. Exonérations courantes : dans ce tableau, le terme « exonérations courantes » désigne les exonérations généralement appliquées dans la plupart des pays de l'OCDE : services postaux ; transport de personnes malades ou blessées ; soins médicaux et hospitaliers ; sang, tissus et organes humains ; soins dentaires ; œuvres de bienfaisance ; enseignement ; activités non commerciales des organismes agissant sans but lucratif ; services sportifs ; services culturels (à l'exception des services de radiotélévision) ; assurance et réassurance ; location d'immeubles ; services financiers ; paris, jeux et loteries ; vente de terrains et de bâtiments ; certaines collectes de fonds. Source : Délégations nationales - Situation au 1er janvier 2020

Tableau d'annexe 2.A.4. Restrictions du droit à déduction de la TVA sur certains intrants

Pays	Intrants pour lesquels le droit à déduction de la TVA est exclu ou limité
Allemagne	**Loisirs et divertissements** : frais de représentation au sens de la Loi sur l'impôt sur le revenu lorsque ladite Loi ne prévoit aucune déduction fiscale pour ces frais (par exemple : cadeaux, à l'exception des cadeaux de faible valeur, restaurants et débits de boisson, dépenses de divertissement exclues, frais liés aux activités de chasse et de pêche, aux voiliers ou yachts à moteur et dépenses de nature similaire).
Australie	**Loisirs et divertissements** : bases de loisirs, divertissements, repas offerts, charges de famille, frais de déplacement d'un parent **Véhicules** : le montant de la TPS récupérable sur l'achat d'une voiture est limité au montant maximum de dépréciation des voitures au cours de l'année fiscale considérée, à savoir 57 466 AUD actuellement. **Autres** : amendes, uniformes non obligatoires. Il est impossible de récupérer la TVA sur les dépenses ci-dessus dans la mesure où elles ne peuvent faire l'objet d'une déduction en vertu de la Loi sur l'impôt sur le revenu.
Autriche	**Loisirs et divertissements** : toutes les dépenses de loisirs et de divertissement. **Véhicules** : tout véhicule, sauf ceux utilisés pour le transport commercial de voyageurs ou la location en crédit-bail, ou encore ceux utilisés au moins à 80 % par les auto-écoles.
Belgique	**Loisirs et divertissements :** exclusion totale des frais de restaurant et d'hôtel (à quelques exceptions près strictement encadrées), de certaines boissons alcoolisées (à quelques exceptions près strictement encadrées) et des frais de réception. **Véhicules** : dépenses relatives aux véhicules destinés au transport routier de voyageurs ou de marchandises. La déduction de la taxe d'amont ne peut en principe pas dépasser 50 % (à quelques exceptions près strictement encadrées). **Autres** : produits et services liés à un régime de TVA particulier (régime de la marge, régime spécial pour le tabac, etc.).
Canada	**Loisirs et divertissements** : des restrictions s'appliquent au droit à déduction sur les adhésions à des clubs sportifs, de loisirs ou de gourmets ; les déductions pour frais alimentaires, de boisson et de loisirs sont généralement limitées à 50 % de la TPS/TVH payable. La limite est portée à 80 % pour les frais de bouche des chauffeurs routiers. **Véhicules** : la déduction applicable aux véhicules de transport de personnes achetés comme biens d'équipement est limitée à la TPS/TVH due sur le coût en capital (30 000 CAD) ; la déduction applicable aux véhicules à émissions nulles est plus élevée (55 000 CAD) ; la déduction applicable aux locations en crédit-bail de véhicules de transport de personnes est limitée à la TPS/TVH payable sur des loyers mensuels de 800 CAD. **Autres** : des restrictions s'appliquent aux frais de bureau à domicile dès lors que la consommation ou l'utilisation d'un bien ou d'un service de cette qualité, nature ou valeur est déraisonnable au vu de l'activité commerciale de la personne.
Chili	**Véhicules** : automobiles, breaks et véhicules similaires ainsi que les lubrifiants, pièces détachées, réparations et services d'entretien y afférents, sauf si l'activité commerciale normale de l'assujetti consiste à vendre ou louer simplement ou en crédit-bail des automobiles ou sauf si l'administration fiscale chilienne juge les dépenses concernées déductibles des impôts sur le revenu. **Combustibles** : produits ou composants assortis de toute forme de subvention au bénéfice du consommateur final.
Colombie	TVA prélevée sur l'acquisition d'actifs fixes qui ne sont pas réputés être des actifs fixes de production, ces derniers étant en revanche exclus. Cette TVA sera réputée ajouter une valeur à l'actif et il en sera tenu compte dans sa dépréciation ou son amortissement.
Corée	**Loisirs et divertissements** : dépenses de loisirs et de divertissement et frais similaires. **Véhicules** : achat et entretien de petites automobiles à des fins privatives.
Danemark	**Loisirs et divertissements** : frais de loisirs et de divertissement, de restaurant et frais d'achat de cadeaux. **Véhicules** : fourgonnettes de 3 000 kg ou moins utilisées afin de réaliser des activités imposables ou non ; voitures de moins de 10 passagers ; voitures louées. **Autres** : téléphones professionnels des salariés payés par l'employeur, le comité d'entreprise et le propriétaire de l'entreprise ; autres objets bénéficiant aux salariés.
Espagne	**Loisirs et divertissements** : droits d'entrée aux spectacles et services de divertissement ; voyages, services d'hébergement et de restauration, sauf lorsque ces dépenses sont déductibles de l'impôt sur le revenu. **Autres** : joaillerie, objets en or et en platine, perles, pierres précieuses ; produits alimentaires, boissons et tabac ; biens et services utilisés comme cadeaux pour les clients, salariés ou des tiers ;
Estonie	**Loisirs et divertissements :** biens et services de réception ou liés à la fourniture de repas ou de services d'hébergement à destination des salariés. Cette restriction ne s'applique pas aux services d'hébergement fournis dans le cadre d'un déplacement professionnel.

	Véhicules : le droit à déduction est limité à 50 % sur l'achat, l'importation ou la location simple ou en crédit-bail de voitures personnelles dont l'utilisation n'est pas strictement professionnelle et sur les dépenses y afférentes, à l'exception des voitures achetées dans le but d'être revendues ou louées simplement ou en crédit-bail, des voitures destinées au transport de personnes (taxis, par exemple) et des véhicules d'auto-école.
Finlande	**Loisirs et divertissements** : frais de représentation et de divertissement. **Véhicules**, bateaux et aéronefs : destinés à un usage sportif ou de loisir, voitures, motocyclettes et caravanes. Toutefois, tout moyen de transport destiné à être revendu, loué ou utilisé pour le transport professionnel de personnes ou pour l'apprentissage de la conduite est déductible, tout comme les véhicules de transport de personnes employées exclusivement afin de réaliser des activités imposables. **Autres** : frais de déplacement du personnel entre le domicile et le lieu de travail ; biens et services liés à des logements ou immeubles destinés à des activités récréatives pour le personnel.
France	**Véhicules** : véhicules ou engins, quelle que soit leur nature, conçus pour transporter des personnes ou à usage mixte, sauf ceux destinés à être revendus à l'état neuf ; les véhicules et engins loués simplement ou en crédit-bail, ceux comportant, outre le siège du conducteur, plus de huit places assises et qui sont utilisés par les entreprises pour amener le personnel sur les lieux du travail, ceux affectés de façon exclusive à l'apprentissage de la conduite, tous les moyens de transport routier utilisés exclusivement pour les remontées mécaniques et dans les stations de sports d'hiver, les véhicules acquis par les entreprises de transports publics de voyageurs et affectés de façon exclusive à la réalisation desdits transports. Les éléments constitutifs, les pièces détachées et accessoires des véhicules et engins précités. Autres : les biens et services utilisés par les assujettis à plus de 90 % à des fins privatives ; les cadeaux d'une valeur supérieure à un certain montant ; les biens et services liés à l'attribution d'un logement à titre gratuit à des dirigeants ou du personnel de l'entreprise, sauf pour le personnel de sécurité présent sur les chantiers ou dans les locaux de l'entreprise ; les biens ou services destinés à faire la publicité de boissons alcoolisées ; les transports de personnes et opérations accessoires auxdits transports, sauf transports réalisés soit pour le compte d'une entreprise de transports publics de voyageurs, soit en vertu d'un contrat permanent de transport conclu par les entreprises pour amener leur personnel sur les lieux de travail ; la plupart des produits pétroliers qui ne sont pas ultérieurement livrés ou vendus en l'état ou sous forme d'autres produits pétroliers. **Restrictions partielles** : Le droit à déduction est limité à 50 % pour les gaz de pétrole et autres hydrocarbures présentés à l'état gazeux et le pétrole lampant lorsque ces produits sont utilisés comme carburants pour les véhicules et engins visés ci-dessus. Le droit à déduction est limité à 80 % pour les gazoles et le bioéthanol E85 utilisés comme carburants pour les véhicules et engins ci-dessus, à l'exception de ceux utilisés pour les essais effectués pour les besoins de la fabrication de moteurs ou d'engins à moteur et pour autant qu'ils ne soient pas ultérieurement livrés ou vendus en l'état ou sous forme d'autres produits pétroliers. Le droit à déduction est limité à 60 % pour le pétrole utilisé comme carburant pour les véhicules.
Grèce	**Loisirs et divertissements :** réceptions, activités de loisirs et frais de réception en général ; produits alimentaires, boissons, transports et loisirs à destination du personnel ou des représentants de l'entreprise. **Moyens de transport** : véhicules à moteur pour le transport de personnes à « usage privé » comportant jusqu'à neuf places assises ; motocyclettes et mobylettes, navires et aéronefs à « usage privé » destinés aux loisirs ou à un usage sportif, ainsi que les dépenses de carburant, réparation, entretien et location simple et en crédit-bail y afférentes. La restriction ne s'applique pas aux moyens de transport destinés à la vente, à la location simple ou en crédit/ bail ou au transport de voyageurs à titre onéreux. **Autres :** spiritueux ou boissons alcoolisées destinées à être employés dans le cadre d'activités non imposables.
Hongrie	**Loisirs et divertissements** : services de restauration et autres services de restauration publique ; services de loisirs et de divertissement ; produits alimentaires et boissons. **Véhicules** : véhicules de transport de personnes (à l'exception des corbillards), motocyclettes de plus de 125 cm3 ; yachts et bateaux. **Autres** : carburants, autres combustibles, autres biens utilisés pour le fonctionnement ou l'entretien de voitures particulières ; logements, biens et services utilisés pour la construction ou la rénovation de logements ; services de taxi et de parking, péages autoroutiers ; 30 % de la taxe d'amont pour les services de téléphonie fixe, de téléphonie mobile et de voix sur IP ; 50 % de la taxe d'amont pour les services utilisés pour le fonctionnement ou l'entretien de voitures particulières.
Irlande	**Loisirs et divertissements** : produits alimentaires, boissons, logement (sauf pour assister à des conférences ouvrant droit à déduction), services à la personne, loisirs et divertissements. **Véhicules** : achat ou location de véhicules de transport de personnes (20 % du coût est admis lorsque la voiture respecte certaines conditions en matière d'utilisation professionnelle et de taux d'émission). **Autres** : essence (sauf si elle fait partie du stock).
Islande	**Loisirs et divertissements** : tous les frais de bouche de l'assujetti. Véhicules : fourniture, exploitation et location de voitures particulières ; camions de livraison, poids lourds et engins non routiers de 5 000 kg ou moins, sauf ceux destinés à des usages réglementés imposables.

	Autres : toutes les dépenses liées au logement du propriétaire et du personnel de l'assujetti. Toute dépense se substituant au salaire du propriétaire et du personnel de l'assujetti. Toute dépense liée aux résidences secondaires et avantages similaires destinés au propriétaire et au personnel de l'assujetti ; cadeaux.
Israël	Aucune
Italie	**Loisirs et divertissements :** dépenses de loisirs et de divertissement, produits alimentaires et boissons. **Véhicules** : moyens et services de transport (véhicules à moteur, aéronefs et yachts) – 60 % de la TVA d'amont n'est pas déductible sur les moyens de transport ; transport de voyageurs. Autres : produits de luxe et services connexes, immobilier.
Japon	Aucune
Lettonie	**Loisirs et divertissements** : 60 % de la taxe d'amont n'est pas déductible du montant de l'impôt payable au Trésor pour les biens acquis et services reçus à des fins de représentation. **Véhicules :** 50 % de la taxe d'amont n'est pas déductible du montant de l'impôt payable au Trésor pour une voiture particulière achetée, louée en crédit-bail ou importée comportant, outre le siège du conducteur, huit places assises au maximum, ainsi que pour les frais liés à l'entretien de ce véhicule, y compris les frais de réparation et d'achat de carburant. La déduction de la taxe d'amont due au Trésor est exclue en cas d'achat, de location ou d'importation de voitures particulières comportant, outre le siège du conducteur, huit places assises au maximum et dont la valeur est supérieure à 50 000 EUR (hors TVA), ainsi que pour les frais liés à l'entretien de ce véhicule, y compris les frais de réparation et d'achat de carburant.
Lituanie	**Loisirs et divertissements** : frais de représentation et de divertissement au sens de la Loi sur l'impôt sur le revenu lorsque ladite Loi ne prévoit aucune déduction fiscale pour ces frais et 50 % des frais de représentation et de divertissement au sens de la Loi sur l'impôt sur le revenu lorsque ladite Loi prévoit une déduction fiscale pour ces frais. **Véhicules** : voitures particulières (jusqu'à 8 passagers, hors conducteur), sauf lorsque les véhicules sont fournis, loués ou utilisés pour des services de taxi ou classés comme destinés à un usage spécial.
Luxembourg	**Loisirs et divertissements** : dépenses dont le caractère n'est pas strictement professionnel, comme les dépenses somptuaires, de divertissement ou de représentation.
Mexique	Il n'existe aucune liste de restrictions. La législation prévoit une déductibilité de la taxe grevant les biens et services « strictement indispensables » à l'activité principale. Pour que la TVA soit déductible sur des dépenses, ces dernières doivent elles-mêmes être déductibles au sens de la Loi sur l'impôt sur le revenu. La Loi sur l'impôt sur le revenu présente une liste de « déductions autorisées » pour chaque type de régime.
Norvège	**Loisirs et divertissements** : services de restauration et location de locaux de réception ; construction, entretien, location ou exploitation de biens immobiliers à des fins d'hébergement ou d'assistance sociale. **Véhicules** : achat, exploitation ou entretien de voitures particulières. **Autres** : œuvres d'art ou antiquités ; logement et prestations en nature à destination du propriétaire, des dirigeants, des salariés ou des retraités d'une entreprise ; cadeaux professionnels, biens et services destinés à des fins publicitaires. paiements en espèces de plus de 10 000 NOK (1 040 USD).
Nouvelle-Zélande	**Loisirs et divertissements :** déduction de 50 % seulement au titre des frais de loisirs et de divertissement. Les entreprises peuvent demander une déduction intégrale au moment de l'achat des biens et services et doivent calculer et rembourser chaque année la part de 50 % réputée relever d'un usage privatif.
Pays-Bas	**Loisirs et divertissements** : services de restauration. Certains cadeaux et frais de représentation.
Pologne	**Loisirs et divertissements** : services de restauration et d'hébergement. **Véhicules** : déduction de TVA limitée à 50 % en cas d'acquisition, d'achat intracommunautaire, d'importation ou de location simple ou en crédit-bail de véhicules à moteur et sur les frais liés à ces véhicules dès lors que leur usage n'est pas strictement professionnel. **Autres** : déduction de TVA limitée à 50 % sur l'achat de carburant, fioul et gaz naturel utilisés par les véhicules visés ci- dessus.
Portugal	**Loisirs et divertissements** : transports, hébergement ou repas (sauf dans le cadre de conférences, séminaires, salons ou expositions qui ouvrent droit, dans certaines conditions, à une déduction de 25 % ou 50 %). Dépenses somptuaires et de représentation et de divertissement. **Véhicules** : achat ou location de véhicules légers à des fins réputées privatives ainsi que de bateaux de plaisance, hélicoptères, aéronefs et motocyclettes (sauf ceux destinés à la revente ou lorsqu'ils constituent le cœur d'activité de l'entreprise). **Autres** : le carburant utilisé dans des véhicules à moteur est déductible à 50 %. Une déduction totale est possible si le carburant est utilisé dans des véhicules de transport public, certains véhicules lourds, machines ou tracteurs.
République slovaque	**Loisirs et divertissements** : biens et services à des fins de réception. **Autres** : éléments d'un compte de passage (autrement dit les dépenses payées au nom et pour le compte de l'acheteur ou du client et que le fournisseur refacture à l'acheteur ou au client).
République tchèque	**Loisirs et divertissements** : frais de représentation au sens de la Loi sur l'impôt sur le revenu lorsque ladite Loi ne prévoit aucune déduction fiscale pour ces frais (à l'exception des cadeaux de faible valeur).

Royaume-Uni	**Loisirs et divertissements** : réceptions et divertissements à des fins professionnelles ; de manière générale, la taxe grevant tout service de réception offert à des relations professionnelles est irrécouvrable, sauf si les clients ne sont pas britanniques. Toutefois, s'il était possible de la recouvrer, elle serait probablement compensée par une charge d'usage privé qui viendrait dans les faits annuler tout crédit obtenu. **Véhicules** : voitures en général, à l'exception de celles constituant un stock (concessionnaires, etc.), faisant partie de l'outil de production (auto-écoles, etc.) ou utilisées exclusivement à des fins professionnelles sans être disponibles pour une utilisation privée (sociétés de crédit-bail, etc.) ; location d'une voiture en crédit-bail (droit à déduction limité à 50 %).
Slovénie	**Loisirs et divertissements** : frais de loisirs et de divertissement (ces frais ne comprenant que ceux de cette nature engagés dans le cadre de relations professionnelles ou sociales) ; repas (boissons comprises) et frais d'hébergement, à l'exception des dépenses de cette nature engagées par l'assujetti dans le cadre normal de son activité. **Véhicules** : yachts et bateaux à des fins sportives et de loisir ; aéronefs utilisés à d'autres fins que pour le transport de voyageurs et de biens, la location simple ou en crédit-bail et la revente. Motocyclettes et voitures particulières autres que : les véhicules utilisés pour le transport de voyageurs et de biens, la location simple ou en crédit-bail et la revente, pour l'apprentissage de la conduite dans des auto-écoles conformément à la réglementation en vigueur, les véhicules mixtes destinés à une activité de transports publics et de transports spéciaux, ainsi que les véhicules aménagés exclusivement pour le transport des défunts. **Autres** : carburants, lubrifiants, pièces détachées et services étroitement liés aux véhicules visés ci-dessus.
Suède	**Loisirs et divertissements** : frais de représentation et de divertissement au sens de la Loi sur l'impôt sur le revenu lorsque ladite Loi ne prévoit aucune déduction fiscale pour ces frais (coûts sur une base imposable maximale de 300 SEK par personne et événement concernant les services de restauration). **Véhicules** : voitures de 3 500 kg ou moins utilisées afin de réaliser des activités imposables ou non, sauf si elles sont utilisées pour les activités de taxi, la location et la vente de véhicules ou l'apprentissage de la conduite. Déduction de TVA limitée à 50 % sur l'achat de carburant utilisé par ces véhicules. **Autres :** Dépenses liées à une résidence permanente.
Suisse	Aucune
Turquie	**Voitures** : achats de voitures, à l'exception de celles utilisées par les loueurs de voitures. **Autres** : stocks perdus ou volés (à l'exception des stocks détruits par un tremblement de terre, une inondation et un incendie dans des lieux conformes aux déclarations du ministère des Finances).

Notes

Restrictions au droit à déduction de la TVA sur certains intrants : Le tableau énonce les limites au droit à déduction de la TVA sur les intrants pour certains biens, services et éléments incorporels en raison de leur nature, l'esprit étant généralement d'obtenir l'imposition (en amont) de leur consommation finale réputée. Il ne rend pas compte de la rémanence de la TVA liée à l'exonération des ventes (par exemple, les limites au droit à déduction sur les intrants utilisés pour fournir des services financiers et d'assurance, des soins de santé, des services d'éducation, etc., reprises dans le Tableau 2.3 sur les exonérations de TVA) ou aux intrants sans lien avec l'activité imposable de l'entreprise.

Source : Délégations nationales - Situation au 1er jjanvier 2020.

Tableau d'annexe 2.A.5. Seuils de chiffre d'affaires annuel pour l'enregistrement et la collecte de la TVA

Pays	Monnaie nationale	Seuils d'enregistrement[1]					Enregistrement ou recouvrement volontaire[2]	Durée minimale d'enregistrement[3]	Restrictions ou règles spécifiques pour l'application des seuils[5]
		Seuil d'enregistrement ou de collecte	Seuil général		Autres seuils				
			Monnaie nationale	USD[4]	Monnaie nationale	USD[4]			
Allemagne[6]*	EUR	C	22 000	29 843	50 000	67 824	Oui	5 ans	Voir note
Australie*	AUD	R	75 000	52 090	150 000	104 180	Oui	1 an	Voir note
Autriche	EUR	R	35 000	46 065			Oui	5 ans	
Belgique[6]*	EUR	C	25 000	33 102			Oui	Néant	Voir note
Canada*	CAD	R	30 000	25 130	50 000	41 884	Oui	1 an	Voir note
Chili*	CLP	Néant	Néant						Voir note
Colombie*	COP	R	Néant		122 844 150	91 062	Oui		Voir note
Corée	KRW	C	30 000 000	34 875			Non	Néant	
Danemark[6]*	DKK	R	50 000	7 498	170 000	25 493	Oui	2 ans	Voir note
					300 000	44 987			
Espagne[6]	EUR	Néant	Néant						
Estonie[6]	EUR	R	40 000	73 454			Oui	Néant	
Finlande[6]*	EUR	R	10 000	11 801	30 000	35 404	Oui	Néant	Voir note
France[6]*	EUR	R	85 800	117 259	34 400	47 013	Oui	2 ans	Voir note
					44 500	60 816			
Grèce[6]*	EUR	C	10 000	17 950			Oui	1 an	Voir note
Hongrie[6]	HUF	C	12 000 000	85 145			Oui	1 an	
Irlande*	EUR	R	75 000	94 186	37 500	47 093	Oui	Aucune	
Islande	ISK	R	2 000 000	14 635			Oui	Néant	
Israël*	ILS	C	100 491	27 257			Non	Néant	Voir note
Italie*	EUR	C	65 000	96 898			Oui	Néant	Voir note
Japon*	JPY	R	10 000 000	98 547			Oui	1 an	Voir note
Lettonie[6]	EUR	R	40 000	80 851			Oui	Néant	
Lituanie[6]*	EUR	R	45 000	98 949			Oui	Néant	Voir note
Luxembourg*	EUR	C	30 000	35 513			Oui	Néant	Voir note
Mexique	MXN	Néant	Néant						
Norvège*	NOK	R	50 000	5 035	3 000 000	302 091	Oui	2 ans	Voir note
					140 000	14 098			
Nouvelle-Zélande	NZD	R	60 000	41 284			Oui	Néant	
Pays-Bas*	EUR	C	20 000	25 480			Oui	3 ans	
Pologne[6]	PLN	R	200 000	114 295			Oui	Néant	Voir note
Portugal[6]*	EUR	C	10 000	17 640			Oui	5 ans	Voir note
République slovaque[6]	EUR	R	49 790	98 558			Oui	1 an	
République tchèque[6]*	CZK	R	1 000 000	80 365			Oui	1 an	

Royaume-Uni[6]	GBP	R	85 000	124 935			Oui	Néant	
Slovénie[6]	EUR	R	50 000	88 414			Oui	5 ans	
Suède[6]	SEK	R	30 000	3 430			Oui	3 ans	Voir note
Suisse*	CHF	R	100 000	87 121	150 000	130 682	Oui	1 an	Voir note
Turquie*	TRY	R	Néant		Voir note				Voir note

Notes

*Voir note pays correspondante.

1. Les seuils d'enregistrement/de collecte recensés dans ce tableau correspondent aux avantages fiscaux généraux qui dispensent les fournisseurs nationaux de s'enregistrer au titre de la TVA et/ou de collecter cette taxe tant que leur chiffre d'affaires annuel n'excède pas un certain seuil. Sauf lorsqu'ils sont expressément indiqués, ces seuils dispensent par ailleurs les fournisseurs de l'obligation de facturer et de collecter la TVA sur les produits fournis à l'intérieur d'une juridiction particulière. La dispense des obligations d'enregistrement et/ou de collecte peut être accordée à certains secteurs ou à certains types d'entreprises (par exemple aux fournisseurs non résidents) en vertu de dispositions plus détaillées, ou bien un secteur ou un type d'entreprise spécifique peut être soumis à des obligations plus strictes en matière d'enregistrement et de perception de l'impôt. La lettre « R » signale les pays dans lesquels le seuil d'enregistrement s'applique, c'est-à-dire où les fournisseurs dont le chiffre d'affaires est inférieur à ce seuil n'ont pas à s'enregistrer à la TVA et sont dispensés de toute obligation au titre de la TVA. La lettre « C » indique les pays dans lesquels un seuil de collecte s'applique, c'est-à-dire où tous les fournisseurs sont tenus de s'enregistrer au titre de la TVA, mais ne sont pas tenus de facturer et de recouvrer la TVA tant que celle-ci n'excède pas le seuil de collecte. Les seuils indiqués dans ce tableau s'appliquent aux entreprises établies dans le pays. Dans la plupart des pays, le seuil de collecte ne s'applique pas aux entreprises étrangères, c'est-à-dire à celles qui n'ont pas leur siège, un établissement stable, leur domicile ou leur résidence habituelle dans le pays.

2. « Oui » signifie qu'un fournisseur est autorisé à s'enregistrer volontairement au titre de la TVA et à la collecter lorsque son chiffre d'affaires annuel total est inférieur au seuil d'enregistrement.

3. Les durées minimales d'enregistrement/de collecte s'appliquent aux avantages fiscaux généraux. Il s'agit de la période minimale durant laquelle l'avantage est accordé aux assujettis qui ont opté pour cet avantage.

4. Les taux de change utilisés pour la conversion en USD sont les taux à parité de pouvoir d'achat (PPA) pour le PIB 2019.

5. Restrictions ou règles spécifiques pour l'application de l'allègement aux entreprises qui se situent au-dessous du seuil.

6. Restrictions pour les États membres de l'Union européenne. La Directive 2006/112/CE exclut l'application du seuil aux livraisons de bâtiments et du sol y attenant, à certaines livraisons de moyens de transport neufs et aux cessions des biens de l'entreprise. Le seuil ne s'applique pas aux entreprises non résidentes. Des seuils spécifiques s'appliquent également à certaines fournitures intra-européennes.

Source : Délégations nationales - Situation au 1er janvier 2020

StatLink https://doi.org/10.1787/888934225816

Encadré d'annexe 2.A.3. Notes pays du tableau 2.A.5

Allemagne. Les contribuables sont exonérés de leurs obligations de TVA si leur chiffre d'affaires annuel ne dépasse pas 22 000 EUR et s'ils prévoient que leur chiffre d'affaires pour l'année civile en cours sera inférieur à 50 000 EUR.

Australie. Pour les chauffeurs de taxi, y compris les limousines avec chauffeur, les véhicules de location et les services, aucun seuil d'enregistrement ne s'applique. Le seuil d'enregistrement applicable aux organisations à but non lucratif est de 150 000 AUD.

Belgique. Le seuil d'enregistrement ne s'applique pas aux secteurs suivants : immobilier ; hôtellerie et restauration ; vente de matériaux usagés et de déchets. Un certain nombre d'opérations spécifiques sont également exclues du régime de franchise de la taxe : cessions à titre onéreux de bâtiments neufs, livraisons de certains produits assujettis à des droits d'accise et opérations non déclarées ou illicites.

Canada. Le seuil d'enregistrement ne s'applique pas à un certain nombre d'institutions financières désignées, aux non-résidents qui entrent au Canada pour y réaliser des ventes imposables de droits d'entrée à un lieu de divertissement, un colloque, une activité ou un événement, et aux personnes qui exploitent des services de taxi ou de limousine (y compris une activité commerciale de covoiturage). Ces personnes sont tenues de s'enregistrer et de collecter la TPS/TVH. Un seuil différent s'applique aux organismes de bienfaisance et aux institutions publiques. Un organisme de bienfaisance ou une institution publique ne sont pas tenus de s'enregistrer si le montant total de toutes les recettes provenant de leurs fournitures imposables mondiales ne dépasse pas 50 000 CAD au cours d'un seul trimestre et au cours des quatre derniers trimestres civils consécutifs, ou si leurs recettes brutes au cours de l'un ou l'autre des deux exercices précédents sont inférieures ou égales à 250 000 CAD.

Chili. Tous les contribuables sont tenus de s'enregistrer et d'obtenir un numéro d'identification qui n'est pas exigé uniquement pour la TVA, mais aussi pour tous les autres types d'impôts. Néanmoins, les petites entreprises, les artisans et les petits prestataires de services peuvent prétendre à un régime spécial simplifié qui leur permet de déclarer la TVA sur la base d'un forfait mensuel calculé en fonction du niveau moyen de leurs recettes. Ce régime spécial doit être calculé à partir des recettes des douze derniers mois et d'une limite de 20 unités fiscales mensuelles (940 380 CLP – 1 530 USD). Ce régime fiscal simplifié s'applique uniquement aux personnes physiques, à l'exclusion des personnes morales. Ce système doit être conservé pendant au moins 12 mois avant que le contribuable puisse revenir au régime ordinaire.

Colombie Le seuil d'exonération de la TVA est indiqué en unités fiscales (Unidad de Valor Tributario - TVU) dans le code des impôts. Le seuil d'exonération de la TVA est fixé à 3 450 TVU. Un décret fixe chaque année la valeur des TVU en pesos colombiens. Pour l'exercice fiscal 2020, 1 TVU équivaut à 35 607 COP. Le seuil d'enregistrement à la TVA pour les personnes physiques est donc le suivant : 3 450 x 35 607 = 122 844 150 COP. Il n'existe pas de seuil d'enregistrement à la TVA pour les personnes morales.

Danemark. Un seuil majoré de 170 000 DKK (22 840 EUR) s'applique aux aveugles, et un seuil de 300 000 DKK (40 300 EUR) s'applique à la première vente d'œuvres d'art par leur créateur ou leurs ayants droit. Dans le cadre de cette dernière exemption, le seuil de 300 000 DKK ne doit pas avoir été dépassé au cours de l'année en cours ou précédente.

Finlande. Lorsqu'une entreprise dépasse le seuil d'enregistrement de 10 000 EUR, elle doit s'enregistrer et devient assujettie à la TVA, mais un allégement progressif s'applique jusqu'à ce qu'elle atteigne un second seuil de 30 000 EUR. Au 1er janvier 2021, le seuil d'enregistrement sera relevé à 15 000 EUR.

France. La franchise de TVA s'applique aux entreprises dont le chiffre d'affaires annuel est inférieur à 85 800 EUR ou dont le chiffre d'affaires ne dépassait pas 94 300 EUR l'année civile précédente (lorsque le chiffre d'affaires n'avait pas excédé 85 800 EUR la pénultième année). Pour les prestations de services (à l'exception des prestations d'hébergement et des ventes de produits alimentaires et de boissons à consommer sur place), le chiffre d'affaires annuel ne doit pas dépasser 34 400 EUR ou 36 500 EUR l'année civile précédente (à condition qu'il n'excède pas 34 400 EUR la pénultième année). Pour les activités réglementées d'avocats, les écrivains et les artistes, le chiffre d'affaires doit être inférieur à 44 500 EUR (le seuil est de 18 300 EUR pour les opérations des avocats réalisées en dehors du cadre de leurs activités réglementées). À titre expérimental, un seuil spécifique de 100 000 EUR a été adopté en Guadeloupe, Martinique et à La Réunion pendant une durée de cinq ans.

Grèce. Les entreprises dont le chiffre d'affaires annuel est inférieur à 10 000 EUR peuvent opter spontanément pour le Régime spécial pour les petites entreprises dans lequel elles ne sont pas tenues de collecter la TVA. Les nouvelles entreprises peuvent également bénéficier du Régime spécial lors de leur enregistrement. Les agriculteurs relevant du régime de taux forfaitaire ne peuvent pas bénéficier du Régime spécial pour les petites entreprises. Les petites entreprises qui bénéficient du régime spécial sont tenues de se rattacher au régime « normal » et de recouvrer la TVA dès que le montant des biens et services fournis dépasse le seuil (et elles sont assujetties à la TVA à hauteur du montant total de la vente).

Irlande. Le seuil général de chiffre d'affaires pour la fourniture de biens est de 75 000 EUR. Les personnes qui fournissent des biens soumis aux taux réduits ou au taux normal qu'elles ont fabriqués ou produits à partir de matériaux soumis au taux zéro doivent s'enregistrer si leur chiffre d'affaires dépasse 37 500 EUR. Le seuil général de chiffre d'affaires pour la fourniture de services soit de 37 500 EUR. Les personnes qui fournissent à la fois des biens et des services et dont plus de 90 % du chiffre d'affaires provient de fournitures de biens (d'un type autre que celui indiqué à la phrase précédente) sont soumises au seuil applicable aux biens.

Israël. Les travailleurs indépendants qui réalisent des recettes annuelles inférieures à 100 491 NIS sont considérés comme des « opérateurs exemptés ». Certaines professions ne peuvent pas prétendre au statut d'opérateur exempté : agronome, architecte, technicien, détective privé, avocat rabbinique, technicien dentaire, consultant en organisation, consultant en management, consultant scientifique, économiste, ingénieur, enquêteur, libraire, traducteur, agent d'assurance, avocat, comptable ou expert, propriétaire d'un laboratoire de chimie ou d'analyses médicales, artistes, diverses professions du show business, médecin, psychologue, physiothérapeute, chirurgien vétérinaire, dentiste, propriétaire d'autoécole, directeur d'école, agent ou courtier immobilier.

Italie. Le régime des micro-contribuables (« Regime forfetario ») s'applique aux entreprises individuelles dont les recettes encaissées ou la rémunération perçue l'année précédente sont inférieures à 65 000 EUR par an. (en outre, les dépenses brutes afférentes aux employés doivent être inférieures à 20 000 EUR). Le régime ne s'applique pas aux personnes qui sont membres de sociétés de personnes, d'associations professionnelles ou de SARL (sociétés à responsabilité limitée) et qui sont soumises aux « régimes de la transparence » pour l'impôt sur le revenu ; aux personnes dont l'activité consiste à vendre des immeubles ou des terrains ou des voitures ou des camions dans le cadre d'opérations intracommunautaires. Sont également exclues les entreprises qui ne sont pas établies en Italie, à l'exception de celles établies dans un autre état membre de l'UE ou dans un pays partenaire de l'Espace économique européen et produisent en Italie pour au moins 75 % de leurs recettes.

Japon. Les entreprises nationales et étrangères (sociétés et particuliers) dont les ventes imposables au Japon ne dépassent pas 10 000 000 JPY, de même que celles créées depuis moins de deux ans (à l'exception des filiales de certaines grandes entreprises) ne sont pas soumises à l'obligation de déposer une déclaration à l'impôt sur la consommation (JCT). Les entreprises exonérées peuvent opter pour être soumises au JCT, auquel cas elles doivent rester dans ce régime pendant au moins deux ans.

Luxembourg. Les assujettis établis au Luxembourg peuvent bénéficier du régime spécial ; l'exonération ne s'applique qu'aux biens et services fournis au Luxembourg. Les assujettis peuvent quitter le régime spécial, mais pour une durée minimale de cinq ans.

Norvège. Le seuil supérieur de 3 000 000 NOK s'applique à l'admission à des événements sportifs. Le seuil supérieur de 140 000 s'applique aux organismes caritatifs.

Pays-Bas. Le régime spécial pour les petites entreprises s'applique à toutes les entreprises, quelle que soit leur forme juridique, y compris les activités constituées en société (fondations, sociétés à responsabilité limitée).

Pologne. Le seuil d'enregistrement ne s'applique pas aux assujettis qui vendent certains types d'argent, d'or, de platine, de couteaux, couverts, bijoux, déchets de métaux non dangereux, collections de musée et pièces de monnaie) ; (b) des biens soumis à un droit d'accise, à quelques exceptions près ; (c) certains bâtiments, structures et leurs parties ; (d) des terrains constructibles ; (e) des moyens de transport neufs. Le seuil ne s'applique pas aux contribuables qui fournissent (a) des services juridiques ; (b) des services de consultants et d'experts, à quelques exceptions près ; (c) des services de joaillerie, ni aux contribuables non établis en Pologne. À partir de septembre 2019, le seuil ne s'applique pas non plus à certains biens achetés en ligne comme les ordinateurs, appareils ménagers électriques et non-électriques, cosmétiques et produits de toilette.

Portugal. Le seuil de collecte ne s'applique pas aux entreprises commerciales. Le seuil a été relevé à 11 000 EUR à partir du 1er avril 2020 et sera relevé à 12 500 EUR le 1er janvier 2021.

République tchèque. Un assujetti qui n'est pas établi en République tchèque doit s'immatriculer à la TVA dès le début de son activité imposable dans le pays, à l'exception des fournitures soumises au régime de l'autoliquidation ou au mini-guichet unique de l'UE.

Suède. Le seuil ne s'applique pas aux contribuables qui ne sont pas établis en Suède, ni aux contribuables enregistrés volontairement aux fins de la TVA pour la location de biens immeubles ou le commerce d'or à des fins d'investissement, ni aux artistes.

Suisse. Les seuils font référence au chiffre d'affaires mondial. Le seuil supérieur de 150 000 CHF s'applique aux associations sportives et culturelles à but non lucratif ainsi qu'aux institutions d'intérêt public.

Turquie. Certains petits contribuables individuels qui sont exonérés d'impôt sur le revenu des personnes physiques sont également exonérés de TVA.

Tableau d'annexe 2.A.6. Usage du régime de la marge

Pays	Usage du régime de la marge[1]
Allemagne	Prestations d'agences de voyages ; biens d'occasion, objets d'art, de collection ou d'antiquité (directive européenne)
Australie	Le régime de la marge bénéficiaire peut être utilisé pour certaines livraisons de biens immeubles résidentiels ou commerciaux neufs. La marge bénéficiaire s'entend comme la différence entre le prix de vente du bien toutes taxes comprises et son prix d'achat d'origine. Des règles spéciales s'appliquent dans certains cas tels que les transactions entre sociétés affiliées ou membres d'un groupe au titre de la TPS. Jeux d'argent et de hasard : la TPS s'applique à la marge définie comme le montant total engagé diminué de la valeur monétaire totale des gains ou prix. Livraisons de biens d'occasion lorsqu'elles sont réalisées par un assujetti-revendeur ayant opté pour une méthode comptable « globale ». Ce régime s'applique lorsque 1) les biens sont acquis auprès d'une personne non assujettie et sont détaillés en vue de la revente et 2) le revendeur exerce l'option d'appliquer la méthode globale pour une catégorie précise de biens d'occasion.
Autriche	Prestations d'agences de voyages ; biens d'occasion, objets d'art, de collection ou d'antiquité directive européenne)
Belgique	Prestations d'agences de voyages ; biens d'occasion, objets d'art, de collection ou d'antiquité directive européenne)
Canada	-
Chili	Vente, par un vendeur professionnel, de biens immobiliers anciens sur lesquels aucune taxe sur la valeur ajoutée n'a été payée. La base d'imposition correspond à l'écart entre le prix de vente et le prix d'achat. À cet effet, la valeur d'acquisition du bien doit être adaptée en fonction de la variation, en pourcentage, de l'indice des prix à la consommation au cours de la période comprise entre le mois qui précède l'achat et le mois qui précède la date de la vente. Toutefois, pour déterminer la base d'imposition de référence, la valeur du terrain prise en compte dans les deux opérations doit être déduite du prix d'achat et du prix de vente. À cette fin, le vendeur peut déduire du prix de vente la valeur commerciale attribuée au terrain à la date de l'opération. Une fois cette déduction effectuée, le vendeur doit déduire du prix d'achat du bien, un montant équivalent au pourcentage qui représente la valeur commerciale attribuée au terrain dans le prix de vente.
Colombie	Vente de véhicules d'occasion, vente d'actifs fixes par un intermédiaire, vente d'essence.
Corée	-
Danemark	Prestations d'agences de voyages ; biens d'occasion, objets d'art, de collection ou d'antiquité (directive européenne)
Espagne	Prestations d'agences de voyages ; biens d'occasion, objets d'art, de collection ou d'antiquité (directive européenne)
Estonie	Prestations d'agences de voyages ; biens d'occasion, objets d'art, de collection ou d'antiquité (directive européenne)
Finlande	Prestations d'agences de voyages ; biens d'occasion, objets d'art, de collection ou d'antiquité (directive européenne)
France	Prestations d'agences de voyages ; biens d'occasion, œuvres d'art, objets de collection ou d'antiquité (directive européenne) ; vente de terrains constructibles ; vente d'un immeuble achevé depuis plus de cinq ans, lorsque l'option de paiement de la taxe n'est exercée.
Grèce	Prestations d'agences de voyages ; biens d'occasion, objets d'art, de collection ou d'antiquité (directive européenne), ventes aux enchères publiques
Hongrie	Prestations d'agences de voyages ; biens d'occasion, objets d'art, de collection ou d'antiquité (directive européenne)
Irlande	Prestations d'agences de voyages ; biens d'occasion, objets d'art, de collection ou d'antiquité (directive européenne) Application obligatoire du régime de la marge pour les organisateurs de ventes aux enchères publiques et les agences de voyages.
Islande	-
Israël	Vente de meubles d'occasion par un assujetti-revendeur agissant en tant que tel. Vente de véhicules à moteur, motocyclettes ou véhicules tout-terrain par un assujetti-revendeur agissant en tant que tel. Vente par un agent immobilier de biens immobiliers acquis auprès d'une personne autre qu'une organisation à but non lucratif, une institution financière ou un commerçant. Vente par un assujetti-revendeur de pièces et médailles acquises auprès d'une personne non assujettie (c'est-à-dire, n'exerçant pas une activité soumise à la TVA). Vente de timbres-poste et timbres fiscaux par un assujetti-revendeur agissant en tant que tel (activité considérée comme un service).

	Vente de monnaies, de titres ou d'autres instruments négociables, y compris lorsque les titres ou les instruments ont été acquis dans le but de collecter leur valeur de remboursement ou de liquidation, par un assujetti-revendeur agissant en tant que tel : l'activité est considérée comme un service de courtage rendu par le revendeur et intervenant entre le fournisseur du revendeur et le client du revendeur.
Italie	Prestations d'agences de voyages ; biens d'occasion, objets d'art, de collection ou d'antiquité (directive européenne)
Japon	-
Lettonie	Prestations d'agences de voyages ; biens d'occasion, objets d'art, de collection ou d'antiquité (directive européenne)
Lituanie	Prestations d'agences de voyages ; biens d'occasion, objets d'art, de collection ou d'antiquité (directive européenne)
Luxembourg	Prestations d'agences de voyages ; biens d'occasion, objets d'art, de collection ou d'antiquité (directive européenne)
Mexique	Vente de véhicules d'occasion acquis acquis au préalable par une entreprise auprès d'un particulier.
Norvège	Application facultative du régime de la marge pour les biens d'occasion, objets d'art, de collection ou d'antiquité.
Nouvelle-Zélande	-
Pays-Bas	Prestations d'agences de voyages ; biens d'occasion, objets d'art, de collection ou d'antiquité (directive européenne)
Pologne	Prestations d'agences de voyages ; biens d'occasion, objets d'art, de collection ou d'antiquité (directive européenne)
Portugal	Prestations d'agences de voyages ; biens d'occasion, objets d'art, de collection ou d'antiquité (directive européenne) et livraisons de carburants par un détaillant.
République slovaque	Prestations d'agences de voyages ; biens d'occasion, objets d'art, de collection ou d'antiquité (directive européenne)
République tchèque	Prestations d'agences de voyages ; biens d'occasion, objets d'art, de collection ou d'antiquité (directive européenne)
Royaume-Uni	Prestations d'agences de voyages ; biens d'occasion, objets d'art, de collection ou d'antiquité (directive européenne)
Slovénie	Prestations d'agences de voyages ; biens d'occasion, objets d'art, de collection ou d'antiquité (directive européenne)
Suède	Prestations d'agences de voyages ; biens d'occasion, objets d'art, de collection ou d'antiquité (directive européenne)
Suisse	Objets de collection tels que les œuvres d'art, d'antiquité et autres ;
Turquie	Prestations d'agences de voyages : les prestations sont exonérées de la TVA pour les voyages organisés/circuits se déroulant hors du territoire du pays et soumises à la TVA pour les voyages organisés/circuits se déroulant sur le territoire turc. Livraisons de véhicules à moteur d'occasion ou d'immeubles (sans modification fondamentale de leur nature) par des contribuables actifs sur le marché des véhicules à moteur d'occasion ou des biens immeubles après qu'ils aient été acquis auprès de contribuables non assujettis à la TVA (y compris auprès de contribuables exonérés). La base d'imposition pour la livraison et l'importation de pièces et bijoux en or correspond au montant restant après déduction du lingot d'or.

Note :

1. Régime de la marge : régime de taxation dont la base d'imposition est constituée par la différence constatée entre le prix d'acquisition d'un bien par un assujetti et le prix de revente de ce bien, et non le prix de revente intégral. L'application du régime de la marge interdit au revendeur toute déduction de la TVA acquittée à l'achat du bien (TVA d'amont).

Source : Délégations nationales - Situation au 1er janvier 2020

Tableau d'annexe 2.A.7. Ratio de recettes de TVA (RRT) 2018

Pays	Taux de TVA normal 2018	1992	1996	2000	2005	2006	2007	2008	2009	2010	2011	2012	2013	2014	2015	2016	2017	2018	Différence 2016 2018
Allemagne	19.0	0.61	0.60	0.61	0.55	0.57	0.55	0.56	0.55	0.55	0.56	0.56	0.55	0.55	0.56	0.56	0.56	0.57	0.01
Australie	10.0				0.56	0.54	0.54	0.49	0.51	0.49	0.47	0.47	0.49	0.48	0.50	0.50	0.48	0.47	-0.03
Autriche	20.0	0.61	0.60	0.61	0.58	0.57	0.58	0.59	0.58	0.58	0.58	0.59	0.58	0.58	0.59	0.59	0.60	0.60	0.01
Belgique	21.0	0.50	0.46	0.51	0.50	0.51	0.51	0.49	0.47	0.49	0.48	0.48	0.47	0.47	0.46	0.47	0.47	0.47	0.00
Canada	5.0	0.43	0.47	0.49	0.50	0.47	0.51	0.49	0.49	0.49	0.48	0.47	0.47	0.47	0.48	0.48	0.49	0.49	0.01
Chili	19.0	0.63	0.67	0.64	0.67	0.64	0.68	0.71	0.60	0.63	0.64	0.65	0.64	0.64	0.64	0.63	0.64	0.64	0.01
Colombie	19.0			0.35	0.42	0.47	0.45	0.48	0.43	0.44	0.49	0.46	0.41	0.42	0.41	0.38	0.37	0.38	0.00
Corée	10.0	0.62	0.57	0.58	0.61	0.60	0.60	0.60	0.62	0.64	0.64	0.66	0.64	0.66	0.60	0.66	0.69	0.68	0.02
Danemark	25.0	0.56	0.57	0.59	0.62	0.64	0.65	0.61	0.58	0.57	0.58	0.59	0.57	0.57	0.58	0.60	0.61	0.62	0.02
Espagne	21.0	0.59	0.44	0.52	0.56	0.56	0.52	0.41	0.29	0.44	0.38	0.40	0.39	0.41	0.43	0.43	0.44	0.45	0.02
Estonie	20.0		0.72	0.71	0.70	0.82	0.81	0.67	0.73	0.66	0.67	0.69	0.66	0.69	0.72	0.72	0.74	0.74	0.02
Finlande	24.0		0.54	0.61	0.61	0.61	0.60	0.58	0.56	0.55	0.56	0.56	0.55	0.55	0.54	0.55	0.56	0.57	0.02
France	20.0	0.54	0.53	0.51	0.52	0.52	0.51	0.50	0.47	0.48	0.48	0.48	0.48	0.48	0.49	0.49	0.50	0.51	0.02
Grèce	24.0	0.47	0.41	0.45	0.47	0.46	0.48	0.46	0.39	0.44	0.37	0.37	0.36	0.37	0.38	0.44	0.43	0.44	0.00
Hongrie	27.0	0.30	0.43	0.52	0.48	0.54	0.58	0.56	0.61	0.52	0.51	0.52	0.52	0.56	0.59	0.55	0.56	0.59	0.04
Irlande	23.0	0.45	0.52	0.61	0.66	0.67	0.63	0.55	0.46	0.47	0.46	0.44	0.45	0.48	0.48	0.49	0.48	0.49	0.00
Islande	24.0	0.63	0.54	0.58	0.61	0.64	0.59	0.52	0.44	0.42	0.42	0.43	0.43	0.44	0.51	0.53	0.57	0.55	0.02
Israël	17.0		0.66	0.62	0.61	0.62	0.66	0.65	0.65	0.65	0.66	0.64	0.65	0.63	0.63	0.63	0.63	0.63	0.00
Italie	22.0	0.37	0.39	0.43	0.39	0.41	0.41	0.39	0.36	0.40	0.40	0.37	0.37	0.37	0.37	0.37	0.39	0.38	0.01
Japon	8.0	0.68	0.71	0.68	0.70	0.70	0.68	0.66	0.66	0.68	0.68	0.68	0.69	0.69	0.73	0.72	0.72	0.72	0.00
Lettonie	21.0		0.53	0.51	0.57	0.61	0.61	0.49	0.38	0.42	0.42	0.46	0.49	0.51	0.52	0.54	0.54	0.58	0.04
Lituanie	21.0		0.46	0.52	0.52	0.56	0.61	0.58	0.47	0.49	0.51	0.50	0.50	0.51	0.51	0.51	0.53	0.53	0.02
Luxembourg	17.0	0.45	0.54	0.68	0.85	0.82	0.96	0.96	0.97	0.99	1.06	1.11	1.16	1.23	0.95	0.92	0.86	0.89	-0.03
Mexique	16.0	0.30	0.21	0.25	0.29	0.32	0.32	0.33	0.30	0.32	0.31	0.31	0.28	0.32	0.32	0.33	0.32	0.34	0.01
Moyenne non pondérée		0.51	0.53	0.56	0.57	0.58	0.59	0.56	0.53	0.55	0.54	0.54	0.54	0.55	0.55	0.55	0.56	0.56	0.01
Norvège	25.0	0.58	0.61	0.67	0.57	0.61	0.63	0.57	0.55	0.56	0.56	0.57	0.57	0.56	0.56	0.57	0.57	0.58	0.01
Nouvelle-Zélande	15.0	0.96	0.99	0.99	1.03	1.03	0.96	0.96	0.97	1.10	0.93	0.94	0.94	0.96	0.97	0.96	0.99	0.99	0.03
Pays-Bas	21.0	0.55	0.54	0.57	0.55	0.57	0.58	0.56	0.52	0.54	0.52	0.52	0.47	0.47	0.49	0.51	0.52	0.53	0.02

Pologne	23.0	0.00	0.42	0.42	0.47	0.51	0.53	0.50	0.45	0.47	0.47	0.43	0.42	0.44	0.44	0.45	0.50	0.52	0.07
Portugal	23.0	0.46	0.55	0.60	0.56	0.51	0.51	0.49	0.43	0.48	0.45	0.47	0.46	0.49	0.50	0.49	0.51	0.52	0.03
République slovaque	20.0	0.00	0.45	0.43	0.61	0.58	0.53	0.53	0.47	0.46	0.49	0.43	0.47	0.49	0.52	0.50	0.52	0.52	0.02
République tchèque	21.0		0.43	0.42	0.56	0.52	0.54	0.56	0.55	0.52	0.55	0.57	0.56	0.58	0.58	0.60	0.62	0.61	0.01
Royaume-Uni	20.0	0.42	0.43	0.44	0.44	0.44	0.44	0.43	0.43	0.44	0.44	0.43	0.44	0.44	0.45	0.45	0.45	0.45	0.00
Slovénie	22.0	0.00	0.00	0.68	0.67	0.68	0.69	0.68	0.59	0.59	0.59	0.57	0.59	0.58	0.58	0.58	0.59	0.60	0.02
Suède	25.0	0.40	0.49	0.51	0.54	0.55	0.56	0.57	0.55	0.57	0.57	0.55	0.55	0.55	0.57	0.58	0.59	0.59	0.01
Suisse	7.7		0.67	0.73	0.72	0.74	0.73	0.74	0.70	0.72	0.71	0.71	0.71	0.70	0.69	0.68	0.69	0.69	0.01
Turquie	18.0	0.37	0.43	0.46	0.40	0.42	0.38	0.37	0.36	0.41	0.44	0.40	0.44	0.40	0.42	0.40	0.41	0.40	0.00

Notes

Formule de calcul : Formule de RRT = Recettes de TVA/[(Consommation – recettes de TVA) × taux de TVA normal]. Consommation = Dépenses de consommation finale (rubrique P3) dans les comptes nationaux. Les taux de TVA utilisés sont les taux normaux en vigueur au 1er janvier de chaque année.

Série temporelle : Comme il n'existait pas de données dans tous les pays au-delà de 2018, le RRT n'a pas été calculé après cette date.

Canada : Le calcul du RRT inclut uniquement la TVA fédérale.

Canada, Japon et Nouvelle-Zélande. Les dépenses annuelles de consommation finale des comptes nationaux ont été corrigées pour assurer la concordance entre l'exercice budgétaire pour les recettes de TVA et l'année civile pour la consommation finale.

Israël. Quoique la TVA ait été instaurée en Israël en 1976, le RRT n'a été calculé qu'à partir de 1996 parce qu'il n'existe pas de statistiques sur les recettes fiscales avant cette année.

Japon : en raison de la forte hausse de la TVA au 1er avril 2014, le RRT de 2014 a été calculé sur la base d'un taux moyen de TVA, à savoir (5X3+8X9)/12=7.25 %

Source : OCDE

StatLink https://doi.org/10.1787/888934225835

Tableau d'annexe 2.A.8. Mécanismes de collecte de la TVA sur les fournitures transfrontières de services et de biens incorporels[1] par des fournisseurs non-résidents (« fournitures importées »)

Pays[5]	Régime de collecte de la TVA sur les fournitures entrantes de services et de biens incorporels par des fournisseurs non résidents[2]	Indicateurs utilisés pour déterminer le lieu d'imposition[3]	Seuil[4]
Allemagne	Régime de l'Union européenne (voir ci-dessous)		
Australie	**Mécanisme de collecte de la TVA :** ***Fournitures B2C*** : le fournisseur étranger est tenu de s'identifier et de collecter la TPS. La procédure simplifiée d'enregistrement et de déclaration « pour paiement uniquement » est possible ; la procédure d'enregistrement standard est autorisée. L'enregistrement entièrement numérique est possible uniquement pour la procédure simplifiée « pour paiement uniquement ». La désignation d'un représentant fiscal n'est pas exigée, mais elle est autorisée. Les plateformes numériques (plateformes de distribution électronique) sont tenues de collecter la TPS sur les fournitures entrantes effectuées par leur intermédiaire. ***Fournitures B2B :*** le client est redevable de la TPS due au titre du mécanisme d'autoliquidation uniquement si l'entreprise cliente ne peut prétendre au bénéfice de l'intégralité du crédit de TPS. **Critères de distinction des fournitures B2C et B2B** : numéro d'immatriculation (Australian Business Number - ABN) du client ; et déclaration attestant que l'entreprise est enregistrée aux fins de la TPS. **Fournitures concernées par la règle applicable aux fournitures B2C**[3] : fournitures de services et de biens incorporels importés (tout ce qui diffère d'une livraison de biens ou de biens immobiliers), y compris les services d'architectes ou de juristes. **Mise en application** : à compter du 1er juillet 2017	B2C : localisation du client. B2B : statut de résidence fiscale du client	75 000 AUD (52 000 USD) Même seuil que pour les fournisseurs nationaux
Autriche	Régime de l'Union européenne (voir ci-dessous)		
Belgique	Régime de l'Union européenne (voir ci-dessous)		
Canada	**Mécanisme de collecte de la TVA :** ***Fournitures B2C et B2B*** : le client est tenu de déclarer et d'acquitter la TPS due au titre du mécanisme d'autoliquidation. En ce qui concerne les opérations B2B, le mécanisme d'autoliquidation ne s'applique que si le client ne peut prétendre au bénéfice de l'intégralité du crédit pour la TPS. **Critères de distinction des fournitures B2C et B2B** : absence de distinction **Fournitures concernées**[4] : fournitures de services et de biens incorporels. **Mise en application** : à compter du 1er janvier 1991	B2C et B2B : résidence ou emplacement habituels du bénéficiaire	Sans objet
Chili*	**Mécanisme de collecte de la TVA :** ***Fournitures B2C et B2B*** : le client est redevable de la TVA due au titre du mécanisme d'autoliquidation. **Critères de distinction des fournitures B2C et B2B** : absence de distinction **Fournitures concernées**[3] : certains services à caractère technique, non professionnel et de conseil. **Mise en application** : 1975		Absence de seuil

Colombie	**Mécanisme de collecte de la TVA :** ***Fournitures B2C*** : le fournisseur étranger est tenu de s'enregistrer et de collecter la TVA. La procédure simplifiée d'enregistrement et de déclaration « pour paiement uniquement » est possible ; la procédure d' enregistrement standard à la TVA est autorisée. L'enregistrement entièrement numérique est possible uniquement pour la procédure simplifiée « pour paiement uniquement ». La désignation d'un représentant fiscal n'est pas exigée. Les plateformes numériques sont tenues de collecter la TVA sur les fournitures entrantes effectuées par leur intermédiaire. ***Fournitures B2B*** : le client est redevable de la TVA due au titre du mécanisme d'autoliquidation. **Critères de distinction des fournitures B2C et B2B** : numéro d'identification à la TVA colombienne du client **Fournitures concernées par la règle applicable aux fournitures B2C**[3] : fournitures de services et de biens incorporels importés (tout ce qui diffère d'une livraison de biens ou de biens immobiliers). **Mise en application** : à compter du 1er juillet 2018	B2C : localisation du client. B2B : statut de résidence fiscale du client	Pas de seuil d'enregistrement
Corée	**Mécanisme de collecte de la TVA :** ***Fournitures B2C* :** le fournisseur étranger est tenu de s'identifier et de collecter la TVA. La procédure simplifiée d' enregistrement et de déclaration « pour paiement uniquement » est possible ; la procédure normale d' enregistrement est autorisée. L'enregistrement entièrement numérique est possible uniquement pour la procédure simplifiée « pour paiement uniquement ». La désignation d'un représentant fiscal n'est pas exigée. Les plateformes numériques sont tenues de collecter la TVA sur les fournitures entrantes effectuées par leur intermédiaire. ***Fournitures B2B*** : hors champ d'application. **Critères de distinction des fournitures B2C et B2B** : nature des services fournis. **Fournitures concernées par la règle applicable aux B2C**[3] : « Services électroniques », tels qu'ils sont définis par la loi (applications, jeux, musique, films, documents électroniques, logiciels, etc.). **Mise en application :** 1er juillet 2015	**B2C** : localisation du client **B2B :** sans objet	Absence de seuil
Danemark	Régime de l'Union européenne (voir ci-dessous)		
Espagne	Régime de l'Union européenne (voir ci-dessous)		
Estonie	Régime de l'Union européenne (voir ci-dessous)		
Finlande	Régime de l'Union européenne (voir ci-dessous)		
France	Régime de l'Union européenne (voir ci-dessous)		
Grèce	Régime de l'Union européenne (voir ci-dessous)		
Hongrie	Régime de l'Union européenne (voir ci-dessous)		

Irlande	Régime de l'Union européenne (voir ci-dessous)		
Islande	**Mécanisme de collecte de la TVA :** **Fournitures B2C** : le fournisseur étranger est tenu de s'identifier et de collecter la TVA. La procédure simplifiée d'enregistrement et de déclaration « pour paiement uniquement » est possible ; la procédure normale d' enregistrement est autorisée. L'enregistrement entièrement numérique est possible uniquement pour la procédure simplifiée « pour paiement uniquement ». La désignation d'un représentant fiscal n'est pas exigée. Les plateformes numériques sont tenues de collecter la TVA sur les fournitures entrantes effectuées par leur intermédiaire. ***Fournitures B2B*** : exonération si le client peut prétendre au bénéfice d'une déduction intégrale. Dans le cas contraire, la procédure appliquée est la même que celle appliquée aux opérations B2C. **Critères de distinction des fournitures B2C et B2B** : numéro d'identification à la TVA du client **Fournitures concernées**[3] : services fournis par voie électronique et services non numériques comme les services de consultants, de juristes, de comptables et autres services spécialisés de ce type. **Mise en application** : 1er novembre 2011	B2C : résidence habituelle du client B2B : localisation du client (établissement permanent du client)	2 millions ISK (14 600 USD) Même règle que pour les fournisseurs nationaux
Israël	**Mécanisme de collecte de la TVA :** ***Fournitures B2C*** : autoliquidation par le client ***Fournitures B2B :*** le mécanisme d'autoliquidation s'applique. **Fournitures concernées**[3] **:** services, y compris les services numériques. **Critères de distinction des fournitures B2C et B2B** : numéro d'identification à la TVA du client **Mise en application :** 1er novembre 2011	**B2C et B2B** : la résidence du client est en Israël ou l'opération à un lien avec un actif en Israël.	Sans objet
Italie	Régime de l'Union européenne (voir ci-dessous)		
Japon	**Mécanisme de collecte de la TVA :** ***Fournitures B2C*** : le prestataire de services non-résident, qui ne possède pas de succursale ou de bureau au Japon, doit désigner un représentant fiscal pour s'identifier aux fins de la TVA selon la procédure normale. ***Fournitures B2B*** : le mécanisme d'autoliquidation s'applique. Une entreprise étrangère doit informer ses clients japonais qu'ils (les clients) sont redevables de la TVA en vertu du mécanisme d'autoliquidation. **Critères de distinction des fournitures B2C et B2B** : nature des services fournis. **Fournitures concernées par la règle applicable aux B2C**[3] **:** « Services électroniques », tels qu'ils sont définis par la loi (livres numériques en ligne, jeux en ligne, musique, films, services de cloud, achats sur Internet ou site de vente aux enchères). **Mise en application :** 1er octobre 2015	**B2C et B2B** : la localisation du client (c'est-à-dire l'adresse ou le domicile s'il s'agit d'un particulier et le siège social ou l'établissement principal s'il s'agit d'une entreprise).	10 millions JPY (98.500 USD) Même règle que pour les fournisseurs nationaux
Lettonie	Régime de l'Union européenne (voir ci-dessous)		
Lituanie	Régime de l'Union européenne (voir ci-dessous)		
Luxembourg	Régime de l'Union européenne (voir ci-dessous)		

Mexique*	**Mécanisme de collecte de la TVA :** ***Fournitures B2C*** : les consommateurs finaux sont tenus de déclarer les transactions à des fins statistiques. ***Fournitures B2B*** : le client doit autoévaluer la TVA (mécanisme d'autoliquidation). **Critères de distinction des fournitures B2C et B2B** : absence de distinction **Fournitures concernées**[4] **:** tous les services **Mise en application :** 1980	**B2C and B2B :** Services : consommation ou présence physique du client ; Biens incorporels : résidence de l'acquéreur ou lieu d'utilisation	Absence de seuil
Norvège	**Mécanisme de collecte de la TVA :** ***Fournitures B2C*** **:** le fournisseur étranger est tenu de s'identifier et de collecter la TVA. La procédure simplifiée d' enregistrement et de déclaration « pour paiement uniquement » est possible ; la procédure normale d' enregistrement à la TVA est autorisée. L'enregistrement entièrement numérique est possible uniquement pour la procédure simplifiée « pour paiement uniquement ». La désignation d'un représentant fiscal n'est pas exigée. Les plateformes numériques (plateformes de distribution électronique) sont tenues de collecter la TPS sur les fournitures entrantes effectuées par leur intermédiaire. ***Fournitures B2B*** : le mécanisme d'autoliquidation s'applique. **Opérations concernées par la règle applicable aux B2C**[3] : télécommunications, radiotélévision et services fournis par voie électronique (services électroniques). **Critères de distinction des fournitures B2C et B2B** : numéro d'identification à la TVA du client **Mise en application** : 1er juillet 2011	B2C : résidence habituelle du client B2B : localisation du client.	50 000 NOK (5 000 USD) Même règle que pour les fournisseurs nationaux
Nouvelle-Zélande	**Mécanisme de collecte de la TVA :** ***Fournitures B2C*** **:** le fournisseur étranger est tenu de s'identifier et de collecter la TPS. La procédure simplifiée d' enregistrement et de déclaration « pour paiement uniquement » est possible ; la procédure normale d' enregistrement est autorisée. L'enregistrement entièrement numérique est possible uniquement pour la procédure simplifiée « pour paiement uniquement ». La désignation d'un représentant fiscal n'est pas exigée. Les plateformes numériques (plates-formes de distribution électronique) sont tenues de collecter la TPS sur les fournitures entrantes effectuées par leur intermédiaire. ***Fournitures B2B*** : hors champ d'application ; le mécanisme d'autoliquidation s'applique si les prestations imposables de l'acheteur sont principalement des prestations exonérées de TPS (services financiers notamment) ou si les services sont destinés, en partie, à sa consommation personnelle **Critères de distinction des fournitures B2C et B2B** : numéro d'identification à la TPS ou numéro d'immatriculation de l'entreprise en Nouvelle-Zélande. Le « Commissioner of Inland Revenue » peut prescrire ou accepter une autre méthode en raison de la nature du bien ou du service fourni, de la valeur du bien ou du service fourni et des modalités et conditions de la fourniture des services. **Fournitures concernées par la règle applicable aux B2C**[3] : services à distance, y compris les services	**B2C** : résidence fiscale du client **B2B** : résidence fiscale du client	60 000 NZD (41 200 USD) Même règle que pour les fournisseurs nationaux

	numériques comme les livres numériques, la musique, les vidéos et téléchargements de logiciels, et les services non numériques comme les services d'assurance générale, de conseil, de comptabilité et les services juridiques. **Mise en application** : 1er octobre 2016		
Pays-Bas	Régime de l'Union européenne (voir ci-dessous)		
Pologne	Régime de l'Union européenne (voir ci-dessous)		
Portugal	Régime de l'Union européenne (voir ci-dessous)		
République slovaque	Régime de l'Union européenne (voir ci-dessous)		
République tchèque	Régime de l'Union européenne (voir ci-dessous)		
Royaume-Uni	Régime de l'Union européenne (voir ci-dessous)		
Slovénie	Régime de l'Union européenne (voir ci-dessous)		
Suède	Régime de l'Union européenne (voir ci-dessous)		
Suisse*	**Mécanisme de collecte de la TVA :** ***Fournitures B2C*** : le fournisseur étranger est tenu de s'identifier aux fins de la TVA selon la procédure normale Il n'existe pas de procédure d'enregistrement simplifiée. La désignation d'un représentant fiscal n'est pas exigée. ***Fournitures B2B :*** la plupart des fournitures de services et de biens incorporels importés sont imposées selon le mécanisme d'autoliquidation, sauf si le fournisseur étranger est identifié aux fins de la TVA (notamment pour la déclaration des fournitures B2C). **Fournitures concernées par la règle applicable aux B2C3[3] :** services relatifs aux technologies de l'information et de la communication (TIC). **Critères de distinction des fournitures B2C et B2B** : numéro d'identification à la TVA du client **Mise en application** : 1er janvier 2010	B2C : résidence habituelle du client B2B : localisation du client.	100 000 CHF (87 100 USD) Le seuil fait référence au chiffre d'affaires global du fournisseur.
Turquie	**Mécanisme de collecte de la TVA :** ***Fournitures B2C*** : le fournisseur étranger est tenu de s'identifier et de collecter la TVA. La procédure simplifiée d'enregistrement et de déclaration est possible ainsi que le droit de déduire la TVA sur les intrants. L'enregistrement entièrement numérique est possible uniquement pour la procédure simplifiée d'enregistrement. La désignation d'un représentant fiscal n'est pas exigée. Les plateformes numériques (places de marché électroniques) sont tenues de collecter la TPS sur les fournitures entrantes effectuées par leur intermédiaire. ***Fournitures B2B*** : le mécanisme d'autoliquidation s'applique. **Fournitures concernées par la règle applicable aux B2C[3] :** services électroniques	B2C : résidence habituelle du client B2B : localisation du client.	Absence de seuil

	Critères de distinction des fournitures B2C et B2B : numéro d'identification à la TVA du client **Mise en application** : 1er janvier 2018		
Union européenne*	**Mécanisme de collecte de la TVA :** **Fournitures B2C** : le fournisseur étranger est tenu de s'identifier et de collecter la TVA. La procédure simplifiée d'enregistrement et de déclaration « pour paiement uniquement » est possible ; la procédure normale d'enregistrement est autorisée. Un fournisseur extracommunautaire peut choisir de s'identifier aux fins de la TVA via le mécanisme du « guichet unique » pour collecter et verser la taxe due sur ses fournitures B2C dans tous les États membres de l'UE. L'enregistrement entièrement numérique est possible pour la procédure simplifiée « pour paiement uniquement ». La désignation d'un représentant fiscal n'est pas exigée, mais elle est autorisée. **Fournitures B2B** : le mécanisme d'autoliquidation s'applique. **Critères de distinction des fournitures B2C et B2B :** numéro d'identification à la TVA du client. **Fournitures concernées par la règle applicable aux B2C[3] :** services électroniques, de télécommunication et de radiodiffusion. **Mise en application** : 2003 pour les fournisseurs extracommunautaires ; 2015 pour les fournisseurs intracommunautaires.	B2C : résidence habituelle du client B2B : localisation du client.	Absence de seuil (10 000 EUR pour les fournitures intracommunautaires)

Notes

1. Dans ce tableau :

L'expression « services et biens incorporels » désigne toute fourniture de services ou de biens incorporels par un fournisseur non-résident (sans établissement d'aucune sorte dans le pays du client).

L'expression « pour paiement uniquement » fait référence à un régime d'enregistrement aux fins de la TVA destiné aux fournisseurs non-résidents, qui ne vise que la collecte de la TVA sur les fournitures de services et biens incorporels importés par ces fournisseurs, sans accorder à ces fournisseurs le droit de déduire la TVA supportée dans la juridiction de taxation (bien qu'un remboursement ou une autre procédure de dégrèvement puisse être prévus).

2. Les fournitures présentées dans ce tableau sont celles qui sont visées par les Principes directeurs internationaux pour la TVA/TPS 3.1 à 3.4 et par le principe 3.6. Les prestations consommées sur place (Principe 3.5) et les fournitures de services et de biens incorporels soumis aux règles spécifiques du lieu d'imposition, notamment les fournitures de services directement liées à des biens immobiliers spécifiques, qui sont couvertes par les principes 3.7 et 3.8, ne sont pas prises en compte dans ce tableau. Pour les besoins du présent tableau, l'expression « plateforme numérique » fait référence aux plateformes qui permettent des interactions directes entre des acheteurs et des vendeurs, à l'aide de moyens électroniques.

3. Certaines juridictions peuvent limiter l'application des Principes directeurs internationaux pour la TVA/TPS 3.1 à 3.4 ou du principe 3.6 à certaines catégories de prestataires de services. D'autres méthodes de collecte de la TVA fondées sur le lieu d'imposition peuvent donc s'appliquer aux fournitures qui ne sont pas prises en compte dans cette définition.

4. Le seuil s'applique à l'enregistrement des fournisseurs étrangers dans la juridiction d'imposition. Le montant en monnaie locale est converti en USD selon le taux de change à parité de pouvoir d'achat (PPA) pour le PIB de l'OCDE.

5. Seules les taxes nationales sont prises en compte dans ce tableau. Les TVA infranationales en sont exclues.

Source : Délégations nationales - Situation au 1er janvier 2020

Encadré d'annexe 2.A.4. Notes pays du tableau 2.A.8.

Chili. À compter du 1er juin 2020, les fournisseurs étrangers (non établis) qui fournissent des services numériques à des consommateurs finals (B2C) au Chili (consommateurs qui ne sont pas enregistrés au Chili aux fins de la TVA) doivent s'enregistrer selon le régime de collecte et d'enregistrement simplifié « pour paiement uniquement ». L'enregistrement selon la procédure normale est également possible. Les plateformes numériques sont tenues de collecter la TVA sur les fournitures entrantes effectuées par leur intermédiaire et de verser la taxe au Chili. Les services concernés incluent notamment la fourniture de contenus numériques pour les loisirs et le divertissement, les logiciels et le stockage de données. Ces fournitures sont imposables au Chili à condition qu'elles soient « consommées dans le pays ». Les fournisseurs étrangers peuvent utiliser des critères permettant de déterminer de manière probante le lieu de consommation. Ces critères comprennent : l'emplacement de l'adresse IP du système utilisé par le consommateur (ou tout autre dispositif de géolocalisation) au moment de la souscription ou du paiement des services ; le pays d'émission ou d'enregistrement de la carte, du compte bancaire ou de toute autre méthode de paiement utilisée ; l'adresse de facturation ; et/ou le code pays de la carte SIM du téléphone mobile utilisé. Deux éléments de preuve non contradictoires sont exigés. Il n'y a pas de seuil d'enregistrement et les fournisseurs étrangers sont en principe tenus de s'enregistrer dès la première vente à des consommateurs chiliens. Les fournitures B2B restent soumises au mécanisme d'autoliquidation si le consommateur est enregistré au Chili aux fins de la TVA.

Mexique. À compter du 1er juin 2020, les fournisseurs étrangers (non établis) qui fournissent des services numériques à des consommateurs B2B et B2C au Mexique doivent s'enregistrer selon le régime de collecte et d'enregistrement simplifié « pour paiement uniquement ». L'enregistrement ne donne pas le droit aux entreprises enregistrées de déduire la TVA supportée au Mexique. L'enregistrement ne crée pas un établissement stable aux fins de l'impôt sur le revenu au Mexique. Les plateformes numériques sont tenues de collecter la TVA sur les fournitures entrantes effectuées par leur intermédiaire et de la verser aux autorités fiscales mexicaines. Les services numériques concernés comprennent notamment les téléchargements ou l'accès à des images, films, textes, informations, vidéos, fichiers audio, musiques et jeux ainsi qu'à tout autre contenu multimédia, à l'exclusion cependant des livres numériques ou des versions électroniques des journaux et magazines. Les services numériques définis comprennent également l'enseignement à distance, les tests et exercices ainsi que les clubs en ligne. Ces prestations sont imposables au Mexique sous réserve qu'elles « soient fournies » dans le pays. Les fournisseurs étrangers peuvent avoir recours à des critères permettant de déterminer de manière probante le lieu de livraison de ces prestations. Ces critères comprennent : la localisation du consommateur, la localisation de l'adresse IP du système utilisé par le consommateur ; le pays d'émission ou d'enregistrement de la carte, le compte bancaire ou toute autre méthode de paiement utilisée ou le code pays de la carte SIM du téléphone mobile utilisé. Il n'y a pas de seuil d'enregistrement et les fournisseurs étrangers sont en principe tenus de s'enregistrer dans les 30 jours suivant la première vente à des consommateurs mexicains. Les fournitures B2B restent soumises au mécanisme d'autoliquidation si le consommateur étranger n'est pas enregistré au Mexique aux fins de la TVA. Les fournisseurs étrangers doivent informer l'administration fiscale chaque trimestre du nombre de services fournis, en les classant par type de service et par prix, ainsi que du nombre de bénéficiaires et ils doivent conserver les dossiers correspondants. Sur demande de leurs entreprises clientes au Mexique, les fournisseurs étrangers doivent délivrer la preuve des paiements reçus par les consommateurs, en indiquant explicitement et distinctement le montant de TVA payé (justifiant la demande de déduction de la taxe d'amont de ces entreprises clientes).

Union européenne. Depuis 2003 (pour les fournisseurs extracommunautaires) et 2015 (pour les fournisseurs intracommunautaires), les fournisseurs étrangers de services électroniques, de télécommunication et de radiodiffusion B2C sont tenus de justifier, collecter et verser la TVA sur ces fournitures dans l'État membre dans lequel le consommateur a sa résidence. Dans le cadre du système du mini-guichet unique TVA, les entreprises intracommunautaires et extracommunautaires qui ne sont pas établies dans l'État membre dans lequel le consommateur à sa résidence peuvent décider de s'enregistrer et de déclarer la TVA due sur ces fournitures dans un seul État membre de leur choix. Cette mesure de simplification évite de s'enregistrer aux fins de la TVA dans tous les États membres dans lesquels le fournisseur étranger a des clients B2C. À compter de juillet 2021, ce système sera adapté. Il ne sera plus limité aux services électroniques, mais s'appliquera à toutes les fournitures de services B2C. En outre, les plateformes numériques (« places de marché ») seront tenues de collecter, déclarer et verser la TVA sur les fournitures B2C entrantes qu'elles facilitent. Ces plateformes auront la possibilité de s'enregistrer et de déclarer la TVA par l'intermédiaire du mini-guichet unique (« MOSS »).

Tableau d'annexe 2.A.9. Régime de TVA applicable aux importations de biens de faible valeur

Pays	Régime de TVA[1]	Seuil d'exonération		
		Devise	En devise locale[2]	En USD[3]
Allemagne[4]	E	EUR	22	30
Australie*	T	-	-	-
Autriche[4]	E	international	22	29
Belgique[4]	E	EUR	22	29
Canada*	E	CAD	20	17
Chili	E	USD	30	30
Colombie	T	USD	-	200
Corée*	E	USD	150	150
Danemark[4]	E	EUR	10	11
Espagne[4]	E	EUR	22	35
Estonie[4]	E	EUR	22	41
Finlande[4]	E	EUR	22	26
France[4]*	T	EUR	(22)	(30)
Grèce[4]	E	EUR	22	39
Hongrie[4]	E	EUR	22	51
Irlande[4]*	E	EUR	22	28
Islande*	E	ISK	2 000	15
Israël*	E	USD	75	75
Italie[4]	E	EUR	22	33
Japon	E	JPY	10 000	99
Lettonie[4]	E	EUR	22	45
Lituanie[4]	E	EUR	22	49
Luxembourg[4]	E	EUR	22	26
Mexique*	E	USD	50	50
Norvège*	E	NOK	350	35
Nouvelle-Zélande*	T	NZD	-	
Pays-Bas[4]	E	EUR	22	28
Pologne[4]*	T	EUR	(22)	(54)
Portugal[4]	E	EUR	22	38
République slovaque[4]	E	EUR	22	43
République tchèque[4]	E	EUR	22	45
Royaume-Uni[4]*	E	GBP	15	22
Slovénie[4]	E	EUR	22	38
Suède[4]*	T	EUR	(22)	(27)
Suisse*	E	CHF	65	57
Turquie	T	TRY	-	-
Union européenne*	E	EUR	0-10-22	

Notes

*Voir note pays correspondante.

Ce tableau indique les seuils de collecte de la TVA en deçà desquels les importations de biens livrés par un fournisseur étranger à un acheteur dans le pays donné sont exonérées de TVA (seuil d'exonération). Il ne couvre pas d'autres scénarios d'importation tels que l'importation de biens échangés entre particuliers ou l'importation de biens dans les bagages personnels de voyageurs. Les importations de biens soumis à des droits d'accise ne bénéficient généralement pas des exonérations de la taxe.

1. Régime de TVA : cette colonne indique les circonstances dans lesquelles des biens décrits ci-dessus sont importés en franchise de TVA (E) ou assujettis à la TVA (T).

2. Montants en monnaie locale : pour les États membres de l'Union européenne, le seuil est indiqué en euros (EUR) même pour ceux dont la monnaie nationale n'est pas l'euro (Danemark, Hongrie, Pologne, République tchèque et Suède), à l'exception du Royaume-Uni. Le seuil appliqué dans les pays membres de l'UE est déterminé en euros par la législation communautaire (Directive 2009/132/CE). Le montant en euro (EUR) est converti en dollar des États-Unis (USD) comme suit : il est d'abord converti dans la monnaie locale au taux de change du marché (moyenne Eurostat 2015) puis en USD au taux de change PPA. Pour Israël, la Corée et le Mexique, la législation nationale n'indique pas le seuil en monnaie locale, mais uniquement en USD. Sauf mention contraire dans les notes par pays, le montant reflète la valeur intrinsèque des marchandises (hors fret, assurance et autres coûts et taxes).

3. Les montants sont convertis en USD selon le taux à parité de pouvoir d'achat (PPA) pour le PIB. (voir l'annexe A). Les PPA sont les taux de change qui éliminent les différences de pouvoir d'achat entre les pays en supprimant les différences de prix entre les pays. Ils indiquent le nombre spécifié d'unités monétaires nécessaires dans chaque pays pour acheter le même panier représentatif de produits de consommation et de services, qui coûte 1 USD aux États-Unis. Les taux de conversion des monnaies utilisés dans la publication Tendances des impôts sur la consommation sont les taux PPA pour le PIB (voir l'annexe A).

4. Les membres de l'UE sont liés par la législation européenne en matière de TVA et de droits de douane.

Source : Délégations nationales - Situation au 1er janvier 2020

StatLink https://doi.org/10.1787/888934225854

Encadré d'annexe 2.A.5. Notes pays du Tableau 2.A.9

Australie. À compter du 1er juillet 2018, les fournisseurs étrangers qui vendent des biens de faible valeur (inférieure ou égale à 1 000 AUD) à des consommateurs en Australie sont tenus de s'enregistrer, collecter et verser la TPS sur ces biens si leur volume (et celui de toutes les autres fournitures assujetties) dépasse le seuil d'enregistrement aux fins de la TPS fixé à 75 000 AUD par an. Les plateformes numériques (plates-formes de distribution électronique) et les « intermédiaires de re-livraison » sont tenus de collecter la TPS sur les fournitures entrantes effectuées par leur intermédiaire. Les fournisseurs étrangers/plateformes de distribution électronique/intermédiaires de re-livraison peuvent s'enregistrer aux fins de la TPS selon la procédure simplifiée « pour paiement uniquement ». Les fournitures B2B sont régies par les mêmes principes que les services et biens incorporels. Les autorités douanières continuent de collecter la TPS aux frontières sur les biens (d'une valeur inférieure ou égale à 1 000 AUD) soumis à des droits d'accise (alcools et produits du tabac)

Canada. À partir du 1er juillet 2020, le seuil applicable aux biens importés par messagerie du Mexique et des États-Unis est de 40 CAD. Le seuil est de 20 CAD pour toutes les autres importations assurées par les services postaux et de messagerie.

Corée. Le seuil est indiqué en USD dans la législation nationale. Les colis postaux et envois express sont exonérés si leur valeur ne dépasse pas 150 USD et si la quantité est telle que les autorités douanières reconnaissent que les biens sont destinés à un usage personnel.

France. Un seuil d'exonération de 22 EUR s'applique aux importations de biens de faible valeur qui ne relèvent pas des conditions de vente à distance (par correspondance).

Islande. Le seuil ne s'applique qu'à l'importation de biens par livraison express. Un seuil d'exonération de 1 500 ISK s'applique aux importations de biens par des importateurs enregistrés aux fins de la TVA en Islande.

Israël. Le seuil est indiqué en USD dans la législation nationale. Les données statistiques concernant Israël sont fournies par les autorités israéliennes compétentes et sous leur responsabilité.

Mexique. Le seuil est indiqué en USD dans la législation nationale. Le seuil est fixé à 50 USD si l'importation est assurée par les services postaux ou par des services de messagerie.

Norvège. À compter du 1er avril 2020, les fournisseurs étrangers de biens de faible valeur (inférieure ou égale à 3 000 NOK) qui sont importés et livrés à des consommateurs en Norvège sont tenus de s'enregistrer, collecter et verser la TVA sur ces biens en Norvège, si leur volume dépasse le seuil d'enregistrement aux fins de la TVA fixé à 50 000 NOK par an (seuil identique à celui des opérateurs locaux). Les fournisseurs étrangers dont le volume de fournitures concernées dépasse le seuil doivent s'enregistrer et déclarer la TVA dès la première opération. Les plateformes numériques (places de marché) doivent collecter la TVA sur les fournitures livrées par leur intermédiaire. Les fournisseurs étrangers/places de marché en ligne peuvent s'enregistrer selon le régime simplifié « pour paiement uniquement » (VOEC). Les importations de biens d'une valeur supérieure ou égale à 3 000 NOK, de produits alimentaires, biens restreints et biens soumis à des droits d'accise sont exclus du champ d'application du régime simplifié VOEC. La TVA sur ces biens ainsi que les autres droits applicables (droits d'accise et droits de douane) seront recouvrés aux frontières.

Nouvelle-Zélande. À compter du 1er juillet 2019, les fournisseurs étrangers qui vendent des biens de faible valeur (inférieure ou égale à 1 000 NZD) à des consommateurs en Australie sont tenus de s'enregistrer, collecter et verser la TPS sur ces biens si leur volume (et celui de toutes les autres fournitures assujetties) dépasse le seuil d'enregistrement aux fins de la TPS fixé à 60 000 NZD par an. Les plateformes numériques (places de marché et plateformes en ligne) sont tenues de collecter la

TPS sur les fournitures livrées par leur intermédiaire. Les fournisseurs étrangers/places de marché et plateformes en ligne peuvent s'enregistrer aux fins de la TPS selon la procédure simplifiée « pour paiement uniquement ». Les autorités douanières collectent la TPS aux frontières sur les biens dont la valeur est supérieure à 1 000 NZD.

Pologne. Le seuil ne s'applique pas aux biens importés dans le cadre d'une commande par correspondance.

Royaume-Uni. Il n'y a pas d'allègement sur les biens de faible valeur importés au Royaume-Uni en provenance des îles Anglo-Normandes, qui ont été achetés dans le cadre d'une transaction par correspondance/à distance. En raison de la sortie du Royaume-Uni de l'Union européenne, des modifications interviendront à la fin de décembre 2020 afin de supprimer l'allègement sur les biens de faible valeur importés. Les fournisseurs étrangers et les places de marché en ligne qui vendent des biens d'une valeur inférieure à 135 GBP qui sont importés et livrés à des consommateurs au Royaume-Uni seront tenus de s'enregistrer, collecter et verser la TVA.

Suède. Le seuil ne s'applique pas aux biens importés dans le cadre d'une commande par correspondance (y compris via les plateformes numériques).

Suisse. L'importation de biens en Suisse est exonérée de TVA lorsque le montant de la taxe due sur ces importations est inférieur ou égal à 5 CHF. Pour faciliter la comparaison, le seuil équivalent avec le taux de TVA standard est indiqué dans le tableau ci-dessus et s'élève à 65 CHF × TVA 7.7 %= 5 CHF. En ce qui concerne les biens assujettis à un taux réduit de 2.5 % (par ex., les livres), le seuil de 5 CHF n'est atteint qu'à partir d'un montant de fournitures supérieur ou égal à 200 CHF. Cependant, tout vendeur de ce type de biens à des consommateurs en Suisse pour un montant annuel de 100 000 CHF est considéré comme un fournisseur de biens assujettis en Suisse et il doit s'enregistrer, collecter et verser la TVA sur ces fournitures.

Union européenne. À compter de juillet 2021, le seuil d'exonération de TVA s'appliquant à l'importation de biens de faible valeur sera supprimé. Les fournisseurs étrangers ou les plateformes numériques (places de marché) qui vendent des biens de faible valeur (inférieure à 150 EUR) qui sont importés et livrés à des consommateurs dans l'UE seront tenus de s'enregistrer, collecter et verser la TVA sur ces opérations. Il n'y aura pas de seuil d'enregistrement et les fournisseurs étrangers seront tenus de s'enregistrer et de déclarer la TVA dès la première vente. Les fournisseurs étrangers/places de marché en ligne pourront s'enregistrer selon le régime simplifié « pour paiement uniquement » (mini-guichet unique) dans l'État membre de leur choix. Cette mesure de simplification évite de s'enregistrer aux fins de la TVA dans tous les États membres dans lesquels le fournisseur étranger fournit des biens de faible valeur à des consommateurs. Les importations de biens d'une valeur supérieure ou égale à 150 EUR et de biens soumis à des droits d'accise sont exclues du champ d'application du Guichet unique. La TVA, les droits d'accise et les droits de douane sur ces biens seront recouvrés aux frontières.

Tableau d'annexe 2.A.10. Possibilité de remboursement ou d'exonération de la TVA pour les assujettis étrangers

Pays	Accès des entreprises étrangères à un mécanisme de remboursement ou d'exonération de la TVA	Approche[2]	Exigence de réciprocité	Possibilité de déduction de la TVA dans le cadre du régime administratif et d'identification simplifié[1]
Allemagne	Oui	Remboursement prévu par un mécanisme de remboursement direct (sans identification, ni représentant fiscal) ou d'identification directe à la TVA : • Entreprises établies dans l'UE : remboursements effectués conformément à la directive 2008/9/CE de l'Union européenne ; • Entreprises établies en dehors de l'UE : remboursements effectués conformément à la 13e directive de l'Union européenne.	Oui : remboursements prévus uniquement pour les entreprises établies dans l'UE et dans les pays avec lesquels l'Allemagne a signé un accord de réciprocité.	Non (identification « pour paiement uniquement »)
Australie	Oui	Remboursement possible pour les entités soumises à un régime d'identification simplifié	Non	Non (identification « pour paiement uniquement »)
Autriche	Oui	Remboursement prévu par un mécanisme de remboursement direct (sans identification, ni représentant fiscal) ou d'identification directe à la TVA : • Entreprises établies dans l'UE : remboursements effectués conformément à la directive 2008/9/CE de l'Union européenne ; • Entreprises établies en dehors de l'UE : remboursements effectués conformément à la 13e directive de l'Union européenne.	Non	Non (identification « pour paiement uniquement »)
Belgique	Oui	Remboursement prévu par un mécanisme de remboursement direct (sans identification, ni représentant fiscal) ou d'identification directe à la TVA : • Entreprises établies dans l'UE : remboursements effectués conformément à la directive 2008/9/CE de l'Union européenne ; • Entreprises établies en dehors de l'UE : remboursements effectués conformément à la 13e directive de l'Union européenne.	Non	Non (identification « pour paiement uniquement »)
Canada	Oui	Exonération par l'application du taux zéro le cas. À défaut, les types d'exonération suivants peuvent être accordés (critère fondé sur les faits et circonstances) : • La TVA n'est pas appliquée à une entreprise étrangère au titre d'une fourniture de biens au Canada qui, par ailleurs, serait imposable, dès lors que le fournisseur de cette entreprise étrangère reçoit un « certificat de livraison directe » d'une personne enregistrée aux fins de la TVA qui reçoit physiquement les biens vendus ;	Non	Sans objet

		• Une entreprise étrangère est autorisée à « répercuter » la TVA acquittée lors de l'importation de biens au Canada ou payée à une personne immatriculée à la TVA sur son client ou fournisseur immatriculé à la TVA afin que celui-ci puisse à son tour la récupérer lorsqu'il établit sa déclaration de TVA.		
Chili	Non	Sans objet	Sans objet	Non (identification « pour paiement uniquement »)
Colombie	Non	Sans objet	Sans objet	Non (identification « pour paiement uniquement »)
Corée	Oui	Remboursement possible par un mécanisme de remboursement direct (sans identification, ni représentant fiscal) ou d'identification directe à la TVA :	Oui : Remboursements prévus uniquement pour les entreprises étrangères, sur une base de réciprocité.	Non
Danemark	Oui	Remboursement prévu par un mécanisme de remboursement direct (sans identification, ni représentant fiscal) ou d'identification directe à la TVA : • Entreprises établies dans l'UE : remboursements effectués conformément à la directive 2008/9/CE de l'Union européenne ; • Entreprises établies en dehors de l'UE : remboursements effectués conformément à la 13e directive de l'Union européenne.	Non	Non (identification « pour paiement uniquement »)
Espagne[3]	Oui	Remboursement prévu par un mécanisme de remboursement direct (sans identification, ni représentant fiscal) ou d'identification directe à la TVA : • Entreprises établies dans l'UE : remboursements effectués conformément à la directive 2008/9/CE de l'Union européenne ; • Entreprises établies en dehors de l'UE : remboursements effectués conformément à la 13e directive de l'Union européenne.	Oui : remboursements prévus uniquement pour les entreprises établies dans l'UE, au Canada, en Israël, au Japon, à Monaco, en Norvège et en Suisse en désignant un représentant aux fins de la TVA en Espagne.	Non (identification « pour paiement uniquement »)
Estonie	Oui	Remboursement prévu par un mécanisme de remboursement direct (sans identification, ni représentant fiscal) ou d'identification directe à la TVA : • Entreprises établies dans l'UE : remboursements effectués conformément à la directive 2008/9/CE de l'Union européenne ; • Entreprises établies en dehors de l'UE : remboursements effectués conformément à la 13e directive de l'Union européenne.	Oui : les remboursements ne sont prévus que pour les entreprises établies dans l'UE et pour les pays qui remboursent la TVA aux entreprises estoniennes.	Non (identification « pour paiement uniquement »)
Finlande	Oui	Remboursement prévu par un mécanisme de remboursement direct (sans identification, ni représentant fiscal) ou d'identification directe à la TVA : • Entreprises établies dans l'UE : remboursements effectués conformément à la directive 2008/9/CE de l'Union européenne ; • Entreprises établies en dehors de l'UE : remboursements effectués conformément à la 13e directive de l'Union européenne.	Non	Non (identification « pour paiement uniquement »)

France	Oui	Remboursement prévu par un mécanisme de remboursement direct (sans identification, ni représentant fiscal) ou d'identification directe à la TVA : • Entreprises établies dans l'UE : remboursements effectués conformément à la directive 2008/9/CE de l'Union européenne ; • Entreprises établies en dehors de l'UE : remboursements effectués conformément à la 13e directive de l'Union européenne.	Non	Non (identification « pour paiement uniquement »)
Grèce	Oui	Remboursement prévu par un mécanisme de remboursement direct (sans identification, ni représentant fiscal) ou d'identification directe à la TVA : • Entreprises établies dans l'UE : remboursements effectués conformément à la directive 2008/9/CE de l'Union européenne (système électronique) ; • Entreprises établies en dehors de l'UE : remboursements effectués conformément à la 13e directive de l'Union européenne (système sur support papier).	Oui : remboursements prévus uniquement pour les entreprises établies dans l'UE, en Norvège et en Suisse.	Non (identification « pour paiement uniquement »)
Hongrie	Oui	Remboursement prévu par un mécanisme de remboursement direct (sans identification, ni représentant fiscal) ou d'identification directe à la TVA : • Entreprises établies dans l'UE : remboursements effectués conformément à la directive 2008/9/CE de l'Union européenne ; • Entreprises établies en dehors de l'UE : remboursements effectués conformément à la 13e directive de l'Union européenne.	Oui : remboursements prévus uniquement pour les entreprises établies dans l'UE, au Liechtenstein, en Suisse et en Norvège.	
Irlande	Oui	Remboursement prévu par un mécanisme de remboursement direct (sans identification, ni représentant fiscal) ou d'identification directe à la TVA : • Entreprises établies dans l'UE : remboursements effectués conformément à la directive 2008/9/CE de l'Union européenne ; • Entreprises établies en dehors de l'UE : remboursements effectués conformément à la 13e directive de l'Union européenne.	Non	Non (identification « pour paiement uniquement »)
Islande	Oui	Remboursement possible par un mécanisme de remboursement direct (sans identification, ni représentant fiscal) ou d'identification directe à la TVA :	Non	N/C
Israël	Non	Sans objet	Sans objet	Sans objet
Italie	Oui	Remboursement prévu par un mécanisme de remboursement direct (sans identification, ni représentant fiscal) ou d'identification directe à la TVA : • Entreprises établies dans l'UE : remboursements effectués conformément à la directive 2008/9/CE de l'Union européenne ; • Entreprises établies en dehors de l'UE : remboursements effectués conformément à la 13e directive de l'Union européenne.	Oui : remboursements prévus uniquement pour les entreprises établies dans l'UE, en Israël, en Norvège et en Suisse.	Non (identification « pour paiement uniquement »)
Japon	Oui	Une entreprise non établie doit désigner un représentant fiscal résident et choisir d'être considérée comme une entreprise imposable.	Non	Non

Lettonie	Oui	Remboursement prévu par un mécanisme de remboursement direct (sans identification, ni représentant fiscal) ou d'identification directe à la TVA : • Entreprises établies dans l'UE : remboursements effectués conformément à la directive 2008/9/CE de l'Union européenne ; • Entreprises établies en dehors de l'UE : remboursements effectués conformément à la 13e directive de l'Union européenne.	Oui : les remboursements ne sont prévus que pour les entreprises établies dans l'UE et pour les pays qui remboursent la TVA aux entreprises lettones.	Non (identification « pour paiement uniquement »)
Lituanie	Oui	Remboursement prévu par un mécanisme de remboursement direct (sans identification, ni représentant fiscal) ou d'identification directe à la TVA : • Entreprises établies dans l'UE : remboursements effectués conformément à la directive 2008/9/CE de l'Union européenne ; • Entreprises établies en dehors de l'UE : remboursements effectués conformément à la 13e directive de l'Union européenne.	Oui : les remboursements ne sont prévus que pour les entreprises établies dans l'UE et pour les pays qui remboursent la TVA aux entreprises lituaniennes. Les remboursements sont également prévus pour les entreprises établies dans des pays membres de l'OCDE qui n'appliquent pas la TVA ni une taxe similaire.	Non (identification « pour paiement uniquement »)[2]
Luxembourg	Oui	Remboursement prévu par un mécanisme de remboursement direct (sans identification, ni représentant fiscal) ou d'identification directe à la TVA : • Entreprises établies dans l'UE : remboursements effectués conformément à la directive 2008/9/CE de l'Union européenne ; • Entreprises établies en dehors de l'UE : remboursements effectués conformément à la 13e directive de l'Union européenne.	Non	Non (identification « pour paiement uniquement »)
Mexique	Non	Sans objet	Sans objet	Non (identification « pour paiement uniquement »)
Norvège	Oui	Remboursement possible par un mécanisme de remboursement direct (sans identification, ni représentant fiscal).	Non	Non (identification « pour paiement uniquement »)
Nouvelle-Zélande	Oui	Taux zéro applicable à la plupart des fournitures à des non-résidents. Toutefois, les entreprises non-résidentes qui n'effectuent pas de prestations imposables en Nouvelle-Zélande peuvent se faire enregistrer aux fins de la TPS et en demander le remboursement en Nouvelle-Zélande, sous plusieurs conditions : (1) l'entreprise non résidente doit s'enregistrer à la TPS ou à la TVA dans son propre pays ; (2) le remboursement de la TPS résultant de la première déclaration de TPS doit être supérieur à 500 NZD ; (3) le droit au remboursement de la TPS sur les intrants n'est possible que si l'entreprise non résidente a payé les dépenses ; (4) l'entreprise non résidente ne peut pas créer un groupe au titre de la TPS avec des entités résidentes en Nouvelle-Zélande sauf si elle est enregistrée au titre de la TPS selon les règles normales ; (5) l'entreprise non résidente ne doit pas fournir des services susceptibles d'être utilisés, en Nouvelle-Zélande, par une personne qui n'est pas enregistrée au titre de la TPS ; (6) l'autorité fiscale n'est tenue légalement de rembourser la TPS que 90	Non	Non (identification « pour paiement uniquement ») Les fournisseurs étrangers peuvent cependant choisir d'effectuer un enregistrement complet leur permettant de demander le remboursement de la TPS sur les coûts acquittés en Nouvelle-Zélande.

		jours après le dépôt de la déclaration de TPS.		
Pays-Bas	Oui	Remboursement prévu par un mécanisme de remboursement direct (sans identification, ni représentant fiscal) ou d'identification directe à la TVA : • Entreprises établies dans l'UE : remboursements effectués conformément à la directive 2008/9/CE de l'Union européenne ; • Entreprises établies en dehors de l'UE : remboursements effectués conformément à la 13e directive de l'Union européenne.	Non	Non (identification « pour paiement uniquement »)
Pologne	Oui	Remboursement prévu par un mécanisme de remboursement direct (sans identification, ni représentant fiscal) ou d'identification directe à la TVA : • Entreprises établies dans l'UE : remboursements effectués conformément à la directive 2008/9/CE de l'Union européenne ; • Entreprises établies en dehors de l'UE : remboursements effectués conformément à la 13e directive de l'Union européenne.	Oui : les remboursements ne sont prévus que pour les entreprises établies dans l'UE et pour les pays qui remboursent la TVA aux entreprises polonaises.	Non (identification « pour paiement uniquement »)
Portugal	Oui	Remboursement prévu par un mécanisme de remboursement direct : • Entreprises établies dans l'UE : remboursements effectués conformément à la directive 2008/9/CE de l'Union européenne ; • Entreprises établies en dehors de l'UE : remboursements effectués conformément à la 13e directive de l'Union européenne par la désignation d'un représentant aux fins de la TVA au Portugal.	Oui : les remboursements ne sont prévus que pour les entreprises établies dans l'UE et pour les pays qui remboursent la TVA aux entreprises portugaises.	Non (identification « pour paiement uniquement »)
République slovaque	Oui	Remboursement prévu par un mécanisme de remboursement direct (sans identification, ni représentant fiscal) ou d'identification directe à la TVA : • Entreprises établies dans l'UE : remboursements effectués conformément à la directive 2008/9/CE de l'Union européenne ; • Entreprises établies en dehors de l'UE : remboursements effectués conformément à la 13e directive de l'Union européenne.	Oui : les remboursements ne sont prévus que pour les entreprises établies dans l'UE et pour les pays qui remboursent la TVA aux entreprises slovaques.	Non (identification « pour paiement uniquement »)
République tchèque	Oui	Remboursement prévu par un mécanisme de remboursement direct (sans identification, ni représentant fiscal) ou d'identification directe à la TVA : • Entreprises établies dans l'UE : remboursements effectués conformément à la directive 2008/9/CE de l'Union européenne ; • Entreprises établies en dehors de l'UE : remboursements effectués conformément à la 13e directive de l'Union européenne.	Oui : les remboursements ne sont prévus que pour les entreprises établies dans l'UE et pour les pays qui remboursent la TVA aux entreprises tchèques.	Non (identification « pour paiement uniquement »)
Royaume Uni	Oui	Remboursement prévu par un mécanisme de remboursement direct (sans identification, ni représentant fiscal) ou d'identification directe à la TVA : • Entreprises établies dans l'UE : remboursements effectués conformément à la directive 2008/9/CE de l'Union européenne ; • Entreprises établies en dehors de l'UE : remboursements effectués conformément à la 13e directive de l'Union européenne.	Non	Non (identification « pour paiement uniquement »)
Slovénie	Oui	Remboursement prévu par un mécanisme de remboursement direct (sans identification,	Oui : les remboursements ne sont	Non (identification « pour

		ni représentant fiscal) ou d'identification directe à la TVA : • Entreprises établies dans l'UE : remboursements effectués conformément à la directive 2008/9/CE de l'Union européenne ; • Entreprises établies en dehors de l'UE : remboursements effectués conformément à la 13e directive de l'Union européenne.	prévus que pour les entreprises établies dans l'UE et pour les pays qui remboursent la TVA aux entreprises slovènes.	paiement uniquement »)
Suède	Oui	Remboursement prévu par un mécanisme de remboursement direct (sans identification, ni représentant fiscal) ou d'identification directe à la TVA : • Entreprises établies dans l'UE : remboursements effectués conformément à la directive 2008/9/CE de l'Union européenne ; • Entreprises établies en dehors de l'UE : remboursements effectués conformément à la 13e directive de l'Union européenne. Les entreprises non établies peuvent demander le remboursement de la TVA en Suède au même titre que les entreprises enregistrées aux fins de la TVA (depuis le 1er jjanvier 2010).	Non	Non (identification « pour paiement uniquement »)
Suisse	Oui	La Suisse rembourse la TVA acquittée par des entreprises qui ne sont pas établies, ni enregistrées aux fins de la TVA en Suisse ou au Liechtenstein et qui n'ont pas livré de biens ou de services en Suisse ou au Liechtenstein (au titre de fournitures exonérées de taxe, de services pour lesquels le lieu de la prestation est celui du destinataire ou pour la livraison d'électricité via des câbles, de gaz naturel via un réseau de distribution et de chauffage à distance à des personnes assujetties à la taxe sur le territoire suisse).	Oui : La réciprocité conditionne les remboursements.	Sans objet
Turquie	Oui	Remboursement prévu par un mécanisme de remboursement direct (sans identification, ni représentant fiscal) pour certaines transactions.	Oui (dépend partiellement de la réciprocité)	Oui

Notes

Les mécanismes d'exonération ou de remboursement de la TVA présentés dans ce tableau n'incluent pas les mécanismes associés aux exportations de marchandises ou aux touristes.

1. L'absence d'exonération de la TVA supportée en amont par les fournisseurs étrangers dans le cadre du régime administratif et d'identification simplifié du pays n'empêche généralement pas les fournisseurs étrangers d'exercer leur droit à l'obtention d'une exonération de cette TVA en amont dans le cadre de la procédure normale. Par exemple, les fournisseurs étrangers inscrits au mini-guichet unique de l'UE peuvent toujours demander des remboursements de TVA dans le cadre de la 13e directive de l'UE.

2. L'expression « remboursement prévu » employée dans ce tableau ne signifie pas que les remboursements sont automatiques. Ils peuvent être soumis à des processus de vérification (manuels).

3. Espagne : Une exonération directe de la TVA est prévue pour l'achat de moules, plans et outillages destinés à la fabrication en Espagne de biens qui sont expédiés hors de l'UE à une entreprise non établie dans le pays et pour toute acquisition de services à des fins de soutien de salons, expositions, congrès à finalité commerciale ou professionnelle organisés en Espagne.

Source : Délégations nationales - Situation au 1er janvier 2020.

Tableau d'annexe 2.A.11. Obligations de déclaration électronique des opérations

Pays	Facturation électronique[1]	Déclaration électronique obligatoire des opérations	Format de la déclaration	Dispositions relatives à la déclaration	Moment de déclaration
Allemagne	Factures papier : autorisées Factures numérisées : autorisées Factures électroniques : autorisées	Données sur les transactions : oui (1er janvier 2014) Caisses enregistreuses électroniques : non	Aucun format n'est exigé. -	Sur demande -	- -
Australie	Factures papier : autorisées Factures numérisées : autorisées Factures électroniques : autorisées (avec prestataires de services agréés)	Données sur les transactions : oui (1er janvier 2000) Caisses enregistreuses électroniques : autorisées (1er janvier 2000)	Aucun format spécifique n'est exigé. Aucun format spécifique n'est exigé.	Sur demande (selon l'évaluation des risques) Sur demande	- -
Autriche*	Factures papier : autorisées Factures numérisées : autorisées Factures électroniques : autorisées (obligatoires pour les fournitures B2G[4])	Données sur les transactions : oui (1er janvier 2000) Caisses enregistreuses électroniques : oui - hors ligne (1er avril 2017)	Aucun format spécifique n'est exigé (le format SAF-T[3] est autorisé depuis 2009). Aucun format spécifique n'est exigé.	Sur demande Systématique (périodique) et sur demande	- Annuel
Belgique*	Factures papier : autorisées Factures numérisées : autorisées Factures électroniques : autorisées	Données sur les transactions : non Caisses enregistreuses électroniques : oui (1er juillet 2016)	- Logiciel certifié	- Sur demande	- -
Canada	Factures papier : autorisées Factures numérisées : autorisées Factures électroniques : autorisées	Données sur les transactions : non Caisses enregistreuses électroniques : non	- -	- -	- -
Chili*	Factures papier : autorisées pour les fournitures B2C Factures numériques : non autorisées pour les fournitures B2C Factures électroniques pour les fournitures B2B et B2C au format XML	Données sur les transactions : oui (Janvier 2003) Caisses enregistreuses électroniques : sur option (Janvier 2014)	Format XML déterminé par l'autorité fiscale Sous réserve de l'approbation des autorités fiscales.	Systématique (accès direct automatisé en temps réel)	En même temps que l'émission de la facture (notification de la facture en temps réel) Mensuel

Colombie	Factures papier : non autorisées pour les fournitures B2C Factures numérisées : non autorisées pour les fournitures B2C Factures électroniques pour les fournitures B2B et B2G au format XML	Données sur les transactions : oui (Janvier 2017) Caisses enregistreuses électroniques : sur option (Janvier 2014)	Format XML déterminé par l'autorité fiscale Sous réserve de l'approbation des autorités fiscales.	Systématique (accès direct automatisé en temps réel)	En même temps que l'émission de la facture (notification de la facture en temps réel) Mensuel
Corée*	Factures papier : non autorisées pour les transactions B2B Factures numérisées : non autorisées pour les transactions B2B Factures électroniques : obligatoires pour les transactions B2B	Données sur les transactions : oui (1er janvier 2011) Caisses enregistreuses électroniques : oui (1er janvier 2005)	Format de facturation électronique de la taxe Aucun format spécifique n'est exigé.	Systématique (en temps quasi réel) Systématique	Le jour suivant l'émission de la facture Journalier
Danemark*	Factures papier : autorisées Factures numérisées : autorisées Factures électroniques : autorisées	Données sur les transactions : oui (1er mars 2015) Caisses enregistreuses électroniques : non	Aucun format spécifique n'est exigé. -	Sur demande -	- -
Espagne*	Factures papier : autorisées Factures numérisées : autorisées Factures électroniques : autorisées	Données sur les transactions : oui Caisses enregistreuses électroniques : non	XML -	Systématique (en temps quasi réel) -	Dans un délai de quatre jours suivant l'émission de la facture (temps quasi réel)
Estonie	Factures papier : autorisées Factures numérisées : autorisées Factures électroniques : autorisées	Données sur les transactions : non Caisses enregistreuses électroniques : non	- -	- -	- -
Finlande	Factures papier : autorisées Factures numérisées : autorisées Factures électroniques : autorisées	Données sur les transactions : non Caisses enregistreuses électroniques : non	- -	- -	- -
France	Factures papier : autorisées Factures numérisées : autorisées Factures électroniques : autorisées (obligatoires pour les fournitures B2G[4])	Données sur les transactions : oui (1er janvier 2014) Caisses enregistreuses électroniques : oui - hors ligne	SAF-T[3] Aucun format spécifique n'est exigé.	Sur demande Sur demande	- -

		(1er janvier 2014)			
Grèce*	Factures papier : autorisées Factures numérisées : autorisées Factures électroniques : autorisées	Données sur les transactions : oui Caisses enregistreuses électroniques : oui	Aucun format spécifique n'est exigé Aucun format spécifique n'est exigé	Systématique Systématique	
Hongrie*	Factures papier : autorisées Factures numérisées : autorisées Factures électroniques : autorisées	Données sur les transactions : oui Caisses enregistreuses électroniques : oui	Aucun format spécifique n'est exigé. -	Systématique (en temps réel) -	En même temps que l'émission de la facture (notification de la facture en temps réel)
Irlande	Factures papier : autorisées Factures numérisées : autorisées Factures électroniques : autorisées	Données sur les transactions : oui (1er janvier 2014) Caisses enregistreuses électroniques : non	Aucun format n'est exigé. -	Sur demande -	
Islande	Factures papier : autorisées Factures numérisées : autorisées Factures électroniques : autorisées	Données sur les transactions : non Caisses enregistreuses électroniques : non	- -	- -	- -
Israël*	Factures papier : autorisées Factures numérisées : autorisées Factures électroniques : autorisées	Données sur les transactions : oui (1er janvier 2010) Caisses enregistreuses électroniques : oui (1er janvier 2010)	Aucun format spécifique n'est exigé : PCN874 Aucun format spécifique n'est exigé.	Systématique (périodique) Systématique (périodique)	Mensuelle Mensuelle
Italie*	Factures papier : non autorisées Factures numérisées : non autorisées Factures électroniques : obligatoires pour toutes les transactions (à quelques exceptions près)	Données sur les transactions : oui (1er janvier 2019) Caisses enregistreuses électroniques : oui	Format XML -	Systématique (en temps réel) -	En même temps que l'émission de la facture (notification de la facture en temps réel) 1er janvier 2020
Japon	Factures papier : autorisées Factures numérisées : autorisées Factures électroniques : autorisées	Données sur les transactions : non Caisses enregistreuses électroniques : non	- -	- -	- -
Lettonie*	Factures papier : autorisées Factures numérisées : autorisées Factures électroniques : autorisées	Données sur les transactions : oui (26 octobre 2011)	Aucun format spécifique n'est exigé. Aucun format spécifique n'est exigé.	Sur demande Sur demande	- -

		Caisses enregistreuses électroniques : oui (1er juillet 2017)			
Lituanie	Factures papier : autorisées Factures numérisées : autorisées Factures électroniques : autorisées	Données sur les transactions : oui (1er octobre 2016) Caisses enregistreuses électroniques : sur option	SAF-T[3] Logiciel certifié	Systématique Sur demande	Mensuelle
Luxembourg*	Factures papier : autorisées Factures numérisées : autorisées Factures électroniques : autorisées	Données sur les transactions : oui Caisses enregistreuses électroniques : non	SAF-T[3] -	Sur demande -	- -
Mexique*	Factures papier : non autorisées pour les transactions B2B et B2G Factures numérisées : non autorisées pour les fournitures B2B et B2G Factures électroniques : obligatoires pour les transactions B2B et B2G	Données sur les transactions : oui (1er janvier 2015) Caisses enregistreuses électroniques : non	Format XML -	Systématique (automatique, périodique, sur demande) -	Factures électroniques : en même temps que l'émission de la facture (notification de la facture en temps réel) Données sur les transactions : mensuelles
Norvège*	Factures papier : non autorisées pour les transactions B2B et B2G[4] Factures numérisées : non autorisées pour les transactions B2B et B2G Factures électroniques : obligatoires pour les transactions B2B et B2G[4]	Données sur les transactions : oui (1er janvier 2020) Caisses enregistreuses électroniques : oui (1er janvier 2019)	SAF-T[3] Logiciel agréé par l'administration fiscale	Sur demande Sur demande	- -
Nouvelle-Zélande	Factures papier : autorisées Factures numérisées : autorisées Factures électroniques : autorisées	Données sur les transactions : oui (1er janvier 2000) Caisses enregistreuses électroniques : non	Aucun format spécifique n'est exigé. -	Sur demande -	- -
Pays-Bas	Factures papier : autorisées Factures numérisées : autorisées Factures électroniques : autorisées	Données sur les transactions : oui (1er janvier 2000) Caisses enregistreuses électroniques : non	SAFT[3] -	Sur demande –	- -

Pologne	Factures papier : autorisées Factures numérisées : autorisées Factures électroniques : autorisées	Données sur les transactions : oui (1er janvier 2018) Caisses enregistreuses électroniques : oui	SAF-T[3] Logiciel certifié	Systématique et sur demande Sur demande	Mensuel - -
Portugal	Factures papier : autorisées Factures numérisées : autorisées Factures électroniques : obligatoires pour les transactions B2G[4]	Données de facturation : oui (1er janvier 2013) Caisses enregistreuses électroniques : sur option	Format de service web (en temps réel) ou fichier structuré basé sur SAF-T[3]/téléchargement direct vers l'administration fiscale (mensuel) Certification obligatoire du logiciel de facturation (1er janvier 2011) Logiciel certifié	Systématique (avant le 12 du mois suivant) Sur demande à des fins de contrôle	En temps réel/mensuel -
République slovaque	Factures papier : autorisées Factures numérisées : autorisées Factures électroniques : autorisées	Données sur les transactions : oui (1er janvier 2014) Caisses enregistreuses électroniques : oui (1er janvier 2012)	Logiciel spécifique exigé Logiciel certifié	Systématique (en même temps que le dépôt de la déclaration de TVA) Systématique	Mensuel/trimestriel En temps réel
République tchèque	Factures papier : autorisées Factures numérisées : autorisées Factures électroniques : autorisées	Données sur les transactions : oui Caisses enregistreuses électroniques : oui - hors ligne (1er janvier 2020)	Déclaration de contrôle Aucun format spécifique n'est exigé.	Systématique (périodique) Sur demande	En même temps que le dépôt de la déclaration de TVA -
Royaume-Uni	Factures papier : autorisées Factures numérisées : autorisées factures électroniques : autorisées	Données sur les transactions : oui Caisses enregistreuses électroniques : non	Logiciel aux fonctionnalités compatibles	Sur demande	-
Slovénie	Factures papier : autorisées Factures numérisées : autorisées Factures électroniques : autorisées	Données sur les transactions : oui Caisses enregistreuses électroniques : oui	SAF-T[3] Logiciel certifié	Sur demande Systématique	- En temps réel
Suède*	Factures papier : autorisées Factures numérisées : autorisées Factures électroniques : autorisées	Données sur les transactions : oui Caisses enregistreuses électroniques : oui	Aucun format spécifique n'est exigé. Logiciel certifié	Sur demande Sur demande	- -
Suisse*		Données sur les transactions : oui Caisses enregistreuses	Aucun format spécifique n'est exigé.	Sur demande	-

		électroniques : non			
Turquie	Factures papier : autorisées pour les fournitures Factures numérisées : non autorisées pour les fournitures Factures électroniques pour les fournitures B2B et B2C au format XML	Données sur les transactions : oui (Janvier 2020) Caisses enregistreuses électroniques : non	Format XML déterminé par l'autorité fiscale -	Systématique (en temps réel)	Journalier -

Notes

1. Dans ce tableau, la déclaration électronique des opérations désigne la transmission par des entreprises enregistrées de renseignements détaillés sous forme électronique sur leurs opérations imposables, notamment les données comptables, de facturation ou toute information permettant aux autorités fiscales de disposer de renseignements sur les biens et services achetés ou vendus par un assujetti. Elle n'inclut *pas* la fourniture électronique de données synthétiques comme le chiffre d'affaires total ou les montants déductibles, comme dans les déclarations périodiques ou états récapitulatifs.
2. Dans ce tableau, les expressions « facture électronique » ou « e-facture » désignent l'échange automatisé d'informations de facturation directement entre les systèmes comptables des parties à une transaction ; « facture numérisée » désigne la copie d'une facture (en format PDF, par exemple) transmise par voie électronique (notamment par courrier électronique) entre des parties à une transaction.
3. SAF-T signifie Standard Audit File for Tax (Fichier normalisé d'informations comptables) mis au point par le Forum sur l'administration fiscale de l'OCDE. Ce système implique l'utilisation d'un logiciel comptable pour créer le fichier électronique (SAF-T) contenant les données comptables. Le format SAF-T permet de transférer les données de l'assujetti à l'administration fiscale dans un format électronique standard. (Voir le guide ici : http://www.oecd.org/tax/administration/guidancenote-guidancefordevelopersofbusinessandaccountingsoftwareconcerningtaxauditrequirements.htm). Le plus souvent, une version locale du format SAF-T est créée pour répondre aux besoins locaux.
4. B2G désigne les biens et services que des entreprises enregistrées aux fins de la TVA fournissent à l'administration ou aux autorités ou organismes publics.

Source : Délégations nationales - Situation au 1er janvier 2020

Encadré d'annexe 2.A.6. Voir notes du tableau 2.A.11

Australie. Des ***données électroniques relatives aux opérations*** ne peuvent être exigées de l'assujetti que si l'évaluation des risques de ses activités met en évidence la nécessité d'informations supplémentaires. Il peut s'agir simplement d'une copie des factures (si possible, au format pdf), d'autres documents justificatifs ou d'un tableur électronique des opérations. Il est rare que l'administration fiscale australienne accède effectivement aux dossiers électroniques du système de l'entreprise.

Autriche. ***Données électroniques relatives aux opérations*** : depuis 2000, il est obligatoire, à la demande des autorités, de fournir les données relatives aux opérations sur des supports de données (dans le cadre d'un contrôle). Depuis 2009, la transmission de données au format SAF-T est autorisée. ***Caisses enregistreuses électroniques*** : l'utilisation de caisses enregistreuses électroniques est obligatoire pour les assujettis dont le chiffre d'affaires net annuel est supérieur ou égal à 15 000 EUR, à condition que le chiffre d'affaires en espèces soit supérieur à 7 500 EUR par an. Le chiffre d'affaires annuel retenu s'élève à 30 000 EUR pour les entreprises actives dans les domaines suivants : ventes d'articles de plein air ; ventes d'articles de ski alpin et de montagne et de chasse en réserve ; ventes dans certains types de tavernes à vin (« Buschenschank ») ; ventes dans les cantines des organisations sans but lucratif. Une exception générale à l'obligation de caisse enregistreuse s'applique aux organismes sans but lucratif, caritatifs et ecclésiastiques ; aux automates en libre-service dont les ventes unitaires sont inférieures à 20 EUR. À compter du 1er janvier 2020, une obligation déclarative spéciale s'applique aux plateformes, qui facilitent la vente de biens et de services d'autres fournisseurs.

Belgique. ***Caisses enregistreuses électroniques*** : l'obligation de disposer d'un système de caisse enregistreuse (SCE) délivrant des tickets de caisse est imposée aux assujettis qui fournissent des services de repas ou de restauration sur une base régulière lorsque leur chiffre d'affaires annuel hors TVA relatif aux prestations de restaurant et de restauration excède 25 000 EUR. Si ce plafond est dépassé, des tickets de caisse du système de caisse enregistreuse (SCE) doivent être délivrés pour toutes les fournitures de repas et de boissons (pendant le repas ou non), y compris pour toutes les ventes de nourriture et de boissons.

Chili. Depuis 2003, il est obligatoire d'utiliser la ***facturation électronique*** et de transmettre ***par voie électronique***, à l'administration fiscale, les ***données électroniques relatives aux opérations*** entre entreprises. En 2017, cette obligation a été étendue à la transmission des autres données comptables dans un dossier électronique conservé par l'administration fiscale. Les données sur les opérations doivent être communiquées aux autorités fiscales en temps réel. Les données de facturation doivent être validées par les autorités fiscales avant d'être considérées comme un document comptable probant (y compris en matière de droit à déduction de la TVA d'amont). Cette obligation s'applique à tous les assujettis. Tout assujetti à la TVA peut utiliser des caisses enregistreuses. L'autorisation préalable des autorités fiscales est obligatoire pour utiliser des pièces justificatives à la place des reçus de TVA non électroniques. Dans ce cas, l'administration fiscale impose que le modèle de caisse enregistreuse soit certifié selon certains critères. L'autorisation est délivrée au cas par cas, à la demande de l'assujetti. Depuis juillet 2020, la Loi 21210 a rendu obligatoire l'émission de *factures électroniques* pour les fournitures B2C. La facture électronique peut être transmise par tout moyen électronique (téléphone mobile, courrier électronique, etc.) sous réserve que le consommateur et l'entreprise en disposent. Quelques exceptions mineures peuvent s'appliquer en cas d'absence de connexion à internet ou d'électricité, mais l'administration fiscale doit l'autoriser.

Corée. ***Transmission des données relatives aux opérations*** : tous les opérateurs professionnels et les entreprises individuelles dont le montant total des fournitures de biens et de services a atteint au moins 300 millions KRW au cours de l'exercice fiscal précédent sont tenus d'émettre des factures électroniques pour l'ensemble des livraisons B2B, en respectant le format prescrit. L'administration fiscale doit avoir un accès direct automatisé aux données de facturation, au plus tard un jour après l'émission de la facture par le biais du système de facturation électronique. Les données de facturation doivent être communiquées à l'administration fiscale pour validation avant de pouvoir être considérées comme un document comptable valide, notamment comme justificatif pour la déduction de la TVA en amont. ***Tickets de caisses électroniques*** : les entreprises individuelles qui fournissent des biens et services principalement à des consommateurs doivent émettre des tickets de caisses électroniques et les données relatives aux transactions doivent être transmises chaque jour à l'administration fiscale.

Danemark. Une loi imposant aux assujettis appartenant à une catégorie considérée comme à risque d'utiliser des caisses enregistreuses électroniques a été adoptée. La date à laquelle elle entrera en vigueur n'est pas encore décidée.

Espagne. ***Transmission des données relatives aux opérations*** : les assujettis enregistrés au registre de remboursement mensuel de la TVA ; ceux dont le chiffre d'affaires annuel dépasse 6 millions EUR et les groupes d'entreprises aux fins de la TVA sont tenus de transmettre à l'administration fiscale des données de facturation en format XML, dans un délai de quatre jours civils suivant l'émission ou la réception de la facture (communication immédiate des informations). Les informations sur les biens d'investissement doivent être également transmises dans le délai imparti pour la dernière période de règlement de l'année.

France. ***La facturation électronique*** n'est pas obligatoire sauf pour les fournitures B2G. D'ici à 2025 au plus tard, la facturation électronique sera obligatoire pour toutes les fournitures B2B. ***Données électroniques relatives aux opérations*** : les assujettis qui tiennent leur comptabilité au moyen de systèmes informatisés doivent la présenter sous forme de fichiers dématérialisés lors d'un contrôle de l'administration fiscale (ces fichiers doivent répondre à des règles spécifiques). ***Caisses enregistreuses électroniques*** : les personnes assujetties à la TVA qui effectuent des livraisons de biens et des prestations de services à destination de clients particuliers et qui enregistrent les règlements au moyen d'un système de caisse électronique sont tenues d'utiliser un logiciel certifié répondant à plusieurs conditions techniques (inaltérabilité, sécurisation, conservation) en vue d'un contrôle par l'administration fiscale. L'utilisation de caisses enregistreuses électroniques n'est cependant pas obligatoire.

Grèce. La délivrance de reçus de vente par des ***caisses enregistreuses électroniques*** (« caisses enregistreuses fiscales ») est obligatoire, sauf pour les contribuables énumérés par le règlement de l'administration fiscale (notamment, les avocats, comptables, agriculteurs, etc.). Toutes les entités soumises aux dispositions des normes comptables grecques doivent ***transmettre sous forme numérique*** à la plateforme de comptabilité de l'administration fiscale myDATA (my Digital Accounting & Tax Application) : (1) un résumé des documents commerciaux émis et reçus (factures, reçus de ventes, etc.). (2) la classification des transactions visées par ces documents commerciaux par catégories de revenus et charges. (3) les données sur les écritures comptables d'ajustement supplémentaires (paie, amortissements, par exemple) qui constituent leur base fiscale/comptable pour l'exportation du résultat fiscal/comptable de chaque exercice. Ces données seront transmises via : un logiciel comptable/commercial interopérable, un formulaire spécial de saisie des données, des ***machines connectées à registres fiscaux électroniques*** pour les transactions de vente au détail (caisses enregistreuses en ligne, OCR) ou la facturation électronique par des fournisseurs agréés. Outre l'obligation mentionnée ci-dessus, les stations-service doivent déclarer en ligne chaque achat/vente de carburant (essence, gasoil).

Hongrie. Les ***données de facturation*** relatives aux factures émises par un système de facturation (à partir de 100 000 HUF) doivent être transmises aux autorités fiscales en même temps que la facture émise par l'assujetti (***déclaration en temps réel).*** Les données des « factures papier » doivent être transmises aux autorités fiscales dans un délai de 1 ou 5 jours (selon que le montant de la TVA mentionné sur la facture dépasse - respectivement - 500 000 HUF ou 100 000 HUF). Le client qui souhaite déduire la TVA a, par ailleurs, certaines obligations déclaratives. D'autres obligations déclaratives s'appliquent également à la modification ou à l'annulation des factures. À partir du 1er juillet 2020, le seuil de 100 000 HUF est supprimé et des données doivent être communiquées pour toutes les factures émises au titre de fournitures intérieures à des assujettis enregistrés en Hongrie (B2B) Cette déclaration doit être effectuée soit en temps réel (système de facturation), soit dans un délai de 1 ou 4 jours (factures papier, selon le montant de la TVA mentionné sur la facture). Des règles précises s'appliquent à la modification ou à l'annulation de factures ainsi qu'aux obligations déclaratives du client. Ces règles de déclaration ne s'appliquent pas aux factures émises dans le cadre de fournitures de biens intracommunautaires exonérés.

Israël. ***Transmission des données relatives aux opérations*** : les contribuables (« opérateurs agréés ») dont le chiffre d'affaires est supérieur à 2 500 000 ILS ou qui sont tenus d'utiliser un système de comptabilité en partie double, ou ceux dont le chiffre d'affaires dépasse 1 500 000 ILS et qui sont tenus légalement d'établir un bilan et de désigner un vérificateur, doivent transmettre les données de facturation sur une base mensuelle (avant le 23 du mois suivant) à l'administration fiscale, en respectant le format prescrit (PCN874). Caisses enregistreuses électroniques : l'utilisation de caisses enregistreuses électroniques certifiées est imposée ou proposée à certains contribuables, selon leur activité et leur chiffre d'affaires. Ainsi, tous les détaillants doivent utiliser des ***caisses enregistreuses électroniques certifiées*** (aucun seuil ne s'applique, mais si son chiffre d'affaires est inférieur à 350 000 ILS par an, le détaillant peut choisir d'utiliser, à la place, un registre comptable). Les grossistes dont le chiffre d'affaires ne dépasse pas 10 100 000 ILS peuvent, s'ils le souhaitent, remplacer les factures par des caisses enregistreuses électroniques certifiées pour les transactions en espèces ne dépassant pas 710 ILS. Les prestataires de services de transport peuvent utiliser des caisses enregistreuses électroniques certifiées (absence de seuil). En ce qui concerne les autres services, il est possible d'utiliser des caisses enregistreuses électroniques (absence de seuil) ; si une opération est enregistrée avec un reçu, le reçu remplace les caisses enregistreuses électroniques.

Italie. Toutes les entreprises enregistrées aux fins de la TVA, établies en Italie, sont tenues d'accepter et d'émettre des ***factures par voie électronique*** via la plateforme de facturation électronique de l'administration fiscale italienne, Sistema di Interscambio (SdI). Sont concernées les opérations entre des assujettis établis sur le territoire italien, à l'exclusion de celles fournies pas des contribuables relevant de régimes d'exonération de TVA. S'agissant des entreprises qui se livrent à des activités commerciales de détail ou à des activités similaires, l'émission de la facture n'est pas obligatoire si le client n'en fait pas la demande au plus tard au moment de l'opération. À compter du 1er janvier 2020, en dehors de quelques exceptions, les contribuables qui se livrent à des activités commerciales de détail ou à des activités similaires doivent enregistrer leurs opérations sous forme électronique et les communiquer à l'administration fiscale italienne, quel que soit leur chiffre d'affaires.

Lettonie. ***Transmission des données relatives aux opérations*** : si un contribuable conserve des registres comptables sous forme électronique, il doit, à la demande de l'administration fiscale, l'autoriser à accéder aux informations en lien avec ses activités économiques, enregistrées sous forme électronique. Le programme informatique de comptabilité doit garantir l'enregistrement des données comptables dans les formats suivants : MS Excel, dBase/FoxPro, fichiers textes de rapport, fichiers plats, Excel, Access, PDF, Adobe PDF, XML ou sources de données ODBC. ***Reçus de caisses électroniques*** : dans les lieux de vente ambulante, les assujettis doivent utiliser une caisse enregistreuse prescrite par la loi si le montant cumulé des biens et services fournis atteint 150 000 EUR au cours des 12 mois précédents. En ce qui concerne les activités de transport de voyageurs, les assujettis doivent utiliser des systèmes de caisses enregistreuses prescrits par la loi si la valeur cumulée des opérations réalisées dans une unité structurelle particulière ou un véhicule de transport de voyageurs dépasse 1 500 000 EUR au cours des 12 mois précédents. L'utilisation de caisses enregistreuses prescrites par la loi est obligatoire pour les contribuables enregistrés auprès du registre des assujettis à la TVA du service public letton des recettes, les stations-service et les taxis.

Luxembourg. ***L'obligation de transmission des informations relatives aux opérations*** est appliquée depuis l'exercice 2011. L'obligation de transmettre les données relatives aux opérations à l'administration fiscale dans le format SAF-T ne s'applique pas aux contribuables qui ne sont pas soumis au plan comptable normalisé ; ou qui bénéficient du régime simplifié ; ou dont le chiffre d'affaires est inférieur à 112 000 EUR ou qui n'ont pas un volume raisonnable d'opérations comptables (moins de 500 env.).

Mexique. ***La facturation électronique*** est obligatoire depuis le 1er janvier 2014. Depuis le 1er janvier 2015, les **données relatives aux opérations** doivent être obligatoirement transmises à l'administration fiscale. Les informations de facturation doivent être transmises aux autorités fiscales à la date d'émission de la facture (transmission en temps réel). Cette obligation s'applique à tous les assujettis et couvre les fournitures nationales de biens et les prestations de services B2B et B2C. La transmission périodique des informations relatives aux opérations est également obligatoire pour tous les assujettis. Les entités fédératives, municipalités, syndicats et entités de l'administration parapublique ; certains petits contribuables et organismes sans but lucratif sont dispensés de cette obligation.

Norvège. ***Transmission des données relatives aux opérations*** : le règlement norvégien sur la comptabilité prévoit une obligation de communiquer les données comptables dans le format SAF-T pour toutes les entreprises dont le chiffre d'affaires est supérieur ou égal à 5 millions NOK. Cette obligation s'applique également aux entreprises dont le chiffre d'affaires annuel est inférieur ou égal à 5 millions NOK si leurs informations comptables sont disponibles par voie électronique. Les entreprises soumises aux obligations comptables ne sont tenues de transmettre les informations comptables au format SAF-T que si les autorités fiscales en font la demande. ***Caisses enregistreuses*** : à compter du 1er janvier 2017, les systèmes de caisses enregistreuses doivent respecter les exigences imposées par la loi norvégienne sur les systèmes de caisses enregistreuses et les règlementations y afférentes. Les fournisseurs doivent déclarer que les systèmes sont conformes aux nouvelles règles. À compter du 1er janvier 2019, les entreprises soumises à une obligation comptable doivent commencer à utiliser des systèmes de caisses enregistreuses.

Pologne. ***Transmission des données relatives aux opérations*** : les personnes assujetties doivent communiquer chaque mois les données relatives aux opérations aux autorités fiscales, au format SAF-T. Les assujettis qui ne réalisent que des livraisons exonérées de TVA ou qui bénéficient de l'exonération de TVA prévue pour les petites entreprises dont le chiffre d'affaires est inférieur à 200 000 PLN (seuil d'enregistrement) sont dispensés de cette obligation. L'administration fiscale peut également se procurer, sur demande uniquement, des informations électroniques relatives aux opérations auprès d'assujettis qui utilisent des programmes informatiques pour tenir leur comptabilité. Cette obligation s'applique également aux programmes de gestion des stocks, de facturation et de relevés bancaires. À compter du 1er octobre 2020, le fichier SAF-T contient de nouveaux champs afin d'inclure les données déclaratives communiquées auparavant dans des fichiers séparés. ***Caisses enregistreuses électroniques*** : les contribuables dont le chiffre d'affaires annuel de fournitures B2C hors taxe ne dépasse pas 20 000 PLN pendant l'exercice en cours et n'a pas dépassé cette somme au cours de l'exercice fiscal précédent sont dispensés de l'obligation d'utiliser des caisses enregistreuses électroniques (cette dispense ne s'applique pas à certaines catégories de biens et services). Certaines catégories de fournitures sont également dispensées, notamment lorsqu'une facture est émise ou lorsque le paiement est effectué par virement bancaire. ***Les caisses enregistreuses en ligne*** ont été adoptées progressivement dans les secteurs reconnus comme particulièrement exposés à la fraude et au non-respect des obligations : fournisseurs de carburant, services de réparations de voitures à compter du 1er janvier 2020 ; restaurants et services de restauration, approvisionnements en charbon, services d'hébergement de courte durée à compter du 1er janvier 2021 ; salons de coiffure et instituts de beauté, services de construction, médecine libérale, services juridiques, clubs de remise en forme et salles de sport à compter du 1er juillet 2021. Les ***caisses enregistreuses avec logiciel*** (dites caisses enregistreuses virtuelles) désignent une catégorie de caisses enregistreuses en ligne qui ne nécessitent pas d'équipement matériel ni de dispositif externe et qui sont à la disposition des contribuables exerçant leurs activités dans des secteurs précis (le transport, par exemple).

Portugal. ***Transmission des données relatives aux opérations*** : les contribuables ayant un établissement stable au Portugal, dont les fournitures sont assujetties à la TVA, doivent transmettre systématiquement les données de facturation à l'administration fiscale au format SAF-T (dans un délai maximal de 12 jours suivant la fin de chaque mois), soit en temps réel (via un service web), soit sur une base mensuelle via un fichier structuré selon le format SAF-T, soit en les déposant directement sur le site web de l'administration fiscale. L'administration fiscale peut également demander un fichier SAF-T contenant des données de facturation et de comptabilité, à des fins de contrôle. Les assujettis dont le chiffre d'affaires de l'exercice précédent est supérieur à 50 000 EUR sont tenus d'utiliser exclusivement des programmes de facturation informatiques certifiés préalablement par l'administration fiscale et douanière. ***Déclaration commune simplifiée*** (IES) – les informations des déclarations comptables et financières auprès de différents organismes publics sont regroupées au sein d'une déclaration unique partagée. ***Caisses enregistreuses électroniques*** : l'utilisation d'une caisse enregistreuse électronique certifiée n'est pas obligatoire, mais compte tenu de l'obligation d'émettre une facture pour toute transaction et de l'obligation, pour les assujettis, d'utiliser des programmes de facturation certifiés, la plupart des assujettis utilisent un logiciel de facturation certifié à la place d'une caisse enregistreuse électronique.

République slovaque. ***Transmission des données relatives aux opérations*** : les contribuables enregistrés aux fins de la TVA en République slovaque sont tenus de déposer un décompte spécial de contrôle de la TVA, en même temps que leur déclaration de TVA, auprès de l'administration financière. Les états de TVA sont transmis séparément et ne dépendent pas de la déclaration de TVA. Certaines vérifications par recoupement entre les états de TVA et les déclarations de TVA sont intégrées au système d'analyse. ***Caisses enregistreuses électroniques*** : tous les prestataires qui reçoivent des paiements en espèces ou par d'autres moyens de paiement remplaçant l'argent au point de vente ainsi que ceux qui fournissent uniquement les services énumérés dans la loi sont tenus d'utiliser des caisses enregistreuses certifiées. Les données de ces caisses enregistreuses électroniques doivent être communiquées à l'administration fiscale en temps réel.

Royaume-Uni. Dans le cadre de l'initiative « Rendre l'impôt numérique », les entreprises enregistrées aux fins de la TVA, dont le chiffre d'affaires imposable est supérieur au seuil d'enregistrement à la TVA, doivent ***conserver des dossiers numériques*** et effectuer leurs déclarations de TVA auprès du HMRC à l'aide d'un logiciel aux fonctionnalités compatibles.

Suède. ***Caisses enregistreuses électroniques*** : l'utilisation de caisses enregistreuses certifiées est obligatoire pour tous les contribuables dont le chiffre d'affaires annuel dépasse le plafond de 182 000 SEK, à l'exception de certains contribuables comme les chauffeurs de taxi et des ventes de distributeurs automatiques. Les contribuables peuvent demander une dispense de cette obligation d'utilisation de caisses enregistreuses électroniques certifiées.

Suisse. Caisses enregistreuses électroniques : les données relatives aux différentes opérations doivent être transmises à l'administration fiscale, à sa demande ou lors d'une vérification.

Turquie Depuis le 1er janvier 2020, les factures papier n'ont plus de validité juridique. Toutes les factures doivent être transmises ***par voie électronique*** via le système e-arşiv fatura. Pour chaque facture électronique émise, le destinataire reçoit un avis par courrier électronique. Toutes les entreprises doivent déposer une déclaration journalière récapitulant toutes les factures e-arsiv fatura et la transmettre à l'administration fiscale.

Tableau d'annexe 2.A.12. Application des mécanismes nationaux d'autoliquidation et de paiement scindé

Pays	Mécanisme national d'autoliquidation	Mécanisme national de paiement scindé
Allemagne	Livraisons d'actifs gagés par le garant au bénéficiaire de la garantie en dehors du cadre d'une liquidation judiciaire ; Livraisons concernées par la loi relative à l'impôt sur les mutations foncières (en particulier, les transferts de biens immobiliers) ; Si le client est un entrepreneur : fourniture de travaux ou d'autres services relatifs à la construction, la réparation, l'entretien, la modification ou la démolition de structures (sauf à des fins de planification, d'ingénierie et de supervision) et au nettoyage des bâtiments lorsque le client fournit lui- même ces services. Fourniture d'or (à l'état brut ou semi-fini d'une pureté au moins égale à 325 millièmes) ; Livraison de quotas d'émissions de CO2 ; Livraison de déchets industriels, de métaux ferreux et non ferreux et d'autres déchets ; Livraison d'appareils mobiles, circuits intégrés, consoles de jeu et tablettes si le montant de la transaction est supérieur à 5 000 EUR ; Fourniture d'électricité (applicable, de manière générale, uniquement si le fournisseur et le destinataire sont tous deux considérés comme des revendeurs) et fourniture de gaz (applicable, de manière générale, si le destinataire doit être considéré comme un revendeur) ; Transfert de certificats de gaz et d'électricité. Fourniture de métaux précieux et de certains métaux non nobles (par ex., cuivre, nickel, aluminium, plomb, zinc), à l'état brut ou semi-finis, si le montant de la transaction est égal ou supérieur à 5 000 EUR.	
Australie	Ventes de bâtiments neufs à usage d'habitation	Les acquéreurs de bâtiments neufs à usage d'habitation doivent payer la TPS directement aux autorités fiscales. Ce paiement est comparé aux montants de TPS déclarés par le vendeur de ces biens.
Autriche	Livraison d'ordinateurs portables, tablettes, PC, consoles de jeu, téléphones mobiles et circuits intégrés si la facture s'élève au moins à 5 000 EUR ; Livraison de gaz et d'électricité à des revendeurs assujettis ; Livraison de certificats d'énergie électrique et de gaz ; Livraison de quotas d'émissions de CO2 ; Livraison de certains métaux et d'or d'investissement assujetti ; Livraison de débris, de déchets industriels et non industriels et de déchets de récupération ; Services de construction si le destinataire agit en tant qu'entrepreneur général ou s'il fournit habituellement des services de construction ; Mise à disposition de personnel affecté au secteur de la construction ; Livraison de biens donnés en garantie par une personne redevable de la TVA au profit d'une autre personne en exécution de cette garantie ; Livraison de biens effectuée après la cession d'un droit de réserve de propriété à un cessionnaire qui exerce ce droit ; Livraison de biens immobiliers vendus par un débiteur judiciaire dans une vente forcée à une autre personne.	
Belgique	Certaines livraisons d'or d'investissement et de produits en or d'une pureté au moins égale à 325 millièmes ; Livraison de travaux en relation avec des biens immobiliers sous plusieurs conditions ; Mise à disposition de personnel affecté au secteur de la construction ; Livraison de quotas d'émissions de CO2 ;	
Canada	Certains acheteurs de biens immobiliers sont tenus de procéder à une auto-évaluation (par ex., lorsque le fournisseur est non résident, lorsque l'acheteur est enregistré aux fins de la TPS/TVH et, dans le cas d'un particulier, lorsque le bien n'est pas un immeuble d'habitation) ; L'auto-évaluation est requise, de manière générale, pour les livraisons	

	de quotas d'émissions de CO2 ; Dans certaines circonstances, des personnes peuvent être tenues de procéder à une auto-évaluation de la composante provinciale de la TVH lorsque certains biens ou services sont déplacés d'une province vers une autre.	
Chili	Livraisons de riz, travaux de construction, déchets, espèces marines, espèces animales, légumineuses, bois, produits sauvages, blé et baies.	
Colombie	-	
Corée	-	En ce qui concerne les livraisons de lingots d'or (pureté égale ou supérieure à 99.5 %) et de produits en or d'occasion (pureté égale ou supérieure à 58.5 %), de cuivre, d'or et de ferraille, le fournisseur doit ouvrir un compte bancaire destiné aux transactions d'or et de débris et le prix d'achat (hors taxe) doit être versé sur le compte bancaire désigné du fournisseur. Parallèlement, le bénéficiaire doit également déposer le montant de TVA correspondant sur un compte désigné par le Directeur de l'administration fiscale nationale.
Danemark	Livraison de quotas d'émissions de CO2 ; Livraison de débris de métaux ; Livraison d'or d'investissement ; Livraison de téléphones mobiles, circuits intégrés, consoles de jeux, tablettes et ordinateurs portables.	
Espagne	Travaux de construction, y compris la mise à disposition du personnel pour les réaliser, dans le cadre du développement, de la construction ou de la rénovation de biens immeubles ; Livraison de quotas d'émissions de CO2 ; Livraison de débris et déchets de métaux ; Livraison d'or d'investissement et de produits en or d'une pureté au moins égale à 325 millièmes ; Livraison d'immeubles dans certaines situations ; Livraison de biens immeubles suite à une procédure de faillite ; Livraison de biens immeubles dans le cadre de la réalisation d'une sûreté ou de l'obligation d'un acquéreur de régler la créance garantie ; Livraison de téléphones mobiles, consoles de jeux vidéo, ordinateurs portables et tablettes, uniquement si le client est le revendeur des biens (négociant pratiquant la revente de ces biens de manière habituelle) ou, à défaut, si le montant total des livraisons à un négociant dépasse 10 000 EUR. Livraison d'argent, de platine et de palladium.	
Estonie	Livraison de biens immeubles et d'or d'investissement lorsque le fournisseur a opté pour la taxation de l'opération ; Livraison d'or sous forme de matière première, y compris de produits semi-finis en or (pureté au moins égale à 325 millièmes) ; Livraison de ferraille et de métaux précieux.	
Finlande	Livraison d'or d'investissement assujetti et d'or sous forme de matière première d'une pureté égale ou supérieure à 325 millièmes ; Livraison de quotas d'émissions de CO2 ; Livraison de ferraille et de déchets ; Services de construction, y compris la mise à disposition de personnel affecté au secteur de la construction.	
France	Livraison de quotas d'émissions de CO2 ; Livraison de matériaux usagés, débris et déchets ; Livraisons d'or d'investissement et de produits en or d'une pureté au moins égale à 325 millièmes ; Services de construction (limités à certains services fournis sur un bâtiment lorsqu'ils sont effectués par un sous-traitant pour le compte d'une personne assujettie) ; Livraison de gaz et d'électricité à des revendeurs assujettis ;	

	Fourniture de certains services de télécommunications. Fourniture de certificats/garanties d'origine de l'électricité produite à partir de sources d'énergie renouvelables ; Fourniture d'un certificat de garantie de performance de l'opérateur public du système de transport d'électricité.	
Grèce	Travaux de construction sur des biens immeubles attribués à des entreprises de travaux publics par les autorités publiques (qui ne sont pas nécessairement des entités de droit public), sous réserve que les autorités publiques soient les propriétaires des travaux et des personnes assujetties avec le droit de déduire la taxe d'amont. Les grands projets selon les critères des règlements de l'UE sont exemptés du régime d'autoliquidation. Sous réserve que la livraison soit destinée au recyclage, les livraisons suivantes de déchets de récupération : Livraison de métaux ferreux et non ferreux, ferraille (chutes) et autres matériaux usagés Livraison de produits semi-finis fabriqués à partir de métaux ferreux et non ferreux, Livraison de résidus et autres matériaux de récupération constitués de métaux ferreux et non ferreux, d'alliages, laitiers, écailles, cendres et résidus industriels contenant des métaux ou des alliages de métaux ; Livraison de rognures et débris (chutes), déchets et autres matériaux usagés et de récupération en calcin, verre, papier, carton, chiffons, os, cuir (naturel ou artificiel), parchemin, cuirs et peaux bruts, tendons et nerfs, ficelles, cordes et cordages, câbles, caoutchouc et plastiques ; Livraison de débris (chutes) et déchets provenant de la transformation de matériaux de base Livraison des matériaux susvisés après nettoyage, polissage, sélection, coupe, fragmentation, compression. Livraison de quotas d'émission de gaz à effet de serre conformément à la directive 2003/87/CE de l'Union européenne. Livraison de téléphones mobiles, consoles de jeux vidéo, ordinateurs portables et tablettes, sous réserve que l'acquéreur soit une personne assujettie avec le droit de déduire la taxe en amont (c'est-à-dire enregistrée selon le régime normal de TVA).	
Hongrie	Livraison de travaux de construction considérés comme des livraisons de biens ; Construction ou autre activité de transformation ou de réparation qualifiée de service, visant la construction, l'agrandissement, le réaménagement ou toute autre transformation (y compris la démolition) de biens immeubles, sous réserve de l'acquiescement ou de l'autorisation de l'autorité compétente en matière de construction ; Recrutement d'employés et mise à disposition de personnel ; Livraison de débris et déchets ; Livraison d'un bâtiment et du terrain sur lequel il se trouve ou d'une parcelle de terrain incluse (à quelques exceptions près) si le fournisseur a opté pour la taxation de l'opération ; En lien avec des créanciers et des débiteurs, livraison de biens qui ont été donnés en garantie pour couvrir une créance en souffrance en exécution de cette garantie ; Fourniture de biens dont la valeur sur le marché libre est supérieure à 100 000 HUF (334 EUR), qui sont utilisés par la personne assujettie aux fins de son activité si le fournisseur fait l'objet d'une procédure de liquidation ou d'une procédure d'insolvabilité similaire ; Livraison de quotas d'émissions de CO2 ; Livraison de certains produits agricoles spécifiques tels que le blé, le méteil, le seigle, l'orge, le maïs, le triticale, les fèves de soja, même concassées, les graines de navette ou de colza, même concassées, les graines de tournesol, même concassées ; Livraison de certains produits en fer ou en aciers non alliés, tels que les produits laminés plats en fer ou en acier non alliés, les barres en fer ou en aciers non alliés, les angles, formes et sections (profilés) en fer ou en acier non alliés, le fil en fer ou en aciers non alliés, les tubes, tuyaux et	

	profilés creux en fer ou en aciers non alliés.	
Irlande	Livraison de services de construction fournis par des sous-traitants à des contractants principaux ; Livraison de biens immeubles en exerçant l'option de taxation (notamment la vente par l'administrateur, le liquidateur ou le créancier hypothécaire qui les détient) ; Livraison de matériaux usagés et de ferraille ; Livraison de quotas d'émissions de CO2 ; Livraison de gaz et d'électricité par une entreprise située en Irlande à un revendeur assujetti exerçant son activité en Irlande ; Livraison de certificats de gaz ou d'électricité par une entreprise située en Irlande à une autre entreprise en Irlande.	
Islande	-	
Israël	Une personne qui n'est pas redevable du paiement de la taxe peut, avec l'accord du Directeur des services fiscaux et en respectant ses exigences, en assumer le paiement ; après la date de l'accord, elle sera alors considérée comme la personne redevable du paiement ; Taxe prélevée à un acheteur, si l'acheteur est un revendeur, un organisme sans but lucratif ou une institution financière et s'il a procédé à une vente immobilière qui est une transaction occasionnelle ; Vente de débris de métaux ; Les types de services indiqués ci-après acquis par un revendeur, un organisme sans but lucratif ou une institution financière auprès d'une personne dont la source de revenu principale est constituée de salaires, prestations ou pensions, sont assujettis à la taxe afférente au service concerné sauf si la personne qui fournit le service a reçu une facture faisant ressortir le montant de la taxe : performances artistiques ; construction ou préparation de décors ; préparation, contrôle, organisation et supervision d'examens ; conférences, etc. Services des professions suivantes : agronome, architecte, ingénieur d'exécution, détective privé, avocat au tribunal rabbinique, technicien, prothésiste dentaire, conseiller dans le domaine organisationnel, scientifique, fiscal et de la gestion, économiste, ingénieur, etc.	
Italie	Livraisons assurées par des sous-traitants dans le secteur du bâtiment ; Mise à disposition de personnel affecté au secteur de la construction ; Livraison de biens immobiliers avec exercice de l'option de taxation ; Livraison de matériaux usagés, débris, déchets et services spécifiques ; Livraison d'or d'investissement, y compris sous la forme de produits semi-finis et d'or d'une pureté au moins égale à 325 millièmes (or dit « industriel ») ; Livraison de ferraille ; Livraison de téléphones mobiles, tablettes, ordinateurs personnels et circuits intégrés sous certaines conditions ; Livraison de quotas d'émissions de CO2 ; Livraison de gaz et d'électricité à des revendeurs assujettis ; Livraison de certificats d'énergie électrique et de gaz.	Vente de biens et de services aux autorités publiques ou aux organismes publics, entreprises publiques, entreprises cotées à la bourse italienne (FTSE-MIB).
Japon		
Lettonie	Livraison de bois et de services liés à la fourniture de bois ; Livraison de services de construction Livraison de débris de métaux et de services liés à la fourniture de débris de métaux ; Livraison de téléphones mobiles, circuits intégrés, tablettes et ordinateurs portables ; Livraison de céréales et de cultures industrielles (y compris les graines oléagineuses), y compris les mélanges de ces produits qui ne sont généralement pas utilisés, en l'état, pour la consommation finale ; Fourniture de métaux précieux bruts et semi-finis, lorsqu'ils ne sont pas couverts par un programme spécial relatif à l'or d'investissement, métaux précieux bruts et semi-finis et plaquage en métaux précieux ainsi que les débris et déchets de plaquage en métaux ou métaux précieux ; Livraison de consoles de jeu ;	

	Livraison de métaux ferreux finis et semi-finis.	
Lituanie	Livraison de bois ; Livraison de services de construction ; Livraison de débris et déchets de métaux ferreux, de résidus et autres matériaux de récupération constitués de métaux ferreux et non ferreux ; Livraison par une personne assujettie dans le cadre d'une procédure d'insolvabilité ; Livraison de travaux d'amélioration essentiels (significatifs) au propriétaire d'un bâtiment ; TVA calculée sur les actifs repris comme apport en nature ou à la suite de la restructuration d'une autre entité enregistrée aux fins de la TVA.	
Luxembourg	Livraison de quotas d'émissions de CO2 ; livraison de certificats de gaz et d'électricité.	
Mexique	Le mécanisme national d'autoliquidation s'applique aux : entreprises qui reçoivent des services personnels indépendants d'individus ou louent des biens auprès d'eux, acquièrent des déchets à utiliser pour leurs activités commerciales ou industrielles, reçoivent des services de la part d'agents travaillant à la commission qui sont des personnes et utilisent des services de transport terrestre motorisé de biens prêtés à des personnes et à des entreprises ; institutions de crédit qui acquièrent des actifs sous forme de paiements en nature ou de procédure judiciaire ou fiduciaire ; individus ou entités qui acquièrent ou ont l'usage ou la jouissance temporaires d'actifs corporels transférés ou concédés par des résidents étrangers n'ayant pas d'établissement permanent au Mexique et personnes physiques ou entreprises qui bénéficient de services sur la base desquels du personnel est employé directement par un contractant pour exécuter leurs tâches dans leurs installations, quel que soit la désignation de l'obligation contractuelle.	
Norvège	Livraison de quotas d'émissions de CO2 ; Livraison d'or d'investissement assujetti (d'une pureté égale ou supérieure à 325 millièmes) ;	
Nouvelle-Zélande	Si la livraison de terres a été soumise à tort à un taux zéro et si l'erreur de traitement a été constatée après le règlement, le bénéficiaire de la livraison est redevable de la TPS.	
Pays-Bas	Livraison de travaux de construction (y compris de construction navale), notamment les travaux de réparation, nettoyage, entretien, transformation et démolition effectués en relation avec des biens immeubles, ainsi que la délivrance de travaux immobiliers ; Mise à disposition de personnel affecté au secteur de la construction ; Livraison de biens immobiliers avec exercice de l'option de taxation ; Livraison de matériaux usagés, débris, déchets et services spécifiques ; Livraison de biens donnés en garantie par une personne assujettie au profit d'une autre personne en exécution de cette garantie ; Livraison de biens immobiliers par le débiteur judiciaire dans une vente forcée à une autre personne ; Livraison de quotas d'émissions de CO2 ; Livraison d'appareils mobiles, circuits intégrés, ordinateurs portables, consoles de jeu et tablettes sous réserve que le montant de la transaction soit supérieur à 10 000 EUR. Livraison de certificats de gaz et d'électricité (certificats verts, garanties d'origine, par exemple)	
Pologne	Depuis novembre 2019, le mécanisme national d'autoliquidation a été remplacé par un mécanisme obligatoire de paiement scindé. Désormais, les fournitures qui étaient auparavant assujetties au mécanisme national d'autoliquidation sont donc soumises au mécanisme de paiement scindé.	Depuis le mois de novembre 2019, le mécanisme obligatoire de paiement scindé s'applique aux fournitures B2B énumérées ci-après, qui étaient auparavant visées par la responsabilité conjointe et solidaire et par le mécanisme national d'autoliquidation, lorsque le montant brut facturé est supérieur à 15000 PLN ; Livraison de débris et déchets de métaux, et de matériaux métalliques ; Livraison de quotas d'émissions de CO_2 ;

		Livraison de téléphones mobiles (y compris les smartphones), consoles de jeux vidéo, tablettes, notebooks et ordinateurs portables ; Livraison de microprocesseurs ; Services de construction fournis par des sous-traitants ; Fourniture de métaux non ferreux à l'état brut (aluminium, plomb, zinc, étain, nickel) ; Fourniture de métaux bruts et semi-finis, notamment l'or sous forme de matière première et les produits intermédiaires contenant de l'or, l'or d'investissement et certains produits en acier. Si le client le décide, un mécanisme facultatif de paiement scindé peut s'appliquer aux ventes B2B qui ne sont pas couvertes par le paiement scindé obligatoire (tous les assujettis ont automatiquement un compte de TVA associé à leur compte bancaire séparant la TVA du montant net de la transaction).
Portugal	Livraison de matériaux usagés, débris, déchets et services spécifiques ; Livraison de biens immobiliers avec exercice de l'option de taxation ; Livraison de biens immobiliers avec exercice de l'option de taxation ; Travaux relatifs à des biens immobiliers (tels que les travaux de réparation, nettoyage, entretien, transformation et démolition, y compris la délivrance de travaux immobiliers) ; Livraison d'or d'investissement assujetti et d'or sous forme de matière première d'une pureté égale ou supérieure à 325 millièmes ; Livraison de quotas d'émissions de CO2 ; Livraison de liège, bois, pommes de pin, pignons de pin dans leur coque.	
République slovaque	Livraison de certains travaux de construction comprenant la livraison de services de bâtiments et la livraison de certains biens nécessitant une installation ou un assemblage ; Livraison de biens immobiliers avec exercice de l'option de taxation ; Livraison de biens qui sont donnés en garantie d'une somme d'argent par un créancier dans le cadre de l'exécution de cette garantie ; Livraison, en République slovaque, d'un bâtiment ou d'une partie de bâtiment que le fournisseur, en tant que débiteur reconnu par le tribunal ou une autre autorité compétente de l'État, a vendu dans le cadre d'une procédure d'exécution légale ; Livraison de biens effectuée après la cession d'un droit de réserve de propriété à un cessionnaire qui exerce ce droit ; Livraison d'or d'investissement, d'or sous forme de matière première ou de produits semi-finis en or d'une pureté au moins égale à 325 millièmes entre des personnes assujetties ; Livraison de débris et déchets de métaux ; Livraison de quotas d'émissions de CO2 ; Livraison de céréales et de graines oléagineuses, graines, pailles et fourrages qui ne sont généralement pas destinés, en l'état, à la consommation finale ; Livraisons de fer et d'acier ; Livraison de téléphones mobiles, à savoir des dispositifs conçus ou adaptés pour être utilisés en connexion avec un réseau sous licence fonctionnant à des fréquences spécifiques, qu'ils aient ou non une autre utilisation, si la base d'imposition de la facture en échange de la livraison de ces téléphones mobiles est égale ou supérieure à 5 000 EUR ; Livraison de circuits intégrés comme les microprocesseurs et les unités de traitement centrales, avant leur incorporation dans des produits destinés à l'utilisateur final, si la base d'imposition de la facture est égale ou supérieure à 5 000 EUR ; Livraison de travaux de construction, y compris les travaux de réparation, nettoyage, entretien, transformation et démolition effectués en relation avec des biens immeubles, ainsi que délivrance de travaux immobiliers	

	considérée comme étant une livraison de biens.	
République tchèque	Livraison d'or d'investissement assujetti et d'or sous forme de matière première d'une pureté égale ou supérieure à 333 millièmes ; Livraison de catégories désignées de débris et déchets ; Livraison de quotas d'émissions de CO2 ; Livraison de services de construction et d'assemblage fournis par des personnes assujetties enregistrées aux fins de la TVA tchèque ; Livraison de téléphones mobiles, circuits intégrés, ordinateurs portables, tablettes et consoles de jeux ; Livraison de certains métaux et de produits de base provenant de métaux ; Livraison de céréales et de cultures industrielles, y compris les graines oléagineuses et la betterave sucrière ; Livraison de biens immeubles en exerçant l'option de taxation ; Livraison de gaz et d'électricité à des revendeurs assujettis ; Livraison de certificats d'énergie électrique et de gaz ; Livraison de biens effectuée après la cession d'un droit de réserve de propriété à un cessionnaire qui exerce ce droit ; Livraison de biens immobiliers par le débiteur judiciaire dans une vente forcée à une autre personne ; Mise à disposition de personnel affecté au secteur de la construction ; Livraison de gaz et d'électricité à des revendeurs assujettis ; Fourniture de certains services de télécommunications.	Une méthode spéciale pour garantir le paiement de la TVA peut être utilisée lorsque le bénéficiaire d'une livraison assujettie ne veut pas être déclaré comme conjointement et solidairement responsable des taxes impayées par le fournisseur. De même que dans le mécanisme de paiement scindé, le bénéficiaire peut verser la TVA due directement sur le compte du fournisseur au centre des impôts.
Royaume-Uni	Livraisons d'or d'investissement et de produits en or d'une pureté au moins égale à 325 millièmes : Livraison de quotas d'émissions de CO2 ; Livraison de téléphones mobiles et de circuits intégrés si le montant des biens fournis dépasse 5 000 GBP (TVA incluse). La limite de montant ne s'applique pas aux services ; Livraison de gaz via un système de gaz naturel situé au Royaume-Uni ou via un réseau connecté à un tel système ou à l'électricité ; Fourniture en gros de services électroniques de communication ; Fourniture de certificats d'énergie renouvelable.	
Slovénie	Livraison de travaux de construction (y compris les travaux de réparation, nettoyage, entretien et démolition effectués en relation avec des biens immeubles) ; Mise à disposition de personnel participant aux activités visées ; Livraison de certains biens immeubles lorsque le fournisseur a opté pour la taxation de l'opération ; Livraison de certains déchets, débris, matériaux usagés et services ; Livraison de quotas d'émission de gaz à effet de serre.	
Suède	Livraison de travaux de construction, y compris les travaux de réparation, nettoyage, entretien, transformation et démolition effectués en relation avec des biens immeubles, ainsi que la délivrance de travaux immobiliers ; Mise à disposition de personnel affecté au secteur de la construction ; Livraison de quotas d'émissions de CO2 ; Livraison de matériaux usagés, débris, déchets et services spécifiques ; Livraisons d'or d'investissement et de produits en or d'une pureté au moins égale à 325 millièmes.	
Suisse	-	-
Turquie	Fourniture de locations de biens meubles par des personnes non assujetties à des personnes assujetties ; Livraison d'œuvres scientifiques, artistiques et littéraires fournies par des personnes assujetties. Fourniture de prestations de services publicitaires par des personnes non assujetties à des personnes assujetties ;	Certains bénéficiaires de services spécifiques en nombre limité sont tenus de retenir à la source un pourcentage de la TVA qui leur a été facturée par le prestataire de service et de le reverser directement à l'administration fiscale (*retenue à la source partielle*). Il s'agit, entre autres, des services suivants : (a) services de supervision de la construction de bâtiments, (b) débris de métaux, verre, plastique et papier (dans les cas où le fournisseur renonce à l'exonération de TVA), (c) maintien des services de conseil, de

		surveillance et d'audit et (d) services de réparation des machines, équipements et autres actifs fixes.

Notes

1. Dans ce tableau, sont considérés comme un « mécanisme national d'autoliquidation » les régimes dans lesquels le client, et non le fournisseur des biens, services ou biens incorporels, est redevable du paiement de la TVA à l'administration fiscale sur une livraison nationale (c'est-à-dire sur une livraison dans laquelle le fournisseur et le client sont établis dans la même juridiction que celle de la livraison). Le fournisseur ne facture pas la TVA au client.

2. Dans ce tableau, un « mécanisme national de paiement scindé » est un mécanisme dans le cadre duquel le fournisseur reste tenu de facturer la TVA au client sur la fourniture nationale de biens, services ou biens incorporels, mais le client paie directement (une partie de) la TVA aux autorités fiscales ou sur un « compte de TVA » spécifique (bloqué) qui peut appartenir au fournisseur ou au client.

Source : Délégations nationales - Situation au 1er janvier 2020.

3 Sélection d'accises appliquées dans les pays de l'OCDE

3.1. Introduction

Les accises peuvent être perçues sur un grand nombre de produits, mais les droits d'accise sur l'alcool, le tabac et les hydrocarbures en particulier procurent des recettes publiques conséquentes dans tous les pays de l'OCDE. Ces dernières décennies, les pouvoirs publics ont de plus en plus souvent utilisé ces taxes, non seulement pour mobiliser des recettes, mais aussi pour influencer le comportement du consommateur lorsque la consommation de certains produits est considérée comme nuisible à la santé ou à l'environnement.

Ce chapitre présente une vue d'ensemble des principales caractéristiques des droits d'accise et de l'évolution de leur usage par les pouvoirs publics dans certains domaines (section 3.2). Il examine ensuite en détail la structure des taux d'accise frappant trois grandes catégories de produits : les boissons alcooliques (section 3.3), les produits du tabac (section 3.4) et les huiles minérales (section 3.5). Il se poursuit par un examen succinct de l'impact des différences de taux d'accise entre les pays sur le commerce transfrontalier (section 3.6) et sur leurs effets redistributifs (section 3.7). Le chapitre 4 contient une analyse plus détaillée de l'impact des droits d'accise sur les carburants automobiles et le kérosène.

3.2. Principales caractéristiques des accises et évolution des recettes

3.2.1. Principales caractéristiques des accises

À la différence d'autres impôts généraux sur la consommation (dont les taxes sur la valeur ajoutée – TVA[1]), les accises ne frappent que des biens spécifiques. De nombreux produits peuvent y être soumis, par exemple le chocolat, le café ou encore le jus d'orange, mais ce chapitre ne porte que sur trois grandes catégories de produits, soumises aux droits d'accise dans tous les pays de l'OCDE : les boissons alcooliques, les huiles minérales et les produits du tabac.

Avant de décrire ces trois catégories de produits et d'examiner le traitement qui leur est réservé dans différents pays, il est utile de rappeler certaines caractéristiques générales des accises :

- Les accises sont généralement calculées une base qui dépend du poids, du volume, de la concentration ou de la quantité de produit, parfois combiné avec sa valeur.
- Il existe également des accises dont la base est exclusivement constituée par le prix. Les accises ne sont normalement dues qu'au moment de la mise à la consommation : les marchandises peuvent donc faire l'objet de transferts de propriété sans donner lieu à la perception d'une accise si elles restent stockées dans un environnement contrôlé ou si le transfert s'opère entre des opérateurs agréés.

- Le régime des accises ne s'applique qu'à un petit nombre d'assujettis, exerçant une activité dans la fabrication, le commerce de gros ou l'importation des trois grandes catégories de produits précitées.

Contrairement à la TVA, qui est recouvrée au moyen d'un mécanisme de paiement fractionné impliquant tous les acteurs de la chaîne de valeur jusqu'au consommateur final (chapitre 2), les droits d'accise ne sont en principe acquittés qu'une seule fois, en l'occurrence par un opérateur agréé au moment de la mise à la consommation. Au sein de l'Union européenne, la circulation entre États membres des produits soumis aux accises s'effectue dans le cadre d'un régime de suspension des droits d'accise jusqu'à la mise de ces produits sur le marché. Aux États-Unis, l'administration fédérale et de nombreux États et autorités locales appliquent des accises. Les accises fédérales sont recouvrées par l'administration fiscale fédérale (Internal Revenue Service), tandis que les États peuvent fixer leurs propres règles et leurs propres taux.

Le montant des recettes tirées des droits d'accise et leur impact économique dépendent de leur structure. Il existe deux grands modes de calcul des droits d'accise sur les produits assujettis : une taxation *ad valorem* et une taxation *ad quantum*. L'accise *ad quantum* (ou « spécifique ») est un montant fixe appliqué par unité de produit (par exemple 1 USD par litre), si bien qu'elle est assimilable à une taxe sur le volume des ventes. L'accise *ad valorem* est proportionnelle au prix du produit (par exemple 20 % du prix de vente) et s'analyse donc en un impôt sur la valeur des ventes. Dans certains cas (par exemple les droits d'accise sur le tabac, présentés dans le Tableau annexe 3.A.4), les droits d'accise peuvent être prélevés sur la base d'une formule mixte associant droits *ad valorem* et *ad quantum*. L'application d'accises *ad quantum* suppose une définition précise de la nature et des caractéristiques de la matière imposable (par exemple, un litre d'essence sans plomb avec un indice 94 RON), tandis qu'une accise *ad valorem* repose simplement sur le prix du bien taxé.

La plupart des produits soumis aux accises sont définis par plusieurs caractéristiques (volume, poids, concentration, indice d'octane, teneur en alcool ou en carbone, etc.). Alors que l'accise *ad quantum* n'est pas influencée par les caractéristiques qui n'ont pas été jugées pertinentes pour la détermination de la base d'imposition, l'accise *ad valorem* dépend de l'ensemble des caractéristiques qui sont reflétées dans le prix. Selon leur structure, les accises n'ont pas les mêmes effets sur la production et la consommation. Ainsi, un droit d'accise *ad quantum* sur la bière (par exemple, par pourcentage d'alcool pur par volume) peut inciter les brasseurs à concevoir des variétés de bière, notamment des variétés relativement haut de gamme, pouvant être vendues à un prix plus élevé tout en restant soumises à un droit d'accise identique à celui qui frappe une variété moins chère. À l'inverse, un droit *ad valorem* peut dissuader les producteurs de réaliser des améliorations coûteuses de la qualité de leurs produits ou inciter les consommateurs à se tourner vers des produits moins chers. Les droits *ad quantum* peuvent être plus faciles à administrer, parce qu'il suffit, pour les calculer, de déterminer la quantité physique du produit taxé.

Les recettes fiscales générées par les droits d'accise et l'impact de changements de conception de ces taxes sur les recettes publiques sont influencés par un large éventail de facteurs. Lorsqu'on évalue l'impact d'une modification des régimes de droits d'accise, il importe de savoir que les accises sont incluses dans l'assiette de la TVA, c'est-à-dire que la TVA est généralement perçue sur la valeur taxes comprises des produits soumis à accises. Aussi, l'impact d'une modification d'un droit d'accise sur les recettes fiscales sera aussi influencé par le niveau du taux de TVA applicable à un produit donné soumis à accises. L'élasticité de la demande des produits taxés est un facteur essentiel qui détermine l'impact que les réformes des droits d'accise auront sur les recettes fiscales. Plus la demande est élastique, plus la probabilité est élevée qu'une hausse du prix consécutive à une augmentation des accises entraîne une baisse de la demande et donc une diminution des recettes fiscales. Une augmentation des prix induite par un relèvement des accises peut inciter les ménages à se tourner vers des produits moins taxés, de sorte que l'effet sur les recettes fiscales dépendra aussi des taux de prélèvements sur les produits de substitution proches. En définitive, l'impact de ces différents facteurs dépendra de la mesure dans laquelle toute hausse des accises est répercutée sur les consommateurs sous la forme d'une majoration des prix après impôts. Si les producteurs réduisent les prix avant impôts en réaction à une hausse des accises, cette hausse ne sera pas (intégralement) répercutée dans les prix à la consommation, dans la mesure où les producteurs l'absorbent (en tout ou partie) via une réduction de leur marge bénéficiaire. Dans ce contexte, l'expérience empirique laisse penser qu'en cas d'augmentation des droits *ad quantum*, la hausse est souvent répercutée à plus de 100 % sur les consommateurs (en d'autres termes, la hausse des prix est supérieure à celle de l'accise), tandis que les hausses de droits *ad valorem* ne sont souvent que partiellement répercutées (Sassi, Belloni and Capobianco, 2013[1]). En général, les accises *ad quantum* génèrent un flux de recettes plus prévisible que les accises *ad valorem*, car les recettes ne varient pas en fonction du prix du produit. Cependant, les accises *ad valorem* suivent mieux le rythme de l'inflation que les accises *ad quantum* (même s'il est possible d'indexer les droits *ad quantum* sur l'inflation).

Du point de vue de la redistribution, il peut être plus judicieux d'opter pour une taxation *ad valorem*. En effet, si l'on admet que les personnes les plus aisées achètent des produits plus onéreux, ce type de droit pèse plus sur les ménages situés en haut de l'échelle des revenus que sur ceux qui se trouvent en bas. La situation n'est toutefois pas aussi simple qu'il n'y paraît car l'effet des accises sur la répartition du revenu dépend aussi des comportements de consommation, si bien que même lorsque les droits d'accise sont calculés *ad valorem*, ils représentent parfois une charge moins lourde en proportion du revenu pour les personnes aisées que pour les ménages modestes. L'impôt progressif sur le revenu des personnes physiques, qui établit un lien direct entre le montant de l'impôt dû et le revenu, est probablement un instrument plus efficace pour atteindre des objectifs redistributifs (Brys et al., 2016[2]) (voir également la section 3.4 ci-après).

Si la taxe a vocation à exercer un effet dissuasif à la fois sur l'achat de produits chers et sur l'achat de produits bon marché ou à maximiser les recettes tirées des accises frappant ces deux catégories de produits, il peut être judicieux d'associer des droits *ad quantum* et *ad valorem*. Lorsqu'il existe d'importants écarts de prix au niveau d'un produit, un droit d'accise *ad quantum* a une probabilité moins forte de réduire la consommation du produit coûteux et permettra d'en retirer moins de recettes qu'un droit *ad valorem*. De plus, les consommateurs relativement aisés, plus susceptibles de consommer des produits chers, risquent d'être moins sensibles que les ménages plus modestes à l'application d'une taxe donnée (bien que les droits *ad quantum* puissent réduire les différentiels de prix). Il faudra donc alourdir la charge fiscale totale pesant sur ces produits coûteux pour influer sur les comportements. À cette fin, il peut être envisagé d'associer un droit *ad valorem* et un droit *ad quantum*, ce qui est une pratique courante pour la taxation des produits du tabac (voir la section 3.3 ci-après). Le dosage « optimal » entre la composante *ad valorem* et la composante *ad quantum* de l'accise dépend des produits concernés, de la structure du marché et de l'objectif des pouvoirs publics, si bien qu'aucune combinaison n'est optimale dans l'absolu. (KEEN, 1998[3])

Enfin, le commerce illicite et les possibilités d'achats transfrontaliers sont d'autres facteurs qui peuvent jouer sur le potentiel de mobilisation de recettes fiscales et sur l'impact sur la consommation des produits soumis à accises.

Tous ces facteurs doivent être pris en compte par les pouvoirs publics en fonction des objectifs stratégiques qu'ils poursuivent, à savoir réduire la consommation de produits considérés comme nocifs pour la santé, accroître les recettes ou les deux.

3.2.2. Tendances des recettes tirées des accises dans les pays de l'OCDE

Dans les pays de l'OCDE, la part relative des accises dans les recettes fiscales totales est en baisse constante depuis 1975, puisqu'elle est passée de 10.5 % en moyenne à 7.2 % en 2018 (voir le Tableau annexe 1.A.5). Bien que l'on observe de grandes variations entre certains pays, puisque les accises représentent 2.6 % des recettes fiscales totales en Nouvelle-Zélande et 14.9 % en Turquie, le poids des droits d'accise dans les recettes fiscales totales est compris entre 5 % et 10 % dans la majorité des pays de l'OCDE (26 sur 37). Ces taxes génèrent moins de 5 % du total des recettes fiscales dans huit pays de l'OCDE (Australie, Canada, États-Unis, Israël, Japon, Nouvelle-Zélande, Suède et Suisse). Elles représentent plus de 10 % du total des recettes fiscales dans cinq pays (Estonie, Lettonie, Lituanie, Pologne et Turquie), ce qui était le cas dans douze pays de l'OCDE en 2010.

Les droits d'accise partagent pratiquement les mêmes grandes caractéristiques dans tous les pays de l'OCDE et poursuivent des objectifs similaires en termes de recettes et d'influence sur le comportement des consommateurs. Toutefois, leurs taux et leur structure sont très variables d'un pays à l'autre, si bien qu'il n'est pas aisé de donner un ordre de grandeur de la charge fiscale totale qui pèse sur les produits spécifiques concernés. Par exemple, la bière produite par les petites brasseries peut être soumise à un taux d'accise réduit par rapport à celui normalement appliqué à la bière. S'agissant des produits du tabac, l'application de taux différents à des produits substituables (cigarettes et tabac à rouler) peut rendre la situation plus complexe. De même, les droits d'accise sur les carburants ne donnent qu'une image partielle de la politique fiscale appliquée au secteur du transport, celle-ci englobant également les péages routiers, les taxes sur l'immatriculation et l'utilisation des véhicules, les taxes sur l'assurance, etc.

Les sections suivantes fournissent de plus amples informations sur les principales différences en matière de structure des droits d'accise et sur leur utilisation croissante en tant que moyen d'influer sur les comportements.

3.3. Boissons alcooliques

Il existe dans le monde une grande variété de boissons alcooliques, qui peuvent être obtenues par distillation ou fermentation de divers ingrédients (raisins, pommes, malt, riz, etc.). La nomenclature douanière combinée propose une classification des boissons alcooliques à laquelle les différentes catégories d'accise sont étroitement liées. Elle comprend six grandes catégories de boissons alcooliques : bières de malt (code 22.03) ; vins de raisins frais, y compris les vins enrichis en alcool (code 22.04) ; vermouths et autres vins de raisins frais préparés à l'aide de plantes ou de substances aromatiques (code 22.05) ; autres boissons fermentées (cidre, poiré, hydromel, par exemple), mélanges de boissons fermentées et mélanges de boissons fermentées et de boissons non alcooliques (code 22.06) ; alcool éthylique non dénaturé d'un titre alcoométrique volumique de 80 % vol. ou plus ; eaux-de-vie, liqueurs et autres boissons spiritueuses (code 22.07) et alcool éthylique non dénaturé d'un titre alcoométrique volumique de moins de 80 % vol. (code 22.08). Il existe inévitablement des subdivisions au sein de chacune de ces grandes catégories mais l'utilisation de cette nomenclature reconnue sur le plan international permet de renforcer la cohérence et contribue à éviter l'utilisation de définitions contradictoires pour l'application des taux. Les États membres de l'Union européenne appliquent en outre une structure harmonisée pour fixer les droits d'accise sur l'alcool et les boissons alcooliques (directive du Conseil 92/83/CEE). Sauf indication contraire dans les notes pays, les Tableaux annexes 3.A.1 et 3.A.2 portent sur les produits correspondant aux codes 22.03 et 22.04, et le Tableau annexe 3.A.3 porte sur les produits ne figurant pas dans les Tableaux annexes 3.A.1 et 3.A.2.

La taxation de l'alcool ayant une longue histoire, plusieurs méthodes et indicateurs ont été mis au point au fil du temps pour évaluer la teneur d'un produit en alcool. Actuellement, l'indicateur couramment utilisé pour mesurer la quantité d'alcool (éthanol) contenue dans une boisson alcoolisée est le titre alcoométrique volumique. Il est égal au nombre de litres d'éthanol pur contenu dans 100 litres d'une solution à 20 °C, exprimé en pourcentage du volume total. Dans les Tableaux 3.A.1 et 3.A.2, qui présentent un panorama des droits d'accise frappant la bière et le vin, le titre alcoométrique est exprimé en pourcentage par volume (% vol.) Dans certains pays, pour calculer les accises applicables à la bière, on exprime la teneur en alcool de la bière en degrés Plato (indicateur qui mesure la densité du moût, exprimée en pourcentage d'extrait par unité de masse). Pour que les données relatives aux accises soient comparables entre pays, dans le Tableau 3.A.1, les droits par degré Plato appliqués dans ces pays ont été convertis en droits par pourcentage d'alcool par volume. Il n'existe pas de taux précis pour la conversion des degrés Plato en pourcentage d'alcool par volume, mais à des fins fiscales, on suppose que 1 % vol. est équivalent à 2.5°

Plato. Dans le Tableau 3.A.1, on a donc multiplié les taux d'accise exprimés par degré Plato par 2.5 pour obtenir les taux par pourcentage d'alcool par volume pour les pays concernés.

Les droits d'accise sur les boissons alcooliques sont appliqués selon deux grandes méthodes : ils peuvent être *ad quantum*, dépendant alors de la teneur en alcool du produit, ou *ad valorem* et reposer ainsi sur la valeur du produit. Ces deux méthodes sont généralement associées, le droit comprenant une composante liée au volume (qui dépend de la teneur en alcool) et une composante liée à la valeur du produit. Le Mexique se démarque des autres pays en ce que les droits d'accise sur les boissons alcooliques dépendent exclusivement de leur valeur ; le taux appliqué à la bière est progressif en fonction du degré d'alcool du produit.

Les Tableaux annexes 3.A.1, 3.A.2 et 3.A.3, qui présentent respectivement les droits d'accise appliqués à la bière, au vin et à d'autres boissons alcooliques, montrent que le calcul de ces droits est souvent complexe. Du fait qu'il existe différentes sous-catégories et divers taux particuliers (par exemple pour les produits peu alcooliques ou la bière produite par les petites brasseries) et que les droits sont parfois calculés à la fois en fonction de la valeur et de la nature des produits, il est difficile de fournir des indications précises sur les écarts de prix pour le consommateur. Ces trois tableaux mettent cependant en évidence de fortes disparités entre les pays. Par exemple, l'accise sur la bière (Tableau annexe 3.A.1) est comprise entre moins de 5 USD par degré d'alcool et par hectolitre (Allemagne, Luxembourg, République slovaque, République tchèque et Turquie) et plus de 20 USD (Finlande, Irlande, Nouvelle-Zélande, Royaume-Uni et Suède), les niveaux les plus élevés étant observés en Finlande (41.01 USD) et en Israël (66.01 USD). Trois quarts des pays de l'OCDE (29 sur 36) appliquent des taux réduits aux petites brasseries, avec souvent une augmentation progressive du taux de la taxe en fonction de leur production annuelle. Les notes pays relatives au Tableau annexe 3.1 illustrent la grande diversité de ces régimes fiscaux.

Les taux des accises sur le vin non pétillant (Tableau annexe 3.A.2) varient eux aussi considérablement d'un pays de l'OCDE à l'autre, entre zéro (Allemagne, Autriche, Espagne, Grèce, Hongrie, Israël, Italie, Luxembourg, Portugal, République slovaque, République tchèque, Slovénie et Suisse) et plus de 4 USD par litre en Finlande et en Irlande et plus de 6 USD par litre en Norvège. En outre, pratiquement tous les pays de l'OCDE appliquent le taux normal de TVA aux boissons alcooliques, mais la Colombie et le Luxembourg appliquent un taux réduit de respectivement 5 % et 14 % au vin non pétillant. Quatre pays de l'OCDE n'appliquent aucun droit d'accise *ad quantum* au vin, mais uniquement des accises *ad valorem* (Australie, Chili, Corée et Mexique).

Pour d'autres boissons alcooliques (Tableau annexe 3.A.3), les taux des droits d'accise varient aussi entre les pays de l'OCDE, mais dans une moindre mesure que pour le vin et la bière, et les petits producteurs ne bénéficient pas de taux zéro ou réduits. Ces taux sont compris entre moins de 15 USD par litre d'alcool pur (Allemagne, Hongrie, République tchèque) et environ 90 USD par litre d'alcool pur en Norvège et 126 USD en Islande. La Colombie est le seul pays qui applique un taux de TVA réduit (5 %) aux boissons alcooliques.

3.4. Produits du tabac

À l'origine, les taxes sur le tabac ont, comme celles sur l'alcool, été instaurées dans le but principal de collecter des recettes publiques. Pratiquement tous les pays taxent les produits du tabac depuis des décennies, voire, dans certains cas, des siècles. Ces produits se caractérisent par une consommation importante, par une élasticité de la demande aux prix relativement faible (en d'autres termes, une hausse modérée des prix ne se traduit pas par une baisse équivalente de la consommation) et par la faiblesse du nombre de producteurs, si bien qu'ils constituent une cible particulièrement intéressante pour l'application d'accises et d'autres types de taxes. Les effets néfastes du tabac sur la santé n'étant plus à prouver, la fiscalité sur le tabac est de plus en plus utilisée pour faire reculer le tabagisme. L'Organisation mondiale de la santé a réuni des éléments qui attestent l'efficacité de la hausse des taxes et du prix du tabac sur la réduction de sa consommation. L'étude qu'elle a réalisée montre que la fiscalité sur le tabac est très rentable, associant un impact potentiel considérable et un faible coût de mise en œuvre, les retombées économiques de cette mesure étant plusieurs fois supérieures à son coût (OMS, 2019[4]).

Comme les boissons alcooliques et les huiles minérales, les produits du tabac se divisent en sous-catégories – cigarettes, cigares, tabac à rouler et tabac à pipe. Par ailleurs, de nouveaux produits apparus ces dix dernières années, par exemple les produits de tabac chauffés et les systèmes électroniques d'administration de nicotine, peuvent être soumis à des taux spécifiques.

Alors que les accises appliquées aux boissons alcooliques et aux huiles minérales sont presque exclusivement des droits *ad quantum*, dans la plupart des pays, les accises qui frappent les produits du tabac comprennent des éléments *ad quantum* et des éléments *ad valorem*.

Les Tableaux annexes 3.A.4 et 3.A.5 illustrent les écarts significatifs entre les taux d'imposition appliqués par les différents pays. Il peut également exister des disparités au sein d'une même juridiction lorsque les accises peuvent être perçues à l'échelon infranational ; c'est par exemple le cas aux États-Unis, où les droits d'accise locaux sur les cigarettes (qui s'ajoutent aux droits fédéraux) sont compris entre 0.17 USD par paquet de 20 cigarettes dans le Missouri et 0.30 USD en Virginie, et 4.50 USD dans le District de Columbia et 4.35 USD dans l'État de New York. (Federation of Tax Administrators, 2020[5])

À noter que les taux ou montants de chaque taxe (accise *ad valorem* ou *ad quantum*, TVA ou autres droits) par type de produit du tabac tels qu'ils figurent dans le Tableau annexe 3.A.4 ne permettent pas à eux seuls d'évaluer l'intégralité de la charge fiscale qui pèse sur ces produits. De fait, lorsque la structure des accises est mixte (l'accise comportant une composante *ad valorem* et une composante *ad quantum*), une taxe *ad valorem* élevée appliquée à une catégorie de produits peut être contrebalancée par une accise spécifique faible (ou vice versa). Les accises *ad valorem* peuvent être calculées sur différentes bases (prix à la production, prix à l'importation, prix de détail). Il faut en outre évaluer l'effet cumulé de la TVA et des droits d'accise, etc.

Le calcul de la charge fiscale totale (CFT) pour le consommateur final en pourcentage du prix de vente au détail (PVD) d'un produit donné fournit donc une idée plus précise des niveaux d'imposition relatifs. Pour l'illustrer, le Tableau annexe 3.A.5 présente, pour les pays de l'OCDE, la charge fiscale totale (accise *ad quantum* + accise *ad valorem* + TVA) qui pèse sur les cigarettes en pourcentage du prix de vente au détail (PVD) d'un paquet de 20 cigarettes. Il montre que la charge fiscale totale qui pèse sur un paquet de 20 cigarettes est très variable d'un pays à l'autre, puisqu'elle varie de 39.47 % du PVD (moyenne nationale des taxes fédérales et locales) aux États-Unis et 55.49 % en Islande à 82.69 % en République tchèque et 87.41 % en Finlande. Elle est supérieure à 60 % du PVD dans tous les pays de l'OCDE, sauf en Islande et aux États-Unis, et supérieure à 75 % (comme l'OMS le préconise) dans 26 pays de l'OCDE.

Le Tableau annexe 3.A.5 met également en évidence d'importantes différences de prix hors taxes, les prix variant en fonction de la structure du marché, du lieu géographique (en particulier en fonction de la possibilité ou non d'achats transfrontaliers) et de la structure des taxes applicables.

La fixation du taux d'une taxe sur le tabac dépend de l'objectif de politique publique assigné à cette taxe. Lorsqu'elle a principalement pour but de procurer des recettes fiscales, son taux est fixé en fonction du montant de recettes visé et de l'élasticité-prix de la demande des produits taxés. Un taux moyen peut suffire à produire des recettes stables sans entraîner de difficultés importantes en termes d'économie politique. Si elle est censée influer sensiblement sur le comportement des consommateurs, il faut probablement fixer un taux plus élevé pour atteindre les objectifs sanitaires visés. Dans le cas précis du tabac, les travaux de recherche (Goodchild, Perucic and Nargis, 2016[6])montrent que des taxes et des prix plus élevés font reculer à la fois la prévalence (certains fumeurs cessant de fumer) et l'intensité du tabagisme (les fumeurs fumant moins), en particulier au sein des populations vulnérables (jeunes et ménages modestes). Une hausse de la fiscalité du tabac a des conséquences financières plus lourdes pour les fumeurs les plus aisés, qui diminuent moins leur consommation, tandis que l'essentiel des effets économiques et sanitaires positifs de la diminution du tabagisme concernent les populations défavorisées, dont la consommation baisse davantage lorsque la fiscalité s'alourdit (Belinda Loring, 2014[7]). Il peut cependant être difficile d'appliquer un taux plus élevé en raison de facteurs d'économie politique (pressions exercées par les fabricants, opposition de la population, etc.). L'affectation des recettes tirées des taxes (ou d'une partie d'entre elles) au financement d'objectifs de santé spécifiques, par exemple de programmes de promotion de la santé et/ou d'activités de lutte contre le tabagisme, peut être un moyen de renforcer l'adhésion de la population, mais réduit la latitude budgétaire des pouvoirs publics. Elle peut aussi fournir une source régulière de financements de programmes de soins et de promotion de la santé qui n'est pas soumise à un examen budgétaire annuel (Organisation mondiale de la santé, 2016[8]). De plus, les risques d'achats transfrontaliers et de contrebande entre pays pratiquant des prix très différents peuvent rendre difficile l'application de taxes élevées dans certains pays s'il n'existe pas une coopération régionale efficace.

3.5. Fioul domestique

En général, les huiles minérales sont réparties en plusieurs catégories en fonction de leurs caractéristiques techniques. Aux fins des droits d'accise, les principales catégories sont l'essence sans plomb, le carburant diesel et le fioul lourd. Certains pays de l'OCDE soumettent aussi d'autres produits énergétiques, comme le gaz naturel, l'électricité et le charbon, à un régime de droits d'accise ou à des taxes spécialement applicables aux produits énergétiques, par exemple une taxe carbone. Cette publication analyse uniquement la TVA et les droits d'accise, ou les taxes assimilées ou incluses dans le montant des accises. Ces taxes sont fixées *ad valorem* ou *ad quantum* plutôt qu'en fonction du contenu énergétique ou en CO_2 du combustible.

Dans la plupart des pays de l'OCDE, le fioul est taxé à des taux inférieurs aux carburants automobiles. Dans l'Union européenne, la directive sur la taxation de l'énergie fixe un taux minimum applicable au fuel domestique (0.021 EUR/litre) qui est bien inférieur à celui applicable aux carburants automobiles (0.3 EUR/litre de gazole). Seuls quelques États membres (Hongrie, Pays-Bas et République tchèque) appliquent des taux de droits d'accise pratiquement identiques au fioul et au gazole. L'Irlande, le Luxembourg et le Royaume-Uni appliquent également un taux de TVA réduit au fioul domestique, mais aucun pays de l'OCDE n'a adopté un taux de TVA réduit pour le gazole ou l'essence.

Les écarts importants entre les taux d'accises se retrouvent dans l'hétérogénéité des prix du fioul domestique dans la zone OCDE, allant de 0.705 USD/litre au Luxembourg et 0.751 USD/litre en Belgique (qui affichent les taux les plus bas) à 1.509 USD/litre au Danemark et 1.877 USD/litre en Israël.

3.6. Effets sur le commerce transfrontalier

Les écarts de taux d'accise entre pays résultent souvent des traditions nationales, des politiques sociales, environnementales et de santé, de la production locale et des besoins de financement de l'État. Ils ne sont pas sans incidence sur la circulation transfrontalière des marchandises. La création de marchés intégrés (comme l'Union européenne) et la suppression des contrôles aux frontières ont permis de prendre conscience du fait que les différences de taux d'accise parfois considérables entre pays voisins étaient telles que le jeu du marché en était affecté. En pareil cas, les achats transfrontaliers peuvent être lourds de conséquences pour les entreprises et contraindre ainsi les autorités fiscales concernées à rapprocher leurs taux d'accise de ceux des pays limitrophes. Les écarts entre pays voisins peuvent également favoriser la « contrebande » transfrontalière (McKee, L., E. MacLehose, M. et al., 2004[9]). Même si certains estiment que le jeu des mécanismes du marché devrait favoriser une convergence des taux, une telle orientation serait contradictoire avec d'autres aspects des politiques publiques lorsque des critères tels que la santé sont pris en compte pour la définition des taux.

3.7. Effets des accises sur la redistributivité

Bien que les accises puissent réduire la demande des produits considérés comme nocifs qui y sont soumis, et donc les dépenses des ménages pour ces biens au fil du temps, leur augmentation peut exercer une pression immédiate sur le budget des ménages modestes lorsque des mesures compensatoires ne sont pas introduites. Il est donc important de comprendre les effets redistributifs probables des choix opérés en matière de droits d'accise, et d'assortir les augmentations des droits d'accise de mesures compensatoires, si possible par le biais du système de prestations et de transferts sociaux, afin d'atténuer les conséquences redistributives négatives le cas échéant. Flues et Van Dender (Flues and van Dender, 2017[10]) montrent notamment qu'un tiers seulement des recettes supplémentaires générées par une hausse des droits d'accise sur l'énergie pourrait suffire non seulement à compenser entièrement la hausse subie par les ménages modestes, mais aussi à réduire leur facture énergétique grâce à des transferts en espèces.

L'effet redistributif des accises dépend des produits auxquels elles s'appliquent. Une étude portant sur 20 pays de l'OCDE majoritairement européens montre que l'effet cumulé des droits d'accise sur le tabac, l'alcool et les carburants est régressif, qu'il soit mesuré en pourcentage du revenu ou des dépenses (OCDE/KIPF, 2014[11]). Ces résultats impliquent qu'à mesure que leur revenu augmente, les ménages consacrent une part de leur revenu et de leurs dépenses plus faible à ces produits. La charge fiscale exacte peut varier selon la structure des accises. Par exemple, si les ménages aisés consomment des alcools et du tabac plus chers que les ménages plus modestes, ils auront à supporter une charge fiscale plus lourde si l'accise est calculée en fonction de la valeur du produit (*ad valorem*) que si elle dépend de la quantité consommée.

Pour les tableaux en annexe, les références à 'l'Union européenne et à ses États membres' englobent le Royaume-Uni en tant qu'État membre pour janvier 2020 et en tant qu'ajout aux États membres ('les États membres et le Royaume-Uni') pour la période comprise entre le 1er février 2020 et la fin décembre 2020.

Références

Belinda Loring (2014), *Tobacco and inequities*, Organisation mondiale de la santé, Union européenne. [7]

Brys, B. et al. (2016), *Tax Design for Inclusive Economic Growth*, Éditions OCDE, Paris, https://dx.doi.org/10.1787/5jlv74ggk0g7-en. [2]

Federation of Tax Administrators (2020), *State Excise Tax Rates on Cigarettes*, Federation of Tax Administrators, https://www.taxadmin.org/assets/docs/Research/Rates/cigarette.pdf (accessed on 12 November 2020). [5]

Flues, F. and K. van Dender (2017), *The impact of energy taxes on the affordability of domestic energy*, Éditions OCDE, Paris, https://dx.doi.org/10.1787/08705547-en. [10]

Goodchild, M., A. Perucic and N. Nargis (2016), "Modelling the impact of raising tobacco taxes on public health and finance", *Bulletin de l'Organisation mondiale de la santé*, Vol. 94/4, pp. 250-257, http://dx.doi.org/10.2471/blt.15.164707. [6]

KEEN, M. (1998), "The Balance between Specific and Ad Valorem Taxation", *Fiscal Studies*, Vol. 19/1, pp. 1-37, http://dx.doi.org/10.1111/j.1475-5890.1998.tb00274.x. [3]

McKee, L., E. MacLehose, M., N. et al. (2004), *Health policy and European Union enlargement*, http://www.openup.co.uk. [9]

OCDE/KIPF (2014), *The Distributional Effects of Consumption Taxes in OECD Countries*, Études de politique fiscale de l'OCDE, No. 22, Éditions OCDE, Paris, https://dx.doi.org/10.1787/9789264224520-en. [11]

OMS (2019), *WHO report on the global tobacco epidemic 2019: offer help to quit tobacco use*, OMS. [4]

Organisation mondiale de la santé (2016), *Taxes sur le tabac à affectation spécifique : les enseignements de l'expérience de neuf pays*. [8]

Sassi, F., A. Belloni and C. Capobianco (2013), *The Role of Fiscal Policies in Health Promotion*, Éditions OCDE, Paris, https://dx.doi.org/10.1787/5k3twr94kvzx-en. [1]

Annex 3.A. Droits d'accise

Tableau d'annexe 3.A.1. Impôts sur la bière

Pays	Monnaie	Droit d'accise spécifique par hectolitre par teneur en alcool en %		Taux réduit applicable aux petites brasseries indépendantes			Droit d'accise sur la bière à faible degré d'alcool Droit d'accise par hectolitre de produit		Taux de TVA	Taux d'imposition progressif en fonction du degré d'alcool
		Monnaie nationale	USD	Production annuelle (hl)	Monnaie nationale	USD	Monnaie nationale	USD	Proportion en pourcentage	
Allemagne*	EUR	1.97	2.21	≤ 5 000	1.10	1.24	–	–	19.0	Non
				≤ 10 000	1.32	1.48			19.0	
				≤ 20 000	1.54	1.73			19.0	
				≤ 40 000	1.65	1.85			19.0	
Australie*	AUD	Note pays		Note pays			Note pays		10.0	Oui
Autriche	EUR	5.00	5.62	≤ 12 500	3	3.37	–	–	20.0	Non
				≤ 25 000	3.5	3.93			20.0	
				≤ 37 500	4	4.49			20.0	
				≤ 50 000	4.5	5.06			20.0	
Belgique	EUR	5.01	5.63	≤ 12 500	4.36	4.90	–	–	21.0	Non
				≤ 25 000	4.50	5.06			21.0	
				≤ 50 000	4.65	5.22			21.0	
				≤ 75 000	4.79	5.38			21.0	
				≤ 200 000	4.94	5.55			21.0	
Canada*	CAD	Note pays		Note pays			Note pays		5.0/13.0 15.0	Oui
Chili*	CLP	Note pays		Note pays			Note pays		19.0	Non
Colombie		Note pays		Note pays			Note pays		19.0	
Corée*	KRW	Note pays		Note pays			Note pays		10.0	Non
Danemark*	DKK	48.74	7.31	≤ 3 700	Note pays		0.00	0.00	25.0	Non
				≤ 20 000	Note pays				25.0	
				≤ 200 000	Note pays				25.0	
Espagne*	EUR	Note pays		–	–	–	Note pays		21.0	Non
Estonie	EUR	12.70	14.27	≤ 15 000	6.35	7.15	–	–	20.0	Non
États-Unis*	USD	Note pays		≤ 2 347 000	Note pays		–	–		Non

Finlande*	EUR	36.50	41.01	≤ 5 000	18.25	20.51	11.40	8.88	24.0	Non
				≤ 30 000	25.55	28.71			24.0	
				≤ 55 000	29.20	32.81			24.0	
				≤ 100 000	32.85	36.85			24.0	
France*	EUR	7.49	8.42	≤ 200 000	3.75	4.21	3.75	4.21	20.0	Non
Grèce	EUR	12.50	14.04	≤ 200 000	6.25	7.02	_	_	24.0	Non
Hongrie	HUF	1620.00	5.90	≤ 200 000	810.00	2.95	-	-	27.0	Non
Irlande	EUR	22.55	25.34	≤ 50 000	Note pays		Note pays		23.0	Non
Islande*	ISK	Note pays		_	_	_	Note pays	_	11.0	Oui
Israël*	ILS	235.00	66.01	_	_	_	Note pays		17.0	Non
Italie	EUR	7.78	8.48	≤ 10 000	4.67_	_	Note pays	_	22.0	Non
Japon*	JPY	Note pays		≤ 100 000	Note pays		_	_	10.0	Non
Lettonie*	EUR	7.40	8.31	≤ 10 000	3.70	4.16	-	-	21.0	Non
Lituanie	EUR	7.11	7.99	-	-	-	-	-	21.0	Non
Luxembourg*	EUR	1.98	2.22	≤ 50 000	0.98	1.10	_	_	17.0	Non
				≤ 200 000	1.12	1.26	_	_	17.0	
Mexique*	MXN	26.50 %					_	_	16.0	Oui
Norvège*	NOK	Note pays					Note pays		25.0	Oui
Nouvelle-Zélande*	NZD	29.05	20.61	_			Note pays		15.0	Non
Pays-Bas*	EUR	Note pays		≤ 200 000	Note pays	_	_	_	21.0	Oui
Pologne*	PLN	21.43	5.64	≤ 200 000	Note pays		_	_	23.0	Non
Portugal*	EUR	Voir note		≤ 200 000	Note pays		Note pays		23.0	Non
République slovaque	EUR	3.59	4.03	≤ 200 000	2.65	2.98	_	_	20.0	Non
République tchèque	CZK	80.00	3.42	≤ 10 000	40.00	1.71	_	_	21.0	Non
				≤ 50 000	48.00	2.06			21.0	
				≤ 100 000	56.00	2.39			21.0	
				≤ 150 000	64.00	2.74			21.0	
				≤ 200 000	72.00	3.08			21.0	
Royaume-Uni*	GBP	19.08	24.46	≤ 60 000	Note pays		8.42	10.79	20.0	Non
Slovénie*	EUR	12.10	13.60	≤ 20 000	6.05	6.80	_	_	22.0	Non
Suède	SEK	202.00	23.63	_	_	_	_	_	25.0	Non
Suisse*	CHF	Note pays		≤ 55 000	Note pays		Note pays		7.7	Oui
Turquie*	TL	204.42	3.59	_	_	_	_	_	18.0	Non

Notes

*Voir les notes pays

Conversion de la monnaie nationale en USD : les taux de conversion sont les taux moyens du marché (2 019) publiés dans les Statistiques monétaires mensuelles de l'OCDE (stats.oecd.org).

1. % vol = pourcentage d'alcool pur par volume à 20°C. Dans certains pays, le taux des droits d'accise applicables à la bière est calculé par hectolitre par degré Plato. Pour plus de commodité, tous les montants sont convertis en % vol. Il n'existe pas de table de conversion précise entre degrés Plato et % vol mais, à des fins fiscales, on admet souvent que 1 % vol équivaut à 2.5 degrés Plato. Par conséquent, les taux exprimés en degrés Plato ont été multipliés par 2.5 pour obtenir le % vol.

Source : Délégations nationales. Situation au 1er janvier 2020.

StatLink https://doi.org/10.1787/888934225873

Encadré d'annexe 3.A.1. Notes pays relatives au Tableau 3.A.1.

Allemagne. Du 1er juillet au 31 décembre 2020, le taux de TVA est ramené à 19 % à 16 % en contrepartie de l'incidence économique de la pandémie de COVID-19.

Australie. Les taux applicables à la bière en récipients individuels de capacité inférieure à 8 litres ; ou en récipients individuels de capacité d'au moins 8 litres, mais n'excédant pas 48 litres et non conçus pour être raccordés à un système de distribution sous pression ou par pompe sont les suivants : AUD 43.53 par litre d'alcool lorsque le volume d'alcool n'excède pas 3 %, 50.70 AUD lorsque le volume d'alcool est supérieur à 3 % mais n'excède pas 3.5 %, et 50.70 AUD au-delà de 3.5 %. Les taux applicables à la bière en récipients individuels de capacité excédant 48 litres ; ou en récipients individuels de capacité d'au moins 8 litres, mais n'excédant pas 48 litres et conçus pour être raccordés à un système de distribution sous pression ou par pompe sont les suivants : AUD 8.71 par litre d'alcool lorsque le volume d'alcool n'excède pas 3 %, 27.26 AUD lorsque le volume d'alcool est supérieur à 3 % mais n'excède pas 3.5 %, et 35.71 AUD au-delà de 3.5 %. Des taux réduits s'appliquent également à la bière produite à des fins non commerciales qui utilisent un équipement professionnel ; ces taux sont de 3.06 AUD par litre d'alcool pour la bière lorsque le volume d'alcool n'excède pas 3% et de 3.53 par litre d'alcool pour la bière titrant plus de 3 % par volume d'alcool. Les droits d'accise sur la bière sont calculés à partir d'un seuil égal à 1.15 % par volume. Les bières ne titrant pas plus de 1.15 % par volume d'alcool sont exonérées d'accises. Les taux sont ajustés en fonction de l'inflation chaque année en février et en août. Les producteurs éligibles peuvent obtenir un remboursement égal à 60 % des droits d'accise versés dans la limite de 100 000 AUD par exercice budgétaire.

Canada. Les taux des droits d'accise s'appliquent par hectolitre de produit (non par degré d'alcool par hectolitre). Les autorités provinciales et territoriales appliquent également à la bière diverses taxes et majorations. Les taux des droits d'accise fédéraux applicables à la bière ou à la liqueur de malt sont les suivants : (1) 33.03 CAD par hectolitre au-delà de 2.5 % vol. ; (2) 16.52 CAD par hectolitre à partir de 1.2 % vol. et jusqu'à 2.5 % vol. ; (3) 2.742 CAD par hectolitre jusqu'à 1.2 % vol. Les taux réduits suivants sont appliqués aux 75 000 premiers hectolitres de bière ou de liqueur de malt produits au cours d'une année donnée par les brasseurs titulaires d'une licence : (1) 90 % sur les 2 000 premiers hectolitres, (2) 80 % sur les 3 000 hectolitres suivants, (3) 60 % sur les 10 000 hectolitres suivants, (4) 30 % sur les 35 000 hectolitres suivants, et (4) 15 % sur les 25 000 hectolitres suivants. Des ajustements automatiques des droits d'accise sur la bière en fonction de l'inflation sont effectués chaque année au 1er avril.

Chili. La vente de boissons alcooliques (vin, bière, boissons distillées et autres boissons alcooliques) est soumise à la TVA au taux de 19 % et à une surtaxe sur la vente ou l'importation de boissons alcooliques. La surtaxe est appliquée à la bière au taux de 20.5 % et ne dépend pas du titre alcoométrique. Cette taxe est appliquée à l'assiette de la TVA, à savoir au prix de vente (hors TVA), et frappe les transactions entre grossistes. S'agissant de ces transactions, la taxe versée au vendeur est déductible de la taxe sur les ventes due à chaque étape de la chaîne de valeur (y compris l'importation) jusqu'à la vente au détaillant final. La surtaxe n'est pas perçue sur la vente du détaillant au consommateur final et le détaillant ne peut pas récupérer la taxe qu'il a versée en amont.

Colombie. La vente de bière est soumise à un droit d'accise de 48 % pour les bières produites en Colombie et à une TVA supplémentaire de 19 % après déduction du droit d'accise de la base d'imposition. Pour les bières produites à l'étranger, les droits d'accise sont fixés par le ministère des Finances tous les semestres.

Corée. Le taux applicable à la bière est de 830 300 KRW par hectolitre (pour la bière vendue dans un contenant de 8 litres ou plus avec tireuse séparée avant le 31 décembre 2021, le taux appliqué est de 664 200 KRW). Chaque année, le taux applicable à la bière est déterminé en fonction des variations de l'indice des prix à la consommation.

Danemark. Les taux réduits suivants sont appliqués aux petites brasseries indépendantes : pour une production n'excédant pas 3 700 hectolitres, la réduction est de 77.08 DKK par hectolitre ; pour une production supérieure à 3 700 hectolitres mais n'excédant pas 20 000 hectolitres (X), la réduction est de 259.81/(X + 6.83) DKK par hectolitre ; pour une production inférieure à 200 000 hectolitres, la réduction est de 22.02- (X/9083) DKK par hectolitre. Un droit supplémentaire frappe les produits qui contiennent un mélange de bière et de boisson non alcoolique. Taux : 9.38 DKK par litre de mélange dont le titre alcoométrique n'excède pas 10 % vol. et 16.39 DKK par litre lorsque le titre est supérieur à 10 % vol. La bière titrant moins de 2.8 % vol. est exonérée de droits d'accise.

États-Unis. La moyenne pondérée des droits d'accise fédéraux et des droits appliqués par les États est de 20 USD par hectolitre de produit. L'accise fédérale s'établit à 18 USD par fût pour les premiers 6 millions de fûts de bière, puis à 18 USD par fût pour chaque fût supplémentaire. Un fût correspond à 1.1735 hectolitres. Les petites brasseries locales qui produisent moins de 2 millions de fûts de bière par année civile paient 3.50 USD de droits fédéraux par fût sur les 60 000 premiers fûts, puis 16.00 USD par fût au-delà. Il n'existe pas de barème progressif en fonction du degré d'alcool ni de TVA fédérale.

Espagne. Les taux d'accise selon le degré d'alcool sont les suivants : la bière est exonérée en deçà de 1.2 % vol. ; elle est soumise à un droit de 2.75 EUR par hectolitre entre 1.2 % vol. et 2.8 % vol., de 7.48 EUR par hectolitre entre 2.8 % vol. et 11° Plato, de 9.96 EUR par hectolitre au-delà de 11° Plato et jusqu'à 15° Plato, de 13.56 EUR par hectolitre au-delà de 15° Plato et jusqu'à 19° Plato et de 0.91 EUR par hectolitre et par degré Plato au-delà de 19° Plato. Il n'y a pas de taxe sur la bière à Ceuta et Melilla (deux villes espagnoles situées en Afrique du Nord).

Finlande. La bière titrant moins de 0.5 % vol. est exonérée de droits d'accise.

France. La bière ayant un titre alcoométrique supérieur à 18 % vol. est frappée d'un droit supplémentaire de 3.05 EUR par degré par hectolitre destiné à financer le système de protection sociale.

Irlande. La bière brassée par de petites brasseries indépendantes ne produisant pas plus de 50 000 hectolitres par an donne lieu à une exonération ou à un remboursement partiels de 50 % de la taxe frappant les produits alcoolisés (droits d'accise). Dans la loi de finances 2020, le volume à ne pas dépasser a été porté de 40 000 à 50 000 hectolitres mais le volume maximum pris en compte pour l'application de l'exonération ou du remboursement partiels est resté inchangé, à 30 000. Le droit est nul pour la bière peu alcoolisée (jusqu'à 1.2 % vol.) et s'établit à 11.27 EUR pour la bière titrant plus de 1.2 % vol. et moins de 2.8 % vol.

Islande. En Islande, le droit s'établit à 125.65 ISK par centilitre d'alcool par litre moins 2.25 centilitres. Par exemple, un litre de bière titrant 6 % vol. contient 6 centilitres d'alcool par litre. En conséquence, le droit perçu sur un litre de bière titrant 6 % vol. s'obtient à partir de la formule suivante : (6-2.25) * 125.65 = 472.2 ISK par litre. L'application de cette formule revient à exonérer de droits la bière titrant moins de 2.25 % vol.

Israël. Le montant du droit a été fixé à 235 ILS le 1er janvier 2020. Il est ajusté chaque année en fonction de l'évolution de l'indice des prix à la consommation. Aucun droit n'est appliqué à la bière contenant moins de 2 % d'alcool (ou moins de 3.8 % si elle est commercialisée dans des bouteilles réutilisables).

Italie. La bière contenant moins de 0.5 % d'alcool par volume est exonérée. Pour les petites brasseries dont la production annuelle n'excède pas 10 000 hectolitres, le taux des droits d'accise est abaissé de 40 %.

Japon. Les droits d'accise s'établissent à 22 000 JPY par hectolitre de produit. Les taux réduits suivants s'appliquent aux petites brasseries (ne produisant pas plus de 100 000 hectolitres d'alcool par an) pour les 2 000 premiers hectolitres : (a) 18 700 JPY par hectolitre si la production annuelle de bière n'excède pas 10 000 hectolitres ; (b) 20 350 JPY par hectolitre si la production annuelle de bière est supérieure à 10 000 hectolitres mais ne dépasse pas 13 000 hectolitres (mesure temporaire). Informations de référence (Réforme de la taxe sur les alcools de 2017). À compter du 1er octobre 2020, les taux des droits d'accise sur les alcools sont modifiés afin de rétablir une charge fiscale équitable pour les différents types de bières. Plus précisément, les montants des droits d'accise applicables à la bière et aux boissons alcoolisées assimilées seront unifiés : 15 500 JOY par hectolitre en octobre 2026 (cette révision sera appliquée en trois phases).

Lettonie. Depuis le 1er mars 2020, l'accise s'établit à 7.8 EUR par % vol. par hectolitre ; ce montant est réduit à 3.9 EUR par % vol. par hectolitre pour les petites brasseries indépendantes (mais ne peut pas être inférieur à 14.4 EUR par hectolitre). Le taux réduit consenti aux petites brasseries indépendantes (dont la production annuelle est inférieure à pas 50 000 hectolitres) s'applique aux 10 000 premiers hectolitres de bière produits.

Lituanie. La bière titrant moins de 0.5 % vol. est exonérée de droits d'accise.

Luxembourg. Les taux applicables aux petites brasseries (dont la production annuelle est inférieure à 200 000 hectolitres) varient entre 0.40 EUR et 0.45 EUR. Un droit supplémentaire égal à 600 EUR par hectolitre est perçu sur les bières confectionnées (« alcopops »).

Mexique. Les taux, appliqués sur une base ad valorem, sont les suivants : 26.5% pour la bière et les autres boissons alcooliques jusqu'à 14 degrés Gay-Lussac (° GL) ; 30 % au-delà de 14° GL et jusqu'à 20° GL ; 53 % au- delà de 20° GL.

Nouvelle-Zélande. Le taux des accises sur la bière titrant plus de 2.5 % vol. est de 29.054 NZD par litre d'alcool contenu dans le produit fini. Le taux appliqué à la bière titrant plus de 1.15 % vol. et jusqu'à 2.5 % vol. est de 0.43573 NZD par litre de produit. La bière titrant moins de 1.15 % vol. n'est pas soumise à accise.

Norvège. Les taux des droits d'accise sont les suivants par hectolitre de produit : a) 0.0- 0.7 % vol. : zéro ; b) 0.7-2.7 % vol. : 351 NOK c) 2.7-3.7 % vol. : 1 318 NOK ; d) 3.7-4.7 % vol. : 2 283 NOK. La bière titrant plus de 4.7 % vol. est soumise à un droit de 511 NOK par degré d'alcool et par hectolitre.

Pays-Bas. Les taux d'accise par hectolitre de produit sont les suivants : a) jusqu'à 7° Plato, 8.83 EUR; b) de 7° à 11° Plato : 28.49 EUR; c) de 11° à 15° Plato : 37.96 EUR; d) 15° Plato ou plus : 47.48 EUR. Les taux d'accise par hectolitre de produit sont les suivants : a) jusqu'à 7° Plato, le taux susmentionné ; b) de 7° à 11° Plato : 26.35 EUR ; c) de 11° à 15° Plato : 35.11 EUR ; d) 15° Plato ou plus : 43.92 EUR. Pour la bière ne contenant pas plus de 0.5 % d'alcool, une taxe sur la consommation de 8.83 EUR par hectolitre est applicable et le taux de TVA est de 9%.

Pologne. Exemption des droits d'accise pour les petites brasseries : 1) production n'excédant pas 200 000 hectolitres par an : 50 % du montant du droit d'accise calculé sur la base du taux normal appliqué à la bière ; au-delà de 200 000 hectolitres par an : la totalité de la production annuelle est frappée d'un droit d'accise au taux normal, sans possibilité d'exemption ; les règles ci-dessus s'appliquent également en cas de coopération de plusieurs producteurs. 2) Achat intracommunautaire ou importation de bière par des entités respectant les critères définis par la loi : 50 % du montant du droit d'accise calculé sur la base du taux normal appliqué à la bière.

Portugal. Les taux d'accise frappant la bière sont les suivants par hectolitre de produit : (a) plus de 0.5 % vol. et jusqu'à 1.2 % vol. : 8.34 EUR ; (b) plus de 1.2 % vol. et jusqu'à 2.8 % vol. : 10.44 EUR ; (c) plus de 2.8 % vol. et jusqu'à 4.4 % vol. : 16.70 EUR ; (d) plus de 4.4 % vol. et jusqu'à 5.2 % vol. : 20.89 EUR ; (e) plus de 5.2°% vol. et jusqu'à 6 % vol. : 25.06 EUR ; (f) plus de 6 % vol. : 29.30 EUR (taux en vigueur au 1er janvier 2020). Les taux applicables aux petites brasseries (production annuelle n'excédant pas 200 000 hectolitres) sont de 50 % du taux normal.

Royaume-Uni. La bière titrant moins de 1.2 % vol. est exonérée de droit d'accise. Un droit applicable aux bières légères est perçu sur les bières titrant entre 1.2 % vol. et 2.8 % vol. Depuis le 1er octobre 2011, un droit spécial frappe toutes les bières fortes titrant plus de 7.5 % vol. Ce droit s'ajoute au droit général sur la bière.

Les petites brasseries indépendantes bénéficient de taux réduits :

- production n'excédant pas 5 000 hectolitres : 50 % du taux normal ;
- production annuelle supérieure à 5 000 hectolitres mais n'excédant pas 30 000 hectolitres – taux obtenu en appliquant la formule : production annuelle 2 500/production annuelle x taux normal
- production supérieure à 30 000 hectolitres et n'excédant pas 60 000 hectolitres – taux obtenu en appliquant la formule : production annuelle - (2500-8.33 % de la fraction de la production annuelle excédant 30 000 hectolitres/production annuelle x taux normal.

Les petites brasseries ne peuvent solliciter aucune réduction du taux applicable aux bières légères.

Slovénie. Taux réduit applicable aux petites brasseries (production annuelle n'excédant pas 20 000 hectolitres) : 6.05 EUR par hectolitre par % vol. Exemption de la bière produite pour la consommation personnelle si la production annuelle est inférieure à 500 litres. Le taux applicable aux petites brasseries (production annuelle n'excédant pas 200 000 hectolitres) est de 50 % du taux normal : 6.05 EUR.

Suède. Le droit d'accise pour la bière titrant moins de 2.8 % vol. s'établit à 0 SEK.

Suisse. Taux par hectolitre : bière légère (jusqu'à 10° Plato) : 16.88 CHF, bière normale et spéciale (de 10.1 à 14° Plato) : 25.32 CHF, bière forte (à partir de 14.1° Plato) : 33.76 CHF. Pour les brasseries ne produisant pas plus de 55 000 hectolitres par an, le taux est progressivement réduit en fonction du volume de production, la réduction pouvant atteindre 40 % (pour une production annuelle n'excédant pas 15 000 hectolitres). La bière titrant plus de 15 % vol. est fiscalement considérée comme une boisson alcoolique (taxée à raison de 2 900 CHF par hectolitre d'alcool pur).

Turquie. La taxe ne peut pas être inférieure à 134.98 TL par degré par hectolitre. Si le montant obtenu à partir du taux (63 %) est inférieur à ce montant minimum, c'est celui-ci qui doit être acquitté.

Union européenne. La Directive 92/83/CEE prévoit que la bière ayant un contenu alcoolique de moins de 0.5 vol. n'est pas considérée comme bière imposable dans l'UE.

Tableau d'annexe 3.A.2. Impôts sur le vin

Pays	Monnaie	Vin non pétillant			Vin pétillant			Vin à faible degré d'alcool (inférieur à 8.5 % vol)		
		Accise par hectolitre de produit		TVA	Accise par hectolitre de produit		TVA	Accise par hectolitre de produit		TVA
		Monnaie nationale	USD	Proportion en pourcentage	Monnaie nationale	USD	Proportion en pourcentage	Monnaie nationale	USD	Proportion en pourcentage
Allemagne*	EUR	0.00	0.00	19.00	136.00	152.81	19.00	0.00	0.00	19.00
Australie*	AUD	Note pays	-	10.00	Note pays	-	10.00	Note pays	-	10.00
Autriche	EUR	0.00	0.00	20.00	100.00	112.36	20.00	0.00	0.00	20.00
Belgique	EUR	74.91	84.17	21.00	256.32	288.40	21.00	23.91	26.87	21.00
Canada*	CAD	65.30	49.10	5,0/13,0 15.0	65.30	49.10	5,0/13,0 15.0	Note pays	-	5.0/13.0 15.0
Chili*	CLP	Note pays	-	19.00	Note pays	-	19.00	Note pays	-	19.00
Colombie	COP	Note pays		5.0	Note pays		5.0	Note pays		5.0
Corée*	KRW	Note pays	-	10.00	Note pays	-	10.00	Note pays	-	10.00
Danemark*	DKK	1126.00	168.82	25.00	1461.00	219.04	25.00	518.00	77.66	25.00
Espagne*	EUR	0.00	0.00	21.00	0.00	0.00	21.00	0.00	0.00	21.00
Estonie*	EUR	147.82	166.09	20.00	147.82	166.09	20.00	63.35	71.18	20.00
États-Unis*	USD	37.00	37.00	-	110.00	110.00	-	Note pays	-	-
Finlande*	EUR	397.00	446.07	24.00	397.00	446.07	24.00	Note pays	-	24.00
France*	EUR	3.82	4.29	20.00	9.44	10.61	20.00	3.82	4.29	20.00
Grèce	EUR	0.00	0.00	24.00	0.00	22.47	24.00	0.00	0.00	24.00
Hongrie*	HUF	0.00	0.00	27.00	16460.00	59.97	27.00	0.00	0.00	27.00
Irlande*	EUR	424.84	477.35	23.00	849.68	954.70	23.00	141.57	159.07	23.00
Islande*	ISK	Note pays	-	11.00	Note pays	-	11.00	Note pays	-	11.00
Israël	ILS	0.00	0.00	17.00	Voir note	-	17.00	0.00	0.00	17.00
Italie	EUR	0.00	0.00	22.00	0.00	0.00	22.00	0.00	0.00	22.00
Japon	JPY	8000.00	73.33	10.00	8000.00	73.33	10.00	8000.00	73.33	10.00
Lettonie*	EUR	101.00	113.48	21.00	101.00	113.48	21.00	Note pays		21.00
Lituanie*	EUR	164.67	185.02	21.00	164.67	185.02	21.00	65.46	73.55	21.00
Luxembourg*	EUR	0.00	0.00	14 ou 17	0.00	0.00	17.00	0.00	0.00	14.00
Mexique*	MXN	26.5 %/30 %	-	16.00	26.5 %/30 %	-	16.00	26.5 %	-	16.00
Norvège*	NOK	6132.00	696.82	25.00	6132.00	696.82	25.00	Note pays	-	25.00
Nouvelle-Zélande*	NZD	290.54	191.14	15.00	290.54	191.14	15.00	290.54	191.14	15.00
Pays-Bas*	EUR	88.30	99.21	21.00	88.30	99.21	21.00	44.24	49.71	21.00
Pologne	PLN	174.00	45.31	23.00	174.00	45.31	23.00	174.00	45.31	23.00
Portugal	EUR	0.00	0.00	13.00	0.00	0.00	23.00	0.00	0.00	23.00
République slovaque*	EUR	0.00	0.00	20.00	79.65	89.49	20.00	0.00	0.00	20.00

République tchèque	CZK	0.00	0.00	21.00	2340.00	100.04	21.00	0.00	0.00	21.00
Royaume-Uni*	GBP	288.65	370.06	20.00	369.72	474.00	20.00	88.93	114.01	20.00
Slovénie	OCDE	0.00	0.00	22.00	0.00	0.00	22.00	0.00	0.00	22.00
Suède*	SEK	Note pays	-	25.00	Note pays	-	25.00	Note pays	-	25.00
Suisse*	CHF	0.00	0.00	7.70	0.00	0.00	7.70	0.00	0.00	7.70
Turquie*	TL	1005.11	177.27	18.00	6790.74	1197.66	18.00	1005.11	177.27	18.00

Notes
*Voir les notes pays
Conversion de la monnaie nationale en USD : les taux de conversion sont les taux moyens du marché (2 019) publiés dans les Statistiques monétaires mensuelles de l'OCDE (stats.oecd.org).
Source: Délégations nationales. Situation au 1er janvier 2020

StatLink https://doi.org/10.1787/888934225892

Encadré d'annexe 3.A.2. Notes pays relatives au Tableau 3.A.2.

Allemagne. Taux d'accise applicable au vin pétillant ayant un faible titre alcoométrique, inférieur à 6 % vol. : 51 EUR. Les taux applicables aux produits intermédiaires dont le titre alcoométrique est compris entre 1.2 % vol. et 22 % vol. sont les suivants : plus de 15 % vol. et moins de 22 % vol. : 153 EUR par hectolitre ; jusqu'à 15 % vol. : 102 EUR par hectolitre ; jusqu'à 15 % vol. et pétillant : 136 EUR par hectolitre. Le vin n'est pas soumis à un droit d'accise. Il est néanmoins soumis à supervision sur le territoire fiscal de l'Allemagne. *Du 1er juillet au 31 décembre 2020, le taux de TVA est ramené de 19 % à 16 % en contrepartie de l'incidence économique de la pandémie de COVID-19.*

Australie. Tous les vins (vins non pétillants, pétillants et à faible degré d'alcool, cidre, poiré, hydromel et saké - sous réserve de définitions spécifiques) sont soumis à la taxe d'égalisation sur le vin (WET), égale à 29 % du prix de gros final (hors TPS). La WET s'applique au prix de gros du vin, et en général uniquement lorsqu'une entité est identifiée ou tenue d'être identifiée à la taxe sur les produits et services (TPS). La remise de la WET accordée aux producteurs, correspondant au montant de la WERT versée ou au montant qui aurait été versé si l'acheteur n'avait pas fait valoir son droit de remise, s'applique aux producteurs éligibles dans certaines circonstances, dans la limite de 350 000 AUD par exercice budgétaire.

Canada. (1) Un droit de 0.653 CAD par litre s'applique au vin titrant plus de 7 % vol., de 0.301 CAD par litre au vin dont le titre alcoométrique est supérieur à 1.2 % vol., mais n'excède pas 7 % vol., et de 0.021 CAD par litre au vin ne titrant pas plus de 1.2 % vol., (2) Les vins enrichis en alcool titrant plus de 22.9 % vol. n'entrent pas dans la catégorie des vins (ils font partie des spiritueux). Les autorités provinciales et territoriales perçoivent également divers majorations et droits sur le vin. Des ajustements automatiques des droits d'accise sur le vin en fonction de l'inflation sont effectués chaque année au 1er avril.

Chili. Une surtaxe de 20.5 % est appliquée à la vente ou à l'importation de vin, de vin pétillant, de champagne, de cidre et d'autres boissons alcoolisées (entre autres). Cette taxe est appliquée à l'assiette de la TVA, à savoir au prix de vente (hors TVA), et frappe les transactions entre grossistes. S'agissant de ces transactions, la taxe versée au vendeur est déductible de la taxe sur les ventes due à chaque étape de la chaîne de valeur (y compris l'importation) jusqu'à la vente au détaillant final. La surtaxe n'est pas perçue sur la vente du détaillant au consommateur final et le détaillant ne peut pas récupérer la taxe qu'il a versée en amont ; de même, elle n'est pas perçue sur la vente de vin en vrac réalisée par un producteur à un détaillant assujetti.

Colombie. La vente de vins est soumise à une TVA de 5 %, à une accise ad valorem de 20 % et à une taxe sur la consommation de 150 COP par degré d'alcool (vol.).

Corée. La taxe sur les alcools appliquée au vin est égale à 30 % du prix à la production (ou du prix à l'importation). En outre, la taxe d'enseignement (10 % du montant de la taxe sur les alcools) est également prélevée. Ces taux sont applicables aux vins pétillants et non pétillants quel que soit leur degré d'alcool.

Danemark. Le taux appliqué aux vins forts, titrant plus de 15 % vol. et jusqu'à 22 % vol., s'établit à 1 508 DKK par hectolitre. Celui appliqué aux vins moyennement alcoolisés, titrant plus de 6 % vol. et jusqu'à 15 % vol., s'établit à 1 126 DKK par hectolitre. Celui appliqué aux vins à faible degré d'alcool, titrant plus de 1.2 % vol. et jusqu'à 6 % vol., s'établit à 518 DKK par hectolitre. Les droits appliqués au vin pétillant correspondent à ceux appliqués au vin non pétillant majorés de 335 DKK par hectolitre. Un droit supplémentaire frappe les mélanges de vin et de boisson non alcoolisée. Taux : 7.13 DKK par litre de mélange ne titrant pas plus de 10 % vol. et 11.50 DKK par litre de mélange titrant plus de 10 % vol.

Espagne. Les produits intermédiaires – produits auxquels de l'alcool distillé a été ajouté – dont le titre alcoométrique est compris entre 1.2 % vol. et 22 % vol. sont taxés comme suit : titre supérieur à 1.2 % vol. et inférieur à 15 % vol. : 61.08 EUR par hectolitre ; Autres : 64.13/hl (aux Iles Canaries, les taux s'établissent à 30.14 % et 50.21 % respectivement).

Estonie. Le vin à faible degré d'alcool est celui qui ne titre pas plus de 6 % vol.

États-Unis. La moyenne pondérée des droits d'accise fédéraux et des droits appliqués par les États est de 37 USD par hectolitre de produit pour le vin non pétillant jusqu'à 16 % vol. et de 110 USD pour le vin pétillant. Les droits d'accise fédéraux sont les suivants : a) jusqu'à 16 % vol. : 0.07 USD par gallon pour les 30 000 premiers gallons de vin, 0.17 USD pour chaque gallon de vin au-delà de 30 000 et jusqu'à 130 000 gallons, 0.535 USD pour chaque gallon de vin au-delà de 130 000 et jusqu'à 750 000 gallons, et 1.07 USD par gallon au-delà de 750 000 gallons ; b) de 16 à 21 % vol. : 0.57 USD par gallon pour les 30 000 premiers gallons de vin, 0.67 USD pour chaque gallon de vin au-delà de 30 000 et jusqu'à 130 000 gallons, 1.035 USD pour chaque gallon de vin au-delà de 130 000 et jusqu'à 750 000 gallons, et 1.57 USD par gallon au-delà de 750 000 gallons ; c) 21 %-24 % vol. : 2.15 USD par gallon pour les 30 000 premiers gallons de vin, 2.25 USD pour chaque gallon de vin au-delà de 30 000 et jusqu'à 130 000 gallons, 2.615 USD pour chaque gallon de vin au-delà de 130 000 et jusqu'à 750 000 gallons, et 3.15 USD par gallon au-delà de 750 000 gallons ; d) vin gazéifié : 2.30 USD par gallon pour les 30 000 premiers gallons de vin, 2.40 USD pour chaque gallon de vin au-delà de 30 000 et jusqu'à 130 000 gallons, 2.765 USD pour chaque gallon de vin au-delà de 130 000 et jusqu'à 750 000 gallons, et 3.30 USD par gallon au-delà de 750 000 gallons ; et e) vin pétillant : 2.40 USD par gallon pour les 30 000 premiers gallons de vin, 2.50 USD pour chaque gallon de vin au-delà de 30 000 et jusqu'à 130 000 gallons, 2.865 USD pour chaque gallon de vin au-delà de 130 000 et jusqu'à 750 000 gallons, et 3.40 USD par gallon au-delà de 750 000 gallons. 26.42 US gallons = 1 hectolitre. Il n'y a pas de TVA fédérale.

Finlande. Les taux des accises sur le vin à faible degré d'alcool sont les suivants : a) plus de 1.2 % vol. et jusqu'à 2.8 % vol. : 32 EUR ; b) plus de 2.8 % vol. et jusqu'à 5.5 % vol. : 191 EUR ; c) plus de 5.5 % vol. et jusqu'à 8 % vol. : 275 EUR.

France. Un taux réduit de 1.34 EUR/hectolitre s'applique aux catégories de vin à faible degré d'alcool suivantes : cidre, poiré, hydromel et pétillant de raisin.

Hongrie. Les taux applicables aux autres boissons fermentées (principalement les vins de fruits) sont les suivants : a) boissons non pétillantes : 9 870 HUF par hectolitre de produit, b) boisson pétillante : 16 460 HUF par hectolitre de produit, c) boisson à faible degré d'alcool : 0 HUF par hectolitre de mélange non pétillant contenant plus de 50 % de vin et d'eau minérale gazeuse, ne contenant pas d'arômes ajoutés et ne titrant pas plus de 8.5 % vol. Le taux appliqué aux produits intermédiaires s'établit à 25 520 HUF par hectolitre de produit.

Irlande. Le taux applicable au vin à faible degré d'alcool s'applique au vin dont le titre alcoométrique n'excède pas 5.5 % vol. Le taux applicable au vin non pétillant titrant plus de 15 % vol. s'établit à 616.45 EUR. Le taux applicable au vin non pétillant titrant plus de 5.5 % vol. mais ne titrant pas plus de 15 % vol. s'établit à 424.84 EUR.

Islande. En Islande, le droit s'établit à 114.45 ISK par centilitre d'alcool par litre moins 2.25 centilitres pour le vin ne titrant pas plus de 15 % vol. Par exemple, un litre de vin titrant 15 % vol. contient 15 centilitres d'alcool par litre. En conséquence, le droit perçu sur un litre de vin titrant 15 % vol. s'obtient à partir de la formule suivante : (15- 2.25) x 114.45 = 1459.2 ISK par litre.

Japon. À compter du 1er octobre 2020, le taux du droit d'accise s'établit à 9 000 JPY par hectolitre.

Lettonie. Depuis le 1er mars 2020, l'accise sur le vin (non pétillant et pétillant) s'établit à 106 EUR par hectolitre. Il n'existe pas de taux spécifique pour le vin à faible degré d'alcool (non pétillant) (titrant moins de 8.5 % vol.).

Lituanie. Le vin à faible degré d'alcool englobe le vin pétillant et non pétillant titrant moins de 8.5 % vol.

Luxembourg. Le taux de TVA réduit (14 %) s'applique au vin non pétillant ne titrant pas plus de 13 % vol. Un droit supplémentaire égal à 600 EUR par hectolitre est perçu sur les bières confectionnées (« alcopops »).

Mexique. Les taux, appliqués sur une base ad valorem et non par hectolitre de produit, sont les suivants : 26.5 % pour la bière et les autres boissons alcooliques jusqu'à 14 degrés Gay-Lussac (° GL) ; 30 % au-delà de 14° GL et jusqu'à 20° GL ; 53 % au- delà de 20° GL.

Norvège. Le taux mentionné dans le tableau est celui qui s'applique aux vins titrant 12 % vol. Pour les vins dont le titre alcoométrique est compris entre 4.7 et 22 % vol., le taux des droits d'accise est de 511 NOK par degré d'alcool et par hectolitre.

Pays-Bas. Le taux de TVA appliqué au vin ayant un titre alcoométrique inférieur à 1.2 % vol. est de 9%.

République slovaque. Le taux de 54.16 EUR par hectolitre s'applique aux boissons fermentées pétillantes ne titrant pas plus de 8.5 % vol. Le taux applicable aux produits intermédiaires est de 84.24 EUR par hectolitre.

Royaume-Uni. Les taux réduits des droits d'accise applicables aux boissons faiblement alcooliques (catégorie des vins) sont les suivants : a) au-delà de 1.2 % vol. et jusqu'à 4 % vol. : 88.93 GBP par hectolitre ; b) au-delà de 4 % et jusqu'à 5.5 % vol. : 122.30 GBP ; et c) vin pétillant peu alcoolisé titrant plus de 5.5 % vol. mais moins de 8.5 % vol. : 279.46 GBP ; d) vin pétillant et produits à base de vin ne titrant pas moins de 8.5 % vol. mais pas plus de 15 % vol. : 369.72 GBP. Le taux appliqué au vin titrant entre 15 % vol. et 22 % vol. est de 384.82 GBP. Les taux des droits sur le vin ont été modifiés le 13 mars 2017 et sont désormais les suivants : le taux des droits d'accise sur le vin non pétillant s'établit à 288.65 EUR ; les taux réduits appliqués aux boissons faiblement alcooliques sont les suivants (catégorie des vins) : a) au-delà de 1.2 % vol. et jusqu'à 4 % vol. : 88.93 GBP ; b) au-delà de 4 % et jusqu'à 5.5 % vol. : 122.30 GBP et 2. vin pétillant peu alcoolique titrant plus de 5.5 % vol. mais moins de 8.5 % vol. : 279.46 GBP ; d) vin pétillant et produits à base de vin ne titrant pas moins de 5.5 % vol. mais pas plus de 15 % vol. : 369.72 GBP. Le taux appliqué au vin titrant entre 15 % vol. et 22 % vol. est de 384.82 GBP.

Suède. Les taux des droits d'accise pour les vins à faible degré d'alcool (pétillants et non pétillants) sont les suivants : a) moins de 2.25 % vol. : 0 SEK ; b) 2.25 %-4.5 % vol. : 919 SEK ; c) 4.5 %-7 % vol. : 1 358 SEK ; d) 7 %-8.5 % vol. : 1 869 SEK ; e) 8,5-15 % vol. : SEK 2 618 ; f) 15.0-18.0 % vol. : 5 479 SEK.

Suisse. En général, le vin naturel obtenu à partir de raisin frais qui titre plus de 18 % vol. et les autres vins titrant plus de 15 % vol. sont taxés comme des boissons alcooliques (1 450 CHF par hectolitre d'alcool pur). Tous les vins titrant plus de 22 % vol. sont imposés comme des boissons alcooliques (2 900 CHF par hectolitre d'alcool pur).

Turquie. Le taux d'accise s'établit à 0 %.

Tableau d'annexe 3.A.3. Impôts sur les boissons alcooliques

Pays	Monnaie	Taxe par hectolitre d'alcool pur			
		Accise		Taux de TVA	Taux applicable aux petites distilleries
		Monnaie nationale	USD	Proportion en pourcentage	
Allemagne*	EUR	1303.00	1464.04	19.00	Oui
Australie*	AUD	8587.00	5628.47	10.00	Non
Autriche*	EUR	1200.00	1348.31	20.00	Oui
Belgique	EUR	2992.79	3362.69	21.00	Non
Canada*	CAD	1237.50	930.45	5,0/13,0/15,0	Non
Chili*	CLP	Note pays	-	19.00	Non
Colombie	COP	Note pays		5.00	Non
Corée*	KRW	Voir note	-	10.00	Non
Danemark*	DKK	15000.00	2272.73	25.00	Non
Espagne*	EUR	958.94	1077.46	21.00	Oui
Estonie	EUR	1881	2113.48	20.00	Non
États-Unis*	USD	909.00	909.00	-	Non
Finlande*	EUR	4880.00	5483.15	24.00	Non
France*	EUR	1758.54	1975.89	20.00	Non
Grèce*	EUR	2450.00	2752.81	24.00	Non
Hongrie*	HUF	333385.00	1214.61	27.00	Oui
Irlande*	EUR	4257.00	4783.15	23.00	Non
Islande*	ISK	1549000.00	12633.55	11.00	Non
Israël	ILS	8551.00	2340.00	17.00	Non
Italie*	EUR	1035.52	1160.13	22.00	Non
Japon*	JPY	Note pays	-	10.00	Non
Lettonie*	EUR	1564.00	1757.30	21.00	Oui
Lituanie*	EUR	1832.00	2401.97	21.00	Non
Luxembourg	EUR	1041.15	1169.83	17.00	Non
Mexique*	MXN	26.50 %	-	16.00	Non
Norvège	NOK	78400.00	8909.09	25.00	Non
Nouvelle-Zélande*	NZD	Note pays	-	15.00	Non
Pays-Bas*	EUR	1686.00	1894.38	5.0/13.0	Non
Pologne	PLN	6275.00	1634.11	23.00	Non
Portugal*	EUR	1386.93	1558.35	23.00	Oui
République slovaque*	EUR	1080.00	1213.48	20.00	Non
République tchèque	CZK	32250.00	1406.45	21.00	Non
Royaume-Uni*	GBP	2874.00	3684.62	20.00	Non
Slovénie*	EUR	1320.00	1483.15	22.00	Oui
Suède	SEK	51659.00	6031.46	25.00	Non
Suisse*	CHF	2900.00	2929.29	7.70	Oui
Turquie*	TL	27929.02	4925.75	18.00	Non

Notes

*Voir les notes pays

Conversion de la monnaie nationale en USD : les taux de conversion sont les taux moyens du marché (2 019) publiés dans les Statistiques monétaires mensuelles de l'OCDE (stats.oecd.org).

Source : Délégations nationales. Situation au 1er janvier 2020.

StatLink https://doi.org/10.1787/888934225911

Encadré d'annexe 3.A.3. Notes pays relatives au Tableau 3.A.3.

Allemagne. Les taux applicables aux petites distilleries sont de 730 EUR ou 1 022 EUR. Un droit supplémentaire égal à 5 550 EUR par hectolitre d'alcool pur est perçu sur les alcopops. Du 1er juillet au 31 décembre 2020, le taux de TVA est ramené de 19 % à 16 % en contrepartie de l'incidence économique de la pandémie de COVID-19.

Australie. Un droit d'accise de 85.87 AUD par litre d'alcool est appliqué aux spiritueux et autres boissons soumises aux droits d'accise (exception faite de la bière). Un taux réduit, de 80.20 AUD par litre l'alcool, s'applique au brandy (obtenu par distillation de vin de raisin). Ces taux s'appliquent à compter du 1er août 2019 et sont ajustés chaque année en février et août en fonction de l'inflation. Les brasseurs indépendants peuvent obtenir un remboursement égal à 60 % des accises versées dans la limite de 100 000 AUD par exercice budgétaire.

Autriche. Pour les petites distilleries ne produisant pas plus de 4 hectolitres d'alcool pur par an, le taux des droits s'établit à 648 EUR (soit 54 % du taux normal).

Canada. (1) Les spiritueux sont soumis à un droit d'accise à raison de 12.375 CAD par litre d'alcool éthylique pur. Les spiritueux qui ne contiennent pas plus de 7 % d'alcool éthylique pur sont soumis à un droit d'accise au taux de 0.313 CAD par litre. (2) La bière titrant plus de 11.9 % vol. est assimilée à un spiritueux et les vins enrichis en alcool titrant plus de 22.9 % vol. sont considérés comme des spiritueux. Les autorités provinciales et territoriales perçoivent également divers majorations et droits sur les spiritueux. Des ajustements automatiques des droits d'accise sur les boissons alcoolisées en fonction de l'inflation sont effectués chaque année au 1er avril.

Chili. Une surtaxe est appliquée à la vente ou à l'importation de boissons alcooliques. Les taux appliqués sont les suivants : 31.5 % sur les liqueurs, les eaux de vie, les vermouths, le pisco, le whisky et d'autres boissons alcooliques obtenues par distillation ; 20.5 % sur la bière, le vin, le vin pétillant, le champagne, le cidre et d'autres boissons alcooliques. Cette taxe est appliquée à l'assiette de la TVA, à savoir au prix de vente (hors TVA), et frappe les transactions entre grossistes. S'agissant de ces transactions, la taxe versée au vendeur est déductible de la taxe sur les ventes due à chaque étape de la chaîne de valeur (y compris l'importation) jusqu'à la vente au détaillant final. La surtaxe n'est pas perçue sur la vente du détaillant au consommateur final et le détaillant ne peut pas récupérer la taxe qu'il a versée en amont ; de même, elle n'est pas perçue sur la vente de vin en vrac réalisée par un producteur à un détaillant assujetti.

Colombie. Les boissons alcooliques sont soumises à une TVA de 5 %, à une accise ad valorem de 25 % et à une taxe sur la consommation de 236 COP par degré d'alcool (vol.).

Corée. Le droit d'accise sur les alcools s'appliquant sur une base ad valorem, il ne varie pas en fonction du titre alcoométrique. Pour le whisky, le brandy, les alcools distillés en général, les liqueurs, le soju dilué et le soju distillé, son taux est de 72 % et le taux de la taxe d'enseignement est de 30 %.

Danemark. Un droit supplémentaire frappe les produits qui contiennent un mélange de spiritueux et de boisson non alcoolique. Il s'élève à 4.21 DKK par litre de mélange.

Espagne. Le droit d'accise pour les îles Canaries est de 750.36 EUR par hectolitre d'alcool pur. Un régime spécial est appliqué aux petites distilleries, auxquelles un taux de 839.15 EUR par hectolitre (ou 653.34 EUR dans les îles Canaries) est appliqué.

États-Unis. La moyenne pondérée des droits d'accise fédéraux et des droits appliqués par les États est de 909 USD par hectolitre. Le droit d'accise fédéral est de 2.70 par « *proof gallon* » pour les 100 000 premiers « proof gallons », de 13.34 USD pour les 22 130 000 « *proof gallons* » suivants, et de 13.50 USD pour chaque « *proof gallon* » au-delà. Un « *proof gallon* » est un gallon américain (3.785 litres) contenant 50 % d'alcool. Il n'y a pas de TVA fédérale.

Finlande. Les taux des droits d'accise sont les suivants : (a) CN – code 2208, titre alcoométrique compris entre 1.2 % vol. et 2.8 % vol. : 1140 EUR ; (b) autres produits : 4 880 EUR.

France. Droit supplémentaire destiné à financer le système de protection sociale : 573.64 EUR par hectolitre d'alcool pur.

Grèce. Le droit appliqué à l'ouzo est de 1 225 EUR par hectolitre d'alcool pur.

Hongrie. Un taux réduit de 50 % s'applique à l'alcool éthylique produit par des distilleries de récoltants de fruits à partir de fruits qui leur sont fournis par des ménages de récoltants. L'application du taux réduit est limitée à 43 litres d'alcool pur par an et par ménage de récoltants, destinés à la consommation personnelle du ménage.

Irlande. Le tableau présente la taxe qui frappe les spiritueux par hectolitre d'alcool pur. Cependant, les autres boissons fermentées et les boissons intermédiaires sont imposées comme suit : autres boissons fermentées (cidre et poiré), pétillantes ou non, ne titrant pas plus de 2.8 % vol. : 47.23 EUR par hectolitre ; boissons pétillantes ou non pétillantes titrant plus de 2.8 % vol. mais n'excédant pas 6 % vol. : 94.46 EUR par hectolitre ; boissons pétillantes et non pétillantes titrant plus de 6 % vol. mais n'excédant pas 8.5 % vol. : 218.44 EUR par hectolitre ; boissons titrant plus 8.5 % vol. : 309.84 EUR par hectolitre (boissons non pétillantes) et 619.70 EUR par hectolitre (boissons pétillantes). Autres boissons fermentées (que le cidre et le poiré), pétillantes ou non, ne titrant pas plus de 5.5 % vol. : 141.57 EUR par hectolitre ; boissons titrant plus de 5.5 % vol. : 424.84 EUR par hectolitre (boissons non pétillantes) et 849.68 EUR par hectolitre (boissons pétillantes). Boissons intermédiaires : boissons non pétillantes ne titrant pas plus de 15 % vol. : 424.84 EUR par hectolitre ; boissons non pétillantes titrant plus de 15 % vol. : 616.45 EUR par hectolitre ; boissons pétillantes : 849.68 EUR par hectolitre.

Islande. Le taux d'accise indiqué dans le tableau est celui applicable aux boissons alcooliques autres que la bière ou le vin titrant jusqu'à 15 % vol. Il s'établit à 154.9 ISK par centilitre d'alcool.

Italie. Des droits frappent les boissons titrant plus de 1.2 % vol. Un droit de 88.67 EUR s'applique aux produits intermédiaires.

Japon. Les droits d'accise (par hectolitre) sont les suivants : a) whisky et brandy (40 % vol.) : 40 000 JPY ; b) spiritueux (37 % vol.) : 37 000 JPY ; c) Shochu groupe A et B (25 % vol.) : 25 000 JPY.

Lettonie. À compter du 1er mars 2020, le taux du droit d'accise s'établit à 1 642 EUR par hectolitre d'alcool pur. Le taux d'accise réduit frappant l'alcool éthylique produit par les petites distilleries (pas plus de 10 hectolitres d'alcool pur) s'applique depuis le 1er mars 2019. À compter du 1er mars 2020, le taux du droit d'accise réduit s'établit à 821 EUR par hectolitre d'alcool pur.

Lituanie. Les produits intermédiaires sont frappés d'un droit égal à 185.82 EUR par hectolitre de produit lorsqu'ils titrent moins de 15 % vol. et à 264.52 EUR par hectolitre au-delà de 15 % vol. Un taux de 2025.00 EUR par hectolitre de produit est appliqué à l'alcool éthylique à compter du 1er mars 2020.

Luxembourg. Un droit supplémentaire égal à 600 EUR par hectolitre est perçu sur les alcopops.

Mexique. Le taux d'accise est appliqué sur une base ad valorem et non par hectolitre de produit. Les taux, pour les boissons alcooliques, sont appliqués à la valeur comme suit : 26.5 % pour les boissons alcooliques jusqu'à 14 degrés Gay-Lussac (° GL) ; 30 % au-delà de 14° GL et jusqu'à 20° GL ; 53 % au-delà de 20° GL.

Nouvelle-Zélande. Pour les boissons alcooliques ayant un titre alcoométrique compris entre 9 et 14 % vol., le droit d'accise s'établit à 2.9054 NZD par litre. Au-delà de 14 % vol., le droit est de 52.916 NZD par litre d'alcool pur (exception faite du vin non enrichi et du vermouth, taxés à raison de 2.7870 NZD par litre de produit).

Pays-Bas. Le taux de TVA sur les spiritueux à faible teneur en alcool (moins de 1.2 %) est de 9%.

Portugal. Les produits intermédiaires sont soumis à un droit de 76.10 EUR par hectolitre ; alcool éthylique/spiritueux : 1 386.93 EUR par hectolitre (montants applicables au 1er janvier 2020). Un taux réduit égal à 50 % du taux normal est appliqué aux petites distilleries.

République slovaque. Un taux réduit égal à 50 % du taux national du droit d'accise frappant l'alcool éthylique est appliqué à l'alcool éthylique produit par des distilleries exploitées par des récoltants de fruits. Ce taux s'applique dans la limite de 43 litres d'alcool éthylique par an, destinés à la consommation personnelle du récoltant.

République tchèque. Un taux réduit, égal à 16 200 CZK par hectolitre d'alcool pur, s'applique aux distilleries exploitées par de petits récoltants de fruits ne produisant pas plus de 30 litres de spiritueux de fruits par an et par ménage. Un droit d'accise de 2 340 CZK par hectolitre de produit s'applique aux produits intermédiaires.

Royaume-Uni. Toutes les boissons titrant plus de 22 % sont fiscalement considérées comme des spiritueux. La plupart des autres boissons obtenues en mélangeant des spiritueux avec d'autres types d'alcool sont également fiscalement considérées comme des spiritueux. Les taux appliqués au cidre et au poiré sont les suivants : le taux frappant le cidre et le poiré non pétillants dont le titre alcoométrique est supérieur à 1.2 % mais n'excède pas 7.5 % vol. s'établit à 40.38 GBP, celui appliqué au cidre et au poiré non pétillants titrant plus de 7.5 % mais moins de 8.5 % vol. est de 61.04 GBP, celui appliqué au cidre et au poiré pétillants dont le titre alcoométrique est supérieur à 1.2 % mais n'excède pas 5.5 % vol. est de 279.46 GBP et celui appliqué au cidre et au poiré pétillants dont le titre est supérieur à 5.5 % mais n'excède pas 8.5 % vol. est de 279.46 GBP.

Slovénie. Le montant du droit s'élève à 1 320 EUR par hectolitre d'alcool pur. Pour les petits producteurs ne produisant pas plus de 150 litres d'alcool pur par an, le taux des droits s'établit à 660 EUR par hectolitre.

Suède. Les taux des droits d'accise pour les boissons alcooliques (autres que la bière et le vin) sont les suivants : a) moins de 2.25 % vol. : 0 SEK ; b) 2.25 %-4.5 % vol. : 919 SEK ; c) 4.5 %-7 % vol. : 1 358 SEK ; d) 7 %-8.5 % vol. : 1 869 SEK ; e) 8,5-15 % vol. : 2 618 SEK. Taux applicables aux produits intermédiaires, a) 1.2 %-15 % vol. : 3299 SEK ; b) 15 %-22 % vol. : 5479 SEK. Alcool éthylique, 100 % vol., 51659 SEK.

Suisse. Si certaines conditions sont remplies, les agriculteurs ne sont pas imposés sur l'alcool produit pour leur consommation personnelle. Les petits producteurs bénéficient d'une réduction de 30 % pour les 30 premiers litres d'alcool pur produits chaque année. Taux normal : 2900 CHF par hectolitre. Taux spécial appliqué à certains types de vins : 1450 CHF par hectolitre. Un taux spécial de 11 600 CHF par hectolitre est appliqué aux alcopops (l'alcopop, également dénommé boisson prête à consommer, est un mélange d'alcool et de soda).

Turquie. Le taux d'accise s'établit à 0 %. Si le montant de la taxe calculé à partir du taux indiqué est inférieur au montant minimum indiqué dans le tableau, c'est ce montant minimum qui doit être acquitté.

Tableau d'annexe 3.A.4. Impôts sur le tabac

Pays	Monnaie	Cigarettes			Cigares[2]			Tabac à rouler pour cigarettes			TVA
		Accise spécifique par 1 000		Accise ad valorem	Accise spécifique par 1 000		Accise ad valorem	Accise spécifique par 1 000 grammes		Accise ad valorem	
		Monnaie nationale	USD	% du PVD[1]	Monnaie nationale	USD	% du PVD[1]	Monnaie nationale	USD	% du PVD[1]	Proportion en pourcentage
Allemagne*	EUR	98.20	110.34	21.69	14.00	15.73	1.47	48.49	54.48	14.76	19.00
Australie*	AUD	936.53	650.37	0.00	Note pays	-	0.00	1291.77	897.06	0.00	10.00
Autriche*	EUR	58.00	65.17	37.50	0.00	0.00	13.00	0.00	0.00	56.00	20.00
Belgique	EUR	66.47	72.58	40.04	0.00	0.00	10.00	48.31	47.58	31.50	21.00
Canada*	CAD	121.89	91.65	00.00	Note pays	-	Note pays	152.36	114.56	00.00	5.0/13.0/15.0
Chili*	CLP	46323.00	71.41	30.00	0.00	0.00	52.60	0.00	0.00	59.70	19.00
Colombie	COP	121 500.00	37.03	10.00	121 500.00	37.03	10.00	193 000.00	58.83	10.00	19.00
Corée*	KRW	145 720.00	125.03	64.76	Note pays	-	0.00	103200.00	88.55	0.00	10.00
Danemark*	DKK	1737.90	260.55	1.00	500.00	75.76	10.00	1350.90	202.53	0.00	25.00
Espagne	EUR	24.70	27.75	51.00	0.00	0.00	15.80	23.50	26.40	41.50	21.00
Estonie*	EUR	81.95	92.08	30.00	151.00	169.66	10.00	89.63	100.71	0.00	20.00
États-Unis*	USD	141.00	141.00	Note pays	Note pays	-	-	Note pays	-	-	-
Finlande*	EUR	69.75	78.37	52.00	30.00	33.71	34.00	46.50	52.25	52.00	24.00
France	EUR	62.00	69.66	52.70	35.30	39.66	32.30	76.20	85.62	46.70	20.00
Grèce	EUR	82.50	92.70	26.00	0.00	0.00	35.00	170.00	191.01	0.00	24.00
Hongrie*	HUF	20 500.00	70.53	23.00	0.00	0.00	14.00	20 100.00	69.15	0.00	27.00
Irlande*	EUR	346.04	388.81	8.91	Note pays	-	0.00	379.83	426.78	0.00	23.00
Islande*	ISK	29.2028.44	210.40	0.00	Note pays	-	0.00	28700.00	234.08	0.00	24.00
Israël*	ILS	400.94	112.62	Note pays	0.00	0.00	Note pays	1138.04	319.67	0.00	17.00
Italie	EUR	19.36	21.75	59.10	0.00	0.00	23.00	0.00	0.00	58.50	22.00
Japon*	JPY	13244.00	121.49	0.00	13244.00	121.49	0.00	13244.00	112.32	0.00	10.00
Lettonie*	EUR	78.70	88.43	20.00	95.20	106.97	-	75.00	88.55	-	21.00
Lituanie*	EUR	62.25	69.94	25.00	42.00	47.19	-	68.60	84.27	-	21.00
Luxembourg	EUR	18.89	21.22	46.65	0.00	0.00	10.00	16.50	18.54	33.15	17.00
Mexique*	MXN	494.4	25.67	39.07	Note pays	-	Note pays	Note pays	-	Note pays	16.00
Norvège	NOK	2680.00	304.55	0.00	2680.00	304.55	0.00	2680.00	304.55	0.00	25.00

Nouvelle-Zélande*	NZD	Note pays	-	0.00	Note pays	-	0.00	Note pays	-	0.00	15.00
Pays-Bas	EUR	219.25	246.35	5.00	0.00	0.00	8.00	155.97	175.25	0.00	21.00
Pologne*	PLN	228.10	59.40	32.05	433.00	112.76	-	155.70	40.55	32.05	23.00
Portugal*	EUR	96.12	108.00	15.00	0.00	0.00	25.00	81.00	91.01	15.00	23.00
République slovaque*	EUR	64.10	72.02	23.00	76.70	86.18	-	76.70	86.18	0.00	20.00
République tchèque	CZK	1610.00	70.21	30.00	1880.00	81.99	-	2460.00	107.28	-	21.00
Royaume-Uni*	GBP	228.29	292.68	16.50	284.76	365.08	0.00	234.65	300.83	0.00	20.00
Slovénie*	EUR	73.64	82.74	21.88	0.00	0.00	6.30	43.00	46.62	37.00	22.00
Suède	SEK	1600.00	169.13	1.00	1410.00	149.05	0.00	1957.00	206.87	0.00	25.00
Suisse*	CHF	118.32	119.52	25.00	5.60	5.66	1.00	38.00	38.38	25.00	7.70
Turquie*	TL	485.1	85.56	67.00	500.80	88.32	80.00	485.10	85.56	40	18.00

Notes
*Voir les notes pays
Conversion de la monnaie nationale en USD : les taux de conversion sont les taux moyens du marché (2 019) publiés dans les Statistiques monétaires mensuelles de l'OCDE (stats.oecd.org).
I. PVD. Prix de vente au détail.
I. Cigares. Le Danemark et le Japon taxent les cigares par 1 000 pièces et non au poids. Un cigare est supposé peser 3 grammes au Danemark et 1 gramme au Japon.
Source : Délégations nationales. Situation au 1er janvier 2020.

StatLink https://doi.org/10.1787/888934225930

Encadré d'annexe 3.A.4. Notes pays relatives au Tableau 3.A.4.

Allemagne. Le droit d'accise minimum s'élève à 163,6 EUR pour 1 000 cigarettes. Le droit d'accise minimum s'établit à 70.97 EUR par kilogramme de tabac à rouler les cigarettes. Les autres tabacs à fumer sont soumis à un droit d'accise de 15.66 EUR par kilogramme et 13.13 % du PVD. Le droit d'accise minimum pour les autres tabacs à fumer s'établit à 22 EUR par kilogramme. *Du 1er juillet au 31 décembre 2020, le taux de TVA est ramené de 19 % à 16 % en contrepartie de l'incidence économique de la pandémie de COVID-19.*

Australie. Le taux d'accise de 0.93653 AUD par pièce s'applique aux cigarettes ou aux cigares (roulés) dont la teneur en tabac par pièce n'excède pas 0.8 gramme. Les autres produits du tabac sont frappés d'un droit d'accise égal à 1291.77 AUD par kilogramme de tabac. Ces taux s'appliquent à partir du 1er janvier 2018.

Autriche. Les cigares sont taxés à raison de 13 % du prix de vente au détail (PVD), au minimum 100 EUR pour 1 000 pièces. Le droit d'accise minimum appliqué au tabac à rouler s'établit à 100 EUR par kilogramme. Le droit d'accise minimum appliqué aux cigarettes s'établit à 98 % du total des droits d'accise frappant les cigarettes imposées sur la base du prix moyen pondéré de vente au détail.

Canada. Le droit d'accise appliqué aux cigares s'élève à 26.5294 CAD par millier d'unités. S'y ajoute un droit supplémentaire égal à 0.09536 CAD par cigare ou 88 % du prix de vente si ce second montant est plus élevé. Chaque province ou territoire prélève également sur tous les produits du tabac une taxe dont le taux est variable. Les prix de vente au détail sont majorés de la TPS/TVH et dans certains cas, lorsque la TVH n'est pas applicable, d'une taxe provinciale sur les ventes. Des ajustements automatiques des droits d'accise sur le tabac en fonction de l'inflation sont effectués chaque année au 1er avril.

Chili. La vente de produits du tabac est soumise à la TVA au taux de 19 % et à une taxe sur la vente ou l'importation de tabac manufacturé, de cigarettes et de cigares. La taxe appliquée au tabac manufacturé est égale à 59.7 % du prix de vente. Le taux appliqué aux cigares s'établit à 52.6 %. La taxe sur les cigarettes s'établit à 30 % du prix de vente du paquet plus un taux supplémentaire égal à 0.0010304240 d'une unité fiscale mensuelle par cigarette contenue dans le paquet (une unité fiscale mensuelle représente environ 47 019 CLP ou 76.48 USD). L'accise est prélevée sur le prix de vente au consommateur final majoré de la TVA et de la taxe perçue sur le tabac manufacturé, les cigarettes et les cigares.

Corée. Le droit d'accise sur les cigares est de 294 800 KRW pour 1 000 grammes. Depuis 2015, la taxe nationale (taxe sur la consommation individuelle) est perçue sur le tabac.

Danemark. Le droit d'accise applicable aux autres tabacs à fumer est de 1 300.90 DKK pour 1 000 grammes pour le tabac de coupe grossière.

Estonie. Les cigarettes sont soumises à un droit d'accise minimum de 138.65 EUR par millier d'unités. Pour les cigares et les cigarillos le montant d'accise minimum s'élève à 211 EUR par 1000 unités.

États-Unis. Les taxes varient beaucoup d'un État à l'autre. La moyenne pondérée des taxes fédérales et des taxes appliquées par les États par millier de cigarettes est de 141.00 USD. Les droits d'accise spécifiques fédéraux applicables au tabac sont les suivants : 50.33 USD par millier pour les cigarettes courtes (ne pesant pas plus de 3 livres, soit 1.36 kilogramme, par millier) ; 105.69 USD pour les cigarettes longues ; 50.33 USD pour les petits cigares dont le poids n'excède pas 3 livres par millier ; les gros cigares sont soumis à un impôt de 52.75 % du prix à la production dans la limite de 402.60 USD par millier ; et 24.78 USD par livre (54.63 USD par kilogramme) pour le tabac à rouler. Certains États appliquent également une taxe ad valorem.

Finlande. Les droits d'accise indiqués sont ceux en vigueur au 1er janvier 2020. Le papier à cigarette est soumis à un droit d'accise égal à 60 % du PVD. Les autres tabacs à fumer sont soumis à un droit égal à 65.00 EUR par kilogramme et 48 % du PVD. Le droit d'accise minimum pour les cigarettes s'établit à 282.75 EUR par millier d'unités et 173.50 EUR par kilogramme pour le tabac à rouler fine coupe.

France. Le montant minimum des droits d'accise s'établit à 297 EUR par millier de cigarettes, à 205 EUR par millier de cigares et à 260 EUR pour 1 000 grammes de tabac à rouler les cigarettes.

Hongrie. Le droit d'accise minimum s'établit à 33 500 HUF par millier d'unités pour les cigarettes, à 4 180 HUF par millier d'unités pour les cigares et les cigarillos. La TVA, assise sur le prix de vente au détail taxes comprises, est perçue au taux de 21.26 %.

Irlande. Le taux des droits d'accise appliqués aux cigarettes s'établit à 346.04 EUR par millier de cigarettes, auxquels s'ajoute un montant égal à 8.91 % du prix de vente au détail ou à 395.05 EUR par millier de cigarettes si ce second montant est plus élevé. Le taux du droit d'accise sur les cigares s'établit à 394.811 EUR par kilogramme. Celui sur le tabac à rouler fine coupe à 379.831 EUR par kilogramme. Les autres tabacs à fumer sont soumis à un droit d'accise de 273.903 EUR par kilogramme.

Islande. Pour les cigares, il n'existe pas de droit d'accise spécifique par unité. Le taux s'établit à 28 700 ISK pour 1 000 grammes de cigares (soit un taux identique à celui applicable au tabac à rouler).

Israël. Les accises sont calculées sur un pourcentage du prix de gros au taux de 270 %, majoré de 400.94 ILS par millier d'unités pour les cigarettes, et 90 % pour les cigares.

Japon. La taxe comprend un élément national, un élément préfectoral et un élément municipal. Au 1er octobre 2020, le droit d'accise s'établissait à 14 244 JPY pour 1 000 unités (cigarettes, cigares) ou pour 1 000 grammes (tabac à rouler les cigarettes).

Lettonie. À compter du 1er juillet 2019, le droit d'accise minimum s'établit à 144.70 EUR par millier de cigarettes.

Lituanie. À compter du 1er mars 2019, le montant minimum du droit d'accise appliqué aux cigarettes s'établit à 102.00 EUR pour 1 000 unités. Depuis le 1er mars 2020, le droit d'accise spécifique applicable aux cigarettes s'établit à 65.70 EUR pour 1 000 unités et le droit d'accise minimum est de 108.50 EUR pour 1 000 cigarettes. Le droit d'accise applicable aux cigares et cigarillos est fixé par kilogramme. À compter du 1er mars 2020, le droit d'accise applicable aux cigares et cigarillos est fixé à 48.00 EUR par kilogramme. Le droit d'accise applicable au tabac à fumer (tabac à rouler pour cigarettes et autres tabacs à fumer) est fixé à 78.50 EUR par kilogramme. À compter du 1er mars 2019, les liquides pour cigarettes électroniques sont soumis à un droit d'accise au taux de 0.12 EUR par ml de produit. À compter du 1er mars 2019, les produits de tabac chauffé, classés dans une catégorie distincte, sont soumis à un droit d'accise au taux de 68.60 EUR par kilogramme. À compter du 1er mars 2020, ce taux est porté à 113.2 EUR par kilogramme. Jusqu'au 28 février 2019, le taux appliqué aux produits du tabac chauffé était celui appliqué au tabac à fumer.

Luxembourg. Toute modification des droits d'accise sur les produits du tabac s'applique en principe au 1er février. Le droit d'accise minimum s'élève à 116 EUR pour 1 000 cigarettes. Le droit d'accise minimum s'établit à 50 EUR par kilogramme de tabac à rouler les cigarettes. Pour les cigares, il est de 23,50 EUR pour 1 000.

Mexique. Un droit ad valorem égal à 160 % du prix à la production ou du prix d'importation est appliqué à toutes les catégories. Un taux réduit de 30.4 % s'applique aux cigares ou au tabac à rouler dès lors qu'ils sont manufacturés à la main. Le droit ad valorem s'applique au niveau du producteur ou de l'importateur mais il est assis sur le prix de détail. Une taxe supplémentaire de 0.4944 MXN doit être acquittée pour chaque cigarette importée ou vendue. Cette taxe s'applique aussi aux cigares et autres tabacs (0.4944 MXN par 0.75 gramme), sauf aux produits manufacturés à la main.

Nouvelle-Zélande. Le taux d'accise pour 1 000 cigarettes dont le contenu en tabac n'excède pas 0.8 kilogramme s'établit à 1 030.90 NZD par kilogramme de contenu en tabac. Le taux d'accise pour 1 000 cigarettes dont le contenu en tabac excède 0.8 kilogramme et pour le tabac à rouler les cigarettes s'établit à 1 469.03 NZD par kilogramme de contenu en tabac. Pour les autres produits, comme le tabac à priser, les cigares et les cigarillos, le taux d'accise pour 1 000 grammes de contenu en tabac est de 1288.59 NZD

Pologne. Depuis le 1er janvier 2015, le droit d'accise sur les cigares est calculé par kilogramme.

Portugal. Les taux ci-après sont applicables depuis le 1er janvier 2020. Le taux du droit d'accise sur les cigarettes est réduit et ramené à (1) 34.00 EUR et 42 % pour les cigarettes vendues aux Açores et fabriquées par de petits producteurs des Açores ou de Madère ; (2) 78.37 EUR et 20 % pour les cigarettes vendues à Madère et fabriquées par de petits producteurs des Açores ou de Madère. Depuis le 1er avril 2020, les taux appliqués sont les suivants : Cigarettes : Accise spécifique par millier – 101.00 EUR ; Accise ad valorem en % - 14.00. Cigares : Accise ad valorem en % - 25.00. Tabac à rouler les cigarettes : Accise spécifique par millier – 81.00 EUR ; Accise ad valorem en % - 15.00. TVA en % - 23.00. Le taux du droit d'accise sur les cigarettes est réduit et ramené à (1) 34.00 EUR et 42 % pour les cigarettes vendues aux Açores et fabriquées par de petits producteurs des Açores ou de Madère ; (2) 82.34 EUR et 18 % pour les cigarettes vendues à Madère et fabriquées par de petits producteurs des Açores ou de Madère.

République slovaque. La taxe sur le tabac à rouler les cigarettes s'applique également à d'autres tabacs à fumer. Le droit d'accise appliqué aux cigares est de 73.90 EUR par kilogramme.

Royaume-Uni. Le taux d'accise spécifique applicable aux cigares est exprimé par kilogramme et non pour 1 000 unités. Il existe des taux spéciaux pour les « autres tabacs à fumer et à mâcher » et le « tabac à chauffer », qui s'établissent, à compter du 1er janvier 2020, respectivement à 125.20 GBP et 234.65 GBP par kilogramme.

Slovénie. Le droit d'accise minimum s'élève à 114 EUR pour 1 000 cigarettes. Le droit d'accise minimum s'établit à 94 EUR par kilogramme de tabac à rouler les cigarettes. Pour les cigares, il est de 43 EUR par kilogramme.

Suède. Les cigarettes d'une longueur de plus de 8 cm, mais n'excédant pas 11 cm, doivent être considérées fiscalement comme deux cigarettes. Pour les cigarettes d'une longueur excédant 11 cm, chaque tranche supplémentaire de 3 cm entamée est considérée fiscalement comme une cigarette.

Suisse. Si le PVD de 1 000 cigarettes s'établit à 375 CHF ou moins, le droit d'accise minimum (spécifique + ad valorem) s'établit à 212.10 CHF par millier d'unités. Le droit d'accise minimum perçu pour 1 000 grammes de tabac à rouler les cigarettes (spécifique + ad valorem) s'établit à 80 CHF pour 1 000 grammes.

Turquie. La taxe minimale s'établit à 488.30 TL par millier de cigarettes. Le droit spécifique est de 0.4851 TL par paquet de cigarettes. Le montant de la taxe sur les cigarettes et autres produits du tabac obtenu en appliquant le taux ne peut pas être inférieur au montant minimum. Après avoir calculé la taxe en appliquant cette règle, il faut ajouter le droit spécifique pour un paquet de cigarettes.

Tableau d'annexe 3.A.5. Charge fiscale en pourcentage du prix total des cigarettes (2018)

Pays	Prix hors taxe (USD)[1]	Accise spécifique % du PVD[2]	Accise ad valorem % du PVD[3]	TVA/TPS/TVD % du PVD[4]	Total de la taxe % du PVD	Prix d'un paquet de 20 cigarettes[5]		
						Monnaie	Prix (PVD en monnaie locale)	Prix (PVD en USD)[6]
Allemagne	2.16	32.27	21.69	15.97	69.92	EUR	6.09	7.16
Australie	3.36	68.43	0.00	9.09	77.52	AUD	20.75	14.93
Autriche	1.60	21.09	37.50	16.67	75.26	EUR	5.50	6.47
Belgique	1.79	19.58	40.04	17.36	76.98	EUR	6.60	7.76
Canada*	3.20	55.65	0.00	8.40	64.05	CAD	11.57	8.90
Chili	0.74	36.39	30.00	15.97	82.36	CLP	2700.00	4.21
Colombie	0.29	52.46	10.00	15.97	78.43	COP	4003.00	1.35
Corée	1.07	64.76	0.00	9.09	73.85	KRW	4500.00	4.09
Danemark	1.82	53.15	1.00	20.00	74.15	DKK	44.50	7.04
Espagne	1.28	9.88	51.00	17.36	78.24	EUR	5.00	5.88
Estonie	1.03	32.71	30.00	16.67	79.38	EUR	4.25	5.00
États-Unis*	4.14	36.12	0.00	5.52	39.47	USD	6.90	6.90
Finlande*	1.07	16.06	52.00	19.35	87.41	EUR	7.22	8.49
France	1.65	14.98	50.80	16.67	82.45	EUR	8.00	9.41
Grèce	1.02	35.87	26.00	19.35	81.22	EUR	4.60	5.41
Hongrie	1.28	26.02	25.00	21.26	72.28	HUF	1245.00	4.61
Irlande	3.10	50.66	9.04	18.70	78.40	EUR	12.20	14.35
Islande	5.59	36.13	0.00	19.35	55.49	ISK	1359.00	12.55
Israël	1.98	23.20	41.30	14.53	79.10	ILS	34.00	9.47
Italie	1.55	7.01	51.00	18.03	76.04	EUR	5.50	6.47
Japon	1.47	55.65	0.00	7.41	63.06	JPY	440.00	3.98
Lettonie	0.82	42.63	20.00	17.36	79.99	EUR	3.59	4.22
Lituanie	1.15	31.47	25.00	17.36	73.83	EUR	3.75	4.41
Luxembourg	1.98	7.13	46.65	14.53	68.31	EUR	5.30	6.24
Mexique	1.03	15.69	39.07	13.79	68.55	MXN	63.02	3.27
Norvège	5.22	43.97	0.00	20.00	63.97	NOK	117.80	14.49
Nouvelle-Zélande*	2.93	69.17	0.00	13.04	82.21	NZD	23.90	16.48
Pays-Bas	2.32	49.46	5.00	17.36	71.81	EUR	7.00	8.24
Pologne	1.00	26.68	31.41	18.70	76.79	PLN	15.50	4.29
Portugal	1.67	37.96	15.00	18.70	71.66	EUR	5.00	5.88
République slovaque	0.90	37.23	23.00	16.67	76.90	EUR	3.32	3.91
République tchèque	0.73	35.31	30.00	17.36	82.69	CZK	91.2	4.20
Royaume-Uni	2.58	46.22	16.50	16.67	79.39	GBP	9.40	12.53
Slovénie	0.91	38.55	22.61	18.03	79.19	EUR	3.70	4.35
Suède	2.37	47.38	1.00	20.00	68.38	SEK	65.00	7.48
Suisse	3.49	27.51	25.00	7.15	60.27	CHF	8.60	8.78
Turquie	0.52	3.11	63.00	15.25	81.37	TL	13.50	2.80

Notes

*Au Canada et aux États-Unis, les estimations de la moyenne nationale calculées par les prix et les taxes reflètent le fait que différents taux sont appliqués par les États/provinces en plus de la taxe fédérale en vigueur.

* Finlande : nom de la marque de cigarettes la plus vendue non disponible. C'est le prix moyen pondérée qui est utilisé.

La part des impôts est exprimée en pourcentage du prix de vente au détail (PVD) pour un paquet de 20 cigarettes. Lorsque le PVD correspond au prix moyen de la marque de cigarettes la plus vendue sur le marché (voir l'annexe c). Ce tableau reflète la situation en 2018 parce qu'il repose sur des taxes et prix annuels moyens qui n'étaient pas connus pour l'année 2019 à la date de publication.

l. Le prix hors taxe inclut les marges du producteur et du distributeur. Il est estimé en déduisant le total de la taxe du PVD.

I. Accise spécifique : une accise spécifique est une taxe sur un bien spécifique produit ou importé dans un pays et calculée sous forme d'un montant forfaitaire par unité de produit. Le montant indiqué dans ce tableau est exprimé en pourcentage du PVD.
I. Accise ad valorem : une accise ad valorem est une taxe sur un bien produit ou importé dans un pays et calculée en pourcentage de la valeur d'une transaction (exemple : 50 % du PVD). Exemple : 50 % du PVD.
I. TVA/TPS : *Taxe sur la valeur ajoutée ou taxe sur les biens et services (voir le chapitre 1). TVD : taxe de vente au détail au Canada (dans certaines provinces) et aux États- Unis. Le montant indiqué dans ce tableau est exprimé en pourcentage du PVD.
I. Prix d'un paquet de 20 cigarettes de la marque la plus vendue (annexe D).
I. Dans ce tableau, les montants en monnaie nationale sont convertis en USD à l'aide des taux moyens du marché (2019) publiés dans les Statistiques monétaires mensuelles de l'OCDE (stats.oecd.org).
Source: Rapport de l'OMS sur l'épidémie mondiale de tabagisme, édition 2019, et Délégations nationales. Situation pour l'année 2018

StatLink https://doi.org/10.1787/888934225949

Tableau d'annexe 3.A.6. Impôts sur le fioul à usage domestique (par litre, 2019)

Pays		Prix hors taxe[1]		Accise[2]	Taux de TVA[3]	Montant de la TVA	Total de la taxe	Prix total		Total de la taxe en % du prix total
	Monnaie	Monnaie nationale	USD	Monnaie nationale	Proportion en pourcentage	Monnaie nationale	Monnaie nationale	Monnaie nationale	USD	
Allemagne*	EUR	0.507	0.568	0.061	19.00	0.108	0.169	0.676	0.757	25.0
Australie*	AUD	Voir note			10.00					
Autriche*	EUR	0.551	0.617	0.109	20.00	0.132	0.241	0.792	0.887	30.4
Belgique	EUR	0.536	0.600	0.019	21.00	0.116	0.135	0.671	0.751	20.1
Canada*	CAD	1.127	0.849	0.000	9.93	0.112	0.112	1.239	0.934	9.0
Chili*	CLP	560.406	0.797	0.000	19.00	106.477	106.477	666.883	0.948	16.0
Colombie	COP	Voir note								
Corée*	KRW	801.786	0.688	72.450	10.00	87.424	159.874	961.660	0.825	16.6
Danemark*	DKK	5.063	0.759	2.988	25.00	2.013	5.000	10.064	1.509	49.7
Espagne*	EUR	0.540	0.605	0.097	21.00	0.134	0.231	0.771	0.863	29.9
Estonie	EUR	0.678	0.759	0.058	20.00	0.147	0.205	0.883	0.989	23.2
États-Unis*	USD	0.793	0.793	0.035	0.00	0.000	0.035	0.828	0.828	4.2
Finlande*	EUR	0.542	0.607	0.249	24.00	0.190	0.439	0.981	1.099	44.8
France	EUR	0.619	0.693	0.156	20.00	0.155	0.311	0.930	1.041	33.4
Grèce*	EUR	0.515	0.577	0.280	24.00	0.191	0.471	0.986	1.104	47.8
Hongrie*	HUF	212.925	0.733	122.588	27.00	90.589	213.177	426.102	1.466	50.0
Irlande*	EUR	0.527	0.594	0.102	13.50	0.085	0.187	0.714	0.805	26.2
Islande*	ISK	Voir note			24.00					
Israël	ILS	2.773	0.778	2.945	17.00	0.972	3.917	6.690	1.877	58.6
Italie	EUR	0.668	0.748	0.403	22.00	0.236	0.639	1.306	1.462	48.9
Japon*	JPY	80.988	0.743	2.800	10.00	8.379	11.179	92.167	0.845	12.1
Lettonie	EUR	0.607	0.680	0.057	21.00	0.139	0.196	0.803	0.899	24.4
Lituanie	EUR	0.397	0.498	0.021	21.00	0.088	0.109	0.506	0.567	21.5
Luxembourg*	EUR	0.542	0.607	0.010	14.00	0.077	0.087	0.629	0.705	13.9
Mexique*	MXN	Voir note								
Norvège	NOK	6.576	0.747	3.000	25.00	2.394	5.394	11.970	1.360	45.1
Nouvelle-Zélande*	NZD	Voir note								
Pays-Bas	EUR	0.406	0.455	0.788	21.00	0.251	1.039	1.445	1.618	71.9
Pologne	PLN	2.507	0.653	0.232	23.00	0.630	0.862	3.369	0.878	25.6
Portugal	EUR	0.606	0.679	0.362	13.0	0.126	0.488	1.194	1.225	44.6
République slovaque*	EUR	Voir note								
République tchèque*	CZK	13.549	0.591	0.660	21.00	5.145	5.805	19.354	0.844	30.0
Royaume-Uni	GBP	0.449	0.573	0.111	5.00	0.028	0.139	0.588	0.750	23.6
Slovénie	EUR	0.549	0.615	0.222	22.00	0.170	0.392	0.941	1.053	41.6
Suède*	SEK	4.910	0.519	4.247	25.00	2.289	6.536	11.446	1.210	57.1
Suisse	CHF	0.581	0.585	0.259	7.70	0.065	0.324	0.905	0.910	35.8
Turquie	TL	3.564	0.628	1.137	18.00	0.846	1.983	5.547	0.977	35.8

Notes

* Voir les notes pays.

Conversion de la monnaie nationale en USD : les taux de conversion sont les taux moyens du marché (2019) publiés dans les Statistiques monétaires mensuelles de l'OCDE (stats.oecd.org). Voir également l'annexe B.

Les prix indiqués correspondent aux moyennes calculées pour l'année 2019. Les taux d'imposition indiqués sont ceux applicables au 1er octobre 2019.

1. Le prix hors taxe correspond au prix hors TVA et accise.

2. Les accises sont exprimées en monnaie locale par litre. Elles incluent toutes les taxes autres que la TVA perçues sur le produit. Dans le cadre de ce tableau, les paiements en faveur d'organismes spécifiques qui emploient tous les montants recouvrés pour accomplir des missions déterminées (constitution de stocks d'urgence, par exemple) ne sont pas considérés comme des « impôts » et sont donc inclus dans le prix hors taxe. Lorsque différents taux s'appliquent au même produit en fonction de sa teneur en soufre ou en biocarburant par exemple, le taux indiqué est celui applicable au carburant le plus couramment utilisé dans le pays.
3. TPS pour l'Australie et la Nouvelle-Zélande, taxes sur les ventes au détail/TPS-TVH pondérées en fonction du volume pour le Canada, taxes sur les ventes pour les États-Unis et taxe sur la consommation pour le Japon. TVA pour tous les autres pays.
Source: Agence internationale de l'énergie, IEA Energy Prices, édition 2020, https://www.iea.org/reports/world-energy-prices-2020 et délégations nationales.

StatLink https://doi.org/10.1787/888934225968

Encadré d'annexe 3.A.5. Notes pays relatives au Tableau 3.A.6.

Allemagne. Le montant de l'accise indiqué s'applique au fioul dûment marqué dont la teneur en soufre est inférieure ou égale à 50 mg/kg. Dans les autres cas, le droit d'accise s'établit à 0.0764 EUR par litre. *Pour la période allant du 1er juillet au 31 décembre 2020, le taux de TVA a été ramené de 19 % à 16 % en contrepartie de l'incidence économique de la pandémie de COVID-19.*

Australie. Aucune donnée n'est disponible.

Autriche. Le droit de 0.098 EUR par litre s'applique au fioul léger dont la teneur en soufre est inférieure ou égale à 10 mg/kg. Dans les autres cas, le droit d'accise s'établit à 0.128 EUR par litre.

Canada. Le fioul est du fioul domestique. Le fioul domestique n'est frappé par aucune taxe fédérale ou provinciale sur le fioul. Le taux de la TPS fédérale est de 5 %. La plupart des provinces ne prélèvent pas leur taxe sur les ventes au détail ou leur TPS provinciale sur le fioul domestique. Le taux pondéré en fonction du volume de la TPS/taxe sur les ventes au détail s'établissait à 9.93 %. Les taxes municipales et la tarification de la pollution par le carbone ne sont pas incluses dans les droits d'accise.

Chili. Le kérosène domestique relève du Fonds de stabilisation des prix du pétrole (*Fundo de Estabilisacion de Preicos del Petroleo*, « FEPP »), Loi 19.030) qui applique chaque semaine une taxe ou un crédit d'impôt/subvention exprimé en USD par mètre cube. Cette taxe ne peut entrer dans l'assiette de la TVA à aucun stade de la chaîne de valeur (importation, production, raffinage, distribution ou vente au consommateur). A contrario, le crédit d'impôt peut être déduit de la base imposable soit au moment de la première vente, soit au moment de l'importation.

Colombie. Les données ne sont pas disponibles pour cette édition.

Corée. Kérosène domestique.

Danemark. Le montant indiqué (2.406 DKK par litre) englobe le droit d'accise (1.955 DKK par litre), l'écotaxe (0.455 DKK par litre) et la taxe sur les oxydes d'azote (0.0009 DKK par litre).

Espagne. Le montant de l'accise (0.088 EUR par litre) englobe le droit d'accise (0.085 EUR par litre) et le montant moyen de la taxe appliquée par les autorités régionales (0.003 EUR par litre).

Finlande. Le montant de l'accise indiqué (0.2488 EUR par litre) englobe la taxe sur l'énergie/le CO2 (0.0763 EUR par litre), la taxe carbone (0.1690 EUR par litre) et la redevance destinée à financer la constitution de stocks stratégiques (0.0035 EUR par litre).

Grèce. L'accise de 0.280 EUR par litre qui frappe le fioul destiné au chauffage s'applique en hiver (15 octobre-30 avril). Le reste de l'année, son montant s'établit à 0.410 EUR par litre.

Hongrie. Le montant de l'accise dépend du cours du pétrole brut sur le marché mondial. Lorsque ce cours dépasse 50 USD le baril, l'accise s'établit à 112.588 HUF par litre (110.35 HUF par litre au titre du droit d'accise et 2.505 HUF par litre au titre de la redevance pour la constitution de stocks stratégiques). Lorsque le cours mondial du pétrole brut est inférieur ou égal à 50 USD, le montant de l'accise s'établit à 122.588 HUF par litre (120.083 HUF par litre au titre du droit d'accise et 2.505 HUF par litre au titre de la redevance pour la constitution de stocks stratégiques).

Irlande. Le « prix hors taxe » inclut une taxe de 0.02 EUR par litre versée à la National Oil Reserves Agency (NORA). Le taux d'accise de 0.102 EUR par litre s'applique au fioul marqué. Le kérosène marqué est également très utilisé pour le chauffage (y compris par les ménages) ; il est frappé d'un droit de 0.05073 EUR par litre. Depuis le 1er mai 2020, le taux d'accise sur le fioul marqué a été porté à 0.117 EUR par litre et sur le kérosène marqué à 0.06574 EUR par litre.

Islande. Aucune donnée n'est disponible.

Japon. Kérosène domestique.

Lettonie. Le taux d'accise de 0.021 EUR par litre prélevé sur le fioul marqué destiné au chauffage s'applique si le fioul contient au minimum 5 % de biodiesel par volume total de produit.

Luxembourg. Un taux de TVA réduit, égal à 14 %, s'applique au fioul utilisé pour le chauffage.

Mexique. Le fioul n'est utilisé comme fioul domestique que dans des zones de faible surface du nord du pays et aucune vente n'a été enregistrée depuis 2016. Le fioul résiduel (*combustoleo*) n'a pas d'usage domestique, mais est soumis à un droit d'accise d'un montant de 16.99 cents MXN par litre. Les autres combustibles fossiles destinés au chauffage sont le propane (7.48 cents MXN par litre), le butane (9.68 cents MXN par litre), le kérosène (15.67 cents MXN par litre), le diesel (15.92 cents MXN par litre) et le charbon (34.81 pesos MXN par tonne).

Norvège. Le montant indiqué (3.0 NOK par litre) inclut une taxe de base (1.65 NOK par litre) et une taxe carbone (1.35 NOK par litre).

Nouvelle-Zélande. Aucune donnée n'est fournie parce que ce produit n'est pas consommé en quantité suffisante.

Pays-Bas. L'essence est frappée d'une taxe destinée à financer la constitution de stocks, qui n'est pas incluse dans le taux de l'accise indiqué.

République slovaque. Aucune donnée n'est fournie parce que ce produit n'est pas consommé en quantité suffisante.

République tchèque. Le fioul marqué selon la directive 95/60/CE donne lieu au remboursement d'une accise de 10 290 CZK pour 1 000 litres dès lors qu'il est démontré qu'il a servi au chauffage. Le montant indiqué dans le tableau comprend ce remboursement. Cependant, le montant de la TVA est calculé sur la valeur totale soumise à accise.

Slovénie. L'accise de 222 EUR par 1 000 litres inclut : le droit d'accise (157.50 EUR), une surtaxe sur le fioul destiné au chauffage de 8 EUR au titre de l'efficacité de l'utilisation finale ; une surtaxe sur le fioul destiné au chauffage égale à 9.90 EUR pour la promotion de la production d'électricité à partir de sources d'énergie renouvelables et de la cogénération de haute efficience ; une taxe carbone égale à 46.71 EUR.

Suède. Les données relatives aux prix ne sont pas disponibles dans les statistiques de l'AIE. Elles ont été établies à partir d'informations économiques consultables à l'adresse suivante : ec.europa.eu/energy/observatory/reports. Le droit d'accise inclut la taxe sur l'énergie (0.887 SEK par litre) et la taxe carbone (3.360 SEK par litre).

Turquie. Kérosène domestique.

États-Unis. Moyenne des taxes appliquées par l'État fédéral et par les États – il n'est pas appliqué de TVA.

Union européenne. La directive 2003/96/CE fixe les taux d'accise minima applicables aux produits énergétiques et à l'électricité.

4 Taxer l'utilisation des véhicules

4.1. Introduction

Dans la plupart des pays de l'OCDE, les véhicules ont commencé à être taxés au cours de la première moitié du XXe siècle jusqu'à devenir, dans bien des cas, une importante source de recettes pour les pouvoirs publics. Tous les pays membres disposent d'un arsenal d'instruments fiscaux qui leur garantissent un volume non négligeable de recettes provenant des usagers de la route, qu'il s'agisse de particuliers ou d'entreprises. La fiscalité des véhicules au sens large illustre bien l'utilisation possible de toute la panoplie des impôts sur la consommation, tels que la TVA ou d'autres impôts fondés sur la quantité (*ad quantum*) ou la valeur (*ad valorem*) (voir les définitions dans le chapitre 3). Elle a été progressivement adaptée de manière à influer sur le comportement des consommateurs et à réduire les externalités négatives liées aux transports, en particulier les effets externes négatifs sur l'environnement.

Les taxes et autres impositions applicables aux véhicules comprennent :

- les impôts (TVA et impôts sur les ventes au détail, taxes d'immatriculation) liés à l'achat et à l'immatriculation des véhicules automobiles dus au moment de l'acquisition et/ou de la première mise en ciculaion du véhicule (voir Tableau annexe 4.A.1) ;
- les impôts périodiques dus au titre de la possession ou de l'utilisation des véhicules (voir Tableau annexe 4.A.2) ;
- les taxes sur les carburants routiers (voir Tableaux annexes 4.A.3 et 4.A.4) ;
- les taxes sur les carburants d'aviation (voir Tableau annexe 4.A.5) ;
- toute autre taxe et imposition liée directement ou indirectement à la possession ou à l'utilisation des véhicules, par exemple droits à l'importation, taxes sur les assurances, péages routiers, redevances basées sur la distance parcourue, redevances de congestion, taxes sur les véhicules de société, taxes sur le transport de voyageurs, etc. (les éléments repris sous ce dernier point ne sont pas traités dans la présente publication).

4.2. Fiscalité des véhicules à moteur

La vente et l'utilisation des véhicules à moteur génèrent des recettes considérables de TVA ou de taxes sur les ventes au détail. Ces taxes portent sur l'importation et la vente de véhicules (elles s'appliquent au prix de vente total ou, dans le cas des véhicules d'occasion, à la différence entre le prix d'achat et le prix de revente). En général, la TVA et l'impôt sur les ventes au détail s'appliquent aussi aux frais généraux d'entretien et de fonctionnement. L'assiette imposable est le plus souvent la valeur finale, toutes autres taxes incluses (par exemple, la TVA sur les carburants est prélevée sur la base du prix majoré de l'accise, voir tableaux annexes 3.A.3 et 3.A.4 dans le chapitre 3 ainsi que les Tableaux annexes 4.A.3 et 4.A.4).

La fiscalité sur les véhicules est sensible à diverses influences, au-delà de la nécessité évidente de générer des revenus. Qu'il s'agisse du contexte géographique, industriel et social ou encore des politiques liées aux questions énergétiques, aux transports, à l'urbanisme ou à l'environnement, toutes ces considérations pèsent sur le niveau et la structure de l'imposition. Un grand nombre de ces impôts et taxes ont vu le jour alors que l'automobile était considérée comme un objet de luxe. La généralisation de l'usage des automobiles au cours des dernières décennies a diminué la progressivité de la fiscalité sur l'automobile (à l'heure actuelle, nombre de ménages à faible revenu possèdent au moins une voiture). Les dispositifs en place sont aujourd'hui de plus en plus conçus pour influer sur le comportement des consommateurs ou des entreprises. La prise en compte des préoccupations en matière d'énergie et d'environnement a conduit à remodeler cette fiscalité en fonction de l'efficacité énergétique des véhicules, ou de leurs émissions de CO_2 et autres émissions polluantes. Des taxes sur l'utilisation du réseau routier ont également été créées pour financer les externalités du secteur des transports et lever des recettes supplémentaires.

Dans la plupart des pays, le montant total des recettes fiscales liées aux véhicules est composé de prélèvements ponctuels (intervenant au moment de l'achat ou de l'importation) et réguliers (lorsqu'ils visent les propriétaires de véhicules ou leur utilisation) auxquels s'ajoute un panachage d'impôts *ad valorem* (sur le prix) et *ad quantum* (fondés sur les volumes d'émissions polluantes, le poids du véhicule, la puissance du moteur, le nombre d'essieux, l'âge, la consommation spécifique moyenne de carburant, l'équipement, la suspension, la cylindrée, le nombre de sièges, le type de carburant consommé, la propulsion électrique ou la distance parcourue).

Les impôts liés à la vente, l'immatriculation et l'utilisation des véhicules à moteur (voir Tableaux annexes 4.A.1 et 4.A.2) ne peuvent être considérés de manière isolée des autres bases et taux d'imposition. Un certain nombre d'autres éléments devraient également être pris en compte dans leur analyse, tels que les taxes sur la prime d'assurance, certains péages (péages de pont ou d'autoroute, redevances de congestion, redevances kilométriques), les taxes sur les carburants, les taxes sur l'énergie et d'autres composantes de l'imposition directe, telles que le traitement des véhicules de société dans l'impôt sur le revenu des personnes physiques (Harding, 2014[1]).

4.2.1. La nature et le niveau de l'imposition des véhicules à moteur varient grandement entre les pays de l'OCDE

Impôts liés à l'achat et à l'immatriculation

Tous les pays de l'OCDE prélèvent des impôts sur l'acquisition et/ou l'immatriculation des véhicules à moteur. Ces impôts peuvent comprendre la TVA, les taxes à l'achat, les droits d'accise et d'autres droits et redevances associés à l'immatriculation d'un véhicule. Pouvant varier considérablement d'un pays à l'autre (voir Tableau annexe 4.A.1), ils reposent sur un vaste ensemble de critères ou combinaisons de critères. Il en existe cinq principaux sur la base desquels l'impôt est calculé :

- le prix ou la valeur du véhicule ;
- la puissance du moteur ou la cylindrée ;
- l'impact environnemental, notamment les émissions de polluants, de CO_2 et la catégorie de carburant utilisé ;
- certaines considérations sociales, telles qu'un traitement préférentiel accordé aux véhicules d'intervention d'urgence, ambulances, véhicules pour personnes handicapées, véhicules de transport public, etc.
- l'usage qui est fait du véhicule (ainsi les véhicules utilitaires peuvent être soumis à des critères particuliers, comme le nombre d'essieux, le volume de cargaison, le nombre de sièges, etc.).

Un certain nombre d'autres critères spécifiques peuvent également être pris en compte, comme le poids du véhicule, la présence d'équipements de sécurité ou d'un système d'air conditionné. Dans plusieurs pays, l'imposition dépend aussi de l'âge du véhicule.

La charge fiscale qui en résulte varie donc grandement d'un pays à l'autre, mais aussi, à l'intérieur même des pays, selon l'État, la province, la ville ou la région qui l'applique. Par exemple, au Japon, le taux de la TVA est de 10 % auquel s'ajoute une taxe d'achat de 3 %, alors que le Danemark applique un taux de TVA de 25 % et une taxe d'immatriculation qui peut atteindre 150 % de la valeur du véhicule. Cela dit, le montant dû est généralement ajusté en fonction des performances environnementales (voir section 4.4 ci-dessous).

Les véhicules à moteur ne font pas l'objet d'un volume significatif d'achats transfrontaliers motivés par la disparité des fiscalités, dans la mesure où ils ne peuvent être immatriculés que dans le pays principal d'utilisation. De même, la TVA à l'importation d'un véhicule (ou à son « acquisition » si la transaction a lieu au sein de l'UE) est généralement due dans le pays d'immatriculation. Même sur le marché commun de l'Union européenne les impôts et taux d'imposition applicables aux véhicules automobiles ne sont ni harmonisés, ni même convergents.

La fiscalité peut néanmoins influer sur le fonctionnement du marché des véhicules à moteur, principalement au travers des taxes liées à l'immatriculation. En général, le montant de la taxe versé dans le pays de première immatriculation n'est pas restitué lorsque le véhicule est transféré dans un autre pays (par exemple, si le propriétaire déménage à l'étranger). Lorsque la taxe d'immatriculation doit (une nouvelle fois) être payée dans le pays de destination, il y a double imposition. Par ailleurs, des disparités fiscales trop importantes accentuent la fragmentation du marché automobile. Les voitures techniquement adaptées à la structure fiscale d'un pays donné (par exemple, fourchettes de puissance du moteur, politique fiscale à l'égard du diesel) sont des substituts imparfaits, perturbant la concurrence avec les modèles commercialisés dans un autre pays, doté de règles fiscales différentes. Les prix avant impôt semblent eux aussi dépendre de considérations fiscales. Dans certains cas, une disparité fiscale trop importante incite les consommateurs à réaliser leurs achats dans un pays appliquant des taxes d'immatriculation très élevées, mais dans lequel les fabricants, par compensation, pratiquent des prix plus faibles avant impôt, pour ensuite les importer et les immatriculer dans leur pays de résidence. Une telle pratique peut remettre en question les avantages que les consommateurs et le secteur sont censés retirer d'un marché concurrentiel.

Impôts périodiques dus au titre de la possession ou de l'utilisation des véhicules à moteur

Tous les pays de l'OCDE prélèvent des impôts au titre de la possession et/ou de l'utilisation des véhicules à moteur. Ces impôts englobent les redevances pour droit d'usage des routes publiques, qui prennent généralement la forme d'une taxe annuelle (voir Tableau annexe 4.A.2), auxquelles s'ajoutent les droits d'accise perçus sur les carburants (voir section 4.3 ci-dessous) ainsi que les redevances autoroutières, péages routiers et autres impôts sur les carburants des véhicules à moteur (voir section 4.4 ci-dessous). Les impôts périodiques sur la possession d'un véhicule à moteur revêtent plusieurs formes. Leur montant est calculé sur la base d'éléments très semblables à ceux retenus aux fins des impôts sur la vente et l'immatriculation : la nature de l'utilisation (professionnelle ou non), le type du véhicule concerné, le type de carburant utilisé, la cylindrée, l'âge, les niveaux d'émissions polluantes et la consommation de carburant.

Comme la vente et l'immatriculation, la possession et l'utilisation des véhicules à moteur sont plus ou moins fortement imposées selon les pays de l'OCDE. Elles relèvent d'ailleurs de la fiscalité locale dans environ un tiers d'entre eux (13 sur 37, soit l'Australie, la Belgique, le Canada, le Chili, la Colombie, l'Espagne, les États-Unis, le Japon, le Mexique, les Pays-Bas, la Pologne, le Portugal et la Suisse). Nombre de pays réservent un traitement préférentiel aux véhicules d'intervention d'urgence, aux ambulances, aux véhicules pour personnes handicapées, aux véhicules de transport public ou aux véhicules utilisés par les pouvoirs publics, les diplomates, etc. Les deux tiers accordent des allègements ou exonérations sur la base de critères environnementaux (voir section 4.4 ci-dessous).

4.3. Fiscalité des carburants des véhicules à moteur

4.3.1. Fiscalité des carburants routiers

Les recettes tirées de ces taxes sont importantes dans la zone OCDE, parce que la consommation d'énergie y est très forte et les taux d'imposition souvent élevés dans bon nombre de pays. Malgré d'importantes disparités entre pays, l'imposition des produits énergétiques par rapport au niveau de référence est très élevée comparativement à celui observé pour d'autres impôts. Pour ce qui est du supercarburant sans plomb par exemple, la charge fiscale totale (principalement composée d'un droit d'accise et de la TVA) est supérieure à 100 % du prix hors taxes dans tous les pays de l'OCDE, sauf en Australie, au Canada, au Chili, au Japon, aux États-Unis, au Mexique et en Nouvelle-Zélande (Tableau annexe 4.A.3). S'agissant de l'essence sans plomb, c'est au Mexique (13.8 %), aux États-Unis (18.6 %) et en Colombie (22 %) que la part des taxes dans le prix à la pompe est la plus faible. Les pourcentages les plus élevés sont enregistrés en Finlande (65.4 %) et aux Pays-Bas (64.9 %). Un seul pays, la Colombie, applique un taux de TVA réduit aux carburants routiers.

Le droit d'accise sur le diesel reste inférieur à celui de l'essence (Tableau annexe 4.A.3) dans tous les pays de l'OCDE, sauf en Australie, en Belgique, en Hongrie et au Royaume-Uni, où ils sont identiques, tandis qu'en Suisse, le montant appliqué est supérieur dans le cas du diesel. Du point de vue de l'environnement, cette situation est pour le moins paradoxale, le diesel étant plus polluant que l'essence sans plomb, notamment parce qu'il émet beaucoup plus d'oxydes d'azote (NO_x) et de particules. Sous l'effet du durcissement de la réglementation relative aux véhicules, cette différence s'estompe pour les nouveaux véhicules, mais les écarts entre les cycles d'essai et les performances sur route suscitent des inquiétudes ; de surcroît, le parc de véhicules reste pour l'heure dominé par les véhicules diesel plus anciens et plus polluants (Harding, 2014[2]).

La directive européenne 2003/96/CE définit le cadre en vigueur au sein de l'Union européenne pour la taxation des produits énergétiques dans les États membres. Elle vise à réduire les distorsions de concurrence entre les huiles minérales et les autres formes d'énergie, ainsi qu'à limiter la concurrence fiscale à laquelle peuvent se livrer les États membres en jouant sur les différences de taux d'imposition de l'énergie. Elle a aussi pour but d'encourager une utilisation plus efficiente de l'énergie. Elle fixe des règles communes pour la taxation d'un ensemble de produits énergétiques, notamment de nombreux produits pétroliers, du charbon et du gaz naturel, ainsi que pour la taxation de la consommation d'électricité. Elle définit pour chaque produit des minima de taxation exprimés en fonction du volume, du poids ou du contenu énergétique. Par exemple, les minima applicables aux carburants utilisés pour le transport routier sont les suivants : 0.359 EUR par litre pour l'essence sans plomb ; 0.330 EUR par litre pour le gazole et 0.125 EUR par kilogramme pour le gaz de pétrole liquéfié (GPL). Elle ne précise pas quelles taxes doivent être utilisées pour atteindre ce niveau minimum. Ces taxes peuvent être diverses (accises, taxe carbone, taxe sur l'énergie, etc.).

En principe, les accises appliquées aux carburants utilisés dans le secteur des transports sont beaucoup plus élevées que celles qui frappent les huiles minérales et, plus généralement, les énergies fossiles utilisées dans d'autres secteurs (OECD, 2013[3]). Plusieurs raisons peuvent expliquer cet écart, notamment l'élasticité-prix plus faible de la base d'imposition dans le secteur des transports, l'utilisation d'accises pour couvrir (plus ou moins directement) certains coûts externes propres à ce secteur (en particulier les embouteillages) et des considérations liées à l'équité. Par exemple, c'est au nom de l'équité qu'un taux d'imposition plus faible est appliqué au fioul domestique qu'au diesel utilisé dans les transports (Flues and Thomas, 2015[4]). La grande majorité des pays de l'OCDE (à l'exception de la Grèce, de la Hongrie, d'Israël et des Pays-Bas) taxent moins le fioul domestique que le diesel utilisé comme carburant, bien que ces deux produits soient plus ou moins identiques (voir Tableau annexe 3.A.8 au Chapitre 3).

La prise en compte des droits d'accise appliqués aux carburants automobiles ne permet pas, à elle seule, de mesurer la charge fiscale globale pesant sur le transport automobile. Les véhicules peuvent aussi être soumis à des taxes kilométriques, à des taxes de stationnement, à des péages, à des droits d'immatriculation et à des taxes de circulation récurrentes que beaucoup de pays modulent en fonction du type de carburant utilisé ou des émissions de CO_2 par unité de distance (voir section 4.4 ci-dessous). De surcroît, l'utilisation de véhicules de société bénéficie souvent d'un traitement fiscal plus favorable, voire beaucoup plus favorable, que l'utilisation d'autres types de véhicules (Harding, 2014[1]).

4.3.2. Fiscalité des carburants d'aviation

On trouvera dans la présente section une description de la TVA et des droits d'accise appliqués aux deux grandes catégories de carburants destinés aux aéronefs : le carburant Jet A-1, pour l'alimentation des moteurs à turbines, et l'essence d'aviation (AvGas), pour l'alimentation des moteurs à piston. Le Tableau annexe 4.A.5 montre les taux d'accise et de TVA appliqués à ces types de carburants (ci-après dénommés les « carburants d'aviation ») dans les pays membres de l'OCDE et, le cas échéant, les impositions frappant leur fourniture (par exemple, taxe carbone). Les autres taxes et impôts qui touchent le transport aérien (taxes sur les billets d'avion, taxes d'aéroport, etc.) ne sont pas étudiés dans le présent rapport.

La fourniture de carburants d'aviation aux exploitants d'aéronefs qui effectuent des vols commerciaux internationaux (transport de passagers ou de marchandises) est soumise à un taux de TVA nul dans tous les pays de l'OCDE, si ce n'est qu'au Chili, la TVA est remboursée dans sa totalité. Y font exception la Colombie, où le taux réduit de 5 % s'applique, et les États-Unis, où il n'existe pas de TVA au niveau fédéral. En revanche, la fourniture de carburants d'aviation à l'usage des vols commerciaux intérieurs est soumise à la TVA dans tous les pays de l'OCDE (à l'exception des États-Unis), et ce au taux normal, sauf en Colombie où le taux réduit de 5 % s'applique. Dans la mesure où le carburant d'aviation fait généralement partie des intrants d'entreprises dont la taille permet l'enregistrement aux fins de la TVA, cette composante fiscale est normalement intégralement déductible et, par conséquent, dénuée de toute incidence économique. La fourniture de carburants d'aviation destinés aux vols intérieurs à but récréatif ou non commercial est soumise au taux de TVA normal dans tous les pays de l'OCDE, sauf en Colombie, où le taux réduit de 5 % s'applique, et aux États-Unis, où cet impôt est prélevé au niveau infranational à un taux variable selon les États. En théorie, si un taux de TVA nul est appliqué aux carburants d'aviation utilisés dans les vols internationaux dans le pays d'origine, c'est pour éviter qu'ils fassent l'objet d'une double imposition en en tant que biens importés puisque le principe de destination confère au pays de destination le droit de prélever la TVA sur les biens faisant l'objet d'échanges internationaux. Cependant, contrairement à la plupart des autres articles exportés, normalement soumis à la TVA dans le pays de destination, le carburant d'aviation des vols internationaux donne rarement lieu à des prélèvements puisque la majeure partie est consommée pendant le vol et que le reste échappe à l'impôt, par application de la Convention relative à l'aviation civile internationale (également appelée « Convention de Chicago », voir ci-dessous), aux termes de laquelle tout État contractant doit exempter de droits le carburant d'aviation se trouvant dans un aéronef lorsque celui-ci arrive sur son territoire en provenance d'un autre État contractant (tous les pays de l'OCDE sont parties à la Convention).

Le Tableau annexe 4.A.5 sur les accises montre que tous les pays de l'OCDE exemptent des droits d'accise les carburants d'aviation destinés aux vols commerciaux internationaux, contrairement à la pratique établie à l'égard des carburants à usage routier et ferroviaire. Cette exemption vaut également pour les vols commerciaux intérieurs, sauf en Australie, au Canada, aux États-Unis, au Japon et en Suisse. La situation est plus contrastée dans le cas des vols à but récréatif et non commercial : le carburant d'aviation est taxé dans 12 pays lorsqu'il s'agit de vols internationaux (Belgique, Espagne, Grèce, Hongrie, Irlande, Lettonie, Lituanie, Luxembourg, Pologne, Portugal, Slovénie et Suède) et dans la majeure partie de la zone OCDE (21 pays sur 37) lorsqu'il s'agit de vols intérieurs.

Trois pays de l'OCDE frappent les carburants d'aviation d'autres taxes (environnementales) : l'Islande et la Norvège exemptent le carburant d'aviation des droits d'accise mais le soumettent à une taxe carbone ; tandis que la Slovénie frappe d'une surtaxe tous les carburants d'aviation (y compris ceux destinés aux vols internationaux) en complément des droits d'accise (appliqués aux carburants destinés aux vols à but récréatif et non commercial).

Comme expliqué précédemment, l'exemption dont les carburants d'aviation destinés aux vols internationaux font l'objet dans les pays d'arrivée découle de la Convention de Chicago, qui définit les normes et principes de base régissant l'aviation internationale. L'article 24 de la Convention interdit de taxer le carburant qui se trouve dans les aéronefs arrivant du territoire d'une partie contractante. En revanche, la Convention n'interdit pas de taxer le carburant avitaillé au départ (Faber and O'Leary, 2018[5]). Cette exemption procède des accords bilatéraux sur le transport aérien conclus entre des pays, dont la plupart prévoient une clause de cette nature sur la base de la réciprocité (Antony Seely, 2019[6]). Le transport aérien intérieur étant exclu du champ d'application de la Convention de Chicago, rien n'empêche les pays de taxer les carburants d'aviation utilisés pour les vols intérieurs.

4.4. Les taxes sur les véhicules servent de plus en plus à réduire les externalités liées aux transports

Les huiles minérales se distinguent par le fait que, plus que dans d'autres domaines, les accises sont utilisées pour faire évoluer le comportement des consommateurs. Bien que les accises sur les carburants existent depuis des années, à l'origine leur instauration a été principalement, voire exclusivement, motivée par des objectifs sans lien avec l'environnement (par exemple, la volonté de percevoir des recettes fiscales ou, dans certains cas, de financer des projets d'infrastructures). Lorsque l'essence sans plomb, moins nocive pour l'environnement, est apparue sur le marché, elle était moins compétitive au détail que l'essence avec plomb parce que plus chère à la production. La fiscalité sur l'énergie a permis d'y remédier en abaissant le prix à la pompe de l'essence sans plomb. L'essence avec plomb a aujourd'hui disparu du marché et n'est même plus autorisée à la vente. Par contre, l'application de taxes plus faibles au GPL utilisé comme carburant a eu un effet beaucoup moins net sur le comportement des consommateurs. Les caractéristiques de ce produit (qui n'est pas liquide à température ambiante à pression atmosphérique, est plus difficile à stocker et nécessite des stations dotées d'équipements spéciaux) ont fait obstacle à son essor. Le GPL est globalement très peu utilisé par rapport au diesel et à l'essence.

Voilà maintenant plusieurs décennies qu'il est de plus en plus recouru à l'impôt pour influencer le comportement des consommateurs et encourager les achats de véhicules moins polluants ou présentant une meilleure efficacité énergétique. En 2020, dans tous les pays membres de l'OCDE, excepté le Chili et la Colombie, des critères environnementaux ou liés à la consommation de carburant entrent en ligne de compte dans le calcul du niveau d'imposition applicable à l'achat ou à l'utilisation de véhicules (voir Tableaux annexes 4.A.1 et 4.A.2). Vingt et un pays se fondent sur les émissions polluantes (CO_2, NO_x ou particules par kilomètre) ou sur les seules émissions de CO_2, tandis que 24 pratiquent des allégements ou exonérations d'impôt à l'égard des véhicules électriques ou hybrides. Un certain nombre d'États membres de l'UE s'appuient sur les normes d'émissions polluantes définies dans les directives européennes (directive 2007/46/CE et textes subséquents) pour établir leur système d'impôt sur les véhicules bien qu'il n'existe pas encore de règle européenne en la matière. Trois pays de l'OCDE (Belgique, Japon et Pologne) pratiquent des allégements ou exonérations de taxes à l'achat ou à l'utilisation des véhicules à pile à combustible hydrogène.

Dès lors que le montant de la taxe liée à l'achat/immatriculation d'un véhicule automobile varie en fonction de sa consommation spécifique moyenne de carburant ou de ses rejets d'émissions polluantes (ce qui est le cas dans 26 des 37 pays de l'OCDE), l'acquéreur est immédiatement incité à opter pour un véhicule moins polluant, ou consommant moins de carburant, voire conjuguant ces deux qualités. Moduler le montant des redevances annuelles suivant des principes analogues (comme c'est le cas dans 26 pays sur 37) peut également induire le même effet incitateur, quoique de façon moins directe. Seize pays de l'OCDE (Autriche, Belgique, France, Grèce, Irlande, Islande, Italie, Japon, Luxembourg, Mexique, Norvège, Pays-

Bas, Portugal, Slovénie, Suisse et Turquie) procèdent de même à l'égard des taxes annuelles et liées à l'achat/immatriculation. Une approche consiste à estimer quelle sera l'utilisation d'un véhicule durant sa vie utile afin d'établir un taux d'imposition en tenant compte des tonnes de CO_2 qu'il émettra pendant cette durée de vie. Les recherches conduites en la matière indiquent que les taux d'imposition appliqués par tonne de CO_2 varient grandement d'un pays à l'autre (pour une étude approfondie de ce sujet, voir (Nils Axel Braathen, 2009[7])

Des taxes d'immatriculation élevées peuvent faire reculer le nombre des achats de véhicules neufs. Si, de prime abord, cela peut sembler favorable à l'environnement par une diminution du parc automobile, cette situation peut aussi amener certains consommateurs à reporter leur décision d'achat, ou à se rabattre sur des voitures d'occasion, augmentant le nombre de véhicules plus anciens et donc plus polluants en circulation.

À l'échelon local, d'autres impôts et redevances ont été mis en place ou envisagés dans l'objectif de réduire la pollution atmosphérique et les autres coûts sociaux consécutifs à l'utilisation des véhicules en général, et plus précisément dans les zones urbaines (Kurt van Dender, 2019[8]). Le trafic routier local est à l'origine d'émissions de CO_2 et d'autres polluants atmosphériques, notamment des particules fines, qui provoquent des dommages à la santé dont le coût économique peut être évalué. Exprimés en véhicule/kilomètre, ces coûts des externalités environnementales du trafic automobile ont été estimées à 0.01 EUR (véhicules à essence) et 0.037 EUR (véhicules diesel). La congestion du trafic routier crée elle aussi des coûts externes marginaux, estimés entre 0.30 EUR et 2.42 EUR par véhicule/kilomètre, lorsque le volume du trafic excède la capacité routière. Les autres externalités liées au transport routier recouvrent les accidents de la route (coûts estimés à 0.03 EUR par véhicule/kilomètre), les nuisances sonores (jusqu'à 0.36 EUR par kilomètre pour les poids lourds en zone urbaine) et la dégradation de la voirie (de 0.05 EUR/km pour les voitures à 0.52 EUR/km pour les poids lourds). À condition d'être ciblée avec soin, la fiscalité permet d'internaliser de manière efficiente ces coûts externes et d'en assurer la réduction selon un bon rapport efficacité-coût (Braathen et al., 2017[9]). Si les taxes sur les carburants sont adaptées pour rendre compte des coûts externes liés aux émissions de CO_2, les redevances basées sur la distance parcourue et, dans une certaine mesure, les droits de stationnement, peuvent couvrir efficacement d'autres coûts spécifiques, notamment ceux liés à la congestion, à la dégradation de la voirie, ainsi que d'autres coûts relatifs aux infrastructures. Les redevances basées sur la distance parcourue qui prennent en compte les caractéristiques des véhicules peuvent elles aussi contribuer à la réduction de la pollution atmosphérique (OECD/ITF, 2019[10]).

La publication de l'OCDE intitulée *Taxing Energy Use* (OECD, 2019[11]) fournit un panorama complet des différentes taxes spéciales appliquées à l'énergie dans 43 pays membres de l'OCDE ou du G20. Elle montre que ces taxes sont très hétérogènes et sont en général trop faibles pour protéger l'environnement. Dans tous les pays étudiés, les droits d'accise constituent la plus grande composante du taux d'imposition effectif moyen. Les taxes sur le transport routier sont nettement plus élevées que celles appliquées dans d'autres secteurs, mais restent le plus souvent trop faibles pour couvrir les externalités du transport routier. Bien qu'il soit établi que des systèmes bien conçus de fiscalité énergétique encouragent les citoyens à préférer les sources propres aux polluantes, les enjeux politiques de la tarification du carbone se révèlent souvent très problématiques et les prix de l'énergie et du carbone pratiqués à l'égard d'un trop nombre de consommateurs sont insuffisants pour juguler le péril du changement climatique, même si l'on compare les signaux-prix du carbone à une valeur basse de référence de 30 EUR par tonne de CO_2.

En règle générale, en complément des mesures fiscales, les pouvoirs publics imposent généralement aux constructeurs automobiles des normes techniques visant à réduire la pollution des véhicules et de nombreux systèmes fiscaux mentionnés ci-dessous définissent les bases et les taux d'imposition en retenant l'hypothèse d'un respect des normes relatives aux émissions de CO_2 ou autres polluants. Ainsi, depuis 1970, l'Union européenne (UE) régit les émissions polluantes et promulgue régulièrement de nouvelles dispositions durcissant les valeurs limites. Les normes en vigueur fixent le niveau maximal autorisé des émissions de monoxyde de carbone (CO), de composés organiques volatils, d'oxydes d'azote

(NOx) et de particules. Il s'agit des normes Euro 6 (qui déterminent les limites maximales d'émission applicables à l'immatriculation et à la vente de voitures et fourgonnettes neuves à compter du 1er septembre 2015) et des normes Euro VI, qui visent les véhicules lourds. Les émissions de dioxyde de carbone (CO_2) étant également dans la ligne de mire de la Commission européenne depuis 2007, l'UE a mis en place un vaste cadre juridique pour réduire les émissions de CO_2 des véhicules légers neufs dans le cadre des efforts engagés pour atteindre les objectifs définis en matière d'émission de gaz à effet de serre.

Dans les tableaux en annexe, le Royaume-Uni est pris en compte dans la mention « Union européenne et ses États membres » pour janvier 2020 et est comptabilisé à part pour la période comprise entre le 1er février 2020 et la fin décembre 2020 (« les États membres et le Royaume-Uni »).

Références

Antony Seely (2019), "Taxing aviation fuel", *Briefing Paper*, No. 523, House of Commons, London. [6]

Braathen, A. et al. (2017), *Environmental Fiscal Reform PROGRESS, PROSPECTS AND PITFALLS*, http://www.oecd.org/tax/tax-policy/tax-and-environment.htm. [9]

Faber, J. and A. O'Leary (2018), *Taxing aviation fuels in the EU*, CE Delft, Delft. [5]

Flues, F. and A. Thomas (2015), "The distributional effects of energy taxes", *OECD Taxation Working Papers*, No. 23, OECD Publishing, Paris, https://dx.doi.org/10.1787/5js1qwkqqrbv-en. [4]

Harding, M. (2014), "Personal Tax Treatment of Company Cars and Commuting Expenses: Estimating the Fiscal and Environmental Costs", *OECD Taxation Working Papers*, No. 20, OECD Publishing, Paris, https://dx.doi.org/10.1787/5jz14cg1s7vl-en. [1]

Harding, M. (2014), "The Diesel Differential: Differences in the Tax Treatment of Gasoline and Diesel for Road Use", *OECD Taxation Working Papers*, No. 21, OECD Publishing, Paris, https://dx.doi.org/10.1787/5jz14cd7hk6b-en. [2]

Kurt van Dender (2019), *Taxing vehicles, fuels, and road use Opportunities for improving transport tax practice*, OECD, Paris. [8]

Nils Axel Braathen (2009), *Incentives for CO2 Emission Reductions in Current Motor Vehicle Taxes*, http://www.oecd.org/env/transport. [7]

OECD (2019), *Taxing Energy Use 2019: Using Taxes for Climate Action*, OECD Publishing, Paris, https://dx.doi.org/10.1787/058ca239-en. [11]

OECD (2013), *Taxing Energy Use: A Graphical Analysis*, OECD Publishing, Paris, https://dx.doi.org/10.1787/9789264183933-en. [3]

OECD/ITF (2019), *Tax Revenue Implications of Decarbonising Road Transport: Scenarios for Slovenia*, OECD Publishing, Paris, https://dx.doi.org/10.1787/87b39a2f-en. [10]

Annex 4.A. Fiscalité des véhicules

Tableau d'annexe 4.A.1. Impôts liés à la vente et à l'immatriculation des véhicules à moteur

Pays	Impôts	Critères	Allégements/exonérations[1]
Allemagne	**TVA** : 19 % *Du 1er juillet au 31 décembre 2020, le taux de TVA est ramené à 16 % (contre 19 % auparavant) en compensation de l'incidence économique de la pandémie de COVID-19.*	Valeur	
Australie	**TPS** : 10 % **Taxe sur les voitures de luxe** : dans la majorité des cas, 33 % de la différence entre la valeur du véhicule et le seuil d'application de la taxe. Ce seuil est de 67 525 AUD après impôt (TPS incluse) en règle générale, ou de 75 526 AUD après impôt (TPS incluse) pour les véhicules dont la consommation de carburant est inférieure à 7 litres pour 100 kilomètres (données 2019-20). **Droit d'immatriculation** : varie selon les États/territoires ; peut être calculé sur la base de la tare, de la valeur ou du type du véhicule concerné. **Timbre** : varie selon les États/territoires, calculé sur la base de la tare (véhicules lourds) ou de la valeur (véhicules légers) du véhicule concerné.	Valeur Consommation de carburant Poids (droit d'immatriculation ou droit de timbre uniquement)	La taxe sur les voitures de luxe prévoit certaines exonérations, dont : – véhicules d'intervention d'urgence (ambulances, etc.) – véhicules vendus plus de deux ans après leur fabrication ou importation – véhicules aménagés pour assurer le transport d'une personne en chaise roulante (hormis en cas d'exonération de TPS) – véhicules utilitaires servant principalement à l'acheminement de marchandises au titre d'activités d'entreprise – véhicules importés par un musée à des fins d'exposition Les prestataires de services touristiques et les producteurs du secteur primaire peuvent bénéficier d'un remboursement de la taxe jusqu'à 10 000 AUD pour certains véhicules. TPS : en sont exonérés les vétérans et les personnes handicapées, sous certaines conditions.
Autriche	**TVA** : 20 % **Taxe d'immatriculation des véhicules neufs** : sa base est le prix de vente, mais le taux appliqué dépend du niveau d'émissions de CO_2 du véhicule*, soit le nombre grammes de CO_2 émis par kilomètre moins 115 grammes selon la procédure WLTP (90 selon la procédure NEDC), le tout divisé par 5. Ce taux ne peut excéder 32 %. Si les émissions de CO_2 dépassent 275 g/km selon la procédure WLTP (250 g/km selon la procédure NEDC), chaque g/km supplémentaire entraîne une majoration de 40 EUR (20 EUR selon la procédure NEDC). Une déduction, plafonnée à 350 EUR, s'applique au total ainsi obtenu. *À compter du 1er janvier 2020, les émissions de CO_2 sont calculées selon la procédure prévue dans la norme WLTP (qui remplace la norme NEDC). **Taxe d'immatriculation** des véhicules motorisés : montant forfaitaire de 119.80 EUR par véhicule (+ 49.70 EUR maximum de frais de dossier au bureau des immatriculations + environ 20 EUR au titre de frais divers), perçu par l'administration centrale ou les autorités locales.	Valeur Émissions de CO_2	Taxe d'immatriculation des véhicules neufs : sont exonérés les véhicules de démonstration, les véhicules d'auto-écoles, les véhicules de location, les véhicules affectés au transport de clientèle ou à des services de taxi, les véhicules à moteur destinés à la location de courte durée, les véhicules à moteur utilisés pour transporter des personnes malades et assurer des services de secours, les véhicules utilisés pour transporter des corps, les véhicules de lutte contre les incendies et les véhicules auxiliaires de transport spécialisé ainsi que les véhicules affectés au transport de personnes handicapées. Taxe d'immatriculation : exonération pour les véhicules à moteur immatriculés au nom de l'administration centrale ou des autorités locales.
Belgique	**TVA** : 21 %	Âge	*Flandre* : sont exonérés les véhicules tout-électriques, à hydrogène, hybrides

	Taxe de mise en circulation *Flandre* : pour les voitures particulières (hors financement par crédit-bail), le taux d'imposition est calculé sur la base de l'âge du véhicule, de ses caractéristiques environnementales (notamment les émissions de CO_2), du type de carburant, de la puissance du moteur et de la catégorie EURO. Dans le cas des véhicules sous contrat de crédit-bail, la taxe reste calculée en fonction de la puissance du moteur. *Wallonie* : le montant de la taxe dépend de la puissance moteur ou de la puissance fiscale (qui découle de la cylindrée du moteur à combustion). Le montant dû correspond à la valeur la plus élevée de celles calculées sur la base de l'un et l'autre paramètre. Dans le cas des motocycles, il est calculé sur la base de la puissance exprimée en kilowatt (kW). Pour les voitures électriques, la taxe s'élevait à 61.50 EUR au titre de l'année fiscale 2019. En ce qui concerne les véhicules hybrides (voitures et motocycles), la puissance prise en considération est celle du moteur à combustion. Les voitures, y compris celles à usage multiple, sont de surcroît soumises à un deuxième élément constitutif de la taxe d'immatriculation : le malus écologique, qui dépend du volume de CO_2 émis par le véhicule. *Région de Bruxelles-Capitale* : pour ce qui est des voitures particulières, le montant de la taxe dépend de la puissance du moteur exprimée en chevaux-vapeur et est fixé suivant un barème dégressif fondé sur l'âge du véhicule (allant de 61.50 EUR à 4.957 EUR pour les véhicules essence et diesel et de 61.50 EUR à 4.659 EUR pour les véhicules GPL). Si la puissance diffère selon qu'elle est exprimée en cheval-vapeur (C.V.) ou en kilowatt, la valeur la plus élevée est retenue. Pour les voitures électriques, le montant de la taxe a été fixé à 61.50 EUR.	Puissance du moteur Cylindrée Caractéristiques environnementales (dont émissions de CO_2) Type de carburant	rechargeables (jusqu'en 2021) et fonctionnant au GNV/GNL (jusqu'en 2021). Une taxe uniforme de 45.56 EUR s'applique aux véhicules de plus de 28 ans. À compter de l'exercice fiscal 2022, ce forfait s'appliquera uniquement aux véhicules de 30 ans ou plus. Des allégements seront accordés pour les véhicules d'occasion (de 10 % à 90 % du montant de la taxe, ou allégement forfaitaire, selon l'âge du véhicule) ainsi que pour les véhicules partiellement ou entièrement alimentés au gaz de pétrole liquéfié. Les trois régions appliquent des exonérations pour certains véhicules utilisés par les pouvoirs publics, par des personnes handicapées ou des invalides de guerre.
Canada	**TPS** : 5 % **Taxe de vente harmonisée (TVH)** : 13 %, 14 % ou 15 % dans les provinces participantes. Les provinces ci-après ont combiné leur taxe provinciale avec la taxe fédérale sur les produits et les services et appliquent le taux indiqué entre parenthèses : Nouveau-Brunswick, Terre-Neuve-et-Labrador, Île-du-Prince-Édouard, Nouvelle-Écosse (15 %) ; Ontario (13 %) ; le Québec applique une TPS au taux de 5 % et la taxe de vente du Québec à 9.975 %. Dans les provinces qui n'appliquent pas de TVH, les ventes sont assujetties à une **taxe provinciale**. **Taxe d'accise sur les climatiseurs d'automobiles** : 100 CAD par unité. **Taxe d'accise sur les véhicules énergivores** : les véhicules dont la cote de consommation moyenne pondérée est d'au moins 13 litres aux 100 kilomètres (55 % en ville et 45 % sur autoroute) sont soumis à une taxe	Valeur Consommation de carburant Climatiseur	Remboursement de la TPS/TVH – Véhicules spécialement équipés : en bénéficient les propriétaires de véhicules à moteur spécialement équipés pour personnes handicapées. Le remboursement se limite à la TPS/TVH versée sur la partie du prix d'acquisition imputable aux dispositifs spéciaux. Remboursement de la taxe d'accise sur les véhicules énergivores – fourgonnettes adaptées : en bénéficient les propriétaires de fourgonnettes munies d'un appareil conçu exclusivement pour faciliter le chargement d'un fauteuil roulant sans qu'il soit nécessaire de le plier.

	d'accise selon le barème suivant : au moins 13 mais moins de 14 litres aux 100 kilomètres : 1 000 CAD ; au moins 14 mais moins de 15 litres aux 100 kilomètres : 2 000 CAD ; au moins 15 mais moins de 16 litres aux 100 kilomètres : 3 000 CAD ; et 16 litres ou plus aux 100 kilomètres :4 000 CAD.		
Chili	**TVA** : 19 % (les voitures d'occasion en sont exonérées à quelques exceptions près). **Droits d'immatriculation** payables au service du registre civil : première immatriculation, nouvelle plaque d'immatriculation, transfert et immatriculation de véhicules. **Taxe de transfert des véhicules à moteur d'occasion** (perçue par les municipalités) : 1.5 % de la valeur du véhicule.	Valeur Droit forfaitaire	
Colombie	**TVA** : 19 %, applicable uniquement à certains types de véhicules. **Taxe d'immatriculation des véhicules** : 152 000 COP pour les voitures et 74 000 COP pour les motocycles. **Impôt national sur la consommation** : son taux s'élève à 16 % pour les véhicules de type familial, les véhicules de camping et les camionnettes « pick-up » d'une valeur FAB (ou équivalente) supérieure ou égale à 30 000 USD. Il est de 8 % pour les véhicules de type familial, les véhicules de camping et les camionnettes « pick-up » d'une valeur FAB (ou équivalente) inférieure à 30 000 USD et pour les motocycles d'une cylindrée supérieure à 200 cm^3.	Type de véhicule Valeur	
Corée	**TVA** : 10 % **Accise spéciale** : entre 0 % et 5 % du prix constructeur selon la cylindrée. **Impôt en faveur de l'éducation** : 30 % du montant de l'accise. **Taxe à l'achat** : entre 2 % et 7 % du prix de détail hors TVA.	Valeur Cylindrée Propulsion électrique	Sont exonérés de l'accise spéciale et de l'impôt en faveur de l'éducation : les voitures utilisées par les personnes handicapées ; les ambulances utilisées par les hôpitaux ; les véhicules de transport public de voyageurs ; les véhicules utilisés par les sociétés de location de voitures. Sont exonérés de la taxe à l'achat : les voitures utilisées par les personnes handicapées, les voitures utilisées par les parents d'au moins trois enfants à charge ; les voitures de petites dimensions utilisées à des fins non commerciales. Les véhicules hybrides ou électriques bénéficient d'un allégement de la taxe d'accise spéciale (cette réduction étant limitée, respectivement, à 1 000 000 KRW ou à 2 000 000 KRW).
Danemark	**TVA** : 25 % **Taxe d'immatriculation des véhicules** : due au moment de la première immatriculation du véhicule. Le taux d'imposition varie selon la valeur du véhicule (le taux le plus bas s'appliquant aux véhicules utilitaires) entre 105 % et 150 % (du solde au-delà de 82 DKK) dans le cas des véhicules	Valeur Utilisation Consommation de carburant Équipement de sécurité	Remise applicable aux véhicules sobres en carburant : la taxe d'immatriculation est diminuée de 4 000 DKK pour tout kilomètre que le véhicule peut parcourir au-delà de 16 km avec 1 litre d'essence et au-delà de 18 km avec 1 litre de diesel. À l'inverse, une majoration de 1 000 DKK est appliquée pour chaque kilomètre en-deçà de 16 km (essence) ou 18 km

	particuliers ; et entre 0 % et 50 % (du solde au-delà de 800 DKK) dans le cas des véhicules utilitaires.	Équipement anti-pollution	(diesel) que la voiture peut parcourir avec un litre de carburant. Équipement de sécurité : pour tout véhicule à moteur doté d'importants équipements de sécurité routière, la valeur servant de base au calcul du droit d'immatriculation est diminuée d'un montant pouvant atteindre 13 370 DKK. Cet abattement est compris entre 200 DKK et 600 DKK dans le cas des véhicules à moteur dotés d'équipements de sécurité d'importance mineure.
Espagne	**TVA** : 21 % La **taxe d'immatriculation des véhicules** est liée au volume des émissions de CO_2. Son taux est compris entre 0 % (jusqu'à 120 grammes de CO_2 émis par km) et 14.75 % (200 g/km et plus).	Valeur Émissions de CO_2	Des exonérations existent pour : les taxis, les véhicules d'auto-école, les véhicules de location ; les véhicules acquis et utilisés par des personnes handicapées ; les véhicules diplomatiques ; les véhicules transférés dans le cadre du changement de résidence de leur propriétaire.
Estonie	**TVA** : 20 % **Taxe d'immatriculation des véhicules (perçue par l'administration centrale)** : 130 EUR (335 EUR pour les véhicules importés temporairement).	Valeur Type de véhicule	
États-Unis	Les fabricants et importateurs de modèles de véhicules qui ne répondent pas à certains critères de consommation de carburant sont assujettis à un **impôt sur les véhicules énergivores** au titre de la vente, de l'utilisation ou de la location. Tous les véhicules importés, qu'ils soient réservés à une utilisation professionnelle ou privée, sont concernés. Le terme de véhicule (qui inclut les limousines) désigne ici tout véhicule équipé de quatre roues dont le poids à vide n'excède pas 6 000 livres (environ 2.72 tonnes), qui fonctionne à l'essence ou au diesel, et qui est destiné à être utilisé principalement sur la voie publique, le réseau routier et autoroutier. En 2017, cet impôt s'appliquait aux véhicules à moteur qui parcouraient moins de 22.5 miles par gallon (consommation d'environ 10.45 litres/100 km). Son montant s'échelonnait entre 1 000 USD, pour les véhicules dont la distance parcourue était située entre 21.5 et 22.5 miles par gallon, et 7 700 USD pour les véhicules affichant une distance parcourue inférieure à 12.5 miles par gallon (consommation d'environ 18.82 litres/100 km). **Taxe sur la vente au détail de camions, remorques et tracteurs** : égale à 12 % du prix de vente, cette taxe doit être acquittée lors de la première vente au détail du châssis ou de la carrosserie d'un camion, d'une remorque, d'une semi-remorque, ou d'un tracteur dont l'usage principal est le transport routier en attelage avec une remorque ou une semi-remorque. L'**impôt sur les pneumatiques** frappe les pneumatiques vendus par un fabricant, producteur ou importateur. Il s'élève à 0.0945 USD (0.04725 USD dans le cas des pneumatiques à structure diagonale ou simples larges non destinés aux essieux directeurs) par tranche de 10 livres (environ 4.6 kg) de la charge utile nominale maximale au-delà de 3 500 livres (environ 1 590 kg).	Consommation de carburant Valeur Poids Pneumatiques	Largement appliqué, l'impôt sur les véhicules énergivores concerne également les véhicules vendus aux pouvoirs publics (à l'échelon fédéral, des États ou local) ainsi qu'aux organismes éducatifs sans but lucratif. En sont exonérés les véhicules utilisés par la police et autres autorités chargées du maintien de l'ordre, les véhicules affectés à la lutte contre les incendies, les ambulances, les limousines dont le poids dépasse 6 000 livres (environ 2.7 tonnes) ou conçues pour transporter plus de 10 personnes. Sont exonérés de l'impôt sur les pneumatiques ceux destinés aux autobus locaux et scolaires ou réservés à l'usage exclusif du Département de la défense ou de l'organisation des garde-côtes.
Finlande	**TVA** : 24 %	Valeur	Exonération pour les personnes handicapées, les taxis, les autocaravanes,

	La **taxe d'immatriculation des véhicules** est liée au volume des émissions de CO_2. Son taux est compris entre 2.7 % du prix de vente pour les voitures rejetant au plus zéro gramme par kilomètre et 48.9 % pour les voitures rejetant 360 g/km ou plus. Les **camionnettes de livraison** dont le poids maximal en charge est supérieur à 2 500 kg font l'objet d'une déduction. **Dans le cas des motocycles**, le montant dû varie selon la cylindrée : calculé sur la base du prix de vente, il est compris entre 9.8 % et 24.4 %.	Émissions de CO_2 Utilisation Cylindrée Type	les voitures utilisées à des fins vétérinaires, les véhicules de secours et les véhicules funéraires.
France	**TVA** : 20 % Le **certificat d'immatriculation** est soumis au paiement d'une taxe régionale dont le montant dépend de la puissance du moteur. Son montant est compris entre 33 EUR et 51.20 EUR par cheval-vapeur, selon la région. Il est réduit de moitié pour certains véhicules, selon leur type (camions de plus de 3.5 tonnes, motocycles) ou leur âge (plus de 10 ans). **Taxe additionnelle à la taxe sur les certificats d'immatriculation des véhicules due lors de la première immatriculation en France** : la composante de la taxe liée aux émissions de CO_2 est comprise entre 0 EUR (émissions inférieures à 138 g de CO_2 par kilomètre) et 20 000 EUR (émissions supérieures à 212 g de CO_2 par kilomètre). (Le niveau d'émission de CO_2 est établi selon la procédure d'essai harmonisée au niveau mondial pour les véhicules légers (WLTP) EURO 6). La composante de la taxe liée à la puissance du moteur exprimée en chevaux-vapeur (véhicules n'ayant pas fait l'objet d'une procédure de réception communautaire) s'échelonne entre 3 125 EUR (6 C.V.) et 20 000 EUR (18 C.V.) Les véhicules appartenant à des personnes titulaires de la carte d'invalidité ne sont pas soumis à cette taxe. **Taxe additionnelle à la taxe sur les certificats d'immatriculation des véhicules due lors des immatriculations postérieures à la première immatriculation en France** : la taxe est calculée en fonction de la puissance fiscale exprimée en chevaux-vapeur. Son montant est compris entre 100 EUR (10 C.V.) et 1 000 EUR (15 C.V.). N'y sont pas soumis les véhicules appartenant à des personnes titulaires de la carte d'invalidité. **Taxe additionnelle à la taxe sur les certificats d'immatriculation due lors des immatriculations de véhicules d'une puissance fiscale égale ou supérieure à 36 C.V.** : son montant est égal à 500 EUR par cheval-vapeur à partir du trente-sixième, sans pouvoir excéder 8 000 EUR. Les véhicules de collection sont exonérés. Une **taxe additionnelle** est appliquée aux **poids lourds** en fonction de leur poids total autorisé en charge, ou PTAC (son montant est compris entre 38 EUR si le PTAC est inférieur à 3.5 tonnes et 305 EUR si le PTAC est	Valeur Puissance du moteur Poids Utilisation Âge Émissions de CO_2 Type de carburant Propulsion électrique	Exonération accordée aux véhicules neufs affectés à la démonstration pesant moins de 3.5 tonnes, aux véhicules appartenant à l'État et à certains motocycles. Allégement pour les voitures fonctionnant au moyen de l'énergie électrique ou de gaz : réduction de 50 % à 100 % de la taxe sur les certificats d'immatriculation. Allégement pour les voitures fonctionnant à l'éthanol : réduction de 50 % ou 100 % de la taxe sur les certificats d'immatriculation pour les voitures fonctionnant au moyen du super-éthanol E85. Système de bonus : l'achat d'une voiture neuve émettant 125 grammes de CO_2 ou moins par kilomètre donne lieu à l'octroi d'une prime atteignant au maximum 5 000 EUR (< 60 g/km).

	supérieur à 11 tonnes, ou si le véhicule en question est un tracteur routier ou un véhicule de transport public de voyageurs) ;		
Grèce[2]	**TVA** : 24 % **Taxe d'immatriculation** : son taux est compris - entre 3.8 % et 64 % de la valeur imposable, selon le prix de vente au détail hors taxes et les émissions de CO_2 des voitures particulières couvertes par la norme actuelle relative aux émissions polluantes ; - entre 5.7 % et 96 % de la valeur imposable, selon le prix de vente au détail hors taxes et les émissions de CO_2 des voitures particulières couvertes par la précédente norme relative aux émissions polluantes ; - entre 11.40 % et 192.00 % de la valeur imposable, selon le prix de vente au détail hors taxes et les émissions de CO_2 des voitures particulières couvertes par une autre norme relative aux émissions polluantes ; - entre 48.00 % et 384.00 % de la valeur imposable, selon le prix de vente au détail hors taxes et les émissions de CO_2 des voitures ; - entre 5 % et 13 % de la valeur imposable pour les camions, poids lourds, etc. (moins d 3.5 tonnes ou plus), selon la norme d'émissions applicable ; - entre 0 % et 25 % de la valeur imposable pour les motocycles selon la cylindrée. Le **montant de la taxe d'immatriculation des autobus** dépend du nombre de sièges, entre autres critères.	**Voitures** : valeur (prix de détail hors taxes), émissions de CO_2, normes d'émission EURO, propulsion électrique **Camions** : poids, normes d'émission, type de carrosserie **Motocycles** : cylindrée	Exonérations de la taxe d'immatriculation : Les voitures hybrides bénéficient d'une réduction de 50 % de la taxe. Les catégories suivantes sont totalement exonérées : voitures électriques Voitures utilisées par les autorités publiques Voitures utilisées par les personnes handicapées Voitures dont les propriétaires sont parents d'au moins trois enfants à charge Ambulances utilisées par les hôpitaux publics Voitures dont les propriétaires ont installé leur résidence principale en Grèce Voitures dont il a été fait don à la police, aux sapeurs-pompiers ou aux garde-côtes grecs.
Hongrie	**TVA** : 27 % **Taxe d'immatriculation** : entre 45 000 HUF et 400 000 HUF pour les voitures particulières neuves, selon le type de moteur (diesel ou essence) et la cylindrée ; entre 20 000 HUF et 230 000 HUF pour les motocycles, selon la cylindrée. Plus la performance environnementale du moteur est faible, plus le taux appliqué augmente (de 400 %, 600 %, 800 % ou 1 200 %), mais il diminue suivant un barème fondé sur l'âge du véhicule (jusqu'à 90 %). Une exonération partielle est prévue pour les voitures hybrides et totale pour les voitures électriques. **Transfert de véhicules à moteur** : le tarif appliqué dépend de la puissance du moteur du véhicule (en kW). Il est compris entre 300 HUF/kW et 850 HUF/kW selon l'âge du véhicule (le tarif diminue avec l'âge).	Type de moteur Cylindrée Puissance du moteur Émissions polluantes Type de carburant Âge Propulsion électrique	La taxe d'immatriculation est réduite pour les voitures équipées d'une installation motrice hybride ou d'un moteur fonctionnant au gaz (76 000 HUF) tandis qu'elle est nulle dans le cas des voitures équipées d'un moteur électrique et des motocycles hybrides et électriques.
Irlande	**TVA** : 23 % **Taxe d'immatriculation** : fondée sur les émissions de CO_2 et de NOx pour les voitures particulières équipées de 9 sièges au maximum et certains véhicules utilitaires de plus de 4 sièges. Le taux applicable en fonction du niveau d'émissions de CO_2 s'échelonne entre 14 % de la valeur du véhicule	Valeur Émissions de CO_2 Émissions de NOx Propulsion électrique Type	Allégement pour les véhicules électriques hybrides : calculé selon l'âge du véhicule, au maximum 1 500 EUR pour un véhicule neuf. Allégement pour les véhicules hybrides rechargeables : calculé selon l'âge du véhicule, au maximum 2 500 EUR pour un véhicule neuf. Allégement pour les nouveaux véhicules électriques produits en série : limité

	(émissions de CO_2 inférieures ou égales à 80 g/km) et 36 % (émissions supérieures à 225 g/km). Le barème appliqué au titre des émissions de NOx s'élève à 5 EUR par mg/km pour les premiers 60 mg/km, à 15 EUR par mg/km pour les 20 mg/km suivants puis, au-delà, à 25 EUR par mg/km. Le montant imposé au titre des émissions de NOx est plafonné à 4 850 EUR pour les véhicules diesel et à 600 EUR pour les autres véhicules. Un taux forfaitaire est appliqué aux véhicules conçus et fabriqués pour transporter des marchandises ayant une masse maximale en charge admissible de 3.5 tonnes et équipés au plus de 3 sièges, ainsi qu'aux autocaravanes (13.30 % de la valeur). La taxe appliquée aux motocycles est de 2 EUR par cm³ jusqu'à 350 cm³ et de 1 EUR par cm³ au-delà de ce seuil. Pour les grands véhicules conçus et construits pour le transport de marchandises (masse maximale en charge supérieure à 3.5 tonnes), les autobus, les tracteurs et les véhicules « anciens » (âge supérieur à 30 ans), la taxe est de 200 EUR. Un taux nul s'applique aux véhicules à usage spécial, tels que les ambulances et les camions de pompiers.	Âge Masse maximale en charge Type de carrosserie	à 5 000 EUR. Remise/remboursement pour les véhicules spécialement aménagés pour des personnes en situation de handicap grave et permanent : au maximum 10 000 EUR, 16 000 EUR ou 22 000 EUR si les aménagements concernent le poste de conduite ; 16 000 EUR ou 22 000 EUR s'ils concernent un passager. Le montant accordé dépend de la nature des aménagements effectués dans le véhicule. Des allégements sont accordés à certaines organisations caritatives, dans la limite de 16 000 EUR, lorsque le véhicule est adapté pour le transport de moins de cinq passagers handicapés. Exonérations :transfert de la résidence permanente, transfert d'activités d'entreprise permanentes, héritages, dons de certaines organisations, services aériens internationaux, agents diplomatiques et fonctionnaires de l'UE, véhicules utilisés par des organes rattachés à l'UE ou aux Nations unies.
Islande	**TVA** : 24 % La **taxe d'immatriculation des véhicules** s'élève à 5 000 ISK lors de la première immatriculation et à 2 130 ISK les fois suivantes. **Droit d'accise sur les véhicules à moteur** : il a pour base la quantité des émissions de CO_2 et son taux se situe entre 0 % et 65 %. **Droits d'accise sur les véhicules à moteur autres que les voitures particulières** : pourcentage de la valeur. **Véhicules de petites dimensions affectés au transport de marchandises** et à usage spécial, véhicules de plus de 40 ans, les caisses motorisées : 13 % **Minibus**, motos et autres : 30 %.	Valeur Émissions de CO_2 Propulsion électrique	Exonération temporaire de la TVA, dans la limite d'un plafond, à l'importation et à la vente sur le territoire national de véhicules électriques, à hydrogène et hybrides rechargeables, y compris les autobus. En sont exonérés les véhicules de grandes dimensions affectés au transport de marchandises et à usage spécial, les tracteurs, les remorques agricoles, les grosses motoneiges, les véhicules amphibies, les voitures et motos de compétition, les véhicules destinés au transport de personnes handicapées, les véhicules de secours et les grands autocars.
Israël	**TVA** : 17 % **Taxe à l'achat** : les véhicules à usage personnel et professionnel d'un poids inférieur ou égal à 3.5 tonnes sont frappés d'une taxe équivalant à 83 % de leur valeur ; les véhicules dont la valeur excède 300 000 NIS sont soumis à une taxe additionnelle sur les véhicules de luxe dont le montant est calculé comme suit : 20 %*(prix du véhicule - 300 000)/prix du véhicule ; taxis < 3.5 tonnes : 8 % ; taxis > 3.5 tonnes : 0 % ; les véhicules utilitaires de plus de 3.5 tonnes sont imposés à 72 % de leur valeur mais ne sont pas admissibles au versement d'une prime.	Poids Émissions polluantes Propulsion électrique Système de sécurité Puissance du moteur	Allégements selon le niveau d'émissions polluantes : les véhicules de plus de 3.5 tonnes peuvent être partiellement exonérés de la taxe à l'achat selon le niveau de pollution qu'ils génèrent. La classification des véhicules comprend 15 catégories, par référence à un « score vert » (pondération des émissions de cinq grandes substances polluantes). Le montant maximal de la réduction est de 16 629 NIS. Taux appliqué aux véhicules hybrides (niveau 1 ou 2 de pollution) : si capacité des batteries > 3 kWh et « score vert » < 100 : 20 % ; autres cas : 45 %, mais l'avantage fiscal est plafonné à 20 000 ILS. Le taux applicable aux véhicules hybrides rechargeables s'élève à 25 % mais

			l'avantage fiscal est plafonné à 60 000 ILS. Taux appliqué aux véhicules électriques : 10 % de la valeur selon le taux de taxe douanière et de taxe à l'achat. Depuis juin 2018, les véhicules hybrides et électriques sont également soumis à une taxe sur les véhicules de luxe. Les véhicules de plus de 3.5 tonnes peuvent être partiellement exonérés de la taxe à l'achat (allégement de 2 400 NIS au maximum), suivant leur classement au regard du niveau de sécurité. Ce classement comprend 9 niveaux (de 0 à 8), en fonction du nombre d'équipements de sécurité.
Italie	**TVA** : 22 % Quiconque achète, ou loue par crédit-bail, et fait immatriculer en Italie un véhicule de catégorie M1 (conçu et construit pour le transport de personnes et comportant, outre le siège du conducteur, huit places assises au maximum), ou fait immatriculer en Italie un véhicule de catégorie M1 déjà immatriculé dans un autre État doit s'acquitter d'une **taxe assise sur le nombre de grammes de CO_2 émis** par kilomètre au-dessus d'un seuil de 160 g/km, selon le barème suivant : 1 100 EUR pour une fourchette d'émission de 161-175 g/km ; 1 600 EUR pour une fourchette de 176-200 g/km ; 2 000 EUR pour une fourchette de 201-250 g/km ; 2 500 EUR au-delà de 250 g/km.	Émissions de CO_2	Sont exonérés les véhicules à usage spécial tels que les véhicules pour personnes handicapées.
Japon	**TVA** : 10 % **Accise environnementale (taxe automobile - taxe sur les véhicules légers à moteur)** : entre 0 % et 3 % du prix d'acquisition (0 % et 2 % pour les véhicules utilitaires et légers) au regard de critères environnementaux (par exemple, type de véhicule, consommation de carburant, etc.).	Valeur Critères environnementaux Consommation de carburant	Extension de la réduction temporaire de l'accise environnementale (taxe automobile - taxe sur les véhicules légers à moteur) : réduction de 1 % du taux d'imposition pour les voitures de tourisme acquises entre octobre 2019 et mars 2021. L'accise environnementale (taxe automobile) est réduite pour les véhicules ayant un faible impact sur l'environnement, les autobus et taxis accessibles à tous, les camions équipés d'un dispositif de freinage anticollision, etc., ainsi que pour les autobus qui empruntent des voies dédiées en vertu d'une décision préfectorale.
Lettonie	**TVA** : 21 % **Taxe d'immatriculation (perçue par l'État)** : couvrant l'immatriculation, la délivrance du certificat et les plaques d'immatriculation correspondantes, elle s'élève à 43.93 EUR. **Taxe sur les ressources naturelles** : 55 EUR par véhicule.	Valeur	-
Lituanie	**TVA** : 21 % **Taxe d'immatriculation** : un montant forfaitaire de 14.48 EUR est dû lors de la première immatriculation d'un véhicule neuf (voitures de tourisme, poids lourds) ; il s'élève à 12.45 EUR pour les autres véhicules, par exemple, véhicules d'occasion (voitures de tourisme, poids lourds). Depuis le	Valeur Âge du véhicule Émissions de CO_2	Allégement pour les personnes handicapées (uniquement les propriétaires de voitures de tourisme, à raison d'une réduction tous les 3 ans) : réduction de 90 % de la taxe d'immatriculation pour les personnes dont le pourcentage d'invalidité est compris entre 75 % et 100 % ; réduction de 75 % pour les personnes dont le pourcentage d'invalidité est

	1er juillet 2020, tous les propriétaires de voitures de tourisme (personnes physiques et morales) doivent s'acquitter d'une taxe au moment de l'immatriculation. Calculé en fonction de la quantité de CO_2 émise par le véhicule et du type de carburant qu'il consomme, son montant est compris entre 15 EUR et 540 EUR.		compris entre 60 % et 70 % ; réduction de 50 % pour les personnes dont le pourcentage d'invalidité est compris entre 45 % et 55 %.
Luxembourg	**TVA** : 17 % **Taxe d'immatriculation** : elle est calculée pour 100 cm³ comme suit : Montant dû = *a* * *b* * *c* ; où : *a* est la composante « émissions de CO_2 » ; *b* un coefficient multiplicateur (0.9 dans le cas des voitures roulant au diesel, et 0.6 dans les autres cas) ; et *c* un coefficient multiplicateur additionnel appliqué en cas d'émissions de CO_2 > 90 g/km (0.5 augmenté de 0.1 pour chaque tranche de 10 g/km).	Valeur Émissions de CO_2 Type de carburant Propulsion électrique	Système de bonus : les acquéreurs de voitures hybrides neuves émettant moins de 60 grammes de CO_2 par kilomètre et de véhicules électriques peuvent prétendre à une prime de 5 000 EUR.
Mexique	**TVA** : 16 % **Impôt sur les véhicules neufs** : entre 2 % et 17 % de la valeur du véhicule, auxquels s'ajoute une part fixe déterminée en fonction de la valeur du véhicule. Lorsque le prix du véhicule dépasse le seuil de 782 125.30 MXN (pour 2020), le montant de l'impôt est réduit à hauteur de 7 % de la différence entre le prix de vente et ce seuil. Les fourchettes de ce barème sont revues tous les ans.	Valeur Propulsion électrique	Exonération totale de l'impôt sur les véhicules neufs pour les véhicules dont la valeur est inférieure ou égale à 263 690.54 MXN. Exonération de 50 % de l'impôt sur les véhicules neufs pour les véhicules dont la valeur est comprise entre 263 690.55 MXN et 334 008.02 MXN. Exonération totale de l'impôt des véhicules neufs pour les véhicules hybrides et électriques.
Norvège	**TVA** : 25 % **Taxe d'immatriculation** : le montant dû dépend du poids et des émissions de CO_2 et de NOx. En l'absence de données sur les émissions de CO_2, il est calculé sur la base de la cylindrée.	Poids Émissions de CO_2 Émissions de NOx Type de carburant Type de véhicule électrique	Les véhicules à propulsion électrique sont exonérés de la taxe d'immatriculation. Les véhicules hybrides rechargeables (à double motorisation, électrique et thermique, munis d'un port de recharge externe) bénéficient d'un allègement : 23 % du poids total du véhicule est déduit de la base d'imposition. Depuis le 1er juillet 2018, cette déduction est différenciée selon le type de véhicule électrique. Les véhicules polycarburants (pouvant utiliser du carburant composé d'éthanol à 85 % minimum) bénéficient d'un allègement de 10 000 NOK par véhicule.
Nouvelle-Zélande	**TPS** : 15 % **Taxe d'immatriculation due à la première immatriculation** : son montant dépend de la catégorie à laquelle appartient le véhicule. La taxe d'immatriculation de base pour un véhicule de tourisme est compris entre 74.00 NZD et 232.00 NZD, selon la cylindrée. **Redevances liées à l'utilisation de l'infrastructure routière** : elles concernent tous les véhicules diesel et tous les véhicules d'un poids total en charge égal ou supérieur à 3.5 tonnes. Leur montant dépend de la distance parcourue (par tranche de 1 000 km) et varie selon le poids et la structure du	Type de véhicule Cylindrée Propulsion électrique	Les véhicules électriques sont actuellement exonérés des redevances liées à l'utilisation de l'infrastructure routière.

	véhicule.		
Pays-Bas	**TVA** : 21 % La **taxe d'immatriculation** des voitures particulières repose uniquement sur les émissions de CO_2 et le type de carburant utilisé. Progressive, elle est comprise entre 356 EUR et 458 EUR par gramme émis sur un kilomètre au-delà de 1 g/km. Les voitures particulières qui fonctionnent au diesel sont surtaxées à hauteur de 86.43 EUR par gramme émis sur un kilomètre au-delà de 67 g/km. Dans le cas des motocycles et camionnettes de livraison, le montant de la taxe d'immatriculation est calculé sur la base de la valeur du véhicule.	Émissions de CO_2 Carburant moteur Valeur Propulsion électrique	Les véhicules à émission zéro (par exemple, les véhicules électriques) sont exonérés de la taxe d'immatriculation. Autres exemples de véhicules exonérés : les camionnettes de livraison dont les propriétaires sont des entrepreneurs et qui sont utilisées à des fins commerciales au moins 10 % du temps. Un remboursement fiscal est prévu pour certains véhicules : véhicules de lutte contre les incendies, véhicules utilisés par la police, véhicules funéraires, véhicules utilisés pour le transport de prisonniers, camionnettes utilisées par des personnes handicapées, ambulances (y compris vétérinaires), taxis et véhicules de transport sécurisés.
Pologne	**TVA** : 23 % Un **droit d'accise** est perçu sur les voitures particulières avant leur première immatriculation au moment de leur vente, acquisition intracommunautaire ou importation. La base d'imposition est le prix de vente ou la valeur en douane (dans le cas d'une importation). Le taux appliqué dépend de la cylindrée du moteur : 18.6 % si la cylindrée est supérieure à 2 000 cm³, et 3.1 % dans tous les autres cas. Il est divisé par deux (par rapport au taux standard) pour les véhicules qui combinent un système classique de motorisation à combustion interne et un système de propulsion électrique (véhicules électriques hybrides, VEH). Ainsi, le montant dû au titre de l'accise correspond à 1.55 % de la base d'imposition pour les voitures particulières équipées d'un moteur thermique d'une cylindrée inférieure ou égale à 2 000 cm³ et à 9.3 % pour celles d'une cylindrée supérieure à 2 000 cm³ mais inférieure à 3 500 cm³. De même, le taux applicable est abaissé à 9.3 % pour les véhicules à alimentation hybride (rechargeables) dont le moteur thermique affiche une cylindrée supérieure à 2 000 cm³ mais inférieure à 3 500 cm³.	Valeur Cylindrée Propulsion électrique/hydrogène	Sont exonérés du droit d'accise : certaines catégories d'ambulances ; les véhicules électriques, hybrides (rechargeables) d'une cylindrée égale ou inférieure à 2 000 cm³ et à hydrogène (les véhicules hybrides bénéficient d'une exonération temporaire qui prendra fin le 1er janvier 2021) ; les voitures particulières entrées en Pologne à titre permanent ou au terme d'un séjour temporaire dans un pays de l'UE ou de l'AELE (sous certaines conditions).
Portugal	**TVA** : 23 % **Taxe d'immatriculation des véhicules à moteur (ISV)** : son montant dépend de la cylindrée et du niveau d'émissions de CO_2 (véhicules particuliers légers), ou uniquement de la cylindrée (autres véhicules légers et motocycles à deux, trois ou quatre roues). Les fourchettes diffèrent pour les véhicules utilitaires légers et certains types de véhicules de transport combiné (passagers et marchandises).	Valeur Cylindrée Émissions de CO_2 Émissions de particules Propulsion électrique	Sont exonérés les véhicules détenus par : l'État (administrations centrale, régionales ou locales), les brigades de pompiers, des États étrangers, des missions diplomatiques et consulaires, des organisations internationales et des institutions européennes. L'exonération s'applique également aux véhicules utilisés par les personnes handicapées ainsi qu'aux voitures particulières affectées à la location ou à des services de taxi. Les véhicules non motorisés à assistance électrique ou fonctionnant à l'aide des énergies renouvelables, les ambulances et les poids lourds (de plus de 3.5 tonnes) sont exclus du champ d'application de la taxe.
République slovaque	**TVA** : 20 % **Droits administratifs** : l'inscription au registre des véhicules est soumise à	Valeur Puissance du moteur	Personnes handicapées : la redevance administrative est réduite de 50 % (dans la limite de 100 EUR).

	un droit d'immatriculation payable par le détenteur d'un véhicule à moteur (qu'il s'agisse d'un véhicule neuf, importé ou d'occasion). Le montant dû est calculé selon la formule suivante : M = pkW x VR1-n ; où : *M* est le montant dû, *pkW* la puissance du moteur et *VR1-n* le coefficient de valeur résiduelle. Le montant dû ne peut être inférieur à 33 EUR. En fonction de la puissance de leur moteur (valeur *pkW*), les véhicules sont répartis en 16 classes, allant de 33 EUR (puissance inférieure ou égale à 80 kW) à 3 900 EUR (puissance supérieure à 254 kW). Le coefficient de valeur résiduelle *VR1-n*, qui peut prendre 17 valeurs, est compris entre 1 (première immatriculation) et 0.06 (véhicules âgés de plus de 16 ans). Le détenteur d'une voiture électrique doit s'acquitter d'une redevance de 33 EUR au moment de sa première immatriculation au registre des véhicules. **Droit à régler pour l'attribution et la délivrance d'un numéro de plaques d'immatriculation** : 16.50 EUR par plaque (soit 33 EUR par véhicule).	Valeur résiduelle Type de carburant Propulsion électrique	Véhicules hybrides et véhicules fonctionnant au GNV/GNL : réduction de 50 % de la redevance administrative. Voitures particulières monospace : réduction de 50 % de la redevance administrative si la puissance du moteur ne dépasse pas 110 kW et que le détenteur est parent d'au moins quatre enfants à charge. Autres cas particulier exonération totale pour les services de l'État, les collectivités, les organismes publics, les agents diplomatiques, les tribunaux, le ministère public, la police, la Croix-Rouge slovaque et les entreprises publiques (détenues à 100 % par l'État).
République tchèque	**TVA** : 21 % **Taxe d'immatriculation** : 300 ou 500 CZK pour les motocycles (selon la cylindrée) ; 800 CZK pour les autres véhicules. Inclut la plaque d'immatriculation. **Droit de permis** pour les véhicules à moteur hors normes.	Valeur Cylindrée	
Royaume-Uni	**TVA** : 20 % **Taxe de première immatriculation** : un montant forfaitaire de 55 GBP est dû lors de la première immatriculation d'un véhicule à moteur au Royaume-Uni.	Valeur	Les personnes handicapées sont exemptées de la taxe de première immatriculation. D'autres exemptions existent pour les véhicules précédemment immatriculés en Irlande du Nord ; les véhicules immatriculés pour un usage hors route ; les véhicules de la Couronne, les véhicules de collection précédemment immatriculés auprès des anciennes Autorités Locales (conversions tardives) ; les véhicules importés précédemment immatriculés dans le cadre des dispositifs *Personal Export Scheme* (exportation de biens destinés à l'usage personnel) et *New Means of Transport Scheme* (moyens de transport neufs) ; les véhicules des forces en visite.
Slovénie	**TVA** : 22 % Un **impôt sur les véhicules à moteur** vise les véhicules particuliers de transport de personnes, les motocycles et les autocaravanes mis en circulation en Slovénie pour la première fois ; l'importation et l'acquisition auprès d'autres États membres de l'UE donnent également lieu au règlement d'un impôt. La base d'imposition est le prix de vente du véhicule à moteur, hors TVA, et l'impôt sur les véhicules à moteur. Le taux appliqué est déterminé au regard de critères environnementaux (normes EURO d'émission de CO_2) et est compris entre 0.5 % et 28 % dans le cas des voitures essence et entre 1 % et 31 % dans celui des voitures diesel. Les voitures particulières dont la cylindrée est supérieure à 2 500 cm³ sont	Valeur Prix de vente Émissions de CO_2 Émissions de particules Normes d'émission EURO Puissance du moteur Cylindrée Poids	Exonérations prévues pour les véhicules à moteur : véhicules destinés au transport de familles comptant trois enfants ou plus ; véhicules destinés au transport de personnes handicapées ; véhicules destinés : (1) à l'usage officiel des représentants diplomatiques et consulaires accrédités auprès de la Slovénie ; (2) à l'usage officiel des organisations internationales, tel que prévu dans les traités internationaux par lesquels la Slovénie est liée ; (3) à l'usage personnel des fonctionnaires étrangers des missions diplomatiques et consulaires accrédités auprès de la Slovénie, y compris les membres de leur famille ; (4) à l'usage personnel des fonctionnaires étrangers des organisations internationales, y compris les membres de leur famille, tel que prévu dans les traités internationaux par lesquels la Slovénie est liée.

	soumises à une taxe additionnelle dont le taux est compris entre 8 % (cylindrée égale ou supérieure à 2 500 cm^3) et 16 % (cylindrée égale ou supérieure à 4 000 cm^3). Dans le cas des voitures diesel, il est également tenu compte des émissions de particules. S'agissant des motocycles et des autocaravanes, le taux d'imposition dépend de la puissance du moteur : il est compris entre 1.5 % et 5 % pour les motocycles et entre 6 % et 18 % pour les autocaravanes. Les motocycles dont la cylindrée est supérieure à 1 000 cm^3 sont soumis à une taxe additionnelle de 5 %. L'impôt sur les véhicules à moteur est prélevé au moment de la première immatriculation du véhicule et non sur une base annuelle.		Autres exonérations applicables : véhicules d'occasion (voitures de collection) ; véhicules importés temporairement (en cas de changement temporaire de résidence du propriétaire du véhicule, qui ne conserve pas une résidence permanente en Slovénie) ; véhicules de sport non adaptés à la conduite sur route et exclusivement destinés à la conduite sur circuit ; véhicules transférés en raison d'un changement de résidence ; véhicules à moteur de secours d'urgence utilisés pour le transport de victimes et de patients ; location de longue durée en crédit-bail de ces véhicules. Les exonérations citées dans cette colonne s'appliquent en cas de crédit-bail. Taxe environnementale : pas d'exonérations.
Suède	**TVA** : 25 %	Valeur	
Suisse	**TVA** : 7.7 % **Impôt sur les véhicules automobiles** : son taux s'élève à 4 % de la valeur du véhicule, il s'applique aux véhicules utilitaires légers d'un poids unitaire n'excédant pas 1 600 kg et aux véhicules de transport de personnes. Sont soumises à cet impôt : l'importation sur le territoire suisse de véhicules automobiles, ainsi que la livraison et l'utilisation en propre de véhicules automobiles fabriqués sur le territoire suisse. Il n'y a pas de taxe d'immatriculation (mais le paiement de droits d'un faible montant est exigé pour la délivrance les plaques et documents d'immatriculation).	Valeur Propulsion électrique	Les véhicules électriques sont exonérés de l'impôt sur l'achat des véhicules.
Turquie	**TVA** : 18 % La **taxe spéciale sur la consommation (TSC)** est prélevée une seule fois, à la première acquisition d'un véhicule. Critères : cylindrée, base d'imposition de la TSC : puissance (kW) du moteur pour les véhicules électriques ou hybrides.	Valeur Cylindrée Propulsion électrique	Exonérations : véhicules d'agents diplomatiques ; véhicules aménagés pour les personnes handicapées ; avions et hélicoptères acquis par l'Académie d'aviation de Turquie ; véhicules neufs acquis par les services de la présidence ; véhicules utilisés exclusivement pour l'exploration pétrolière ; véhicules acquis par les parents de victimes de conflits armés ; remplacement de véhicules utilitaires. Allégements : un taux minoré s'applique aux véhicules tout-électriques relevant des rubriques 87.03 et 87.11 de la nomenclature douanière ainsi qu'aux véhicules équipés de moteurs électriques et de moteurs thermiques (véhicules hybrides) relevant de la rubrique 87.03.

Note :
Ne sont pas pris en compte dans ce tableau : les droits de douane ; les impositions spécifiques aux véhicules d'occasion (par exemple, régimes de la marge bénéficiaire ou des véhicules de collection) ; les ventes diplomatiques ; les dispositifs d'exportation/importation ou de transfert de véhicules ; et la taxe sur les primes d'assurance.
1. Les allégements et exonérations indiqués dans ce tableau ne comprennent pas ceux accordés aux véhicules qui sont utilisés par les ambassades et autres missions diplomatiques, les organisations internationales ou qui relèvent d'un régime douanier particulier.

2. **Grèce.** Depuis le 31 juillet 2020, un nouveau barème progressif fondé sur la valeur imposable (prix de vente hors taxes) a été défini au regard des émissions de CO_2 des voitures particulières et de la norme d'émission. Depuis cette date, sont exonérés comme suit de la taxe d'immatriculation : les voitures hybrides qui émettent une quantité de CO_2 inférieure ou égale à 50 g/km (75 %) ; les voitures hybrides qui émettent une quantité de CO_2 supérieure ou égale à 51 g/km (50 %) ; et les caravanes (75 %).
Source : délégations nationales. Situation au 1er janvier 2018.

Tableau d'annexe 4.A.2. Impôts liés à la possession ou à l'utilisation de véhicules à moteur

Pays	Impôts	Critères	Allégements/exonérations[1]
	Taxe annuelle levée par l'État et les municipalités au titre de la détention d'un véhicule (réformée au 1er juillet 2007). Pour les véhicules de transport de personnes et les voitures à usage multiple d'un poids brut inférieur ou égal à 2.5 tonnes, le montant dû repose sur la capacité du moteur et les émissions de CO_2 si le véhicule a été immatriculé après la réforme, mais si l'immatriculation a été effectuée entre 1981 et l'adoption de la réforme, il dépend de la cylindrée du moteur (ou tension), de la date d'immatriculation et du type de carburant utilisé. Un **droit d'accise est perçu sur les camions** de plus de 2.5 tonnes affectés au transport public et privé de marchandises.	Cylindrée Émissions de CO_2 Propulsion électrique Poids Nombre d'essieux Type de véhicule et carburant Type de suspension	Sont exonérés les véhicules détenus par l'État (administrations centrales, régionales ou locales), les brigades de pompiers, des États étrangers, des missions diplomatiques et consulaires, des organisations internationales, des agences spécialisées européennes et des personnes handicapées ; véhicules saisis par l'État dans le cadre d'une procédure pénale. Sont également exonérés les ambulances, les véhicules de transport de voyageurs affectés à la location ou à des services de taxi, les tracteurs, les véhicules funéraires, les véhicules non motorisés à assistance électrique ou fonctionnant à l'aide des énergies renouvelables. Depuis le 1er avril 2020, l'exonération a été étendue à certains types de véhicules de moins de 30 ans, considérés comme présentant un intérêt historique et ne parcourant pas plus de 500 kilomètres par an.
Allemagne	**Impôt sur les véhicules à moteur**. Pour les voitures particulières immatriculées pour la première fois après le 1er juillet 2009, l'impôt sur les véhicules à moteur repose principalement sur les émissions de CO_2. Il se compose d'une taxe de base (liée à la cylindrée) et d'une taxe carbone. Le tarif de la composante de base s'élève à 2 EUR (essence) ou 9.50 EUR (diesel) pour 100 cm^3. La composante liée aux émissions de CO_2 a été fixée à 2 EUR par gramme de CO_2 émis sur un kilomètre. Les voitures immatriculées avant le 1er juillet 2009 sont imposées en fonction de leurs émissions polluantes (normes EURO) et de leur cylindrée.	Émissions polluantes Cylindrée Émissions de CO_2 Propulsion électrique	Les voitures émettant moins de 95 grammes de CO_2 par kilomètre sont exonérées de la composante « CO_2 » et sont uniquement soumises à la composante de base. Les voitures tout-électriques sont exonérées pendant dix ans suivant la date de la première immatriculation si celle-ci a eu lieu entre le 18 mai 2011 et le 31 décembre 2020.
Australie	**Droits annuels d'immatriculation** Les États et les territoires prélèvent des droits au titre de l'immatriculation annuelle, de l'assurance responsabilité civile obligatoire et de la délivrance du permis de conduire. Leur montant est généralement plus élevé pour les véhicules utilitaires que pour les véhicules particuliers. En ce qui concerne les camions, il dépend du type de véhicule et de sa masse brute dans la plupart des États. Le montant dû au titre du renouvellement du permis dépend de la durée de validité, comprise entre un et cinq ans.	Usage professionnel/personnel Masse brute du véhicule	
Autriche	**Impôt sur les véhicules à moteur** : pour les véhicules à moteur dont le poids brut admissible est supérieur à 3.5 tonnes, l'impôt est calculé en fonction du poids du véhicule (entre 1.55 EUR et 1.90 EUR par mois et par tonne). **Impôt sur l'assurance automobile** : applicable aux véhicules à moteur dont le poids admissible en charge est inférieur ou égal à 3.5 tonnes. Quand la première immatriculation est antérieure au 1er octobre 2020, la base d'imposition est la puissance du moteur en kilowatts (voitures) ou la capacité	Poids Puissance du moteur Capacité cubique Émissions de CO_2 Propulsion électrique	Véhicules utilisés par les missions diplomatiques et les bureaux consulaires ; les forces armées ; la police ; les brigades de pompiers ; les services d'ambulance ; les services de secours en montagne ; les véhicules à propulsion électrique ; les engins de chantier automoteurs ; les véhicules à l'essai ; les véhicules affectés exclusivement à des services de taxi ; les cyclomoteurs et les motocycles d'une cylindrée maximale de 100 cm^3 ; les véhicules exclusivement à usage agricole et forestier ; et les véhicules

	cubique (motos). Quand la première immatriculation est postérieure au 1er octobre 2020, les émissions de CO_2 sont également prises en compte comme suit : voitures : (puissance en kW – 65) * 0.72 EUR + (émissions de CO_2 – 115) * 0.72 EUR par mois. motos : (capacité cubique – 52) * 0.014 + (émissions de CO_2 – 52) * 0.20 EUR par mois.		destinés au transport de personnes handicapées.
Belgique	**Impôt fédéral** : les émissions de CO_2 sont prises en compte dans le calcul de l'avantage procuré par l'utilisation d'une voiture de société à des fins personnelles. La déductibilité des dépenses professionnelles liées à l'utilisation de la voiture, frais de carburant inclus (50 % à 120 %) est associée aux émissions de CO_2. **Taxe de circulation annuelle :** *Wallonie* : son montant dépend de la puissance fiscale (C.V.) et de la cylindrée et suit un barème progressif compris entre 80.52 EUR et 2 060.92 EUR. Au-delà de 20 C.V. (cylindrée supérieure à 41 cm^3, un montant additionnel de 112.33 EUR par C.V. est appliqué. Les véhicules de plus de 30 ans (25 ans dans la Région de Bruxelles-Capitale) sont soumis à un impôt annuel de 36.53 EUR. *Flandre* : pour les voitures particulières, les voitures à usage multiple et les minibus immatriculés au 1er janvier 2016, de même que pour les véhicules affectés au transport de marchandises, les corbillards, les tracteurs et remorques d'une MMA inférieure ou égale à 2.5 tonnes immatriculés au 30 juin 2017, le montant de la taxe dépend de la puissance fiscale (en C.V.) et de la cylindrée ainsi que d'un système de bonus-malus écologique. En conséquence, l'impôt est modulé en fonction du niveau d'émissions de CO_2, de la catégorie EURO et du type de carburant (sauf pour les voitures en crédit-bail). Pour les voitures en crédit-bail et les autres véhicules (hors financement par crédit-bail), le montant dépend uniquement de la puissance fiscale et de la cylindrée, et suit un barème progressif compris entre 80.52 EUR et 2 060.92 EUR. Au-delà de 20 C.V. (cylindrée supérieure à 41 cm^3, un montant additionnel de 112.33 EUR par C.V. est appliqué. Les véhicules de plus de 28 ans sont soumis à un impôt annuel de 38.08 EUR. À compter de l'exercice fiscal 2022, il s'appliquera uniquement aux véhicules de 30 ans ou plus. *Région de Bruxelles-Capitale* : pour les voitures particulières, le montant de la taxe, qui dépend de la puissance exprimée en chevaux fiscaux et de la cylindrée du moteur, est fixé suivant un barème progressif allant de 83.83 EUR à 2 148.30 EUR. Au-delà de 20 C.V. (cylindrée supérieure à 41 cm^3), un montant additionnel de 117.21 EUR par C.V. est appliqué. Pour les voitures électriques, c'est le montant minimal qui s'applique. Les véhicules de plus de 25 ans sont soumis à un impôt annuel de 38.08 EUR. (L'âge à	Puissance du moteur Cylindrée Carburant utilisé Caractéristiques environnementales Émissions de CO_2	Dans toutes les régions, des exonérations sont prévues pour les voitures utilisées par les services publics, les véhicules destinés aux personnes handicapées et invalides de guerre, les véhicules agricoles, les véhicules de secours, les véhicules à l'essai, les bateaux et canots, les véhicules affectés à des services de taxi, les cyclomoteurs et motocycles d'une cylindrée maximale de 250 cm^3. Flandre : depuis l'exercice fiscal 2016, les voitures qui fonctionnent au gaz de pétrole liquéfié bénéficient d'une réduction fiscale de 100 EUR. Les voitures tout-électriques, à hydrogène, hybrides rechargeables (jusqu'en 2021), GNV/GNL (jusqu'en 2021) bénéficient d'une exonération totale. Région de Bruxelles-Capitale : sont exemptées les victimes d'attentat terroriste qui bénéficient d'une pension d'invalidité au titre d'une invalidité minimale de 60 %.

	compter duquel un véhicule est dit « de collection » passera progressivement de 25 à 30 ans d'ici à 2025.) Pour les motos, le montant de l'impôt annuel est forfaitaire et s'élève à 59.27 EUR. Pour les véhicules légers de transport de marchandises d'un poids maximal autorisé en charge de 3.5 tonnes et les autocaravanes, le montant de l'impôt dépend du poids maximal autorisé en charge. Pour les véhicules lourds de transport de marchandises d'un poids maximal autorisé en charge supérieur à 12 tonnes, le montant de l'impôt dépend du poids maximal autorisé en charge, du nombre d'essieux et du type de suspension. Les voitures qui fonctionnent partiellement ou entièrement au gaz de pétrole liquéfié (GPL) sont soumises à une **taxe de circulation complémentaire** dans toutes les régions. Son montant, calculé suivant un barème progressif en fonction de la puissance du moteur, est compris entre 89.16 EUR et 208.20 EUR. 20 **Prélèvement kilométrique** : dans toutes les Régions, les véhicules à moteur (camions) ou ensemble de véhicules articulés qui sont destinés ou servent au transport par route de marchandises et dont la masse maximale autorisée (MMA) dépasse 3.5 tonnes sont soumis à une redevance au kilomètre parcouru.		
Canada	**Redevances annuelles** Redevances annuelles : toutes les provinces imposent des redevances annuelles au titre de l'utilisation de véhicules à moteur. Leur montant dépend généralement du type du véhicule concerné et, le plus souvent, de son poids.	Type Poids	
Chili	**Taxe annuelle sur les véhicules à moteur** : taxe perçue (par les municipalités) au titre de l'utilisation d'un véhicule à moteur sur la voie publique en fonction de la valeur commerciale du véhicule. Véhicules légers : montant fondé sur la valeur commerciale du véhicule. Véhicules de transport de personnes : montant forfaitaire. Véhicules de transport de marchandises : montant fondé sur la charge utile.	Valeur commerciale Droit forfaitaire Charge utile (camions)	
Colombie	**Taxe annuelle sur les véhicules à moteur** : cette taxe est perçue par les municipalités au titre de l'utilisation d'un véhicule à moteur sur la voie publique suivant le barème ci-après, qui repose sur la valeur commerciale du véhicule. (a) 1.5 % de la valeur commerciale du véhicule lorsque celle-ci est inférieure à 48 029 000 COP. (b) 2.5 % de la valeur commerciale du véhicule lorsque celle-ci est supérieure à 48 029 000 COP et inférieure à 108 063 000 COP. (b) 3.5 % de la valeur commerciale du véhicule lorsque celle-ci est supérieure à 108 063 000 COP.	Valeur commerciale	
Corée	**Taxe automobile**, assise sur la cylindrée : de 80 KRW à 200 KRW par cm³	Cylindrée	Exonération totale pour les personnes handicapées.

	pour les véhicules non utilitaires ; et de 18 KRW à 24 KRW par cm³ pour les véhicules utilitaires.		
Danemark	**Taxe semestrielle sur les véhicules de tourisme** : calculé selon le type de carburant et sur la base de la consommation, le montant dû est compris entre 310 DKK (> 20 km/l) et 10 830 DKK (< 4.5 km/l) pour les voitures à essence, et entre 130 DKK (> 32.1 km/l) et 16 100 DKK (< 5.1 km/l) pour les voitures diesel. **Taxe annuelle sur les camions** : pour les véhicules immatriculés pour la première fois avant le 24 avril 2007, le montant dû au titre de leur utilisation à des fins personnelles est de 1 060 DKK par an, si le poids total admissible est inférieur ou égal à 2 tonnes, et de 5 920 DKK par an, si le poids total admissible est compris entre 2 et 4 tonnes. **Taxe pour utilisation personnelle** : pour les véhicules immatriculés le 25 avril 2007 ou après, le montant de la taxe pour utilisation personnelle est de 5 920 DKK par an si le poids total admissible est inférieur ou égal à 3 tonnes et de 17 590 DKK par an si le poids total admissible est compris entre 3 et 4 tonnes. Le montant de la taxe est réduit de moitié pour les véhicules utilisés à la fois à des fins personnelles et professionnelles tandis que ceux exclusivement utilisés à des fins commerciales sont exonérés en totalité.	Consommation de carburant Poids (camions)	
Espagne	L'**impôt sur les véhicules à moteur** (levé par les municipalités) repose sur : la puissance du moteur (voitures particulières), la capacité d'emport de voyageurs (autobus), la charge utile (camions) ou la cylindrée (motocycles).	Type de véhicule Puissance du moteur Cylindrée	**Sont exonérés :** les véhicules officiels appartenant aux services diplomatiques, les ambulances, les véhicules aménagés pour les personnes handicapées, les véhicules de transport public équipés de plus de neuf sièges, les tracteurs et autres véhicules à usage agricole ; les véhicules de collection.
Estonie	**Taxe sur les poids lourds** : de 0 à 232.60 EUR (par trimestre) selon la fourchette de poids (12 tonnes - 40 tonnes ou plus), le nombre d'essieux (2, 3, 4, 2+1, 2+2, 2+3, 3+2, 3+3), le type de suspension (pneumatique ou autre).	Fourchette de poids, Combinaison des essieux, Type de suspension	Sont exonérés les poids lourds de l'armée, des forces de l'ordre, des services de secours, des autorités locales, des ONG, ainsi que les véhicules affectés à des opérations de sauvetage, les poids lourds.
États-Unis	La **taxe sur les poids lourds** concerne les camions d'un poids égal ou supérieur à 55 000 livres (environ 25 tonnes). Jusqu'à 75 000 livres (environ 34 tonnes, sauf pour les camions grumiers) le montant de cette taxe est de 100 USD par an, auxquels s'ajoutent 22 USD par tranche supplémentaire de 1 000 livres à partir de 55 000 livres. Au-delà de 75 000 livres, le montant de la taxe a été fixé à 550 USD. Pour les camions grumiers, le montant dû est de 75 USD par an, plus 16.50 USD par tranche de 1 000 livres au-delà de 55 000 livres. Au-delà de 75 000 livres, le montant de la taxe a été fixé à 412.50 USD. Un crédit d'impôt peut être demandé au cours de l'exercice suivant si le véhicule a parcouru 5 000 miles ou moins (7 500 miles ou moins dans le cas des véhicules agricoles).	Poids (camions)	

	Les États et autorités locales peuvent imposer des **redevances périodiques d'immatriculation, d'exploitation, de stationnement et d'inspection, ainsi que des taxes sur la propriété**.		
Finlande	La **taxe annuelle sur la détention d'une voiture particulière ou d'une camionnette de livraison** est fonction de la quantité de CO_2 émise par le véhicule. En l'absence de données d'émission dans le registre des véhicules et conducteurs, son montant est calculé sur la base de la masse totale du véhicule. Il est compris entre 53.29 EUR (véhicules rejetant moins de 400 grammes de CO_2 par kilomètre) et 654.44 EUR (400 g/km ou plus). Les voitures particulières et camionnettes qui roulent au diesel sont soumises à l'**impôt sur la puissance motrice**, qui a pour base la masse totale du véhicule. L'impôt sur la puissance motrice couvre également d'autres voitures et camionnettes qui fonctionnent avec des carburants moins taxés. Les camions sont soumis à une taxe annuelle assise sur le poids brut maximal, le nombre d'essieux et l'usage des remorques.	Émissions de CO_2 Poids Nombre d'essieux (camions)	
France	La **taxe sur les véhicules de sociétés** repose sur deux critères : les émissions de CO_2 et la teneur en autres polluants atmosphériques. Le tarif applicable au titre des émissions de CO_2 est compris entre 1 EUR par gramme de CO_2 émis, pour les véhicules qui rejettent au maximum 20 grammes par kilomètre, et 29 EUR par gramme de CO_2 émis, pour les véhicules qui rejettent plus de 250 grammes par kilomètre. Au titre des autres polluants atmosphériques, il est de 20 EUR pour l'essence sans plomb et de 40 EUR pour le diesel. **Taxe annuelle sur les véhicules polluants**. Les propriétaires de véhicules dont le taux d'émissions de CO_2 dépasse un seuil compris entre 250 g/km (véhicules dont la première immatriculation a eu lieu en 2009) et 190 g/km (véhicules dont la première immatriculation a eu lieu en 2012 et après) doivent s'acquitter d'une taxe annuelle de 160 EUR.	Puissance du moteur Propulsion électrique Type de carburant Émissions de CO_2	**Exonérations** : voitures de plus de 10 ans ; voitures destinées au transport public, à la location longue durée ou à la vente ; voitures fonctionnant à l'électricité ou au gaz (celles combinant énergie électrique et motorisation à essence ou au gazole bénéficient d'une exonération réduite de moitié). Une exonération de 50 % est prévue pour les véhicules pouvant fonctionner à la fois à l'essence et au GPL.
Grèce	**Taxe annuelle de circulation applicable aux voitures de tourisme** pour la première fois immatriculées en Grèce/dans l'Union européenne/dans l'Espace économique européen avant le 31 octobre 2010 (ou à l'étranger avant 2002) et aux motocycles, quelle que soit leur date d'immatriculation : son montant dépend de la cylindrée et est compris entre 22 EUR et 1 380 EUR. Il est également tenu compte du nombre d'années de circulation du véhicule. Pour les voitures particulières et les taxis dont la première immatriculation en Grèce/dans l'Union européenne/dans l'Espace économique européen est postérieure au 1er novembre 2010, le montant de la taxe est calculé en fonction des émissions de CO_2 et s'échelonne entre 0 EUR et 3.72 EUR par gramme de CO_2. Pour les camions, le montant de la taxe dépend du poids brut et, pour les autobus, du nombre de sièges.	Cylindrée Émissions de CO_2 Propulsion électrique Masse brute (camions) Nombre de sièges (bus)	Principaux véhicules exonérés : voitures utilisées par les pouvoirs publics, municipalités incluses, les ambulances etc. ; voitures utilisées par des personnes handicapées et des membres des services diplomatiques étrangers ; voitures électriques ou hybrides immatriculées le 31 octobre 2010 ou avant cette date et dont la cylindrée est inférieure à 1 549 cm^3 ; voitures de tourisme immatriculées après le 1er novembre 2011 et dont le niveau d'émission de CO_2 est inférieur à 90 g/km ; motocycles d'une cylindrée inférieure ou égale à 300 cm^3 et utilisés en remplacement de vieux modèles (le remplacement doit être intervenu au plus tard le 31 décembre 2009). Les motocycles d'une cylindrée supérieure à 300 cm^3 et utilisés en remplacement de vieux modèles sont exonérés pendant seulement cinq ans suivant la date de la première immatriculation du nouveau motocycle. Les voitures et

			motocycles titulaires d'un permis de circulation en cours de validité peuvent être importés, pendant une période limitée n'excédant pas six mois par an, suivant la procédure douanière d'importation temporaire.
Hongrie	L'**impôt sur les véhicules à moteur** est prélevé en fonction de la puissance du moteur (en kW) dans le cas des voitures particulières et des motocycles. Il est calculé en fonction du poids à vide pour ce qui est des autobus, des semi-remorques et des autocaravanes. Dans le cas des camions, la base imposable est le poids net augmenté de 50 % du poids de la cargaison. Le montant dû est compris entre 140 HUF et 345 HUF par kW pour les voitures particulières et les motocycles selon l'âge du véhicule (plus il est vieux, plus le montant dû est faible). Il s'élève à 850 HUF par tranche de 100 kg de la base imposable dans le cas des camions, des autobus et des semi-remorques équipés d'essieux qui préservent la chaussée. Pour les autres camions et remorques, le montant dû est de 1 380 HUF par tranche de 100 kg.	Cylindrée Poids (camions) Type d'essieu (véhicules lourds) Propulsion électrique	Sont exonérés : les véhicules détenus par des organismes publics ou des organisations religieuses ; les véhicules détenus par des organismes sociaux et fondations non redevables de l'impôt sur les bénéfices ; les véhicules de transport public ou de lutte contre les incendies ; les véhicules détenus par des personnes atteintes d'un handicap grave ou par des personnes qui assurent le transport régulier de personnes atteintes d'un tel handicap, jusqu'à 13 000 HUF ; les voitures particulières non polluantes. L'exonération concerne un seul véhicule, dont la puissance du moteur ne doit pas dépasser 100 kW.
Irlande	La **taxe de circulation appliquée aux voitures de tourisme** est fondée sur les émissions de CO_2. Son montant est compris entre 120 EUR (pour 0 gramme de CO_2 émis par kilomètre) et 2 350 EUR (au-dessus de 225 g/km). La taxe sur les véhicules utilitaires est assise sur le poids net : son montant est compris entre 333 EUR (< 3000 kg) et 5 195 EUR (> 20 000 kg).	Émissions de CO_2 Poids (véhicules utilitaires) Propulsion électrique	Les véhicules à propulsion électrique : montant forfaitaire de 120 EUR (véhicules particuliers) ou 92 EUR (véhicules utilitaires d'un poids inférieur ou égal à 1 500 kg.
Islande	Une **redevance d'élimination** de 900 ISK est levée tous les six mois sur la totalité des véhicules, pendant quinze ans à compter de la date de la première immatriculation en Islande, sauf si le véhicule a 25 ans révolus au début de l'année du paiement. Il s'agit d'une taxe environnementale censée financer l'élimination du véhicule à la fin de sa vie utile. À la mise au rebut du véhicule, le propriétaire reçoit une prime de 20 000 ISK. Les véhicules diesel de plus de 10 tonnes sont soumis à une taxe spéciale dont le montant est calculé sur la base du poids du véhicule et du nombre de kilomètres parcourus. Les propriétaires de véhicules diesel de moins de 10 tonnes ne sont pas redevables d'une telle taxe. Les voitures particulières sont soumises à une **taxe semestrielle de circulation** dont la base d'imposition est le niveau d'émission de dioxyde de carbone déclaré par le constructeur pour une combinaison de cycles de circulation urbaine et routière. En l'absence de données sur les émissions, le montant dû dépend du poids du véhicule. Le montant de la taxe routière semestrielle est de 150 ISK par gramme de CO_2 émis au-delà de 121 grammes, en supplément du montant forfaitaire minimal égal à 6 225 ISK.	Poids Distance Émissions de CO_2	
Israël	Une **vignette annuelle** est due par les propriétaires de voitures particulières et utilitaires d'un poids inférieur ou égal à 3.5 tonnes. Les véhicules sont classés en sept groupes (généralement sur la base du prix). Le montant de la redevance annuelle, qui dépend de l'année de construction et du groupe	Prix Âge Catégorie	Véhicules détenus par des personnes handicapées, des agents diplomatiques, des organes du Système des Nations Unies ou certaines œuvres caritatives.

	auquel appartient le véhicule, est compris entre 720 NIS et 4 548 NIS. Il est différent pour les véhicules utilitaires à propulsion diesel de plus de 3.5 tonnes.		
Italie	**Taxe annuelle sur la détention** : entre 2.58 EUR par kW et 4.95 EUR par kW selon la cylindrée et le niveau d'émissions polluantes. Le tarif national peut être modifié par les autorités régionales. Une surtaxe sur l'usage des voitures et véhicules réservés au transport de personnes ou de marchandises s'applique lorsque la puissance du moteur dépasse 185 kW, à hauteur de 20.00 EUR par kW supplémentaire. Elle est réduite de 40 %, 70 % et 85 % pour les véhicules construits depuis plus de cinq, dix et quinze ans respectivement.	Puissance du moteur Émissions polluantes Propulsion électrique	Sont exonérés les véhicules de collection de plus de 30 ans reconnus comme présentant une valeur historique ou de collection ; les autres véhicules de plus de 30 ans sont soumis à une taxe forfaitaire. Dans nombre de régions, les véhicules à propulsion électrique, GPL et GNV sont exonérés de la taxe sur la détention de véhicules à hauteur de 100 % au cours des cinq premières années (à compter de la date de la première immatriculation) ; et à 75 % les années suivantes. Les véhicules destinés aux personnes handicapées sont exonérés en totalité.
Japon	À l'échelle des préfectures, une **taxe (nationale) sur le tonnage des véhicules à moteur** frappe les véhicules utilitaires selon le barème suivant : pour les véhicules de transport de personnes, entre 4 100 JPY et 6 300 JPY par demi-tonne (entre 2 600 JPY et 2 800 JPY) ; pour les camions, entre 3 300 JPY et 6 300 JPY par demi-tonne (*entre 2 600 JPY et 2 800 JPY). À l'échelle des préfectures, une **taxe automobile** fondée sur la cylindrée frappe les véhicules utilitaires selon le barème suivant : pour les véhicules de transport de personnes, entre 25 000 JPY et 110 000 JPY (entre 7 500 JPY et 40 700 JPY) ; pour les camions (charge maximale de 4-5 tonnes) : 25 500 JPY (18 500 JPY), pour les autobus (capacité de 41 à 50 voyageurs) : 49 000 JPY (17 500 JPY). À l'échelle locale, il existe une **taxe sur les véhicules légers** et les motocycles, calculée suivant la cylindrée et certaines normes.	Poids Cylindrée Incidences sur l'environnement (y compris propulsion électrique/pile à combustible)	Des allégements de la taxe sur le tonnage des véhicules à moteur sont prévues, notamment pour les véhicules ayant un faible impact sur l'environnement, les autobus et taxis accessibles à tous et les camions équipés d'un dispositif de freinage anticollision. Un remboursement de la taxe sur le tonnage des véhicules à moteur est prévu pour les véhicules d'occasion dûment mis au rebut ou détruits par certaines catastrophes naturelles avant la date d'expiration de la période de validité du certificat d'inspection. Des allégements de la taxe sur le tonnage des véhicules à moteur sont prévues, notamment pour les véhicules ayant un faible impact sur l'environnement.
Lettonie	La **taxe annuelle sur les voitures particulières** est calculée en fonction des émissions de CO_2 pour les véhicules immatriculés pour la première fois après le 31 décembre 2008. Pour les voitures immatriculées entre 2005 et 2008, le montant dû est établi en fonction du poids brut, de la cylindrée et de la puissance maximale. Pour les voitures particulières immatriculées avant 2005, la taxe est calculée uniquement suivant le poids brut. La **taxe annuelle sur les motocycles** est associée à la cylindrée du moteur. Dans le cas des **poids lourds**, le calcul tient compte du poids brut, du nombre d'essieux et, si le poids brut est supérieur à 12 tonnes, du type de suspension.	Émissions de CO_2 Poids (voitures particulières et poids lourds) Cylindrée (voitures particulières et motocycles) Puissance maximale du moteur (voitures particulières) Nombre d'essieux et type de suspension (poids lourds) Propulsion électrique	Les principales exonérations concernent : - les voitures, motocycles, tricycles ou quadricycles, dont le propriétaire, détenteur ou conducteur est une personne handicapée - les véhicules dont le propriétaire, détenteur ou conducteur est représentant diplomatique/consulaire ou représentant d'une organisation internationale ou jouit de privilèges ou immunités diplomatiques ou consulaires - les véhicules de secours d'urgence - les véhicules immatriculés ou en cours d'immatriculation en tant que véhicule de collection - les véhicules à propulsion électrique.
Lituanie	**Vignette sur les autobus et les poids lourds**. Le montant dû annuellement s'échelonne entre 304 EUR (autobus) et 1 071 EUR (poids lourds d'un PTAC supérieur à 12 tonnes).	Type de véhicule, catégorie, classe et groupe, classe par émissions, poids en charge.	Exonérations : véhicules utilisés par les pouvoirs publics ; véhicules spécialement aménagés pour les personnes handicapées (transport et conduite) ; véhicules des établissements de santé (ambulances, unités mobiles de soins intensifs) ; autobus des réseaux de lignes régulières (transports urbains et périurbains).
Luxembourg	**Taxe automobile** : il s'agit d'une taxe annuelle de circulation calculée selon	Émissions de CO_2	Exonérations : véhicules destinés aux personnes handicapées ; véhicules de

	les émissions de CO_2. Son montant est égal au niveau d'émissions de CO_2 (en g/km) multiplié par un coefficient de 0.9 dans le cas des voitures diesel, et de 0.6 dans les autres cas, le tout multiplié par un facteur exponentiel (au minimum 0.5 pour un niveau d'émissions inférieur à 90 g/km, il augmente de 0.1 par tranche de 10 g/km supplémentaire). Une taxe sur les poids lourds (également appelée « eurovignette ») est levée au titre de l'utilisation des routes sur les véhicules (camions) dont le poids brut est égal ou supérieur à 12 tonnes. Son montant dépend également des normes EURO applicables.	Propulsion électrique	collection ; voitures utilisées par les pouvoirs publics ; voitures à propulsion électrique.
Mexique	À l'échelon fédéral, la taxe sur la détention de véhicules a été supprimée à compter de 2012. Les États peuvent appliquer une taxe sur la détention et/ou l'immatriculation périodique. La **taxe d'immatriculation** s'élève à 1 365 MXN en moyenne et la **taxe sur la détention** représente généralement entre 3.0 % et 19.1 % de la valeur du véhicule, selon la catégorie à laquelle celui-ci appartient et le nombre de passagers qu'il peut transporter.	Valeur Type de véhicule Nombre de passagers Propulsion électrique	Sont exonérés au niveau des États les véhicules hybrides et électriques affectés au transport public de voyageurs et, parfois ceux à usage spécial. Dans certains États, l'exonération peut atteindre 100 % quelle que soit la valeur du véhicule.
Norvège	La **taxe sur les assurances automobiles** remplace la taxe annuelle sur les véhicules à moteur depuis 2018. Montant journalier : 9.47 NOK pour les voitures diesel non équipées d'un filtre à particules par le constructeur et 8.12 NOK dans les autres cas ; 5.65 NOK pour les motos ; 1.31 NOK pour les cyclomoteurs, tracteurs, etc.	Type de véhicule Propulsion électrique Filtre à particules	Les véhicules électriques sont exonérés de la taxe sur les assurances automobiles.
Nouvelle-Zélande	**Droits périodiques d'immatriculation des véhicules**. La plupart des véhicules sont soumis au paiement de droits périodiques d'immatriculation qui autorisent leur circulation sur la voie publique pour une durée allant jusqu'à 12 mois. Le montant est calculé suivant le type de véhicule. Pour un véhicule de tourisme, le montant du droit de référence est de 52.11 NZD pour douze mois.	Type de véhicule	
Pays-Bas	**L'impôt sur les véhicules à moteur** est basé sur le poids et le type de carburant employé. À cela s'ajoute une surtaxe provinciale. Une taxe sur les poids lourds (également appelée « eurovignette ») frappe les véhicules (camions) d'un poids brut égal ou supérieur à 12 tonnes au titre de l'utilisation des routes nationales. Son barème repose sur les normes EURO (catégorie diesel).	Pour l'impôt sur les véhicules à moteur : Type de carburant consommé Poids Région (province) Émissions de CO_2 Pour la taxe sur les poids lourds : Nombre d'essieux Émissions polluantes	Les véhicules qui n'émettent pas de CO_2 bénéficient d'une exonération totale. Pour les véhicules à faible niveau d'émission (moins de 50 g/km), l'exonération est de 50 %. Autres véhicules bénéficiant d'exonérations : Ambulances (vétérinaires) ; véhicules utilisés par les brigades de pompiers ; véhicules utilisés par la police/l'armée ; véhicules funéraires ; véhicules affectés au nettoyage, à l'entretien ou à la construction des routes ; taxis et véhicules de plus de 40 ans. Autres régimes spéciaux : les camionnettes de livraison utilisées à des fins professionnelles au moins 10 % du temps pour les minibus aménagés pour les personnes handicapées (transport et conduite) bénéficient d'allégements.

Pologne	Une **taxe annuelle sur les véhicules à moteur** est levée par les municipalités. Sont concernés les poids lourds d'un PTAC supérieur à 3.5 tonnes, les tracteurs routiers et lourds, les remorques et semi-remorques et les autobus.	Poids Type de véhicule Nombre de passagers (autobus)	Véhicules détenus par les représentations diplomatiques, les bureaux consulaires et autres missions étrangères. Véhicules de transport de la force de réserve. Véhicules spéciaux ou à usage spécial. Véhicules de collection.
République slovaque	L'**impôt sur les véhicules à moteur** s'applique uniquement aux véhicules immatriculés en République slovaque et utilisés dans le cadre d'activités commerciales au cours de l'exercice fiscal considéré. Son montant dépend du type du véhicule (voitures particulières) ; de son poids, de sa cylindrée, du nombre d'essieux (utilitaires et autobus) ; et du type de moteur.	Usage Type de véhicule (voitures particulières) Poids Cylindrée (véhicules utilitaires et bus) Nombre d'essieux Type de moteur	**Exonérations** : véhicules utilisés par des agents diplomatiques et consulaires ; véhicules d'urgence (premiers secours) ; véhicules utilisés pour assurer des services publics (autobus) ; véhicules utilisés uniquement pour des activités agricoles ou forestières. Un **allègement** (50 %) est appliqué aux différents types de véhicules hybrides ; aux véhicules fonctionnant au GNV/GNL ; aux véhicules à hydrogène ainsi qu'aux véhicules ayant été utilisés au moins 60 fois dans le cadre d'un transport combiné. Cette réduction s'applique pendant une période 108 mois à compter de la date de la première immatriculation du véhicule (à hauteur de 25 % les 36 premiers mois, de 20 % les 36 mois suivants et de 15 % les 36 mois restants).
République tchèque	Une **taxe de circulation** frappe tous les véhicules routiers automobiles et leurs remorques immatriculés et utilisés en République tchèque dont les détenteurs sont soumis à : - l'impôt sur les bénéfices des sociétés (à l'exception des véhicules servant à des activités d'intérêt général exonérées de cet impôt) ; - l'impôt sur le revenu des personnes physiques au titre d'activités indépendantes rémunérées ou d'un lien direct avec de telles activités. Les véhicules d'un poids total admissible de plus 3.5 tonnes, immatriculés en République tchèque et exclusivement destinés au transport de marchandises sont soumis à la taxe de circulation. Dans le cas des voitures particulières, la base imposable est la cylindrée du moteur exprimée en centimètres cubes, sauf pour les voitures électriques. Dans le cas des semi-remorques et autres véhicules à moteur, la base imposable est la charge à l'essieu (en tonnes) et le nombre d'essieux des semi-remorques. Dans les autres cas, la base imposable est le poids maximal admissible en tonnes et le nombre d'essieux. Le montant annuel de la taxe est compris entre 1 200 CZK et 4 200 CZK pour les voitures particulières, et entre 1 800 CZK et 33 100 CZK pour les autres véhicules.	Cylindrée (voitures particulières) Type de propulsion Propulsion électrique Type de carburant Charge maximale admissible à l'essieu et nombre d'essieux (semi-remorques) Masse maximale admissible et nombre d'essieux (autres véhicules)	Sont exonérés : les véhicules de moins de quatre roues (motocycles) ; les véhicules des missions diplomatiques et bureaux consulaires (en cas d'accord réciproque) ; les véhicules affectés au transport de voyageurs sur des lignes intérieures, les véhicules des forces armées et de la protection civile ; les véhicules affectés à la réserve opérationnelle ou d'urgence ; les véhicules de la police nationale ; les véhicules de lutte contre les incendies ; les ambulances ; les véhicules d'exploitation minière et de secours en montagne ; les véhicules d'intervention de sécurité des sociétés gestionnaires d'infrastructures électriques et gazières ; les véhicules de voirie ; les véhicules de voirie ; les véhicules à usage spécial (par exemple, marquage de la chaussée) et les véhicules détenus par les autorités routières et les personnes agréées par celles-ci et exclusivement dédiés au maintien des communications terrestres, à l'exception des voitures particulières, des véhicules électriques, des véhicules hybrides, des véhicules roulant au GPL ou au GNV et des véhicules équipés d'un moteur conçu pour être alimenté à l'E85. Les véhicules exclusivement affectés au transport combiné ferroviaire ou fluvial bénéficient d'un allègement (de 25 % à 100 %). Le taux d'imposition est réduit pendant une période 108 mois à compter de la date de la première immatriculation du véhicule (à hauteur de 48 % les 36 premiers mois, de 40 % les 36 mois suivants et de 25 % les 36 mois restants).

Royaume-Uni	Dans le cas des camions, le **droit d'accise sur les véhicules (VED)** est établi en fonction du nombre d'essieux, du poids et du type de véhicule. Pour les voitures immatriculées entre le 1er mars 2001 et le 30 mars 2017 sur la base d'un certificat d'approbation type indiquant le niveau d'émission de dioxyde de carbone (CO_2), le montant dû est calculé en fonction de la quantité de CO_2 rejetée et du type de carburant consommé suivant un barème composé de 13 tranches, allant de A à M, la tranche A correspondant aux véhicules les moins polluants, et la tranche M. à ceux qui émettent le plus de CO_2. pour plus de précisions, consulter www.direct.gov.uk/Motoring Pour les voitures immatriculées à compter du 1er avril 2017 sur la base d'un certificat d'approbation type indiquant le niveau d'émission de dioxyde de carbone (CO_2), le montant dû au titre de la première licence est calculé en fonction de la quantité de CO_2 rejetée et du type de carburant consommé. Concernant la seconde licence, les voitures dont le prix de vente excède 40 000 GBP sont soumises à une majoration du droit d'accise sur les véhicules, tandis que le taux normal s'applique aux voitures dont le prix de vente est inférieur à ce seuil. Les voitures de tourisme qui ne relèvent pas de ce dispositif sont soumises à un système de seuil : le montant du droit annuel est de 145 GBP si la cylindrée est inférieure ou égale à 1 549 cm³, et de 230 GBP si la cylindrée est supérieure à 1 549 cm³.	Type de véhicule Émissions de CO_2 Type de carburant Propulsion électrique	Sont exonérés les véhicules destinés aux personnes handicapées, les véhicules de collection âgés de 40 ans ou plus, les véhicules à usage limité, les engins agricoles, les tondeuses, les véhicules à vapeur, les véhicules à propulsion électrique et les cycles à assistance électrique, ainsi que les véhicules détenus par des entités publiques (ambulances, camions de pompiers, voitures de police, etc.).
Slovénie	Les propriétaires de véhicules à moteur et de remorques s'acquittent d'un **impôt de circulation** une fois par an, au moment du renouvellement du certificat d'immatriculation. Contre versement d'un droit annuel, tout véhicule immatriculé est autorisé à circuler sur la voie publique pendant une période de 12 mois. Le montant de cet impôt dépend de la catégorie à laquelle appartient le véhicule et est proportionnel à la durée de la période d'immatriculation pour une année donnée. Les propriétaires de véhicules à moteur des catégories M1, N1 et L2e s'acquittent d'un droit de radiation un an après la radiation du véhicule puis tous les ans à la même date, pendant les 10 années qui suivent la dernière radiation. Le montant dû correspond à 25 % de la taxe de circulation, mais est plafonné à 25 EUR. Pour les tricycles à moteur électrique, il s'élève à 20 EUR.	Cylindrée Puissance du moteur Poids Émissions polluantes Propulsion électrique Type de suspension Nombre de sièges	Sont exonérés : les véhicules fonctionnant exclusivement à l'électricité, les tracteurs et remorques, les motocycles, les tricycles d'une cylindrée inférieure ou égale à 50 cm³ et les quadricycles légers, les remorques légères d'un PTAC inférieur ou égal à 750 kg, les véhicules à moteur de l'armée slovène, de la protection civile, des services de secours en montagne, du « laboratoire écologique », les véhicules des unités mobiles, de la police et des sapeurs- pompiers, les ambulances, les véhicules à moteur et les remorques immatriculés au nom de missions diplomatiques et consulaires, les véhicules de certaines organisations internationales et les véhicules affectés au transport de personnes handicapées. Allégement accordé aux camions à faible niveau d'émissions : Camions de la catégorie N1 : allégement pour ceux de type EURO 5 (-25 %), EURO 6 et au-delà (-35 %) ; à l'inverse, majoration pour ceux de type EURO 3 (+10 %), EURO 2 (+20 %), EURO 1 (+30 %) et EURO 0 ou en-deçà (+40 %). Camions des catégories N2, N3 et autobus (M2, M3) : allégement ceux de type EURO 5 (-25 %), EURO 6 et au-delà (-35 %) ; à l'inverse, majoration ceux de type EURO 3 (+10 %), EURO 2 (+20 %), EURO 1 (+30 %)

			et EURO 0 ou en-deçà (+40 %). Allégement pour les autobus et camions à suspension pneumatique (-15 %). Allégement pour les véhicules de collection (-80 %) et les véhicules acquis pour le transport de familles d'au moins quatre enfants (-50 %).
Suède	La taxe annuelle de circulation est calculée suivant les émissions de CO_2 pour les voitures mises en circulation à compter de 2006, pour les véhicules plus anciens au moins conformes aux normes d'émission EURO 4, ainsi que pour les autocaravanes, véhicules légers et autobus légers mis en circulation à compter de 2011. Cette taxe est composée d'un tarif de base de 360 SEK auquel s'ajoutent 22 SEK par gramme de CO_2 émis par le véhicule au-delà de 111 g/km. Si le véhicule peut fonctionner au diesel, le montant obtenu est multiplié par 2.37. Dans le cas des véhicules à carburants alternatifs, la taxe est de 360 SEK, plus 11 SEK par gramme de CO_2 émis au-delà de 111 g/km. Les véhicules neufs qui émettent une grande quantité de CO_2, dont la mise sur le marché a eu lieu en 2018 ou après et qui ont été pour la première fois imposables après le 1er juillet 2018 sont frappés d'un montant plus élevé pendant les trois premières années. Pour les véhicules qui roulent à l'essence, cette taxe est composée d'un tarif de base de 360 SEK auquel s'ajoutent 22 SEK par gramme de CO_2 émis au-delà du seuil de 111 g/km, puis 82 SEK par gramme émis dans la fourchette 95-140 g/km et 107 SEK par gramme émis au-delà de 140 g/km. Si le véhicule peut fonctionner au diesel, le montant obtenu est multiplié par 13.52 et augmenté de 250 SEK.	Poids Émissions de CO_2 Type de carburant. Propulsion électrique Consommation d'électricité	Les voitures non polluantes sont exonérées de la taxe annuelle de circulation pendant les cinq premières années suivant leur mise en circulation. Cette règle ne s'applique plus qu'aux véhicules pour la première fois imposés à une date antérieure au 1er juillet 2018. De nouvelles dispositions sont entrées en vigueur le 1er juillet 2018 à l'égard des véhicules neufs qui ont été pour la première fois imposés avant cette date et dont le niveau d'émissions de CO_2 les classe parmi les véhicules non polluants et leur permet de bénéficier d'une prime à l'achat. Cette exonération s'applique aux voitures, autocaravanes, véhicules utilitaires légers et autobus légers qui émettent proportionnellement peu de CO_2 par rapport à leur poids. Leurs émissions ne doivent pas dépasser la valeur obtenue à l'aide de la formule (95 + 0.0457 x (poids du véhicule en kg – 1 372)). Pour les véhicules à carburants alternatifs, la formule utilisée est (150 + 0.0457 x (poids du véhicule en kg – 1 372)). Les voitures électriques ne doivent pas consommer plus de 37 kWh pour 100 km.
Suisse	**Au niveau des cantons, une taxe annuelle sur les véhicules à moteur** est prélevée en fonction du poids ou de la cylindrée du véhicule. Au niveau fédéral, une redevance est généralement due au titre de **l'utilisation des routes suisses** (de première et deuxième classe) et perçue sous la forme d'une vignette qui coûte 40 CHF. Les véhicules à moteur et les remorques dont le poids total ne dépasse pas 3.5 tonnes sont en principe soumis à la vignette. Ce groupe comprend avant tout les véhicules de tourisme, les motocycles, les voitures de livraison, les remorques, etc. Pour les véhicules à moteur et les remorques dont le poids total excède 3.5 tonnes (véhicules lourds), la vignette est obligatoire dès lors qu'ils ne sont pas soumis à la redevance sur le trafic des poids lourds. Relèvent par exemple de cette catégorie les véhicules de travail lourds (camions-grues). La redevance sur le trafic des poids lourds liée aux prestations (RPLP) est calculée en fonction du poids total, des émissions polluantes et de la distance parcourue en Suisse. Elle est perçue sur tous les véhicules à moteur et remorques dont le poids total admissible est supérieur à 3.5 tonnes, qui sont affectés au transport de marchandises, qui sont immatriculés en Suisse ou à l'étranger et qui empruntent le réseau routier public suisse.	Poids Cylindrée Kilométrage Émissions polluantes Propulsion électrique	Les véhicules électriques et agricoles bénéficient généralement d'une réduction de la taxe sur les véhicules à moteur.

	Les véhicules ci-après qui sont utilisés sur le réseau routier public suisse sont soumis à une redevance forfaitaire sur le trafic des poids lourds (RPLF) perçue sous la forme d'une somme fixe : voitures de tourisme lourdes, voitures automobiles lourdes servant d'habitation (camping-cars) et caravanes, véhicules affectés au transport de personnes (autocars), tracteurs et chariots à moteur, véhicules à moteur de forains et de cirques, autres véhicules à moteur affectés au transport de marchandises dont la vitesse maximale ne dépasse pas 45 km/h.		
Turquie	**Impôt sur les véhicules à moteur**. Cet impôt frappe les véhicules à moteur qui relèvent des barèmes prévus dans la loi y afférente et sont immatriculés auprès de l'administration correspondante. Il est réglé sous la forme de deux versements. Barèmes : les automobiles, véhicules utilisés hors route et véhicules et motocycles assimilés immatriculés après le 31 décembre 2017 relèvent du barème n° I, ceux qui sont immatriculés le 31 décembre 2012 ou avant cette date relèvent du barème n° I/A, les minibus, fourgonnettes, autocaravanes, bus et véhicules assimilés, de même que les camions, dépanneuses et véhicules assimilés relèvent du barème n° II, les avions et hélicoptères du barème n° IV.	Poids Nombre de sièges Âge Valeur Type de véhicule Cylindrée Puissance du moteur Propulsion électrique	Pour les véhicules des barèmes n° I, I/A et II qui sont uniquement équipés de moteurs électriques, la base d'imposition correspond à 25 % du montant de la taxe appliquée aux véhicules du même type. Sont exonérés les véhicules immatriculés au nom d'instances publiques qui relèvent du budget général, d'instances publiques qui relèvent d'un budget spécial, d'organismes de sécurité sociale, d'administrations provinciales spéciales, de municipalités, de personnes morales territoriales, de la société turque du Croissant-Rouge et de personnes handicapées.

Note :

Taxe sur les primes d'assurance non incluse.

1. Les allégements et exonérations indiqués dans ce tableau ne comprennent pas ceux accordés aux véhicules qui sont utilisés par les ambassades et autres missions diplomatiques, les organisations internationales ou qui relèvent d'un régime douanier particulier.

Source : délégations nationales. Situation au 1er janvier 2020.

Tableau d'annexe 4.A.3. Impôts sur le supercarburant sans plomb (94-96 RON) (par litre, 2019)

Pays		Prix hors taxe[1]		Accise[2]	Taux de TVA[3]	Montant de la TVA	Total de la taxe	Prix total		Total de la taxe en % du prix total
	Monnaie	Monnaie nationale	USD	Monnaie nationale	En pourcentage	Monnaie nationale	Monnaie nationale	Monnaie nationale	USD	
Allemagne*	EUR	0.559	0.626	0.655	19.00	0.231	0.885	1.444	1.617	61.3
Australie	AUD	0.998	0.694	0.418	10.00	0.142	0.560	1.558	1.083	35.9
Autriche*	EUR	0.538	0.602	0.482	20.00	0.204	0.686	1.224	1.371	56.0
Belgique	EUR	0.617	0.691	0.600	21.00	0.256	0.856	1.473	1.650	58.1
Canada*	CAD	0.814	0.613	0.254	12.14	0.132	0.386	1.198	0.904	32.0
Chili*	CLP	411.618	0.585	315.799	19.00	78.207	394.006	805.624	1.145	48.9
Colombie*	OCDE	1879.36	0.573	414.74	5.00	114.705	529.445	2408.805	0.734	22.0
Corée	KRW	878.146	0.754	745.890	10.00	162.404	908.294	1786.440	1.533	50.8
Danemark*	DKK	4.835	0.725	4.673	25.00	2.377	7.050	11.885	1.782	59.3
Espagne*	EUR	0.600	0.671	0.473	21.00	0.225	0.698	1.298	1.453	53.8
Estonie	EUR	0.455	0.510	0.563	20.00	0.244	0.807	1.262	1.413	63.9
États-Unis*	USD	0.636	0.636	0.121	-	-	0.145	0.781	0.757	18.6
Finlande*	EUR	0.529	0.592	0.703	24.00	0.295	0.998	1.527	1.710	65.4
France*	EUR	0.565	0.633	0.691	20.00	0.251	0.942	1.507	1.688	62.5
Grèce	EUR	0.573	0.641	0.700	24.00	0.305	1.005	1.578	1.767	63.7
Hongrie	HUF	201.622	0.694	112.8600	27.00	84.910	97.770	399.392	1.374	49.5
Irlande	EUR	0.551	0.621	0.588	23.00	0.262	0.850	1.405	1.584	62.3
Islande*	ISK	82.330	0.671	82 350	24.00	39.523	121 870	204.200	1.665	59.7
Israël	ILS	2.209	0.620	3.074	17.00	0.897	3.971	6.180	1.734	64.3
Italie	EUR	0.562	0.629	0.728	22.00	0.284	1.012	1.574	1.763	64.3
Japon*	JPY	79.155	0.726	56.600	10.00	13.576	70.176	149.331	1.369	47.0
Lettonie	EUR	0.553	0.619	0.509	21.00	0.219	0.732	1.285	1.439	57.0
Lituanie	EUR	0.516	0.578	0.434	21.00	0.223	0.634	1.150	1.288	55.1
Luxembourg*	EUR	0.621	0.695	0.472	17.00	0.186	0.658	1.279	1.432	51.4
Mexique*	MXN	16.681	0.868	0.000	16.00	2.669	2.669	19.350	1.007	13.8
Norvège*	NOK	6.222	0.707	6.430	25.00	3.163	9.593	15.815	1.797	60.7
Nouvelle-Zélande*	NZD	1.212	0.798	0.754	15.00	0.295	1.075	2.260	1.489	46.4
Pays-Bas	EUR	0.581	0.651	0.788	21.00	0.287	1.066	1.656	1.844	64.9
Pologne*	PLN	2.394	0.624	1.673	23.00	0.935	2.608	5.002	1.303	52.1
Portugal	EUR	0.570	0.638	0.643	23.00	0.279	0.921	1.491	1.670	61.8
République slovaque*	EUR	0.579	0.648	0.514	20.00	0.219	0.733	1.312	1.469	55.9
République tchèque	CZK	13.315	0.581	12.840	21.00	5.493	18.333	31.648	1.367	57.9
Royaume-Uni	GBP	0.461	0.588	0.580	20.00	0.208	0.788	1.249	1.593	63.1
Slovénie*	EUR	0.506	0.567	0.535	22.00	0.229	0.764	1.270	1.422	60.1
Suède*	SEK	6.016	0.636	6.570	25.00	3.147	9.717	15.733	1.664	61.8
Suisse	CHF	0.728	0.732	0.754	8.00	0.119	0.873	1.596	1.605	54.5
Turquie	TRY	3.418	0.602	2.377	18.00	1.043	3.420	6.837	1.205	50.0

Notes

Conversion de la monnaie nationale en USD : les taux de conversion sont les taux moyens du marché (2019) publiés dans les Statistiques monétaires mensuelles de l'OCDE (stats.oecd.org). Voir également l'annexe B.

Les prix indiqués correspondent aux moyennes calculées pour l'année 2019. Les taux d'imposition indiqués sont ceux applicables au 1er octobre 2019.

1. Le prix hors taxe correspond au prix hors TVA et accise.

2. Les accises incluent toutes les taxes autres que la TVA perçues sur le produit. Dans ce tableau, les montants versés à des organismes particuliers aux fins de la réalisation de missions déterminées (par exemple, constitution de stocks d'urgence) ne sont pas considérés comme des « impôts » et sont donc inclus dans le prix hors taxe. Lorsque l'un produit donné est soumis à un taux différencié, en fonction de sa teneur en soufre ou en biocarburant par exemple, le taux indiqué est celui applicable au carburant le plus couramment utilisé dans le pays.
3. TPS pour l'Australie et la Nouvelle-Zélande, taxes sur les ventes au détail/TPS-TVH pondérées en fonction du volume pour le Canada, taxes sur les ventes pour les États-Unis et taxe sur la consommation pour le Japon. TVA pour tous les autres pays.
Source : Agence internationale de l'énergie, *IEA Energy Prices*, édition 2020https://www.iea.org/reports/world-energy-prices-2020 et délégations nationales.

StatLink https://doi.org/10.1787/888934225987

Encadré annexe 4.A.1. Notes pays relatives au Tableau 4.A.3.

Allemagne. Le montant de l'accise indiqué est celui applicable à l'essence sans plomb dont la teneur en soufre est inférieure ou égale à 10 mg/kg. Dans les autres cas, le droit d'accise s'élève à 0.6698 EUR par litre. *Du 1er juillet au 31 décembre 2020, le taux de TVA est ramené à 16 % (contre 19 % auparavant) en compensation de l'incidence économique de la pandémie de COVID-19.*

Autriche. Le droit d'accise de 0.482 EUR par litre est applicable à l'essence sans plomb dont la teneur en biocarburant est de 4.6 % au minimum et la teneur en soufre inférieure ou égale à 10 mg/kg. Dans les autres cas, le droit d'accise s'élève à 0.515 EUR par litre.

Canada. Les taux d'accise tiennent compte des taxes fédérales et provinciales (le taux de l'accise fédérale est de 0.1 CAD par litre). Le taux de la TPS fédérale est de 5 %. Le taux de la TPS/TVH pondéré en fonction du volume combinée à la composante provinciale s'élève à 10.69 % et le taux pondéré de la taxe sur les ventes au détail TPS/TVH à 12.14 %. Les taxes municipales et la tarification de la pollution par le carbone ne sont pas incluses dans les taxes d'accise.

Chili. Le Mécanisme de stabilisation des prix du carburant (*Mechanisme de Estabilisacion de Precios de los Combustibles* ou MEPCO instauré en 2014 par la loi n° 20.765) a introduit une composante variable dans l'accise, qu'il ajuste chaque semaine pour qu'elle se comporte soit comme une taxe, soit comme une taxe négative, l'objectif étant de stabiliser le prix à la consommation face aux fluctuations du prix sur le marché mondial. L'accise n'est pas incluse dans l'assiette de la TVA.

Colombie Depuis le 1er mai 2019, le taux de TVA appliqué est de 5 %, contre 19 % auparavant.

Danemark. Le montant de l'accise est celui appliqué au carburant dont la teneur minimale en biocarburant est de 4.8 %. Il englobe le droit d'accise, l'écotaxe et la taxe sur les oxydes d'azote.

Espagne. Le montant de l'accise (0.462 EUR par litre) englobe le droit d'accise (0.424 EUR par litre) et le montant moyen de la taxe appliquée par les autorités régionales (0.038 EUR par litre).

États-Unis. Moyenne des taxes appliquées par l'État fédéral et par les États. Il n'y a pas de TVA.

Finlande. Le montant de l'accise indiqué pour le supercarburant sans plomb se compose des taxes sur l'énergie, des composantes carbone et de la redevance pour la constitution de stocks stratégiques égale à 0.0068 EUR par litre.

France. En Corse, le taux appliqué est inférieur de 0.01 EUR/l. Un droit supplémentaire de 0.0073 EUR par litre au maximum peut être appliqué par les conseils régionaux (sauf en Corse) pour financer des infrastructures durables, ferroviaires ou fluviales. En Île-de-France, en revanche, le taux est majoré de 0.0102/l.

Hongrie. Le montant de l'accise dépend du cours du pétrole brut sur le marché mondial. Lorsque ce cours dépasse 50 USD le baril, l'accise s'élève à 122.674 HUF par litre (soit 120 HUF par litre au titre du droit d'accise et 2.674 HUF par litre au titre de la redevance pour la constitution de stocks stratégiques). Lorsque le cours mondial du pétrole brut est inférieur ou égal à 50 USD, le montant de l'accise s'élève à 127.674 HUF par litre (soit 125 HUF par litre au titre du droit d'accise et 2.674 HUF par litre au titre de la redevance pour la constitution de stocks stratégiques).

Irlande. Le « prix hors taxe » inclut une taxe de 0.02 EUR par litre, qui est versée à la National Oil Reserves Agency (NORA). Depuis le 9 octobre 2019, le montant de l'accise sur l'essence sans plomb a augmenté de 0.602 EUR par litre. Depuis le 9 octobre 2019, le montant de l'accise sur l'essence sans plomb a augmenté de 0.602 EUR par litre.

Islande. Ce pays n'étant membre ni de l'AIE ni de l'UE, les données relatives aux prix ont été obtenues auprès de l'Association des constructeurs européens d'automobiles. L'accise de 82.35 ISK par litre inclut l'accise générale sur le carburant (28.05 ISK par litre), l'accise spéciale sur le carburant (45.02 ISK par litre) et la taxe carbone (9.2 ISK par litre).

Japon. Le montant indiqué englobe la taxe sur l'essence (48.6 JPY/l), la taxe locale sur l'essence (5.2 JPY/l) et la taxe sur le pétrole et le charbon (2.8 JPY/l). Les prix et taxes sont indiqués pour la préfecture de Tokyo.

Mexique. Il n'existe pas d'accise *ad quantum*. Une taxe spéciale (*Impuesto Especial sobre Producción y Servicios*), correspondant à un pourcentage du prix de gros du produit, est appliquée. Elle est incluse dans le prix hors taxe.

Norvège. Le montant de l'accise indiqué englobe le droit d'accise et la taxe carbone.

Nouvelle-Zélande. Le montant de l'accise indiqué inclut la taxe pour le Fonds national pour les transports terrestres (*National Land Transport Fund*), la redevance sur les carburants (*Petroleum or Engine Fuel Monitoring Levy*) et la taxe locale sur les carburants et combustibles (*Local Authority Fuel Tax*).

Pays-Bas. L'essence est frappée d'une taxe destinée à financer la constitution de stocks, qui n'est pas incluse dans le taux de l'accise indiqué.

Pologne. Le montant de l'accise indiqué englobe le droit d'accise et la taxe sur les carburants.

République slovaque. Le montant de l'accise s'élève à 0.514 EUR par litre pour l'essence dont la teneur en biocarburant est inférieure au minimum, qui est de 6.2 %.

Slovénie. L'accise de 534.55 EUR par hectolitre inclut : le droit d'accise (478.29 EUR), une surtaxe sur l'essence de 7.36 EUR au titre de l'efficacité de l'utilisation finale de l'énergie ; une surtaxe sur l'essence de 9.11 EUR pour la promotion de la production d'électricité à partir de sources d'énergie renouvelables et de la cogénération de haute efficience ; une taxe carbone de 39.79 EUR.

Suède. Le montant de l'accise inclut la taxe sur l'énergie (3.950 SEK par litre) et la taxe carbone (2.620 SEK par litre).

Union européenne. La directive 2003/96/CE fixe les taux d'accise minima applicables aux produits énergétiques et à l'électricité.

Tableau d'annexe 4.A.4. Impôts sur le carburant diesel (par litre, 2019)

Pays		Prix hors taxe[1]		Accise[2]	Taux de TVA[3]	Montant de la TVA	Total de la taxe	Prix total		Total de la taxe en % du prix total
	Monnaie	Monnaie nationale	USD	Monnaie nationale	En pourcentage	Monnaie nationale	Monnaie nationale	Monnaie nationale	USD	
Allemagne*	EUR	0.617	0.691	0.470	19.00	0.207	0.677	1.294	1.449	52.3
Australie	AUD	0.915	0.636	0.418	10.00	0.133	0.551	1.466	1.019	37.5
Autriche*	EUR	0.595	0.667	0.410	20.00	0.201	0.611	1.206	1.351	50.6
Belgique	EUR	0.657	0.736	0.600	21.00	0.265	0.864	1.522	1.704	56.8
Canada*	CAD	0.869	0.655	0.192	12.15	0.129	0.321	1.190	0.897	27.0
Chili*	CLP	425.903	0.606	77.410	19.00	84.953	166.656	592.559	0.843	28.1
Colombie*	OCDE	1951.620	0.595	216.880	5.00	108.425	325.305	2266.930	0.691	14.4
Corée	KRW	689.905	0.592	528.750	10.00	121.870	650.616	1340.520	1.150	48.5
Danemark*	DKK	4.996	0.749	3.184	25.00	2.045	5.229	10.225	1.533	51.1
Espagne*	EUR	0.625	0.700	0.379	21.00	0.211	0.590	1.215	1.361	48.5
Estonie	EUR	0.470	0.526	0.372	20.00	0.200	0.572	1.000	1.120	57.2
États-Unis*	USD	0.648	0.648	0.141	-	..	0.163	0.811	0.811	20.1
Finlande*	EUR	0.604	0.677	0.530	24.00	0.272	0.802	1.407	1.575	57.0
France*	EUR	0.591	0.662	0.609	20.00	0.240	0.849	1.441	1.614	58.9
Grèce	EUR	0.698	0.781	0.410	24.00	0.266	0.676	1.373	1.538	49.2
Hongrie	HUF	201.622	0.694	112.860	27.00	84.910	197.770	399.392	1.374	49.5
Irlande	EUR	0.593	0.669	0.479	23.00	0.247	0.726	1.324	1.492	54.9
Islande*	ISK	88.770	0.724	73.250	24.00	38.880	112.130	200.900	1.638	55.8
Israël	ILS	2.775	0.779	2.945	17.00	0.972	3.915	6.690	1.877	58.5
Italie	EUR	0.595	0.667	0.617	22.00	0.266	0.884	1.480	1.657	59.8
Japon*	JPY	84.552	0.775	34.900	10.00	8.735	43.635	128.187	1.176	34.0
Lettonie	EUR	0.607	0.680	0.414	21.00	0.214	0.628	1.235	1.383	50.9
Lituanie	EUR	0.612	0.685	0.347	21.00	0.201	0.548	1.160	1.299	47.2
Luxembourg*	EUR	0.594	0.665	0.355	17.00	0.162	0.509	1.102	1.234	46.1
Mexique*	MXN	32.780	1.706	0.000	16.00	5.250	5.250	38.030	1.979	13.8
Norvège*	NOK	6.832	0.776	5.160	25.00	2.998	8.138	14.990	1.704	54.3
Nouvelle-Zélande*	NZD	1.219	0.803	0.044	15.00	0.185	0.232	1.451	0.956	16.0
Pays-Bas	EUR	0.627	0.702	0.496	21.00	0.239	0.729	1.356	1.519	53.8
Pologne*	PLN	2.637	0.687	1.469	23.00	0.935	2.413	5.050	1.316	47.8
Portugal	EUR	0.622	0.697	0.486	23.00	0.256	0.741	1.363	1.526	54.3
République slovaque*	EUR	0.649	0.727	0.368	20.00	0.203	0.571	1.220	1.366	46.8
République tchèque	CZK	15.232	0.664	10.950	21.00	5.498	16.448	31.681	1.382	51.9
Royaume-Uni	GBP	0.516	0.658	0.580	20.00	0.218	0.799	1.315	1.677	60.7
Slovénie*	EUR	0.556	0.623	0.457	22.00	0.223	0.680	1.236	1.384	55.0
Suède*	SEK	7.832	0.828	4.625	25.00	3.114	7.739	15.571	1.647	49.7
Suisse	CHF	0.837	0.842	0.782	8.00	0.124	0.907	1.743	1.754	52.0
Turquie	TRY	3.624	0.638	1.795	18.00	1.001	2.770	6.394	1.126	43.3

Notes

*Voir notes pays.

Conversion de la monnaie nationale en USD : les taux de conversion sont les taux moyens du marché (2019) publiés dans les Statistiques monétaires mensuelles de l'OCDE (stats.oecd.org). Voir également l'annexe B.

Les prix indiqués correspondent aux moyennes calculées pour l'année 2019. Les taux d'imposition indiqués sont ceux applicables au 1er octobre 2019.

1. Le prix hors taxe correspond au prix hors TVA et accise.

2. Les accises sont exprimées en monnaie locale par litre. Elles incluent toutes les taxes autres que la TVA perçues sur le produit. Dans ce tableau, les montants versés à des organismes particuliers aux fins de la réalisation de missions déterminées (par exemple, constitution de stocks d'urgence) ne sont pas considérés comme des « impôts » et sont donc inclus dans le prix hors taxe. Lorsque l'un produit donné est soumis à un taux différencié, en fonction de sa teneur en soufre ou en biocarburant par exemple, le taux indiqué est celui applicable au carburant le plus couramment utilisé dans le pays.
3. TPS pour l'Australie et la Nouvelle-Zélande ; taxes sur les ventes au détail/TPS-TVH pondérées en fonction du volume pour le Canada ; taxes sur les ventes pour les États-Unis et taxe sur la consommation pour le Japon. TVA pour tous les autres pays.
Source : Agence internationale de l'énergie, *IEA Energy Prices*, édition 2020https://www.iea.org/reports/world-energy-prices-2020 et délégations nationales.

StatLink https://doi.org/10.1787/888934226006

Encadré d'annexe 4.A.2. Notes pays relatives au Tableau 4.A.4.

Allemagne. Le montant de l'accise indiqué est celui applicable à l'essence sans plomb dont la teneur en soufre est inférieure ou égale à 10 mg/kg. Dans les autres cas, le droit d'accise s'élève à 0.48517 EUR par litre. Du 1er juillet au 31 décembre 2020, le taux de TVA est ramené à 16 % (contre 19 % auparavant) en compensation de l'incidence économique de la pandémie de COVID-19.

Autriche. L'accise de 0.397 EUR par litre s'applique au carburant diesel dont la teneur en biocarburant est de 6.6 % au minimum et la teneur en soufre inférieure ou égale à 10 mg/kg. Dans les autres cas, le droit d'accise s'élève à 0.425 EUR par litre.

Canada. Le montant de l'accise inclut les taxes fédérales et provinciales (la taxe fédérale s'élève à 0.04 CAD par litre). Le taux de la TPS fédérale est de 5 %. Le taux de la TPS pondéré en fonction du volume, qui englobe les taux de la TPS provinciale, s'élève à 10.69 % et le taux de la TPS/taxe sur les ventes au détail pondéré en fonction du volume à 12.14 %. Les taxes municipales et la tarification de la pollution par le carbone ne sont pas incluses dans les taxes d'accise.

Chili. Le Mécanisme de stabilisation des prix du carburant (*Mechanisme de Estabilisacion de Precios de los Combustibles* ou MEPCO instauré en 2014 par la loi n° 20.765) a introduit une composante variable dans l'accise, qui est ajustée chaque semaine pour qu'elle se comporte soit comme une taxe, soit comme une taxe négative, l'objectif étant de stabiliser le prix à la consommation face aux fluctuations du prix sur le marché mondial. L'accise n'est pas incluse dans l'assiette de la TVA.

Colombie Depuis le 1er mai 2019, le taux de TVA appliqué est de 5 %, contre 19 % auparavant.

Espagne. Le montant de l'accise (0.368 EUR par litre) englobe le droit d'accise (0.331 EUR par litre) et le montant moyen de la taxe appliquée par les autorités régionales (0.037 EUR par litre).

États-Unis. Moyenne des taxes appliquées par l'État fédéral et par les États. Il n'y a pas de TVA.

Finlande. Le montant de l'accise se compose de la taxe sur le contenu énergétique, de la taxe carbone et de la redevance pour la constitution de stocks stratégiques égale à 0.0035 EUR par litre.

France. Un droit supplémentaire de 0.0135 EUR par litre au maximum peut être appliqué par les conseils régionaux (sauf en Corse) pour financer des infrastructures durables, ferroviaires ou fluviales. En Île-de-France, en revanche, le taux est majoré de 0.0189/l.

Hongrie. Le montant de l'accise dépend du cours du pétrole brut sur le marché mondial. Lorsque ce cours dépasse 50 USD le baril, l'accise s'élève à 112.588 HUF par litre (soit 110.35 HUF par litre au titre du droit d'accise et 2.505 HUF par litre au titre de la redevance pour la constitution de stocks stratégiques). Lorsque le cours mondial du pétrole brut est inférieur ou égal à 50 USD, le montant de l'accise s'élève à 122.588 HUF par litre (soit 120.35 HUF par litre au titre du droit d'accise et 2.505 HUF par litre au titre de la redevance pour la constitution de stocks stratégiques).

Irlande. Le « prix hors taxe » inclut une taxe de 0.02 EUR par litre, qui est versée à la National Oil Reserves Agency (NORA). Depuis le 9 octobre 2019, le montant de l'accise sur le carburant diesel a augmenté de 0.495 EUR par litre.

Islande. Ce pays n'étant membre ni de l'AIE ni de l'UE, les données ont été obtenues auprès de l'Association des constructeurs européens d'automobiles. L'accise de 73.25 ISK par litre inclut le droit d'accise sur le diesel (62.85 ISK par litre) et la taxe carbone (10.04 ISK par litre).

Lituanie. Une hausse du taux d'accise a pris effet le 1er janvier 2020 : l'accise appliquée au carburant diesel utilisé dans l'agriculture a été fixée à 0.06 EUR par litre et le taux normal appliqué au carburant diesel à 0.372 EUR par litre.

Mexique. En 2015, les droits d'accise sur l'essence et le diesel étaient formés de trois composantes : (1) une taxe d'accise sur le carbone, fixée proportionnellement à la teneur en carbone du carburant et perçue sous la forme d'un montant forfaitaire par litre ; elle avait principalement pour but d'envoyer un signal de prix du carbone afin de favoriser le respect des engagements souscrits en matière de changement climatique ; (2) un droit d'accise dont les recettes étaient affectées au budget des autorités des États, en fonction de leur consommation ; elle revêtait elle aussi la forme d'un montant forfaitaire par litre ; (3) le droit d'accise principal, dont le montant variait mensuellement en fonction d'un ensemble de critères ; il correspondait au prix réglementé du carburant amputé du coût d'importation ou de production, des coûts de distribution, des dépenses logistiques, des éléments connexes et de la marge bénéficiaire des exploitants de stations-service. Cette accise générale pouvait même se comporter comme une taxe négative (en d'autres termes une subvention) si le prix national du carburant était bas et le prix international de référence élevé, comme ce fut le cas durant les trois premières années de la décennie. Les réformes des droits d'accise adoptées en 2016 ont totalement transformé cette troisième composante. L'accise générale sur l'essence et le diesel est désormais elle aussi une taxe forfaitaire par litre. Durant la période de transition précédant la libéralisation totale des prix prévue pour 2018, la partie forfaitaire de l'accise sera complétée par une autre composante (positive ou négative) qui empêchera les prix de détail du carburant de sortir d'une fourchette de plus ou moins 3 % de leur niveau de 2015. Cette composante supplémentaire ne peut en aucun cas atteindre le même montant que le droit d'accise, l'objectif étant d'empêcher la réapparition de subventions aux énergies fossiles.

Norvège. Le montant de l'accise indiqué englobe le droit d'accise et la taxe carbone.

Nouvelle-Zélande. L'accise sur le diesel est une taxe locale et les propriétaires de véhicules diesel doivent également s'acquitter de redevances liées à l'utilisation de l'infrastructure routière.

Pays-Bas. Le diesel est frappé d'une taxe de 0.008 EUR par litre destinée à financer la constitution de stocks, qui n'est pas incluse dans le taux de l'accise indiqué.

Pologne. Le montant de l'accise indiqué englobe le droit d'accise et la taxe sur les carburants.

Portugal. Un taux de TVA réduit, égal à 13 %, est appliqué au carburant diesel utilisé dans l'agriculture.

République slovaque. Le montant de l'accise s'élève à 0.393 EUR par litre pour le diesel dont la teneur en biocarburant est inférieure au minimum, qui est de 6.9 %.

Slovénie. L'accise de 457.33 EUR par hectolitre inclut : le droit d'accise (392.72 EUR), une surtaxe sur le diesel utilisé comme carburant de 8 EUR au titre de l'efficacité de l'utilisation finale ; une surtaxe sur le diesel utilisé comme carburant égale à 9.90 EUR pour la promotion de la production d'électricité à partir de sources d'énergie renouvelables et de la cogénération de haute efficience, la taxe carbone de 46.71 EUR.

Suède. L'accise de 4.625 SEK par litre s'applique au carburant diesel de classe 1 (teneur en composés aromatiques inférieure à 5 % vol. ; teneur en soufre inférieure ou égale à 10 wppm). Des taux plus élevés s'appliquent aux carburants de classe 2 (4.930 SEK par litre) et de classe 3 (5.088 SEK par litre).

Union européenne. La directive 2003/96/CE fixe les taux d'accise minima applicables aux produits énergétiques et à l'électricité.

Tableau d'annexe 4.A.5. Fiscalité des carburants d'aviation

Pays	Fiscalité	Aviation commerciale[1](JET A-1)[2]		Vols privés/récréatifs[3] (JET A-1/AvGas)[4]	
		Vols intérieurs	Vols internationaux	Vols intérieurs	Vols internationaux
Allemagne	Accise (EUR) par litre	0	0	0	0
	TVA	19	0	19	0
	Autres sources	-	-	-	-
Australie*	Accise (AUD) par litre	0.03556	0	0.03556/0.03556	0
	TPS	10	0	10	0
	Autres sources	-	-	-	-
Autriche	Accise (EUR) par litre	0	0	0	0
	TVA	20	0	20	0
	Autres sources	-	-	-	-
Belgique	Accise (EUR) par litre	0	0	0.6325307 / 0.6678350	0.6325307 / 0.6678350
	TVA	21	0	21	0
	Autres sources	-	-	-	-
Canada	Accise (CAD) par litre	0.04	0	0.04/0.1	0
	TPS	5	0	5	0
	Autres sources	-	-	-	-
Chili*	Accise (CLP) par litre	0	0	0	0
	TVA	19	19	19	19
	Autres sources	-	-	-	-
Colombie	Accise (COP) par litre	0	0	0	0
	TVA	5	5	5	5
	Autres sources	-	-	-	-
Corée	Accise (KRW) par litre	0	0	0	0
	TVA (%)	10	0	10	0
	Autres sources	-	-	-	-
Danemark	Accise (DKK) par litre	0	0	0	0
	TVA	25	0	25	0
	Autres sources	-	-	-	-
Espagne	Accise (EUR) par litre	0	0	0	0
	TVA (%)	21	0	21	0
	Autres sources	-	-	-	-
Estonie	Accise (EUR) par litre	0	0	0	0
	TVA	20	0	20	0
	Autres sources	-	-	-	-
États-Unis*	Accise (USD) par litre	0.0116	0	0.0579/0.0512	0
	Taxes sur les ventes (%)				
	Autres	-	-	-	-
Finlande	Accise (EUR) par litre	0	0	0.7635/6 959	0
	TVA	24	0	24	0
	Autres sources	0	0	0	0
France	Accise (EUR) par litre	0	0	0.397/0.4549	0
	TVA	20	0	20	0
	Autres sources	-	-	-	-
Grèce	Accise (EUR) par litre	0	0	0.410/0.697	0.410/0.697
	TVA	24	0	24	0
	Autres sources	-	-	-	-
Hongrie	Accise (HUF) par litre	0	0	126.432	126.432

	TVA	27	0	27	0
	Autres sources	-	-	-	-
Irlande	Accise (EUR) par litre	0	0	0.495/0.602	0.495/0.602
	TVA	23	0	23	0
	Autres sources	-	-	-	--
Islande	Accise (ISK) par litre	0	0	0	0
	TVA	24	0	24	0
	Autres sources	4.10	4.10	4.10	4.10
Israël	Accise (ILS) par litre	0	0	0	0
	TVA	17	0	17	0
	Autres sources	-	-	-	-
Italie	Accise (EUR) par litre	0	0	0.3375 / 0.7284	0
	TVA	22	0	22	0
	Autres sources	-	-	-	-
Japon	Accise (JPY) par litre	18	0	18/18	0
	TVA (%)	10	0	10	0
	Autres sources	-	-	-	-
Lettonie	Accise (EUR) par litre	0	0	0.33017 / 0.57924	0.33017 / 0.57924
	TVA (%)	21	0	21	0
	Autres sources	-	-	-	-
Lituanie	Accise (EUR) par litre	0	0	0.33017 / 0.57924	0.33017 / 0.57924
	TVA (%)	21	0	21	0
	Autres sources	-	-	-	-
Luxembourg	Accise (EUR) par litre	0	0	0.33	0.33
	TVA (%)	17	0	17	17
	Autres sources	-	-	-	-
Mexique	Accise (MXN) par litre	0	0	0	0
	TVA (%)	16	0	16	0
	Autres sources	-	-	-	-
Norvège	Accise (NOK) par litre	0	0	0	0
	TVA (%)	25	0	25	0
	Autre (taxe carbone)	1.39	0	1.39/1.39	0
Nouvelle-Zélande	Accise (NZD) par litre	0	0	0	0
	TVA (%)	15	0	15	0
	Autres sources	-	-	-	-
Pays-Bas*	Accise (EUR) par litre	0	0	0.50	0.50
	TVA (%)	21	0	21	0
	Autres sources	-	-	-	-
Pologne*	Accise (PLN) par litre	0	0	1.581/1.945	1.581/1.945
	TVA (%)	23	0	23	0
	Autres sources	-	-	-	-
Portugal*	Accise (EUR) par litre	0	0	0.396/0.667	0.396/0.667
	TVA (%)	23	0	23	0
	Autres sources	-	-	-	-
République slovaque	Accise (EUR) par litre	0	0	0	0
	TVA (%)	20	0	20	0
	Autres sources	-	-	-	-
République tchèque	Accise (CZK) par litre	0	0	0	0
	TVA	21	0	21	0
	Autres sources	-	-	-	-

Royaume-Uni	Accise (GBP) par litre	0	0	0.5795/0.3770	0
	TVA (%)	20	0	20	0
	Autres sources	-	-	-	-
Slovénie	Accise (EUR) par litre	0	0	0.330/0.42161	0.330/0.42161
	TVA (%)	22	0	22	0
	Autres sources	0.00911	0.00911	0.0489/0.05238	0.0489/0.05238
Suède	Accise (SEK) par litre	0	0	5.187/6,720	5.187/6,720
	TVA (%)	25	0	25	0
	Autres sources	-	-	-	-
Suisse	Accise (CHF) par litre	0.7395	0	0.7395/0.7312	0
	TVA (%)	7.7	0	7.7	0
	Autres sources	-	-	-	-
Turquie	Accise (TRY) par litre	0	0	0	0
	TVA (%)	18	0	18	0
	Autres sources	-	-	-	-

Notes

Les carburants examinés dans ce tableau sont le JET A-1, qui alimente les moteurs à turbines, et l'essence d'aviation (AvGas), qui alimente les moteurs à piston. Ne sont pas pris en compte pas dans ce tableau : les carburants qui se trouvent à bord des appareils au moment où ils atterrissent dans un pays partie à la Convention relative à l'OACI (Convention de Chicago) et les carburants spéciaux à usage militaire ou utilisés dans les zones nordiques.

1. Aux fins du présent tableau, « aviation commerciale » désigne l'aviation de transport de marchandises et de passagers, tous types d'appareil confondus.

2. Aux fins du présent tableau, il est supposé que seuls des carburants de type JET A-1 sont utilisés dans les vols commerciaux.

3. Aux fins du présent tableau, les « vols privés/récréatifs » s'entendent des vols considérés comme non commerciaux.

4. Les chiffres indiqués pour les vols privés/récréatifs concernent les carburants JET A-1 et AvGas.

Source : délégations nationales. Situation au 1er janvier 2020.

StatLink https://doi.org/10.1787/888934226025

Encadré d'annexe 4.A.3. Notes pays relatives au Tableau 4.A.5.

Allemagne. *Du 1er juillet au 31 décembre 2020, le taux de TVA est ramené à 16 % (contre 19 % auparavant) en compensation de l'incidence économique de la pandémie de COVID-19.*

Australie. *Au titre des mesures prises pour lutter contre la crise liée au COVID-19, le prélèvement de l'accise sur le carburéacteur utilisé par l'aviation commerciale est suspendu à compter du 1er février 2020.*

Canada. La taxe fédérale sur les biens et les services est prélevée au taux de 5 % sur le carburant et l'essence d'aviation affectés aux vols intérieurs. Lorsqu'elle s'applique, la taxe d'accise fédérale s'élève à 0.04 CAD par litre de carburant d'aviation et à 0.10 CAD par litre d'essence d'aviation. Les provinces et les territoires peuvent imposer des taxes sur les ventes et des droits d'accise qui s'ajoutent à la taxe fédérale applicable.

Chili. Les services commerciaux assurés par les compagnies aériennes (en particulier, fret international et/ou transport de voyageurs) et les services fournis aux non-résidents sont considérés comme des exportations. Par conséquent, les compagnies aériennes peuvent demander le remboursement de la TVA acquittée, notamment au titre du carburant. Dans la pratique, cela équivaut parfois à l'application d'un taux nul (pour faciliter la lecture du tableau, le taux de TVA indiqué est 0 même si, en fait, les compagnies aériennes et les non-résidents doivent tout d'abord s'acquitter de la taxe avant d'être remboursés.

États-Unis. Pour l'aviation commerciale, la taxe fédérale s'élève à 0.044 USD par gallon (soit 0.010 EUR par litre). Le kérosène affecté à l'aviation non commerciale est généralement taxé à hauteur de 0.244 USD par gallon. En outre, les États et les autorités locales prélèvent d'autres taxes sur le carburant, dont le montant va de 0 USD (Texas, Ohio et Delaware) à 0.328 USD (Illinois) par gallon. Il n'existe pas de taxe fédérale sur les ventes. Le taux pratiqué dans les États et localement va de 0 % (Delaware, Montana, New Hampshire et Oregon) à 9.5 % et plus (Tennessee et Louisiane). *Au titre des mesures prises pour lutter contre la crise liée au COVID-19, le prélèvement de la taxe fédérale d'accise sur le carburéacteur utilisé par l'aviation commerciale est suspendu du 28 mars au 31 décembre 2020.*

Grèce. Le carburant d'aviation est normalement frappé d'un taux de TVA de 24 %. Cependant, les dispositions de la Directive 2006/112/CE s'appliquent systématiquement au travers d'une exonération conditionnelle qui se traduit par un taux nul. Pour les vols privés/récréatifs, le taux d'accise est de 697 EUR par hectolitre dans le cas de l'AvGas (code CN 2710 1231, 2710 1270) et de 410 EUR par hectolitre dans le cas du JET A-1 (CN codes 2710 1921, 2710 1925).

Hongrie. Le montant de l'accise dépend du cours du pétrole brut sur le marché mondial. Lorsque ce cours dépasse 50 USD le baril, le montant de l'accise s'élève à 122.674 HUF par litre (soit 120 HUF par litre au titre du droit d'accise et 2.674 HUF par litre au titre de la redevance pour la constitution de stocks stratégiques). Lorsque le cours mondial du pétrole brut est inférieur ou égal à 50 USD, le montant de l'accise s'élève à 131.432 HUF par litre (soit 129.2 HUF par litre au titre du droit d'accise et 2.232 HUF par litre au titre de la redevance pour la constitution de stocks stratégiques).

Irlande. L'AvGas affectée à l'aviation commerciale est partiellement exonérée de l'accise, à hauteur de 0.232 EUR par litre, ce qui en ramène le tarif réel à 0.369 EUR par litre.

Islande. Le carburant d'aviation est exonéré de l'accise. Une taxe carbone de 4.10 ISK par litre frappe le carburant d'aviation et le kérosène.

Pays-Bas. Taux de TVA nul pour les carburants réservés aux aéronefs des compagnies aériennes dont la principale activité est le transport commercial international de personnes et de marchandises.

Pologne. Les carburants d'aviation sont soumis à la taxe sur les carburants et à l'accise. Le chiffre indiqué dans le tableau comprend le droit d'accise de 1.446 PLN par litre (pour le JET A-1) et de 1.822 PLN par litre (pour l'AvGas) ainsi que la taxe sur les carburants, qui s'élève à 0.17055 PLN par kilogramme. Comme l'accise nationale est calculée en PLN par litre et la taxe sur les carburants en PLN par kilogramme, le tarif de cette dernière a été converti en PLN par litre sur la base de la densité du carburant.

Portugal. Les carburants d'aviation affectés aux vols commerciaux (c'est-à-dire les vols de transport de marchandises ou de passagers, tous types d'appareil confondus) sont exonérés des droits d'accise. Le montant de l'accise sur les carburants affectés aux vols privés et de 667.29 EUR par hectolitre d'essence d'aviation (AvGas) et de 395.54 EUR par hectolitre de carburéacteur (JET A-1).

Slovénie. Les carburants d'aviation affectés aux vols privés/récréatifs sont soumis à une accise de 330.00 EUR par hectolitre de JET A-1 et de 421.61 EUR par hectolitre d'AvGas, ainsi qu'à une taxe carbone de 39.79 EUR pour 1 000 litres de JET A-1 et de 43.25 EUR par hectolitre d'AvGas. S'y ajoute une surtaxe pour la promotion de la production d'électricité à partir de sources d'énergie renouvelables et de la cogénération de haute efficience, qui s'élève à 9.11 EUR par hectolitre de JET A-1 et à 9.13 EUR par hectolitre d'AvGas.

Annexe A. Pays dotés d'une TVA

Pratiquement tous les pays prélèvent des impôts généraux sur la consommation, c'est-à-dire des impôts sur la vente de la plupart des biens et services aux consommateurs. Dans la grande majorité de ces pays, cet impôt est une TVA, c'est-à-dire une taxe collectée à tous les stades de production et de distribution des biens et des services, l'effet d'accumulation de la taxe étant empêché par le mécanisme du droit à déduction, par les entreprises, de la taxe qu'elles ont acquittée sur leurs intrants de celle qu'elles facturent sur leurs ventes de biens et services. Les exportations de biens et de services entrent généralement dans le champ de la TVA, encore qu'elles soient habituellement taxées à taux nul. En revanche, l'importation de biens et de services est soumise à la taxe afin de garantir la neutralité du système fiscal (voir le chapitre 1). Une minorité de pays (et certaines entités infranationales) appliquent des taxes de vente au détail, qui désignent des impôts perçus à un stade unique sur les biens et services fournis aux consommateurs finals (ils ne sont pas énumérés dans le tableau ci-dessous). Tous les pays de l'OCDE prélèvent une TVA, à l'exception des États-Unis où des taxes sur les ventes au détail sont perçues au niveau infranational (voir le chapitre 1).

Au 1er novembre 2020, 170 pays et territoires dans le monde avaient mis en œuvre un régime de TVA. Ces pays sont repris au Tableau A.A.1 ci-après.

Tableau A A.1. Pays et territoires appliquant une TVA.

N°	Pays	Mise en œuvre	Taux en 2020 (%)		
			Normal[1]	Réduit[2]	Majoré
1	Afrique du Sud	1991	15	0	
2	Albanie	1995	20	0, 6	
3	Algérie	1992	19	0, 9	
4	Allemagne	1968	19	7	
5	Andorre	2013	4.5	0, 1, 2.5	9.5
6	Angola	2019	14		
7	Antigua-et-Barbuda[3]	2007	15	0, 13, 14	
8	Arabie saoudite	2018	5	0	
9	Argentine	1974	21	2.5, 5, 10.5	27
10	Arménie	1993	20	0	
11	Australie	2000	10	0	
12	Autriche[4]	1973	20	10, 13	
13	Azerbaïdjan	1992	18	0	
14	Bahamas	2015	12		
15	Bahreïn	2018	5	0	
16	Bangladesh	1991	15	5, 7	
17	Barbade	1997	17.5	0, 7.5	
18	Belarus	1991	20	0, 10	25
19	Belgique	1971	21	0, 6, 12	
20	Belize	2006	12.5	0	
21	Bénin	1991	18	0	
22	Bolivie	1986	13	0	
23	Bosnie-Herzégovine	2006	17		
24	Botswana	2002	12	0	
25	Brésil	1964	17, 18	4, 7, 12	25, 30
26	Bulgarie	1994	20	9	
27	Burkina Faso	1993	18	0	
28	Burundi	2009	18	0, 10	
29	Cap-Vert	2004	15	0	
30	Cambodge	1999	10		
31	Cameroun	1999	19.25	0	
32	Canada[5]	1991	TPS/TVH : 5, 13, 15		
33	Chili	1975	19		
34	Chine (République populaire de)	1994	13	1, 3, 6, 9	
35	Chypre[6]	1992	19	0, 5, 9	
36	Colombie	1983	19	0, 5	
37	Commonwealth de Dominique	2006	15	10	
38	Congo (République démocratique)	2012	16	0	
39	Congo (République du)	1997	18	0, 5	
40	Corée	1977	10		
41	Costa Rica	2019	13	4, 2, 1	
42	Côte d'Ivoire	1960	18	0, 9	
43	Croatie	1998	25	5, 13	
44	Danemark	1967	25	0	
45	Djibouti	2009	10	0, 7	
46	Égypte	2017	14	0, 5	
47	El Salvador	1992	13	0	

48	Émirats arabes unis	2018	5	0	
49	Équateur	1970	12	0	
50	Espagne[7]	1986	21	4, 10	
51	Estonie	1991	20	0, 9	
52	Eswatini	2012	15	0	
53	Éthiopie	2003	15	0	
54	Fidji	1992	9	0	
55	Finlande	1994	24	0, 10, 14	
56	France[8]	1968	20	2.1, 5.5, 10	
57	Gabon	1995	18	0, 5, 10	
58	Gambie	2013	15	0	
59	Géorgie	1993	18	0	
60	Ghana	1998	12.5	0, 3	
61	Grèce[9]	1987	24	6, 13	
62	Grenade	2010	15	0, 10	20
63	Guatemala	1992	12	0	
64	Guinée	1996	18	0	
65	Guinée-Bissau	2001	17	0, 10	20
66	Guinée équatoriale	2005	15	0, 6	
67	Guyana	2007	14	0	
68	Haïti	1982	10		
69	Honduras	1964	15	0	18
70	Hongrie	1988	27	5, 18	
71	Îles Cook	1997	15	0	
72	Îles Féroé	1993	25	0	
73	Île de Man	1973	20	0, 5	
74	Inde	2017	12, 18	0, 5	28
75	Indonésie	1985	10	0	10 – 125
76	Iran[10]	2008	9	0	12+3, 20 (5 ou 10) 25-30
77	Irlande	1972	23	0, 4.8, 9, 13.5	
78	Islande	1990	24	0, 11	
79	Israël[11]	1976	17	0	
80	Italie	1973	22	0, 4, 5, 10	
81	Jamaïque	1991	16.5	2, 10	21.5, 25
82	Japon	1989	10	8	
83	Jersey	2008	5	0	
84	Jordanie	2001	16	0, 4, 5, 10	26
85	Kazakhstan	1992	12	0	
86	Kenya	1990	14	0	
87	Kirghizistan	1999	12	0	
88	Kiribati	2014	12.5	0	
89	Kosovo[12]	2001	18	8	
90	Lesotho	2003	15	0, 9	
91	Lettonie	1995	21	5, 12	
92	Liban	2002	11	0	
93	Liechtenstein	1995	7.7	2.5, 3.7	
94	Lituanie	1994	21	5, 9	
95	Luxembourg	1970	17	3, 8, 14	
96	Macédoine du Nord	2000	18	5	
97	Madagascar	1994	20	0	
98	Malawi	2002	16.5	0	

99	Maldives	2011	6	0	12
100	Mali	1991	18	5	
101	Malte	1999	18	0, 5, 7	
102	Maroc	1986	20	0, 7, 10, 14	
103	Maurice	1998	15		
104	Mauritanie	1995	16		18
105	Mexique	1980	16	0	
106	Moldavie	1998	20	0, 8	
107	Monaco	1968	20	2.1, 5.5, 10	
108	Mongolie	1998	10	0	
109	Monténégro	2003	21	0, 7	
110	Mozambique	1999	17	0, 5	
111	Namibie	2000	15	0	
112	Népal	1997	13	0	
113	Nicaragua	1975	15	0, 7	
114	Niger	1986	19	0, 5, 10	
115	Nigeria	1994	7.5	0	
116	Norvège	1970	25	0, 12, 15	
117	Nouvelle-Zélande	1986	15	0	
118	Niue	2009	12.5	0	
119	Ouganda	1996	18	0	
120	Ouzbékistan	1992	20	0	
121	Pakistan	1990	17	0	18.5, 21, 22 et 25
122	Panama	1977	7		10, 15
123	Papouasie-Nouvelle-Guinée	1999	10	0	
124	Paraguay	1993	10	0, 5	
125	Pays-Bas	1969	21	9	
126	Pérou[13]	1991	16, 2	0	
127	Philippines	1988	12	0, 5	
128	Pologne	1993	23	0, 5, 8	
129	Portugal[14]	1986	23	6, 13	
130	République centrafricaine	2001	19	0, 5	
131	République démocratique populaire lao	2010	10	0	
132	République dominicaine	1983	18	0, 16	-
133	République slovaque	1993	20	10	
134	République tchèque	1993	21	10, 15	
135	Roumanie	1993	19	5, 9	
136	Royaume-Uni	1973	20	0, 5	
137	Russie	1991	20	0, 10	
138	Rwanda	2001	18	0	
139	Saint-Kitts-et-Nevis	2010	17	10	
140	Saint-Vincent-et-les-Grenadines	2007	15	0, 10	
141	Sainte-Lucie	2012	16	0, 10	
142	Samoa	1994	15	0	
143	Sénégal	1980	18	0, 10	
144	Serbie	2005	20	10	
145	Seychelles	2012	15	0	
146	Sierra Leone	2009	15	0	
147	Singapour	1994	7	0	
148	Slovénie	1999	22	5, 9.5	
149	Soudan	2000	18	0	
150	Sri Lanka	1998	8	0	15
151	Suède	1969	25	0, 6, 12	

152	Suisse	1995	7.7	2.5, 3.7	
153	Tadjikistan	1992	18	5	
154	Taipei chinois	1986	5	0	
155	Tanzanie	1998	18	0	
156	Tchad	2000	18	0, 9	
157	Thaïlande[15]	1992	10	0, 7	
158	Togo	1995	18	10	
159	Tonga	2005	15		
160	Trinité-et-Tobago	1990	12.5	0	
161	Tunisie	1988	19	0, 7, 13	
162	Turkménistan	1992	15	0	
163	Turquie	1984	18	1, 8	
164	Ukraine	1992	20	0, 7	
165	Uruguay	1972	22	0, 10	
166	Vanuatu	1998	12.5	0	
167	Venezuela	1993	16	8	31
168	Viet Nam	1999	10	0, 5	
169	Zambie	1995	16	0	
170	Zimbabwe	2004	14.5	0	
	Bhoutan[16]				
	Oman[17]				
	Malaisie[19]				

Notes

L'acronyme « TVA » désigne tout impôt national qui réunit les caractéristiques fondamentales d'une taxe sur la valeur ajoutée telles qu'elles sont décrites dans le chapitre 1, quels que soient sa dénomination ou son acronyme, « taxe sur les biens et services » (TPS) par exemple.

1. Le taux normal est celui qui s'applique de manière générale, sauf lorsque la législation impose un taux de TVA différent (taux réduit ou taux majoré) à des biens et services spécifiques.

2. Les taux réduits comprennent le taux zéro (c.-à-d. les exonérations avec droit à déduction de la TVA d'amont) applicable aux transactions intérieures. Ce taux n'inclut pas les taux zéro applicables aux exportations et opérations assimilées telles que le transport international ou les fournitures aux ambassades, organisations internationales et autres missions diplomatiques. Les mesures relatives au taux de TVA adoptées par les pays en réaction à la crise du COVID-19 ne sont pas prises en compte dans ce tableau compte tenu de leur nature temporaire.

3. **Antigua-et-Barbuda** : Le taux réduit de 12 % a été remplacé par des taux réduits de 13 % et 14 % le 13 mars 2020.

4. **Autriche** : Le taux normal de TVA est de 19 % à Jungholtz et à Mittleberg.

5. **Canada** : Une taxe de vente harmonisée (TVH) s'applique en sus du taux de 5 % de la taxe fédérale sur les produits et services (TPS) dans certaines provinces (voir le tableau annexe 2.A2.1).

6. **Chypre** : *Note de la Turquie :* les informations contenues dans ce document qui font référence à « Chypre » concernent la partie méridionale de l'île. Aucun organisme ne représente à la fois les Chypriotes turcs et grecs sur l'île. La Turquie reconnaît la République turque de Chypre du Nord (RTCN). Jusqu'à ce qu'une solution durable et équitable soit trouvée dans le cadre des Nations Unies, la Turquie maintiendra sa position sur la « question chypriote ».

Note de tous les États de l'Union européenne membres de l'OCDE et de l'Union européenne : La République de Chypre est reconnue par tous les membres des Nations Unies sauf la Turquie. Les informations contenues dans ce document concernent la zone placée sous le contrôle effectif du gouvernement de la République de Chypre.

7. **Espagne** : Des taux de 0.0 %, 3.0 % ; 7.0 %, 9.50 % ; 13.50 %, 20 % s'appliquent dans les Iles Canaries.

8. **France** : Des taux spécifiques s'appliquent dans certaines régions ou certains territoires : taux réduits 0.9/2.1/10.0/13.0 (Corse) ; taux normal/réduit 8.5/2.1 (Martinique, Guadeloupe, Réunion) ; taux normal/taux réduits 16-13/5 (Polynésie française) (voir également le tableau annexe 2.A.1).

9. **Grèce :** Des taux régionaux spécifiques de 4.0 %, 9.0 % et 17.0 % s'appliquent dans les îles de Leros, Lesbos, Kos, Samos et Chios jusqu'au 31 décembre 2020 (voir également le tableau annexe 2.A.1).

10. **Iran** : En plus de la TVA (6 %), une taxe additionnelle de 3 % s'applique de la même manière que la TVA.

11. **Israël** : Les données statistiques concernant Israël sont fournies par et sous la responsabilité des autorités israéliennes compétentes. L'utilisation de ces données par l'OCDE est sans préjudice du statut des hauteurs du Golan, de Jérusalem-Est et des colonies de peuplement israéliennes en Cisjordanie aux termes du droit international.

12. **Kosovo** : Cette désignation est sans préjudice des positions sur le statut et est conforme à la résolution 1244/1999 du Conseil de sécurité des Nations unies ainsi qu'à l'avis consultatif de la Cour internationale de justice sur la déclaration d'indépendance du Kosovo.

13. **Pérou** : En plus du taux normal d'IGV de 16 %, une taxe sur les ventes supplémentaire de 2 %(IPM) s'applique au niveau municipal.

14. **Portugal** : Aux Açores, le taux normal de TVA est de 18 % et les taux réduits sont de 4 % et 9 %. À Madère, le taux normal est de 22 % et les taux réduits sont de 5 % et 12 %.

15. **Thaïlande** : Le taux normal de TVA est passé de 7 % à 10 % le 1er octobre 2020.
16. **Bhoutan** : Une loi sur la TPS a été approuvée par le Parlement en 2020 en vue d'une possible mise en œuvre en 2022.
17. **Oman :** Le gouvernement a annoncé l'introduction de la TVA début 2021.
18. **Malaisie :** La TPS a été supprimée et un système de taxe unique sur les ventes a été rétabli le 1er septembre 2018, trois ans après l'introduction initiale de la TPS.

Source : F. Annacondia, International - Overview of General Turnover Taxes and Tax Rates, International VAT Monitor, Journals IBFD, cité avec l'autorisation de l'IBFD, voir http://online.ibfd.org/kbase/, Tous droits réservés.

Annexe B. Taux de change

Pays	Monnaie	Taux de change à PPA pour le PIB de 2019[1]	Taux de change du marché pour 2019[2]
Allemagne	EUR	0.74	0.89
Australie	AUD	1.44	1.44
Autriche	EUR	0.76	0.89
Belgique	EUR	0.76	0.89
Canada	CAD	1.19	1.33
Chili	CLP	416.25	702.90
Colombie	COP	1 349.01	3 280.83
Corée	KRW	860.21	1 165.50
Danemark	DKK	6.67	6.67
Espagne	EUR	0.63	0.89
Estonie	EUR	0.54	0.89
États-Unis	USD	1.00	1.00
Finlande	EUR	0.85	0.89
France	EUR	0.73	0.89
Grèce	EUR	0.56	0.89
Hongrie	HUF	140.94	290.66
Irlande	EUR	0.80	0.89
Islande	ISK	136.66	122.61
Israël	ILS	3.69	3.56
Italie	EUR	0.67	0.89
Japon	JPY	101.47	109.01
Lettonie	EUR	0.49	0.89
Lituanie	EUR	0.45	0.89
Luxembourg	EUR	0.84	0.89
Mexique	MXN	9.31	19.26
Norvège	NOK	9.93	8.80
Nouvelle-Zélande	NZD	1.45	1.52
Pays-Bas	EUR	0.78	0.89
Pologne	PLN	1.75	3.84
Portugal	EUR	0.57	0.89
République slovaque	EUR	0.51	0.89
République tchèque	CZK	12.44	22.93
Royaume-Uni	GBP	0.68	0.78
Slovénie	EUR	0.57	0.89
Suède	SEK	8.75	9.46
Suisse	CHF	1.15	0.99
Turquie	TRY	1.84	5.67

Notes :

1. Taux de change à parité de pouvoir d'achat (PPA) pour le PIB 2019. Consulté le 28 août 2020. Pour plus de détails. voir www.oecd.org/std/ppp.
2. Taux moyens du marché en 2019. Statistiques monétaires mensuelles de l'OCDE. Pour plus de détails. voir stats.oecd.org.

Note sur les taux de change : Les comparaisons internationales de seuils et de montants d'impôt exprimés en monnaie nationale nécessitent de les convertir en une monnaie unique. Par convention, la monnaie utilisée dans cette publication est le dollar des États-Unis (USD). Deux taux peuvent généralement être employés pour convertir des monnaies nationales en USD : (1) les taux du marché, qui sont les taux de change observés sur les marchés (le taux utilisé dans cette publication est le taux moyen pour 2019 tel qu'il est publié dans les Statistiques monétaires et financières de l'OCDE. Toutefois, le taux utilisé pour le tableau 3.5 est le taux de change moyen du marché pour 2018 car les prix et les impôts se rapportent à l'année 2018) ; (2) les taux de change à parité de pouvoir d'achat (PPA) pour le PIB, qui égalisent le pouvoir d'achat de différents pays en supprimant les écarts de niveaux de prix entre eux ; ils indiquent le nombre d'unités monétaires requis dans chaque pays pour acheter le même panier représentatif de biens et de services de consommation qui coûte 1 USD aux États-Unis. Les taux de change à PPA (pour 2019) sont utilisés pour les tableaux 2.5. 2.8 et 2.9 car ils permettent une meilleure comparaison de la valeur des seuils d'exonération de la TVA. Les taux de change du marché sont utilisés pour les autres tableaux car ils facilitent la comparaison des prix et du niveau des impôts dans les différents pays.
Source : OCDE.

Annexe C. Marques de cigarettes les plus vendues dans les pays de l'OCDE

Pays	Marque la plus vendue en 2018
Allemagne	Marlboro
Australie	Winfield
Autriche	Marlboro
Belgique	Marlboro
Canada[2]	—
Chili	Pall Mall
Corée	Esse
Danemark	Prince
Espagne	Marlboro
Estonie	Marlboro
États-Unis[1]	—
Finlande	L&M
France	Marlboro
Grèce	Marlboro
Hongrie	Marlboro
Irlande	Silk Cut
Islande	Winston
Israël	Marlboro
Italie	Marlboro
Japon	Mevius
Lettonie	Winston
Lituanie	Marlboro
Luxembourg	Marlboro
Mexique	Marlboro
Norvège	Prince
Nouvelle-Zélande	Pall Mall
Pays-Bas	Marlboro
Pologne	L&M
Portugal	Marlboro
République slovaque	L&M
République tchèque	L&M
Royaume-Uni	Mayfair
Slovénie	Marlboro
Suède	Marlboro
Suisse	Marlboro
Turquie	Parliament

Données au 1er juillet 2018.

1.Pour les États-Unis et le Canada, on ne dispose pas de données sur la marque la plus vendue dans la mesure où un prix moyen pondéré par la consommation dans chaque État ou Province est utilisé.

Source : Organisation mondiale de la santé.

www.ingramcontent.com/pod-product-compliance
Lightning Source LLC
LaVergne TN
LVHW080651011026
849160LV00014B/1389
* 9 7 8 9 2 6 4 8 1 1 3 2 4 *